21세기 신학시리즈①

21세기 기독교교육

최성훈

Christian Education
in the Twenty-First Century

 박영story

이 저서는 2021년도 한세대학교 교내학술연구비 지원에 의하여 출판되었음.

일러두기
- 국립국어원 표준국어대사전을 기본으로 하였으나, 인명과 지명 등 외래어는 현지 발음을 위주로 표기하였습니다.

추천사 1

김용관 박사(전 부산장신대 총장)

우리나라 신학계의 주목받는 학자 가운데 한 분인 최성훈 교수님의 "21세기 기독교교육"은 기독교교육학에 있어서 새로운 지평을 열어놓은 훌륭한 저서입니다. 본서는 교육학의 세부 전공 분야인 교육철학, 교육심리, 교육사, 교육과정, 교수법, 교육사회, 교육행정 등을 기독교적인 관점에서 독자들이 잘 이해할 수 있도록 저술하였습니다.

또한, 본서는 기독교교육의 기반이 되는 학문적인 논제들과 21세기의 도전 그리고 미래사회에 대한 예측과 대안들을 소상하게 제시해 주고 있는 시의적절한 저서라고 판단됩니다. 저는 교육학을 전공했고 오랫동안 대학에서 교육학 관련 과목들을 강의하였습니다. 제가 "21세기 기독교교육"에 깊이 공감하는 것은 저자 최성훈 박사께서 사회과학을 기초로 하여 기독교교육을 조명하였기 때문입니다.

저자는 경제학과 경영학(M.B.A)을 전공하였고, 그러한 사회과학의 기반 위에 신학과 철학 등을 전공한 특별한 이력을 갖고 있습니다. 저는 인간 사회의 여러 현상을 과학적, 체계적으로 연구하는 사회과학적인 관점에서 기독교교육을 분석하고 이해하려는 최성훈 교수님의 높은 식견에 깊이 공감하고 있습니다.

"21세기 기독교교육"은 현재의 한국교회와 한국 사회에서의 도전인 포스트모더니즘, 4차 산업혁명, 인공지능, 코로나 19 시대 등의 사회현상을 기독교교육의 기본 개념 및 본질에 대한 점검을 바탕으로 새로운 시대와 소통하는 통합적 식견과 균형감각으로 저술되었습니다. 바라기는, 본서가 기독교교육 전공자뿐만 아니라 교회학교 교사와 한국교회가 두루 탐독하여 기독교교육에 대한 이해가 넓어지고 그리스도인의 삶이 변화되기를 소망합니다.

추천사 2

최상준 박사(미국 베데스다 대학교)

이 책의 저자 최성훈 교수는 C. S. 루이스(Clive Staples Lewis)의 책 이름을 일부 도용한다면 "순전한 그리스도인"이다. "기독교교육"이라는 방대한 주제를 전방위적으로 다룬 이 책의 한 모퉁이도 깊이 알지 못하는 추천자가 이 책에 담긴 많은 내용에 대해 말하는 것보다는 이 책을 쓰신 분의 "순전함"을 언급하는 것이 먼저라는 생각이 들었다. "교육"에 나름 일가견 없는 사람이 드문, 소위 "교육 공화국"인 나라에서 그 무엇보다도 그 "교육"을 다루는 분이 어떤 분인가 하는 것이 더 중요할 것 같아서다.

"순전하다"라는 표현은 요즘 여러 엉뚱한 의미로 쓰인다는 것도 신경 쓰이긴 하지만 상관없다. 최성훈 교수는 말 그대로 "순전하다." 누구나 좋은 점 꽤나 있고, 표시가 날 만큼의 흠/점/티가 더러 있다. 그러나 필자가 교류한 최 교수는 한마디로 "순전하다." 이 책에서의 "기독교교육"이 "순전한 그리스도인"에 의해 쓰였다는 사실이 먼저 기쁘다.

"기독교"는 물론 완전하신 예수 그리스도에 의해 이루어진 완전체이나 형성 과정, 즉 "교육"을 통해 매우 다양한 형태와 내용을 담고 있다. 그 다양성 속에 담긴 풍성한 내용물이 이 책 이란 질그릇 속에서 빛나고 있다. 질그릇같이 질박(質朴)하지만 보배되신 그리스도를 밖으로 잘 비추어 보이게 한다. 그리고 그 안을 좀 들여다보면, 삼각대로 세운 기독교교육의 기반, 실천, 관계가 촘촘하다. 특히 "기존의 방법론과는 다른 새로운 패러다임을 요구하고 있는" 포스트모더니즘, 4차 산업혁명, 코로나 19의 위기 등의 외연적 상황들을 저자는 "기독교교육"이란 틀 안에서 풀어내면서 "교육목회"의 현장에 어떻게 잘 접목해야 하는가 하는 관계적 적용으로 이끈다. "통합적 소통"의 시각에서 부모, 교사, 제직 등 교육의 실천자들을 위한 세심한 배치도 놓치지 않고 있다.

16세기 "종교개혁"이 새로운 문명을 개척한 "교육목회"의 성공사례라면 21세기 지금이야말로 새로운 "교육목회"의 시대적 패러다임이 절실히 요청되고 있다는 것은 누구나 공감할 것이다. 그러나 이 책이 공감에서만 그칠 것이 아니라 "교육 홍수" 속에서 진정한 교육으로 많은 이들을 건져내는 인명 구조대 교육이 되었으면 한다.

"순전한 그리스도인" 최성훈 교수님은 이미 많은 책을 내셨고, 앞으로 더 많은 책을 내실 분이다. 학생들과 책을 통해 현장과 계속 소통하시는 모습을 옆에서 살짝 보는 것만으로도 이미 충분히 감사하다. 이 책을 통해 앞으로도 한국 교회가 "교육목회"를 더 잘하실 수 있다면 더 보탤 말이 있으랴!

서 문

21세기에 들어서며 한국교회는 사상적 측면에서는 포스트모더니즘의 주관성과 다원주의, 기술적인 면에서는 4차 산업혁명의 물신주의 및 인간소외, 그리고 사회적 측면으로는 포스트 코로나 19 시대의 교회 본질에 대한 자성의 도전에 직면하고 있다. 그와 같은 도전은 복합적으로 작용하여 4차 산업혁명의 사이버 자극이 포스트모더니즘으로 인해 주목받던 인간의 감성마저 훼손시켜 버리는 한편, 인공지능의 대두를 통해 인간을 주변화시키는 인간소외의 위협을 유발하였고, 코로나 19로 인한 사회적 거리두기와 비대면 목회의 확산이 포스트 코로나 19 시대에도 이어지며 교회의 공동체성 약화라는 어려움을 가중시켰다. 따라서 21세기 교회의 목회사역은 물론 기독교교육에 있어서도 기존의 방법론과는 다른 새로운 패러다임을 요구하고 있다. 이는 기독교교육의 기본 개념 및 본질에 대한 점검을 바탕으로 새로운 시대와 소통하는 통합적 식견과 균형감각을 요구한다.

기독교가 무엇이고, 교육이란 무엇인지에 대하여 누구나 잘 안다고 생각하지만, 의외로 그 기본적인 의미에 대하여 제대로 점검하지 않고 지나쳐 버리는 경우가 많다. 또한, 교육학이라는 분야 자체가 다른 학문과의 연관성이 매우 높고 내부적으로도 다양하게 독립된 성격을 드러내고 있기 때문에 기독교교육 전체를 큰 그림으로 정리하기가 쉽지 않다. 그러한 어려움을 염두에 두고 본서는 신학교는 물론 개교회의 차원에서 사용할 수 있도록 복음의 전통 및 성경의 내용을 통해 기독교교육의 전반에 대하여 이해할 수 있도록 정리하였다. 구체적으로 본서는 성육하신 그리스도께서 이 세상에 오셔서 인류를 구원하셨다는 복음의 원리 및 성경의 가르침을 기반으로 하되, 하나님의 형상을 따라 창조된 사람들과 소통하기 위한 방법론 또한 중시하는 열린 복음주의의 전반적인 시각을 반영하여 기독교교육 제 분야의 이론 및 실천의 사례를 정리하였다. 또한, 기독교교육의 성경적 정의가 충분히 반영되도록 기독교의 정체성과 교육의 학문성을 접목하여 균형을 도모하였다.

본서는 3부(Part)로 나누어 기독교교육의 기반, 실천, 그리고 교회와의 관계를 통해 21세기 한국교회와 기독교교육이 하나된 모습으로 시대와 소통할 수 있도록 구성하였다. 또한, 세 개의 부(部) 하위의 각 장(章, Chapter)은 네 절(節, Section)로 구성되어 있는데, 첫 번째 절은 해당 장의 핵심개념에 대한 점검으로 시작하여, 두 번째와 세 번째 절은 해당 장이 제시하는 주제에 대한 내용으로 구성되어 있으며, 마지막 네 번째 절은 이를 성경적 원리로 조명하며 주제를 마무리하도록 구성하였다.

구체적으로 기독교교육의 기반을 이루는 본질적 내용에 초점을 맞춘 1부는 기독교교육의 정의와 목적이라는 기초를 점검하는 1장, 교육신학 및 교육철학의 관점에서 기독교교육의 기본 개념과 특성, 필요성과 중요성을 살펴보는 2장, 철학과 더불어 중요한 교육적 방법론을 결정하는 심리학, 즉 정신분석학, 행동주의, 인지주의, 인본주의적 접근을 통해 기독교교육을 조명하는 3장과 기독교교육이 시대별로 어떤 방식으로 전개되었는지를 점검하며 21세기 기독교교육이 나아갈 방향성을 정립하는 4장으로 구성된다.

기독교교육의 실천으로서 교육의 실제적 운영을 다루는 2부는 기독교교육의 내용을 다루는 교육과정론을 전통주의, 개념-경험주의, 재개념주의 교육과정의 특성과 기독교적 적용의 내용에서 살펴본 5장, 21세기의 새로운 도전 속에서 활용해야 할 교수학습법을 객관주의와 구성주의 시각에서 점검하고, 교육공학의 방법론을 모색한 6장, 교육사회학을 통해 기독교교육의 장(場)인 가정, 교회, 학교, 사회, 사이버공간에서의 교육적 소통의 역동성을 소개한 7장, 리더십 이론의 발전과정 점검 및 21세기 현대사회가 요구하는 교육적 리더십을 조명한 8장, 교육의 동력과 윤활유로서 기독교교육을 전개하는 역할을 정리한 교육행정을 다룬 9장이 뼈대를 이룬다.

마지막으로 기독교교육과 교회의 관계 속에서 21세기 시대적 사명을 점검한 3부는 소명의식을 바탕으로 기독교교육을 담당하는 부모, 교사, 제직 관련 교사론을 다룬 10장, 교육목회의 5대 커리큘럼을 통하여 기독교교육의 목회적 실천을 점검한 11장, 기독교교육과 관련한 평가의 목적과 기능, 유형을 통해 교회 교육의 제 분야를 어떻게 평가하는 것이 성경적인 시각으로 타당할지를 살펴본 12장, 그리고 현재 기독교교육이 맞이하는 도전 과제를 통하여 앞으로 나아가야 할 방향을 살펴 보는 데에 초점을 맞춘 13장을 포함한다. 본서가 기독교교육에 대한 이해의 저변을 넓히고, 그리스도인의 삶에서 하나님의 시각으로 조명한 교육목회적 실천이 구체화 되는 기반으로 사용되기를 기원한다.

2023년 2월
최 성 훈 박사
한세대학교 신학부 및 신학대학원 공공신학 / 실천신학 교수

차 례

03 PART >>> 기독교교육과 교회

PART
01

기독교교육의 기반

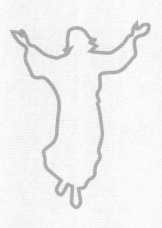

기독교교육의 정의와 목적

지난 2008년 한국계 학생의 중도탈락률을 조명한 사무엘 김(Samuel Kim)의 컬럼비아 대학교(Columbia University) 교육학 박사논문이 미디어를 통해 소개되며 한동안 이슈가 되었다.[1] 그의 연구에 의하면 1985년부터 2007년 사이에 미국의 아이비리그 대학교를 비롯한 14개 명문 대학에 재학 중인 1,400여 명의 한국계 학생들의 학업 중단율이 44%나 된다. 이는 다른 미국인 학생들의 중단율 34%, 중국계 학생들의 25%, 인도계 학생들의 21%에 비하면 월등히 높은 수치에 해당한다. 미국 내 유학생의 대부분이 중국, 인도 및 우리나라 출신인 현황을 고려할 때, 한국계 학생들의 높은 학업 중단율은 교육의 목적에 대하여 다시금 되돌아보도록 하는 계기가 되었다.

김 박사는 그런 높은 학업 중단율의 원인에 대하여 더 좋은 직장을 얻고, 성공하는 것만을 목적으로 하는 학생들의 단기적이고 근시안적인 학업 동기와 자녀들이 학업에 집중하기만을 강요하고 다른 다양한 교외 활동 참여를 막아 균형 있는 식견을 갖출 기회를 박탈한 부모의 영향 때문이라고 분석하였다. 전공을 결정하고 미래

---

1 http://www.koreatimes.co.kr/www/news/nation/2008/10/117_32124.html 참조.

를 설계하는 데 있어서 시행착오와 실수, 실패의 경험을 통해 오히려 확고한 장래의 비전이 만들어지는 것인데, 명문대 진학 자체가 목적이 되고, 전공도 자신의 재능과 흥미가 아니라 보다 많은 수입을 얻을 수 있는 소수의 전공에 집착하다 보니 학업에 대한 동기가 부여되지 않아 중도탈락률이 높아진 것이다.

그러므로 교육이 무엇인가를 올바로 이해하고, 그러한 교육 이해에 따른 온전한 목적을 갖는 것이 중요하다. 기독교교육의 목적을 제대로 실현하지 못하는 이유 역시 기독교교육에 대한 정의를 제대로 이해하지 못했기 때문이다. 기본 개념에 대하여 명확한 이해가 없으면, 그 개념이 지향하는 목적에 대하여도 불투명하게 되고 혼란하게 되기 마련이므로, 본 장에서는 기독교교육의 개념과 목적에 대하여, 그리고 성경의 3대 명령을 토대로 기독교교육의 실천을 조명한다.

1 기독교교육이란 무엇인가?

[표 1] 육하원칙에 의한 기독교교육의 분류

교육원리(Why): 인간관에 근거				교육과정 (What)	교수학습법 & 교육공학(How)	교육평가(How)	
신학	철학	심리학	교육철학			성격	개념
하나님의 형상	수동적 (결정적)	정신분석학	항존주의	전통주의	객관주의 (습득 강조)	선발적 (상대평가)	측정/총합평가 (measurement)
		행동주의	본질주의	경험-개념 주의		발달적 (절대평가)	평가/형성평가 (evaluation)
	능동적 (유기적)	인지주의			구성주의 (참여 강조)		
		인본주의	진보주의 재건주의	재개념주의		인본적 (다면평가)	사정 (assessment)

*교사론, 교육리더십, 교육행정(who), 교육사회학(where), 교육사, 발달심리(when)

1) 기독교교육의 개념

기독교교육을 논할 때에 "기독교"란 무엇이고, "교육"이란 어떤 의미인가? 그리고 "기독교교육"이란 무엇이라고 말할 수 있으며, 왜 기독교교육이 필요한 것일까? 이러한 개념들은 기독교교육의 중요한 현장인 교회에서 흔히 사용하는 용어들이지만 그 의미에 대하여 명확히 설명할 수 있는 사람이 많지는 않다. 이렇게 기본적인 내용들을 정리하지 않으면 기독교교육의 실제(실천)로서의 교회학교의 교육은 사상누각이 될 것이다. 저층 건물을 지을 때보다 고층 건물을 건축할 때에 더욱 정교한 설계도가 필요하고, 한 층, 한 층 쌓아갈 때마다 바람과 중력을 고려한 균형을 중시하듯, 기독교교육에 대한 기본 개념이 탄탄히 정리되어야 참다운 기독교교육의 목적을 실현할 수 있을 것이다.

기독교란 2,000여 년 전 팔레스타인 지방에서 활동하던 "예수"라는 이름을 가진 이를 하나님의 아들, 즉 "구원자"(Messiah＝Christ)로 믿고 그 가르침을 따라 살고자 하는 사람들(Christians＝Christ Followers)이 믿는 종교를 지칭한다. 이스라엘에서 "예수"라는 이름은 "호세아", "여호수아"와 같은 의미인데, "예수"라는 이름은 "여호수아"(יהושע)라는 이름에서 유래하였고, 여호수아는 "야훼"(하나님)와 "구원"이라는 의미의 "호세아"(הושע)라는 단어를 합쳐서 만든 이름으로서 이는 "여호와는 구원이시다"라는 뜻이다. 기독교의 "기독"이란 "그리스도"(Christ)를 한자어로 표기한 것인데, 이는 중국어 성경에서는 "기리사독"(基利斯督)으로 표기했지만, 중국어 성경을 음역하여 우리 말로 번역하는 과정에서 이를 "기독(基督)"으로 단순화하여 표기하였다.

그리스도(Christ)란 무슨 뜻일까? 구약성경에서 히브리어로 "메시아"(משיח)는 "기름 부음을 받은 자"(애 4:20)란 뜻이고, 기름 부음을 받았다는 것은 이스라엘 백성을 구원하기 위해 기름 부음을 받았다는 뜻으로서 "구원자"를 의미한다. 한편, 구약을 헬라어로 번역한 70인역 성경에서는 메시아를 헬라어 "그리스도"(Χριστός)로 표현했다. 그러므로 그리스도란 이스라엘 백성을 구원하실 분이라는 뜻이며, 신약적인 의미로는 모든 인류를 죄에서 구원하실 분이라는 의미이다. 또한, 그리스도인(Christian)이란 그리스도를 따르는 사람(Christ Follower)이라는 의미로서 예수님을 주님, 그리스도로 믿는 사람은 철학, 윤리 등 세상의 어떤 기준보다도 최우선으로 하나님의 말씀에 근거한 예수님의 가르침을 따라 사는 사람을 뜻한다. 그러므로 그/그녀가 행하는 모든 일은 사람을 온전히 일으켜 세우는 그리스도의 구속적 의미를 드러낸다.

교육의 기본적인 의미는 두 가지로 나눌 수 있다. 첫째, 교육은 "페다고지"(pedagogy)라는 용어로 표현할 수 있는데, 페다고지란 헬라어로 "어린이"를 뜻하는 "파이도스"(παιδός)와 "이끌다"라는 의미의 "아고고스"(ἀγωγός)라는 단어가 합쳐진 것으로서 이는 고대 그리스에서 귀족가정의 자녀들을 학교나 체육관, 기타 공공의 장소로 데리고 다니면서 교육을 시키는 피정복민 노예 출신의 가정교사, 특히 아동의 도덕과 예의 등의 성격 형성에 책임이 있는 "파이다고고스"(παιδάγωγός)라는 단어로부터 유래된 명칭이다. 이것은 가르친다는 뜻의 "교"(敎)의 의미에 가까운 정의이고, 곧 어린이를 바람직한 방향으로 이끄는 기술, 학문을 지칭한다. 페다고지의 목적은 앞 세대가 이상으로 여기는 행동, 규범, 사고방식 등을 뒷세대에게 익혀 몸에 배도록 하는 것이며, 이는 발달적인 차원에서 어린이, 청소년들의 교육에 사용되는 용어이다. 이에 대비되는 용어인 성인교육은 "앤드라고지"(andragogy)이며, 노년교육은 "제라고지"(geragogy)라는 단어로 지칭한다.[2]

둘째, 교육의 영어 표기인 "에듀케이션"(education)은 라틴어 어원으로 "밖으로"를 뜻하는 "e"(out)와 "꺼내다"라는 의미를 가진 "ducare"(draw)가 합쳐져서 만들어진 개념이다. 이는 기를 "육"(育)의 의미를 가지고 있는데, 그 뜻은 "속에 지니고 있는 것을 밖으로 내어 키워준다", 즉 어린이(학습자)가 잠재적으로 타고난 소질을 개발(draw out)시켜 주는 활동, 인간이 선천적으로 지니고 태어난다고 생각되는 여러 가지 자질을 잘 길러주는 활동을 의미한다. 또한, 이렇게 학습자로서의 어린이의 소질을 개발시키는 작용은 어린이의 성장 및 발달을 위해 앞 세대가 도와주는 일, 또는 학습자 상호 간에 서로 이끌어 주는(leading forth) 활동을 포함하는 것이다.

---

2 "성숙한" 또는 "육체적으로 성장한 사람"을 지칭하는 "aner"(andragos)와 "agogos"가 합쳐져 "성인학습을 돕는 교육"이라는 의미의 "andragogy"가 되었고, 씨니어(senior)를 지칭하는 "gera"와 "agogos"가 합쳐져 "노인학습을 돕는 교육"이라는 의미의 "geragogy"가 사용된다.

동양에서 "교육"이라는 하나의 합성어가 처음 사용된 것은 맹자(孟子)의 진심편 (盡心篇)의 군자유삼락(君子有三樂)장에 기록된 "득천하영재이교육지"(得天下英才而教育 之)라는 대목이다.3 천하(天下)의 뛰어난 영재(英才)를 얻어서(得而) 그를(之) 가르치고 (教) 양육하는(育) 것이 교육이라는 것이다. 한편 "교"(教)란 교사의 활동으로서의 "상소시"(上所施: 윗사람이 베풂)와 학생(학습자)의 활동으로서의 "하소효"(下所效: 아랫사 람이 그대로 본받음)가 결합된 뜻이며,4 "육"(育)이란 어머니(부모)의 활동으로서의 출 산, 육아와 아이들의 활동으로서의 성장, 발달의 결합의 의미를 지니고 있다. 결론 적으로 한자의 교(教)는 서양의 pedagogy, 육(育)은 서양의 education과 유사한 의 미를 드러낸다.

기독교와 교육이 합쳐진 개념인 기독교교육의 의미는 무엇일까? 기독교는 예 수 그리스도를 통한 하나님의 인류 구원을 핵심으로 하는 종교이며, 그 구원 사역 의 목적은 사람 안에 내재된 하나님의 형상을 온전케 하는 것이다. 또한, 교육은 사 람 안에 내재되어 있는 잠재력을 실현하도록 하는 과업이다. 그러므로 기독교교육 이란 예수를 주님(그리스도)으로 믿는 사람으로 하여금 자신 안에 내재된 하나님의 형상을 회복하고, 잠재력을 실현함을 통해 그리스도의 명령을 이 땅에서 실현하도 록 하는 모든 활동을 의미한다. 이는 또한 교육의 모든 과정을 통해 개인의 삶을 온전케 하는 그리스도 구속의 의미가 드러나고, 영혼을 일으켜 세우는 목적이 이루 어지는 것을 뜻한다.

기독교교육과 일반교육의 차이는 하나님의 형상으로 창조된 인간 이해가 있느 냐 없느냐의 유무에 달려 있는데, 전자의 입장을 보이는 기독교교육은 한 영혼의 소중함을 토대로 일생의 헌신을 요구하는 과정적 과업이다. 기독교교육은 일요일을 "주님의 날"(主日)로 지켜 교육함을 강조했던 과거의 주일학교교육에 비하여 일요일 부터 토요일, 1년 365일을 모두 포함하는 개념이다. 또한, 교회의 모든 교인들에 대

---

3 군자가 가진 세 가지 즐거움은 첫째, 부모가 살아계시고 형제간에 화목한 것이고, 둘째, 위로 하늘 을 우러러 부끄러움이 없고 아래로는 사람들에게 욕됨이 없는 것이며, 셋째는 천하의 뛰어난 영재 를 얻어 가르치고 양육하는 것이다.

4 중국 후한 때의 허신이라는 학자가 쓴, 한자의 형태와 뜻, 음운을 체계적으로 해설한 사전인 "설문 해자"(說文解字)에서는 윗사람이 모범을 보이면 아랫사람이 이를 본받는 것이 "교"(教)라고 설명 했다.

한 교육을 포함하는 교회교육이 교회가 교육을 주관하는 의미인데 비하여, 기독교교육은 훨씬 포괄적인 개념으로서, 목회에만 국한되지 않고 하나님의 형상으로 창조된 인간의 모든 삶의 자리에서 다양한 형태로 이루어지는 모든 형태의 교육을 포함하는 통합적인 개념이다. 본서에서도 교육을 지칭하는 모든 개념은 "기독교"를 앞에 붙인 것으로 가정하고 전개하기로 한다. 예를 들면 2장의 교육철학의 정의란 기독교교육철학의 정의를 뜻하는 것이다.

2) 교육의 3요소에 대한 성경적 이해

소위 교육의 3요소로 손꼽히는 것은 교육의 주체인 교사(교수자), 교육의 객체인 학생(학습자), 그리고 교육의 매개체인 교육내용이다. 이에 교육환경을 더하여 교육의 4요소라고도 한다. 일반적으로 교육 활동이 이루어지는 장면에는 교육을 행하는 교수자인 교사, 교육을 받는 피교육자로서의 학생, 그리고 교수자와 피교육자를 연결하는 매개체인 교육내용이 있다. 그러므로 교사, 학생, 교육내용은 교육을 성립하는 가장 기본적인 구성요소가 된다. 각 요소에 대한 전반적인 내용은 학습자의 발달을 다루는 3장 교육심리, 5장 교육과정론 및 10장 소명의식과 교사론을 통해 나눌 것이기 때문에 본장에서는 이와 관련한 자세한 설명을 생략하고 기본적인 내용만 소개하기로 한다.

교사에게 요청되는 기본적인 덕목은 전문성인데, 전문성이란 자신이 교수하는 분야에 대한 지식과 경험을 바탕으로 교사로서의 품위를 갖춘 인격을 포함하는 것이다. 그러므로 자신이 전달하는 지식의 내용을 잘 소화해서 학습자들의 수준에 부합되도록 맞추어 전달하는 능력이 필요하며, 이는 전체를 바라보는 시야를 토대로 하는 것이기 때문에 해당 분야에 대한 전문가로서의 지식과 충분한 경험을 요청하는 동시에 학습자 개인을 존중하는 인격적 소양을 전제한다.

영국의 경험주의 철학자 프랜시스 베이컨(Francis Bacon)이 남긴 "아는 것이 힘이다"(Knowledge itself is power)라는 말은 우리가 경험하는 이 세상의 일들에 대한 단편적인 정보나 사실이 아니라 그 일들을 가능하게 하는 원리와 법칙을 알아야 한다는 필요성을 강조한다. 하지만 이와는 대조적으로 우리 속담에는 "모르는 게 약이다"라는 말도 있다. 그 말의 뜻은 섣불리 알고 일을 그르치는 것보다는 차라리 몰라서 긁어 부스럼을 만들지 않는 편이 낫다는 것이다. 이는 모르는 것이 좋다는 뜻이 아니라, 우선 제대로 알고 나서 움직여야 한다는 의미이다. 주님의 형제 야고보 역시 "내 형제들아, 너희는 선생된 우리가 더 큰 심판을 받을 줄 알고 선생이 많이 되지 말라"(약 3:1)고 권면하며 잘 모르는 내용을 전달해서 다른 사람을 실족케 하는 것을 경계하였다.

교사는 늘 전달하는 내용에 있어서 위험 부담을 진다. 제대로 진리를 이해하지 못하면 다른 사람을 실족하게 하는 것은 영적인 세계에만 국한되는 것이 아니다. 학문적인 모든 영역과 교회사역에 있어서도 제대로 이론적인 원리를 이해하고, 관련한 경험이나 노하우(knowhow)를 갖추지 않으면 다른 사람을 이끌어 자신의 잠재력을 발휘하도록 하는 교육의 정신은 실현되지 못하기 때문이다. 모든 교사는 끊임없는 평생의 학습자이며, 모든 학습자는 미래의 교사이다. 그러므로 제대로 알아야 한다는 것은 교수자와 학습자 모두에게 요청되는 기본적인 사항이다.

예수님은 율법의 정신을 헤아리지 못하고 율법의 행위만 강조했던 바리새인과 서기관들을 꾸짖으셨다. 또한, 선생된 그들에 의해 참 평안을 잃은 유대인들의 모습을 보시며 안타까워하셨다. 그래서 "수고하고 무거운 짐진 자들"(마 11:28)이라고 그들을 부르시며, 그들의 짐이 무엇인지, 무엇 때문에 그 짐을 졌는지를 밝혀 주셨던 것이다. 예수님은 유대인들이 지고 있는 짐이 율법의 짐이라는 것을 마태복음 11장 바로 뒤에 이어지는 12장의 안식일 규정을 통해 알려주셨다.

예수께서 제자들과 함께 안식일에 밀밭 사이로 지나가시면서 이삭을 잘라 먹게 하셨을 때에 이를 본 바리새인들은 어찌하여 제자들이 안식일에 일을 하느냐고 따져 물었다. 고아와 과부, 이방인 등 사회에서 힘이 없고, 소외된 사람들을 위해 10분의 1쯤은 수확하지 않고 남겨두는 것이 율법이 정한 미덕이었기 때문에 남의 밭에서 이삭을 주워 먹는 것은 괜찮은 것이다. 그 목적은 하나님의 형상으로 창조된 소중한 한 영혼이 먹고 사는 문제로 어려움을 당하지 않게 하는 것이었다. 그런데 바리새인의 눈에는 그 영혼의 소중함이 아니라, 안식일에 하나님만을 경배하고 노동을 하지 말아야 하는 자신들의 원칙으로 비춘, 이삭을 줍는 노동을 하는 모습만 보인 것이다. 그래서 예수님은 다윗이 사울에게 쫓겨 도망할 때에 생명유지라는 더 큰 목적을 위해서 하나님의 전에 들어가서 제사장만 먹을 수 있는 진설병을 먹은 것은 정당했고, 제사장도 안식일에 안식하는 율법을 어기고 직무상 성전을 섬기는 것은 정당하다고 말씀하시며 바리새인들의 공격을 막으셨다.

바리새인들이 왜 율법을 강조하고, 율법의 정신, 즉 하나님의 형상으로 창조된 한 영혼의 존귀함, 그래서 예수님을 이 땅에 보내셔서 그 생명으로 생명을 대신하여 구원하시고자 했던 한 사람의 소중함을 잊었을까? 당신의 형상으로 인간을 창조하시고, 인간의 삶을 통해 그분의 존귀한 모습이 드러나도록 율법을 주신 하나님이 아닌, "나 자신", "내"가 중심을 차지하기 때문이다. 요약하면 이는 자신 안에 있는 교만 때문이다. 그래서 바리새인들은 자신들의 행위로 자신의 의를 드러내고자 하였기 때문에 하나님의 이름을 사용하지만 그들 마음의 중심에는 하나님을 경외하고, 그분의 뜻을 헤아리는 모습이 전혀 나타나지 않았다. 그들이 하나님을 높이고, 그분의 뜻을 드러내기보다는, 자신들의 율법 해석과 적용을 통해 자신을 드러내기를 즐겨했기 때문이다.

영어로 죄는 "sin"인데, 그 중심에 자기 자신 "I"가 있다. 하나님이 계셔야 할 자리를 인간이 빼앗은 것이므로 죄란 자신을 높이는 교만, 자신의 욕심에 기인한다. 원래 하나님을 찬양하는 천사였던 사탄은 이사야 14장 13-14절에서 다음과 같은 말을 하는 모습으로 등장한다. "내가 하늘에 올라 하나님의 뭇 별 위에 내 자리를 높이리라, 내가 북극 집회의 산 위에 앉으리라, 가장 높은 구름에 올라 지극히 높은 이와 같아지리라"(사 14:13-14).

그 사탄의 꼬임에 빠진 아담과 하와가 하나님처럼 눈이 밝아지려고 선악과를 먹었다. 사실 아담과 하와는 죄라는 것을 몰랐기 때문에 선과 악을 구별하는 눈이 필요 없었다. 하지만 그들이 하나님을 거역하고 선악과를 따먹는 죄를 짓자, 선과 악이 구별되도록 눈이 밝아진 것이다. 이제 죄악으로 얼룩지고 죄인들로 가득찬 오늘을 살아가는 현대인들은 지식의 눈, 지혜의 눈, 영의 눈을 밝혀서 진리와 비진리, 참과 거짓, 영혼을 살리는 것과 죽이는 것을 분별해야 한다. 기독교교육에 있어서도 교육내용이 그러한 역할을 수행하도록 교육과정을 구성해야 한다.

2 기독교교육의 신학적 토대

1) 다양한 관점에 따른 교육이해

기독교교육의 방향성은 인간 이해에서부터 시작된다. 일례로 포스트휴머니즘(Posthumanism)은 전통적인 휴머니즘의 주장에 대한 반작용으로 대두한 인간 이해로서 인간과 기술이 함께 산출하는 변화 가운데 살아가는 인간을 지향하며, 포스트휴머니즘의 급진적 형태인 트랜스휴머니즘(Transhumanism)은 첨단 과학기술에 의하여 강화된 인간상을 적극적으로 지향하며 인간 개조를 목표로 삼는다.[5] 따라서 트랜스휴머니즘은 디지털 시대에 정보화된 사회 구조 속에서 인공지능이 탑재되고 보철화된 인간, 즉 인간 증강을 통해 인간의 신격화를 실현하는 인간론으로 귀결된다.

통상 교육에 대한 관점은 만드는 교육, 기르는 교육, 그리고 만남의 교육 등 세 가지로 분류하여 이해한다. 하지만 다원화된 현대사회에서 기독교교육을 수행하기 위해서는 특정한 입장에 초점을 맞추기보다는 각 입장의 장점들을 취합하여 기독교적 이해를 바탕으로 오늘날의 기독교교육현장에 적용할 수 있도록 하는 편이 바람직할 것이다.

(1) 만드는 교육

만드는 교육이란, 인간이란 마치 하나의 백지와 같은 존재이기 때문에 어떠한

---

5 오늘날 인공지능, 생명공학, 인간복제, 나노기술 등 과학기술의 진보로 인하여 인간 신체의 기능 증대 및 수명 연장과 더불어 정신적 잠재력의 극대화 등을 둘러싼 다양한 관점이 대두하였다. 거시적 차원에서 현대사회의 급속한 과학기술의 발전을 조명하는 관점은 과학기술의 발전은 미래 사회를 디스토피아로 만들 것이라는 비관적 전망에 근거하여 이를 반대하는 네오-러다이즘(Neo-luddism), 과학기술을 활용한 인간진보라는 유토피아적 낙관주의를 견지하는 포스트휴머니즘(Posthumanism), 그리고 과학기술의 효과는 인간과 비인간 행위자들이라는 사회적 맥락에 따라 달라진다고 지적하는 중립적 입장인 행위자-네트워크 이론(Actor-network theory) 등 세 가지로 구분할 수 있다.

모습의 그림을 어떤 색으로 그리느냐에 따라 인간상이 형성된다고 보는 입장이다. 이러한 입장을 견지하는 대표적인 인물인 영국의 철학자 존 로크(John Locke)는 사람은 "백지판"(tabula rasa)으로 태어나며, 사회와 환경의 영향을 받아 온전한 인간으로 성장한다고 주장하였다. 이는 경험주의 철학과 행동주의 심리학에 영향을 받은 견해로서, 이러한 견해에 따르면 교육이란 인간의 행동을 바람직한 방향으로 변화시키는 수공업의 생산공정과도 같다.

　　이러한 교육에 있어서 교사는 교육의 주체로서 학습자에게 절대적인 영향을 미치는 존재이며, 만드는 교육은 외부의 영향력과 자극을 통하여 바람직한 방향으로 인간을 만들어 가는 기술에 관심을 갖기 때문에 이를 "기술적 모델"(technical model)이라고 한다. 이러한 이해는 교육현장의 중요성을 강조하는데, 우수한 교사, 재정, 수업기자재, 조명 등 인적, 물적 자원뿐만 아니라 학습자들에 대한 동기부여, 교육공동체의 분위기, 상황 등 포괄적인 요소의 중요성을 환기시키는 순기능을 갖는다.

(2) 기르는 교육

　　만드는 교육이 학습자 외부의 영향력을 강조하는 데 비하여, 기르는 교육은 인간 안에 내재된 성장의 잠재력이 발현될 수 있도록 돕는 것을 교육이라고 이해한다. 이는 프랑스의 계몽주의 철학자인 장쟈끄 루소(Jean-Jacques Rousseau)의 입장을 대변하는 것으로서, 기르는 교육은 그가 주장하는 자연주의 교육사상과 아동 중심 교육의 핵심사상이다.

　　이러한 이해를 "유기체적 모델"(organic model)이라고도 하는데, 기르는 교육에 있어서 교사는 정원사처럼 화초(학습자)가 자연의 질서대로 성장할 수 있도록 돕는 역할을 담당한다. 또한, 학습자 스스로 자신의 잠재력을 실현할 수 있도록 하는 것을 강조하므로 교육은 최소한의 부분만을 담당하기 때문에 이를 소극적 교육(negative education)이라고도 한다. 이러한 교육 이해는 교육현장에서 상대적으로 권위를 가지고 우위를 점하는 교사가 독단적으로 수업을 진행하는 것을 방지하며, 학습자 개개인을 존중하는 것의 의미를 일깨워주며 중심을 잡는 데에 유익한 측면이 있다.

(3) 만남의 교육

초월적인 하나님을 강조하며 교회가 절대적 권력을 구가했던, 소위 암흑기로 불리는 중세를 지나 종교개혁(Reformation)과 문예부흥(Renaissance)을 통한 인간의 가능성에 초점을 맞춘 계몽주의는 인간 이성을 강조하였다. 그 덕분에 시민혁명과 산업혁명을 거치며 인간의 힘으로 건설하는 유토피아를 꿈꾸던 인류는 1, 2차 세계대전을 경험하며 인간의 죄성을 실감하게 되었고, 그러한 흐름 속에서 삶의 다양한 경험 가운데 그 의미를 스스로 깨우치는 개인의 각성을 강조하는 실존주의 철학이 대두하였다.

실존주의의 영향을 받은 교육사상이 바로 만남의 교육인데, 만남의 교육은 뾰족한 첨탑을 중심으로 거대한 성당을 통해 높고 초월적인 하나님을 강조하던 중세 가톨릭교회와는 정반대의 모습을 보인다. 만남의 교육은 초월적인 하나님의 능력을 인정하되, 인간의 반응과 책임을 보다 강조하는 입장을 견지하는데, 따라서 개인이 초월적인 하나님을 만날 때에 그 사람의 삶 가운데 역사하시는 내재적인 하나님의 능력이 나타난다는 사실에 보다 초점을 맞춘다. 그러므로 만남의 교육에 의하면 교수자와 학습자 모두 하나님의 능력을 전제하여 서로 가르치고, 배우는 사명을 감당해야 하는 것이다.

2) 기독교교육과 신학

교육에 대한 이해를 통해 교육관이 형성되면 이에 따라 교육이 지향하는 바, 즉 교육의 목적이 결정된다. 교육의 목적이란 교육과정을 통해서 성취하고자 하는 결과를 뜻한다. 교육목적은 교육적 과제의 방향을 제시하고, 교육경험으로서의 교육내용을 선정하는 기준이 되며, 교육방법론을 결정하는 토대로서, 그리고 평가를 위한 지침으로서 기능한다. 그러므로 교육의 목적은 교육의 내용과 교수학습법을 결정하고, 평가의 근거가 되는 것으로서 교육의 철학, 가치관에 의하여 영향을 받는다. 특히 기독교교육의 목적은 신학적 관점의 영향을 받으며, 따라서 신학은 기독교교육의 목적을 설정하는 토대가 된다.

과거에는 기독교교육에 대하여 학문적으로 접근할 때에 기독교교육학을 신학 분야의 하나인 실천신학의 한 분과로 분류하였지만, 최근에는 일반적인 학문 분야 들과의 연계성과 기독교교육학 자체의 전문성을 강조하며 하나의 독립된 분야로 인 정하는 추세이다. 교육학 자체가 타 학문과 연계되어 교육철학, 교육사, 교육심리 학, 교육경제학, 교육행정학, 교육경영학, 교육사회학 등의 세부 분과를 형성하고, 내부적으로도 교육과정론, 교수학습법, 교육공학, 교육평가, 교육리더십 등으로 다 양하게 분류되기 때문이다.

또한, 교과대상에 따라서는 언어교육, 수학교육, 사회교육, 과학교육, 음악교 육, 미술교육, 체육교육 등으로 다양화되며, 연령별로는 영아교육, 유아교육, 어린 이교육, 청소년교육, 성인교육, 노년교육 등으로 나뉜다. 여기에 더하여 신학적 의 미를 중시하는 기독교교육은 신학의 다양한 분야와도 상호작용하며 소통하므로 신 학이라는 큰 틀 안에서 세부적인 독자 분야로 구분되고 있다. 그럼에도 불구하고 기독교교육은 신학적 기반을 바탕으로 신앙의 세계관을 통해 교육의 목적을 실현하 는 분야이므로 성서신학, 이론신학, 실천신학 등 신학의 제 분야들과의 지속적인 소 통을 통해 발전해야 한다. 그러한 차원에서 교육의 신학적 배경을 강조하는 교육신 학을 통해 기독교교육의 성격을 이해하는 것이 요구된다.

독일의 신학자 프리드리히 슐라이어마허(Friedrich Schreiermacher)는 지난 1830 년, 자신의 저서 『신학학업의 개요』(Brief Outline of the Study of Theology)를 통해 신학 의 3대 영역을 구분하였다. 그는 먼저 철학적 신학을 예로 들며, 이에 포함되는 분 야로서 변증학, 논쟁학, 조직신학, 교의학 등을 제시하였고, 다음으로 성경신학, 교 회사를 역사신학으로 묶어 분류했다. 마지막으로 교회를 세우고 완전케 하는 의의 를 바탕으로 하는 실천신학을 제시하는 한편, 이를 단순히 실천적인 학문으로 한정 하며, 사회과학적 발달이 미흡한 19세기의 한계를 드러냈다.

이후 교육신학이라는 용어는 독일계 미국인 신학자 폴 틸리히(Paul Tillich)가 자 신의 저서 『문화의 신학』(Theology of Culture, 1959)에서 처음으로 사용하였고, 스웨덴 출신의 신학자인 넬스 페레(Nels Ferre)의 저서 『기독교교육을 위한 신학』(A Theology for Christian Education, 1967)을 통해 광범위하게 사용되기 시작했다. 교육신학이란 기독교적 진리를 교육적으로 해석하는 학문의 영역을 의미하는데, 우리나라에서는 은준관이 1976년 『교육신학: 기독교교육의 이론적 근거』를 출판하며 국내에 교육신학의 개념을 소개한 이후로 교육과 신학의 접목에 대한 학문적인 연구가 활발히 이루어지기 시작하였다. 교육신학은 건전한 신학적 관점을 바탕으로 교육의 실천이 이루어져야 참다운 기독교교육이 실현된다는 점을 강조하는 기독교교육의 영역이다.

3) 신학적 배경에 따른 교육의 목적

기독교교육의 목적은 신학적인 입장에 따라 그 강조점에 차이가 있는데, 이는 교육에 대한 정의 자체가 하나님과 인간에 대한 이해도에 따라 변화하기 때문이다. 잭 시무어(Jack L. Seymour. 1982; 1997)는 교육신학의 유형에 따라 기독교교육의 목적을 다섯 가지로 분류하였다. 시무어에 의하면 기독교교육의 첫째 유형은 종교교육(Religious instruction) 유형으로서 사회문화적 접근을 활용, 교육프로그램을 통해 학습자에게 신앙과 실천, 감정, 지식 등을 전달하는 것을 목적으로 한다. 둘째는 신앙공동체(Faith community) 유형으로서 회중 전체를 중시하여 기독교 공동체가 구체화한 신앙이 공동체 내에서 다음 세대로 전수되는 것을 목적으로 한다. 세 번째 유형은 영적발달(Spiritual development) 유형으로서 발달심리학과 연계하여 학습자 개인의 영적 성장과 성숙을 도모함을 목표로 하며, 해방(Liberation)을 목표로 하는 네 번째 유형은 기독교교육의 예언자적 과업을 강조하며 하나님의 샬롬의 약속을 통해 억압의 현실을 조명하고 정의를 구현하려 시도한다. 다섯째, 해석(Interpretation) 유형은 기독교교육이란 기독교 전통을 통해 오늘날 현대인들이 경험하는 현상을 해석하는 것을 목표로 한다는 점을 강조한다.

메리 보이스(Mary C. Boys, 1989)도 교육신학의 유형에 따라 기독교교육의 목적을 네 가지로 나누었다. 첫째, 복음전도(Evangelism) 유형으로서 이는 기독교교육을 통한 회심을 목적으로 한다. 따라서 회심을 일으키기 위하여 예배의 설교와 주일학교교육, 특히 성경교수를 강조한다. 18-19세기에 일어난 미국의 대각성 운동 시기에 나타난 기독교교육의 유형이 바로 복음전도 유형에 해당한다. 둘째, 종교교육(Religious education) 유형인데, 이는 회심을 강조하며 부흥 운동을 벌이고 주일학교교육을 강조했던 복음전도 유형이 지나치게 감정적이며, 학습자를 고려하지 않는다고 비판하며, 따라서 학습자 중심의 교육을 목적으로 강조한 운동으로서 자유주의 신학과 진보적인 교육사상이 결합된 유형이다. 셋째, 기독교교육(Christian education) 유형으로서 이는 종교교육 유형에 대한 반작용으로 일어났으며, 자유주의 신학에 반대한 신정통주의 신학에 기초를 두고 있다. 기독교교육 유형의 목적은 교육을 통해 개인이 하나님과 관계를 맺고 그리스도를 따르는 신실한 신앙인이 되도록 하는 것이다. 넷째, 가톨릭교육(Catholic education)은 신앙을 영혼의 조명으로서의 지성적 측면으로만 이해했던 것을 반성하고, 전인적인 인격의 성숙으로서의 교육을 강조하는 교육 유형이다. 이는 예전을 강조하며 교리와 신조에 중점을 두기 때문에 카테케틱스(Catechetics) 유형이라고도 불린다.

한편 해롤드 버지스(Harold W. Burgess, 1975; 1996) 또한 기독교교육의 네 가지의 유형을 제시하며 각각의 교육목적을 소개하였다. 첫 번째 유형은 복음적 케리그마 유형(The evangelical kerygmatic model of religious education)으로서 전통신학의 입장을 따라, 성경을 교육의 이론과 실천에 있어서 절대적인 규범으로 삼는다. 둘째, 자유주의 종교교육 유형(The classical liberal model of religious education)은 20세기 초반의 자유주의 신학과 진보주의 교육에 뿌리를 둔 것으로 성경의 가르침보다 사회과학의 이론들을 더 중시하는 입장으로서 보이스의 "종교교육" 유형과 유사하다. 자유주의 종교교육 유형에 의하면 성경은 여러 가지 사용 가능한 교수학습의 자원 중의 하나로서 활용되며, 기독교교육의 목적은 학습자의 인격을 개발하고 하나님 중심의 민주주의 실현을 위하여 사회를 개조하는 것이다. 셋째, 20세기 중반의 주류 종교교육 유형(The mid-century mainline model of religious education)으로서 이는 신정통주의 신학에 근거하므로 보이스의 "기독교교육" 유형과 비슷하다. 주류 종교교육 유형의 교육목적은 학습자들로 하여금 하나님과 올바른 관계를 맺고 성숙한 그리스도인으로 살아가도록 돕는 것이다. 네 번째 유형은 사회과학적 유형(The social-science model of religious education)으로서 교육의 목적은 종교적으로 설정된 목표를 과학적인 방법을 통해 효율적으로 실현하는 것이며, 이를 위하여 과학적 사고와 연구에 입각한 객관적인 방법을 강조한다.

전통신학 유형은 성경을 절대적 계시의 근원으로 받아들이며 개인구원과 복음 전도에 중점을 두었지만, 시대상을 반영하여 사람들의 마음을 여는 데에는 미흡한 모습을 보였다. 사회-문화적 접근은 자유주의 신학, 진화론, 경험주의 등의 영향으로 개인적 경험과 이상적 사회 건설을 강조했지만, 반대로 기독교적 중심을 잃어버리고 말았다. 신정통신학적 접근은 계시와의 만남을 강조하며 양자를 합치려 했지만, 결과적으로는 오히려 양자 모두를 놓치게 되었다. 사회과학적 접근은 해방신학, 흑인신학, 여성신학, 과정신학 등과 연계하여 사회정의 구현을 통해 하나님 나라의 건설을 시도했지만 너무 급진적이므로 한쪽으로 입장이 치우쳐서 균형감각을 잃었다는 비판을 받는다.

급변하는 21세기의 상황 속에서 이러한 유형 가운데 어느 한 가지 유형에만 국한되기보다는 하나님의 말씀을 기반으로 예수님을 그리스도로 고백하며 이 땅에서 하나님의 존귀한 형상을 드러내는 기독교의 본질을 중심으로 각 유형별로 장점들을 차용하여 통합적으로 활용하는 지혜가 필요하다. 또한, 기독교교육의 목적은 신학적 관점에 따라 회심, 성화, 전도, 양육, 샬롬 등으로 다양하게 진술되는데, 복음주의 시각에서 기독교교육의 목적은 기독교교육의 정의를 실현하는 것으로서, 하나님의 형상 회복을 통하여 그리스도의 명령을 이 땅에서 실현하는 것이라고 정리해도 무리가 없을 것이다.[6]

---

6 스탠퍼드 대학교(Stanford University)의 교육학과 교수인 넬 나딩스(Nel Noddings, 2007)는 교육목표의 위계를 다음과 같이 구분하였다. 그녀에 의하면 교육목표는 교육의 이념적, 철학적 기초이자 본질적 목표인 교육이념(educational ideology, philosophy), 일반적이고 포괄적 목표인 교육목적(educational purposes), 교육목적을 이루는 수단인 교육목표(educational aims), 특정 과목의 주제별 목표인 단원목표(educational goals), 그리고 측정 가능한 세부적인 단원목표인 수업목표(educational objectives)로 세분될 수 있다.

3 성경의 3대 명령과 기독교교육의 목적

캐나다의 교육신학자 해로 밴 브러멜른(Harro van Brummeln, 2002)은 기독교교육과 관련 있는 성경의 3대 명령을 창조명령, 대명령, 대위임령으로 구분하였다.[7] 이는 복음주의적 기독교교육의 이해와 잘 부합되고, 우리나라의 교육과 목회의 현장에서 적용하기에도 유용하므로 그 개념을 통해 기독교교육의 목적을 조명하면 유용하다.

1) 창조명령(Creation Mandate)

하나님이 인류에게 주신 첫 번째 명령은 창세기 1장 27-28절의 창조명령이다. 창조의 기사는 첫째 날은 넷째 날, 둘째 날은 다섯째 날, 그리고 셋째 날은 여섯째 날과 각각 상응하므로 함께 살펴보면 이해하기가 용이하다. 하나님께서 첫째 날 흑암과 혼돈 가운데 빛을 창조하셨고, 넷째 날에는 공허함 가운데 해와 달과 별을 창조하셔서 질서를 부여하셨다. 둘째 날은 궁창, 즉 하늘을 만드셔서 물을 나누시고, 다섯째 날은 그 하늘과 물에 사는 새와 물고기들을 지으셨다. 셋째 날은 땅과 채소와 식물들을, 그리고 여섯째 날에는 땅에서 나는 채소와 식물을 먹는 짐승들과 그 짐승들을 다스리는 사람을 만드셨다. 이 모든 것이 하나님이 보시기에 좋았고, 특히 하나님의 형상으로 사람을 만드신 여섯째 날에는 보시기에 심히 좋았다(창 1:31).

하나님이 당신의 형상으로 사람을 창조하신 후에 복을 주시며 첫 번째 명령, 즉 창조명령을 내리셨는데, 그 내용은 다음과 같다. "생육하고 번성하여 땅에 충만하라, 땅을 정복하라, 바다의 물고기와 하늘의 새와 땅에 움직이는 모든 생물을 다스리라"(창 1:28). 창조명령은 하나님을 대신해서 창조된 세상을 다스리는 전권을 인

---

7 세 가지 명령이 공통적으로 추구하는 가치는 인간에게 내재된 잠재력의 실현으로서, 이는 하나님의 형상으로 창조된 모든 인간의 기본적인 인격과 그 가능성을 존중하는 것을 핵심으로 한다. 최성훈, "이중직 목회에 대한 신학적 조명: 해로 밴 브러멜른의 3대 명령을 중심으로," 「신학과 실천」 71(2020), 479.

간에게 위임해 주신 것이다. 이제 하나님의 형상으로 창조된 아담이 창세기 2장 19절에서 각 생물에게 이름을 붙이는 첫 창조 사역을 시작함에 따라 인간은 이제 창조주 하나님의 형상을 지닌, 하나님의 제1의 피조물로서 창조명령을 수행하는 지위와 특권을 누리게 된 것이다. 하지만 아담과 하와의 에덴 동산의 타락 이후에 인류는 하나님과의 관계 단절이라는 죄의 결과로 신음하기 시작했고, 하나님의 형상은 훼손되었다. 이 세상을 정복하고 다스리라는 명령은 자신의 이익을 위해 자연과 생태계를 파괴하는 피조세계의 파괴자로 그 모습이 변질된 인류로 인해 수행이 불가능하게 되었다.

독일의 찰리 채플린이라고 불리는 희극배우 칼 발렌틴(Karl Valentin)의 단편 연극은 창조명령의 사명을 잃어버리고 헤매는 인간의 모습을 조명하도록 하는 혜안을 제공한다. 연극은 중년 신사 한 사람이 전봇대 불빛 밑에서 무엇인가를 열심히 찾고 있는 장면으로 시작한다. 지나가던 경찰관이 그 모습을 보고 무엇을 찾느냐고 물었더니 그 사람은 자기가 열쇠를 잃어버려서 열쇠를 찾고 있다고 대답하였다. 그래서 한참 동안을 그 신사와 함께 열쇠를 찾던 경찰관은 그 열쇠를 전봇대 밑에서 잃어버린 것이 맞느냐고 다시 물었다. 그러자 열쇠를 찾던 그 사람은 반대편 어두운 곳을 가리키며 열쇠는 반대편에서 잃어버린 것이라고 대답하였다. 그런데 왜 열쇠를 전봇대 밑에서 찾고 있느냐고 그 경관이 다시 묻자 그는 이렇게 응수했다. "저쪽은 어두워서 보이지가 않으니까요."

우스운 이야기지만 이것이 오늘을 사는 현대인들의 자화상이기도 하다. 우리가 잃어버린 삶의 자리는 어두움인데, 왜 빛 가운데에서 무너진 것을 쌓으려 하는 것일까? 잃어버린 것을 찾고, 무너진 것을 다시 수축하려면 빛을 가지고 잃어버린 자리로 가야 한다. 다시 말하면 삶이 무너진 곳에 말씀의 빛, 진리의 빛, 복음의 빛을 비추어야 다시 일으켜 세울 수가 있다. 만약 하나님과의 관계가 무너졌다면 말씀 앞에 순종하고 기도하며 하나님과의 관계를 일으켜 세워야 하고, 사람과의 관계가 무너졌다면, 말씀의 빛을 비추고, 사랑의 빛을 비춰서 회복해야 한다. 어두운 곳에서 죄악의 유혹에 넘어졌다면 하나님의 빛을 비추어 그 유혹의 사슬을 끊어 버려야 한다. 그러면 비로소 회복이 시작되는 것이다. 이제 예수님을 주님으로 믿는 그리스도인은 거듭남(중생)과 영생의 소유자요, 하나님의 형상 회복자가 되었다. 그리고 피조세계의 청지기로서의 새로운 사명을 받았다. 지속적인 하나님의 형상으로서의 사명을 감당하기 위해서는 성령과의 인격적인 교제를 통해 성령의 도우심 가운데 성령의 충만함을 입어야 한다. 죄는 그리스도의 십자가 보혈로 용서를 받았지만, 우리 안에 살아서 꿈틀거리는 죄성은 성령의 도우심을 통해서만 극복할 수 있기 때문이다. 그러므로 성령으로 충만한 사람은 두 번째 명령을 온전히 수행할 수 있다.

2) 대명령(Great Commandment)

두 번째 명령은 소위 대명령이란 것으로서 예수께서 마태복음 22장 37-40절을 통해 율법의 내용을 정리해 주신 가장 큰 지침이 되는 명령이다. 하나님은 당신께서 이스라엘 공동체에게 주신 율법, 즉 모세오경의 365가지의 "하지 말라"는 명령과 248가지의 "하라"는 명령, 도합 613가지의 계명을 다시 모세를 통해 십계명으로 그 계명을 요약해 주셨다. 그리고 예수님은 그 십계명을 다시 하나님 사랑과 이웃 사랑, 두 가지로 요약해 주셨다.

결국 하나님이 주신 계명의 핵심은 사랑이다. 하나님의 사랑이 율법을 통해서 우리가 사는 이 세상에 질서를 부여하였다. 그저 종교행위가 아니라, 하나님의 형상으로서의 서로의 모습을 존중하고 더불어 살아가라고 주신 계명이 바로 사랑이다. 그러므로 사랑으로 일으켜 세우는 구속적 교육을 통해 하나님의 형상이 존귀하게 드러나야 한다.

소위 "사랑장"이라고 불리는 고린도전서 13장은 성령께서 주시는 은사를 소개한 은사장인 12장과 14장 사이에 놓여 있다. 12장에서 각종 은사를 소개한 후에 12장을 마무리하며 사랑의 의미를 소개하는 13장의 바로 앞에 있는 고린도전서 12장 31절은 다음과 같이 끝을 맺는다. "너희는 더욱 큰 은사를 사모하라 내가 또한 제일 좋은 길을 너희에게 보이리라"(고전 12:31).

헬라어 원어를 살펴보면 "더욱 큰 은사"에서 은사란 하나의 은사를 가리키는 것이 아니라 12장에서 소개한 은사들보다 더욱 큰 "은사들"(χαρίσματα)이라고 복수로 되어 있다. 그렇게 다양한 은사들 가운데 크고 작음을 구별하는 기준, 즉 제일 좋은 길은 바로 하나님의 인류를 향한 마음을 담은 사랑이다. 인류를 구원하시기 위해 하나님께서 보내신 독생자, 이 땅에 육체를 입고 내려오셔서 십자가에서 물과 피를 다 쏟으신 예수님을 주님으로 믿는 사람은 그분의 사랑을 따라 살며, 그분의 마음을 품고, 그분의 눈으로 교육을 담당하는 것이 온전한 기독교교육의 사명이다.

한편, 고린도전서 13장의 내용은 교육에 있어서의 사랑의 의미를 잘 설명한다. 사랑이 없으면 어떤 방언도 꽹과리 소리와 같은 소음에 불과한 것처럼 교육자가 사랑 없이 학습자를 대하면 진리가 제대로 전달되지 않고 왜곡되기 십상이다. 천사의 말을 하는 것이 그리스도의 피값으로 세우신 한 영혼을 교육하며 섬기는 데에 전혀 관심이 없다면 오히려 많이 받은 자에게 많이 요구할 것이라는(눅 12:48) 주님의 음성은 우리에게 커다란 부담으로 다가올 것이다. 산을 옮길 만한 믿음이란 교육의 과정을 통하여 하나님이 베푸실 능력을 신뢰하는 믿음을 말하며, 사랑의 섬김을 통해 교육현장에서 실현되는 것이다. 또한, 모든 소유를 팔아 구제하고, 자신의 몸을 불사르게 내어 줄지라도 사랑이 없으면 무의미한 것이다. 그 마음이 그리스도의 사랑으로 채워져서 자신의 소유를 팔아 가난한 사람들을 구제했던 바나바처럼 학생들의 필요를 헤아리는 교사는 대명령을 실천하는 충성된 종이다.

사랑의 또 다른 속성은 오래 참는 것이다. 하나님도 이스라엘 백성을 오래 참으셨고, 끊임없이 죄를 범하는 우리들에 대하여도 오래 참아 주신다. 하지만 우리는 인내와 무관심을 구별할 필요가 있다. 인내는 상대방의 잘못을 견디고 감싸는 것이지만 무관심은 그것을 완전히 무시하는 것이기 때문이다. 사랑은 온유한데, 이 온유함도 인내와 관련이 있다. 인내는 시간에 초점을 맞춘 것이지만, 온유란 한 개인이 다른 사람을 대하는 태도와 관련이 있다. 그러므로 온유란 학생의 눈높이에서 기다리며 인도하는 친절한 인내를 뜻한다. 또한, 투기하고 자랑하는 나 중심의 마음은 사랑이 아니라, 나 자신을 위해 다른 사람을 이용하는 것에 불과하다. 그것은 자신의 교만함에 기인하는 것이기 때문이다. 사랑은 무례히 행치 않고, 자기의 유익을 구하지 않는다는 것은 일반적인 사랑의 속성을 드러내는데, 성령께서 주시는 은사의 목적이 예수님을 주님으로 시인하며 공동체의 유익을 위한 것이므로(고전

12:3, 7), 성령의 열매인 사랑은 자신을 드러내는 것이 아니라, 하나님을 높이며, 하나님의 형상으로 창조된 한 영혼, 한 영혼을 소중히 여기며 존중하는 것을 의미하기 때문이다.

그러므로 사랑은 함부로 성내지 않는다. 이 또한 다른 이들을 참아주는 것, 즉 인내하는 것이다. 하지만 이 부분도 균형을 잡을 필요가 있는데, 때로는 거룩한 분노가 필요할 때가 있기 때문이다. 사도행전 17장 16절에서 바울은 아덴에서 우상들을 보았을 때에 분노했다. 그냥 분노한 것이 아니라 격분하였다. 예수님조차도 사람들의 마음의 완악함을 보시고 진노하셨고, 성전 환전꾼들을 내쫓으셨다(요 2:14-17). 따라서 우리는 화를 내지 않는 것만이 사랑의 미덕이라고 착각해서는 안 된다.

교육현장에서도 마찬가지이다. 잘못된 것을 바로잡기 위한 견책이 필요할 때가 있기 때문이다. 화를 내지 않으려다가 불의한 상황에서 애매한 고난을 당하는 사람들을 못 본 척하거나, 불의를 바로잡는 일을 통해 하나님의 의를 드러냄으로써 하나님께 영광을 돌려드리는 일에 무관심해서도 안 된다. 하지만 바울이 에베소서 4장 26-27절에서 경계한 것처럼 분을 내어도 죄를 짓지 말며, 해가 지도록 오랫동안 분을 품어서 마귀에게 틈을 주어서도 안 될 것이다. 결국 교육을 수행하는 과정에 있어서 잘못된 것을 지적하고, 바로잡되, 그 마음 중심을 하나님께 토로함으로써 균형을 잡아야 하는 것이다. 자신의 자녀를 훈육할 때에도 하나님의 눈으로 그들을 바라보며 중심을 잡아야 한다. 내 자녀가 아니라, 하나님께서 나에게 맡겨 주신 하나님의 자녀이기 때문이다. 또한, 진리는 날카롭게 현실을 조명하기 때문에 겸손과 사랑으로 감싸지 않으면 전달 과정에서 진의가 왜곡될 수 있다는 사실을 유념하며, 이를 경계해야 감정에 휩쓸려 실수하는 것을 막을 수 있다.

3) 대위임령(Great Commission)

대위임령은 십자가 사건 이후 제자들 앞에 나타나신 예수께서 부활, 승천하실 때에 제자들에게 부탁하신 마지막 명령으로서(마 28:18-20) 이는 이 세상에서 수행해야 할 지극히 높은 명령이라는 의미에서 "지상명령"(至上命令)이라고도 한다. 이 명령은 제자들뿐만 아니라 예수님을 그리스도로 믿는 모든 그리스도인들에게 주어진 명령이다. 다른 두 명령도 그렇지만 이 세 번째 명령은 기독교육의 독특한 특성을 잘 나타낸다. 교수자 또는 학습자 개인이 혼자 하나님의 형상을 회복하는 것으로 그치는 것이 아니라, 하나님의 인류를 향한 마음을 품고 복음을 전하는 사명이 기독교육에 내재되어 있기 때문이다. 따라서 교육현장에서 자신의 역할을 담당하며, 구속적 교육 및 그 교육과정에서 그리스도인의 삶을 통해 모범을 보이는 실천이 요구된다.

구체적인 복음전도의 사명에 있어서도 퇴근 시간에 지친 몸을 간신히 대중교통에 의지하고 눈을 감고 있는 피곤한 사람을 툭 치며 깨워서 "예수천당, 불신지옥!"을 외치는 어리석은 방법으로는 오히려 영혼을 실족하게 하고 잃는 결과를 초래할 것이다. 이와는 대조적으로 복음에 대한 말은 한마디도 하지 않지만, 자신의 삶 속에서 묵묵히 자신의 역할을 수행하는 한편, 다른 이들을 향해 따뜻한 사랑의 섬김의 손길을 내미는 모습이 사람들의 마음을 열 것이다. 기독교육에 있어서도 주어진 교육의 사명을 담당하되, 하나님의 마음을 품고 각 사람에 내재된 하나님의 형상 회복을 꿈꾸며 온전히 헌신하고 섬기는 모습이 기반인 것이다.

대위임령을 받은 그리스도인의 사명은 말씀(the Text)에 근거하여, 모든 민족을 제자 삼고(복음전파), 아버지와 아들과 성령의 이름으로 세례를 주고(신앙고백), 말씀을 가르쳐 지키게 하는(양육) 것이다. 그러나 현 상황, 즉 시대적 상황(the Context)을 고려하여 모든 민족에게 복음을 전하되 그들의 귀에 잘 들리도록 지혜롭게 이를 풀어서 전달하는 것이 필요하며, 그러한 전달의 수고는 세상 끝 날까지 계속되어야 할 것이다. 복음전파 명령의 대상은 "모든 이방인들"이다. 마태복음 28장 19절의 "모든 민족"을 가리키는 헬라어 단어는 "모든 이방인들"을 나타내는 "에트노스"(ἔθνος)"이기 때문이다. 이것은 비유대인만을 지칭하는 데에만 사용되었던 히브리어 "고이"(גוֹי)의 복수형인 "고임"(גוֹיִם)"에 해당하는 헬라어 단어이다. 또한, 민족에게 세례를 베푸는 것은 불가능하므로 19절이 뜻하는 대상은 분명히 개인들이다. 유대인들은 오히려 메시아를 거부하고 십자가에 못박아 죽였지만, 그 십자가 사건 이후 교회의 선교 초점은 모든 이방인들을 포함한 모든 열방이 되었다.

주님께로 돌아선 이방인들은 이전의 이교적인 낡은 누더기를 걸치고서는 메시아의 혼인잔치에 참여할 수 없기 때문에 그들은 이제 그리스도의 새로운 제자가 되어야 하며, 제자가 되는 과정 가운데 세례를 받아야 한다. 마태복음 28장 19-20절에서 사용된 "제자 삼다"를 뜻하는 헬라어 단어 "마테튜오"(μαθητεύω)와 "세례를 베풀다"를 지칭하는 헬라어 단어 "밥티존테스"(βαπτίζοντες)가 모두 현재분사로 되어 있는데, 이는 예수님을 믿고 그분의 제자가 되는 것과 세례받는 신앙고백이 동시에 이루어져야 한다는 의미이다. 이러한 일은 개인적인 노력으로 되는 것이 아니다. 예수 그리스도의 이름을 의지할 때에 예수께서 주신, 하늘과 땅의 모든 권세, 즉 세상 끝날까지 함께하실 예수님 이름의 능력과 권세를 힘입어 감당해야 하는 것이며, 또한 성령의 도우심과 위로를 필요로 한다. 따라서 대위임령은 개인으로 나뉘어 수행하는 것이 아니라, 신앙의 공동체가 함께 모여 사랑과 화합의 섬김을 통해 이루어가야 하는 사명인 것이다.

4 기독교교육과 영적 전쟁

하나님의 사람을 일으켜 세우는 기독교교육의 전개 과정은 영적 전쟁과 다름이 없다. 사도 바울은 에베소서 6장 12절에서 우리의 싸움은 혈과 육을 상대하는 것이 아니요, 통치자들과 권세들과 이 어둠의 세상 주관자들과 하늘에 있는 악한 영들을 상대하는 것이라고 말했다. 이는 우리의 신앙생활이 영적 전쟁 자체라는 의미이다. 그는 영적 싸움에서 승리하기 위해서 하나님의 전신갑주를 입으라고 권면하였다. 그는 길이요, 진리요, 생명되신 예수 그리스도로 중심을 잡는 진리의 허리띠(요 14:6), 그리스도 예수 안에서 결코 정죄함이 없는 복음에 기반한 의의 호심경(롬 8:1-2), 평안의 복음의 신, 믿음의 방패, 구원의 투구를 쓰라고 권고했다. 그리고 마지막으로 강력한 무기인 성령의 검인 하나님의 말씀을 가질 것을 촉구하였다.

해마다 미국의 수많은 젊은이들은 "평화봉사단"이라는 단체를 통해 환경을 보호하기 위한 활동, 지역주민들의 가축관리와 작물재배를 돕는 활동, 고고학적 탐구를 위한 활동 등을 위해 아마존 정글에 가서 봉사하곤 한다. 아마존 정글에서 봉사하기를 원하는 자원봉사단을 위해서 미국 정부는 평화봉사단 지침 매뉴얼을 제공한다. 아마존 정글은 각종 위험요소들이 도사리고 있는데, 특히 보아뱀의 일종인 아나콘다라는 뱀이 정글 최고의 포식자로 자리잡고 있다. 아나콘다는 몸 길이가 약 12m까지 자라고, 몸무게는 300kg까지 성장하며, 주로 사슴, 악어의 일종인 카이만 등 정글의 모든 동물을 잡아먹으며, 그 대상에 사람도 예외는 아니다. 그래서 미국 정부가 제공한 매뉴얼에는 아나콘다에 대한 대응책이 상세히 기록되어 있다.

    매뉴얼의 대응책에 의하면 첫째, 항상 예리하게 갈아 놓은 칼 한 자루를 주머니 속에 휴대하고 있어야 하고, 둘째, 절대로 아나콘다를 만나면 성급히 도망해서는 안 되는데, 아나콘다는 사람보다 훨씬 빠르기 때문이다. 놀라서 도망한다면 아나콘다는 곧 쫓아와서 온몸을 휘감고 힘을 주어서 뼈를 전부 부스러지게 할 것이기 때문에 매뉴얼은 그저 턱을 목 아래로 잡아당기고, 옆구리에 팔을 바싹 붙이고, 양다리도 서로 꼭 붙인 채로 그냥 땅에 완전히 엎드리라고 권고한다. 그러면 아나콘다가 와서 몸을 슬슬 건드린 후에 기어오르기 시작할 것인데, 그 때에 절대로 공포심으로 당황하지 말고 가만히 있으면 아나콘다가 눈을 바라보며 발끝부터 삼키기 시작할 것이라는 설명이 이어진다. 그러면 절대 놀라지 말고, 눈을 슬며시 뜨고 아나콘다를 주시하며, 그렇게 삼키도록 두라는 것이다. 다리를 입속으로 빨아들이기 시작하는 데 시간이 꽤 오래 걸리는데, 차분히 기다리다가 아나콘다가 무릎까지 삼키게 되면 천천히, 가능하면 거의 움직이지 말고 조심스럽게 주머니의 칼을 꺼내서 아주 부드럽게 아나콘다의 입과 무릎 사이로 밀어 넣고 단칼에 위쪽으로 훅, 찢어서 아나콘다의 머리를 자르라는 것이다.

    그리스도인의 영적 무기인 말씀은 이보다도 훨씬 예리하다. 바울은 에베소서 6장 17절을 통해 성령의 검은 곧 "하나님의 말씀"이라고 말했고, 예수님은 40일 금식 후에 사탄의 공격을 말씀으로 물리치셨다. 그래서 히브리서 4장 12절은 다음과 같이 기록한다. "하나님의 말씀은 살아 있고 활력이 있어 좌우에 날선 어떤 검보다도 예리하여 혼과 영과 및 관절과 골수를 찔러 쪼개기까지 하며 또 마음의 생각과 뜻을 판단하나니"(히 4:12). 또한, 하나님의 말씀은 우리 마음 깊은 곳의 죄를 감찰하게 하고, 죄를 이기도록 하는 능력이 있다. 1907년의 평양 대부흥 운동은 말씀을 배우는 사경회로부터 시작해서, 말씀 앞에서 자신을 비추어 보는 회개 운동으로, 그리고 다시 성령 운동으로 확장되었다. 말씀은 하나님 앞에 자신을 비추어 보고, 돌이키게 하고, 세상과 그리스도인을 구별되게 한다. 그러므로 기독교교육의 철학 및 심리적 기반이 하나님 말씀에 근거하고, 기독교교육의 과정과 방법론인 교수학습법과 교육공학이 기독교적 세계관, 즉 복음의 빛과 성령의 검인 하나님의 말씀에 기반하면 한 영혼을 하나님의 사람으로 우뚝 세우는 강력한 도구로 기능할 수 있다.

참고문헌

은준관. 『교육신학: 기독교교육의 이론적 근거』. 서울: 대한기독교서회, 1976.

최성훈. "이중직 목회에 대한 신학적 조명: 해로 밴 브러멜른의 3대 명령을 중심으로." 「신학과 실천」 71(2020), 479−502.

Boys, Mary C. *Educating in Faith: Maps and Visions*. New York, NY: Harper & Row, 1989.

Burgess, Harold W. *An Invitation to Religious Education*. Mishawaka, IN: Religious Education Press, 1975.

_____. *Models of Religious Education: Theory and Practice in Historical and Contemporary Perspective*. Nappanee, IN: Evangelical Publishing Company, 1996.

Ferre, Nels F. S. *A Theology for Christian Education*. Louisville, KY: Westminster, 1967.

Noddings, Nel. "Aims, Goals, and Objectives." *Encounter on Education* 8(2007), 7−15.

Schleiermacher, Friedrich. *Brief Outline of the Study of Theology*. Louisville, KY: John Knox, 1966. (Original work published in 1830).

Seymour, Jack L., Little, Sara, Foster, Charles, Moore, Allen, and Wehrheim, Carol. *Contemporary Approaches to Christian Education*. Nashville, TN: Abingdon, 1982.

Seymour, Jack L. *Mapping Christian Education: Approaches to Congregational Learning*. Nashville, TN: Abingdon, 1997.

Tillich, Paul J. *Theology of Culture*. ed. Robert C. Kimball. Oxford, UK: Oxford University Press, 1959.

Van Brummelen, Harro. *Steppingstones to Curriculum: A Biblical Path*. 2nd ed.

Colorado Springs, CO: Purposefule Design Publications, 2002.

웹사이트
코리아타임즈. www.koreatimes.co.kr

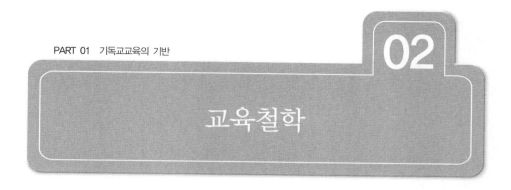

교육철학

지난 1장에서 기독교교육의 정의에 대해서 살펴보며, 그리스도인이란 하나님의 말씀을 따라, 그리스도의 삶을 본받아, 그분의 가르침을 따라 사는 사람을 의미함을 확인하였다. 그러므로 기독교교육철학은 하나님의 마음(철학)으로 교육하기 위한 기반을 의미한다. 그리스도인에게 있어서 가장 중요한 것은 하나님의 마음을 담고, 그 뜻을 이루는 것이다. 그것은 믿음의 삶을 뜻하는데, 나 자신이 원하는 대로 살아가는 것이 아니라, 하나님의 뜻을 따라 하나님이 원하시는 대로 순종하며 사는 삶이 믿음의 삶이기 때문이다.

우리는 예수 그리스도를 통해 구원을 얻고, 하나님의 뜻을 따라 살아간다. 예수님은 믿음과 복음의 의미를 동시에 가르쳐 주시며 이렇게 말씀하셨다. "너희가 내 안에 거하고 내 말이 너희 안에 거하면 무엇이든지 원하는 대로 구하라 그리하면 이루리라"(요 15:7). 이 말씀은 포도나무 되신 예수님 안에서 가지된 우리는 양분을 얻고 자라난다는 뜻이다. 내 뜻대로 하나님의 이름을 이용하는 것, 즉 내가 원하는 것을 얻어내기 위한 수단으로 하나님을 무슨 램프의 요정처럼 이용하는 기복신앙이 아니라, 먼저 예수 그리스도 안에서 하나님의 은혜 안에 거하고, 하나님의 말씀을 따라 순종할 때 어떤 일이든지 이루어지는 복을 누리는 것이다.

　기독교교육철학이란 하나님의 뜻을 따라 교육하는 원리를 의미한다. 갈등을 겪고 이혼하는 부부가 성격 차이, 본질을 바라보는 관점의 차이 때문에 갈라서는 것처럼, 그리스도인이 하나님의 뜻과 자신의 뜻에 차이가 있으면 갈등이 생기고 삶이 힘들어진다. 하지만 우리를 향한 하나님의 뜻은 평안이요, 복된 삶이므로 (신 8:16), 마태복음 7장 9-11절에서 예수님은 먼저 인생의 목적과 뜻을 하나님께 맞추면, 하나님의 뜻 아래에서 구하는 대로 받는 은혜를 누릴 것이라고 말씀하셨다. "너희 중에 누가 아들이 떡을 달라 하는데 돌을 주며 생선을 달라 하는데 뱀을 줄 사람이 있겠느냐 너희가 악한 자라도 좋은 것으로 줄 줄 알거든 하물며 하늘에 계신 너희 아버지께서 구하는 자에게 좋은 것으로 주시지 않겠느냐"(마 7:9-11). 그렇다면 기독교교육의 관점에서 다루는 철학의 과업은 기독교 신앙과 세계관에 근거한 철학이 어떻게 기독교교육의 기반이 되는 원리로서 작용하는지를 살펴보는 것이다.

1　교육철학이란 무엇인가?

　일반적인 의미의 철학(philosophy)이란 "사랑"(philos)과 "지혜"(sophia)라는 단어가 합쳐져서 이루어진 개념으로서 인생의 의미를 탐구하는 활동인 지혜에 대한 사랑을 뜻한다. 최근에는 철학을 학문의 영역으로 보는 것보다는 일종의 탐구방법으로 받아들이는 경향이 있다. 이는 모든 학문의 영역은 심화될수록 철학적 질문, 즉, 실재에 대한 분석, 실재를 아는 방법, 가치판단을 내리는 수준에 도달한다는 이해에 바탕을 둔 것이다. 예를 들면 경제학이 수요와 공급에 의해서 시장에서 제품의 가격이 결정된다는 기본적인 경제학의 이론에 그치는 것이 아니라, 수요와 공급의 메커니즘이 과연 올바로 기능하고 있는가, 그렇지 못하다면 그 이유는 무엇이고, 어떻게 그 문제를 해결해야 하는가와 같은 질문을 조명하는, 이론의 기저에 깔린 의미를 파헤치는 것을 중시하는 것이다.[1]

---

1 일례로 미국의 경제학자 앨런 크루거(Alan B. Krueger)는 "로코노믹스"(Rockonomics)라는 제목의

그렇다면 교육철학은 무엇일까? 교육철학은 삶의 사실과 정보들이 교육활동에 주는 의미를 탐구하는 활동으로서, 이러한 철학적 탐구 활동을 통해서 인간 삶에 유익하게 교육을 이끌어 나갈 수 있는 지혜를 제공한다. 구체적으로 교육철학은 교육 영역에서 발생하는 주제들에 대하여 철학적 탐구를 하는 것으로서 교육의 목적은 무엇이며, 어떤 종류의 지식을 강조할 것인가, 학습의 가치가 있는 내용은 어떤 것이어야 하는가, 누가 그것을 결정할 것인가, 교사의 권위와 학생의 자율성 중에 어디에 더 비중을 둘 것인가, 이러한 것들을 결정하는 토대이다. 따라서 교육철학은 교육에 관한 관점, 즉 교육관의 기반이 된다. 또한, 교육철학의 탐구방법은 교육철학의 기능과 직결되어 있으므로 탐구와 기능의 개념을 교차해서 사용해도 무방할 것이다.

교육철학의 주요 탐구방법으로 대개 분석적, 평가적, 사변적, 통합적 방법 등 네 가지의 방법론(기능론)이 대표적이다. 첫째, 분석적 방법은 일상적 언어(단어)의 의미와 그 의미에 포함된 논리적 관계를 명확히 함을 통해 가치판단의 기준을 밝힘으로써 삶의 의미를 조명한다. 둘째, 평가적 방법은 이론이나 주장, 명제, 원리 등에 대하여 기준(준거)을 바탕으로 가치를 평가하고 판단한다. 셋째, 사변적 방법은 이론적, 실천적 문제를 해결하기 위한 새로운 가설과 제언을 제시하는 등, 지적이며 이론적인 사고를 통하여 체계를 형성하는 작업이다. 사변적 기능의 전제는 평가적 기능인데, 이는 새로운 가설을 제시하기 전에 기존의 이론에 대한 평가가 선행되어야 하기 때문이다. 넷째, 통합적 방법은 다양한 기준이나 관점을 조정하고 종합하여, 일관성 있는 이해를 추구하는 활동으로서, 분석적, 평가적, 사변적 기능을 복합적으로 검토하는 통합기능이다.

저서를 통해 음악산업에 있어서 음악성을 중심으로 하는 음반 판매 관련 수요와 공급의 메커니즘이 중요하기는 하지만, 개인의 주관을 강조하는 포스트모던 사회에서 단순한 음악성이 아니라 자신에게 어필하는 아티스트의 독특한 개성이라는 보완성(complementarity)이 성공의 요인이 됨을 강조하였다. 또한, 그는 4차 산업혁명 시대의 기술발전으로 인해 불법 복제가 만연하고 이를 방지하기가 어려워짐에 따라서 아티스트들은 저작권료 수입보다 콘서트 티켓 판매 수입을 통해 수익을 얻는 시대적 변화를 간파하는 혜안이 필요한 경험경제(experience economy)의 중요성에 대하여 역설하였다. Cf. Alan B. Krueger, *Rockonomics: A Backstage Tour of What the Music Industry Can Teach Us about Economics and Life* (New York, NY: Currency, 2019).

네덜란드계 남아프리카의 신학자 요하네스 판델 발트(Barend Johannes van der Walt, 1978)는 기독교교육철학의 주된 과제를 다음과 같이 정리하였다. 첫째, 여러 학문과의 관계에서 기독교교육학의 위치와 학문적 정당성을 확립하고 타 학문과의 관계를 설정하는 것인데, 이와 관련된 기독교교육의 분야에는 기독교교육개론, 기독교교육사 등이 있다. 둘째, 인간, 종교, 세계관, 문화 등의 사회이념과 기독교교육학과의 관계에 대한 기초를 탐구하는 것으로서, 이는 기독교교육철학과 관련이 있다. 셋째, 기독교교육의 실천을 풍성하게 하기 위한 이론을 체계화하는 것으로서 기독교교육과정, 기독교교수-학습법, 기독교교육공학 등이 이에 포함된다. 넷째, 일반교육의 다양한 이론들을 기독교의 관점에서 분석, 평가, 개혁하는 것이다.

비단 기독교교육학 뿐만 아니라 모든 학문은 그 깊이가 깊어질수록 위의 과제를 포함한 철학적 의미를 드러내는데, 이는 소위, 철학의 경지에 이르는 것을 뜻한다. 그래서 최고 권위의 박사 학위는 "Ph.D.(Doctor of Philosophy) in 학문분야"라는 이름으로 수여된다. 일례로 정치학 박사는 "Doctor of Philosophy in Political Science"의 명칭이 부여된 학위가 주어지고, 사회학 박사는 "Doctor of Philosophy in Sociology"라는 학위 명칭이 주어진다.

2   교육철학의 기본영역

교육철학의 기본영역도 철학의 기본영역을 함께 공유한다. 다만 그 적용점에 있어서 철학이 학문의 기본원리에 치중하고 있다면, 교육철학은 교육적 행위로 확장하고 있다는 것에서 차이가 있다. 형이상학, 인식론, 가치론 등으로 구분되는 철학적 지식은 교육의 각 분야에 응용될 수 있다. 예를 들면 형이상학은 교육의 목적과 교육과정론에, 인식론은 지식교육과 교수-학습법, 교수공학에, 그리고 가치론은 교육과정, 교수-학습법, 교육평가 등에 적용되는 기반철학으로 기능할 수 있다.

1) 형이상학(Metaphysics)

형이상학이란 이 세상(우주)의 궁극적이고 본질적인 실재(진리)가 무엇이냐(What is ultimately real?)라는 존재론적인 질문을 파헤치는 철학의 분야이다. 형이상학이라는 용어 자체가 "~을 넘어서(초월하여)"라는 의미의 헬라어 "meta"(μετά)와 "physics"(φυσικά)를 합쳐서 "자연세계를 초월하는"(beyond physics)이라는 의미이므로 현세를 초월하는 근본적이고 궁극적 실재에 관한 것이다.

관념론을 전개한 독일의 철학자 임마누엘 칸트(Immanuel Kant)는 눈에 보이는 현상적 세계(phenomenal world)와 눈에 보이지 않는 초월적 세계(noumenal world)를 구분하여 형이상학적 세계로서 후자를 제시하였다. 형이상학의 목적은 눈에 보이는 세계(physical world) 너머에(meta) 있는, 사람의 인식이나 경험과 관계없이 독립하여 궁극적으로 존재하는 실재가 무엇인지를 밝히는 것이다. 기독교교육학에 있어서도 형이상학은 궁극적인 실재의 본질인 하나님은 어떤 분이냐는 질문으로 연결이 된다. 따라서 기독교교육에 있어서 교육신학과 교육철학은 필연적으로 만날 수밖에 없다.

교육신학의 출발점은 궁극적인 실재는 역사와 세계 속에 자신을 구현하신 하나님 자신과 그의 계시적 행위에 있다는 것을 인정하는 데에 있다. 하지만 교육철학은 궁극적인 실재란 무엇이냐는 형이상학적 질문으로부터 시작한다. 기독교가 고대 근동의 팔레스타인 지역에서 발흥하여 로마에서 확산되었기 때문에 기독교교육철학은 서양철학의 역사를 반영한다. 고대 그리스의 철학자들은 궁극적 실재로서의 만물의 근원이 무엇이냐는 질문을 제기하였고, 철학자마다 물, 불, 공기, 흙 등이라고 결론을 내렸다.[2] 이후 철학의 전통은 아테네 중심의 인간존재를 궁극적 실재와

---

2 고대의 물질관, 즉 만물의 근원에 대한 이해는 탈레스로부터 시작하여 그의 제자들에게 이르며 다양한 모습을 드러내며 전개되었다. 아리스토텔레스가 "철학의 아버지"라고 불렀던 탈레스는 물을 우주 만물의 근원, 실체, 원리로 이해하였는데, 그에게 있어서 물이란 신화적인 물이 아니라 경험을 통해 알 수 있는 근원적 질료로서의 물을 의미한다. 따라서 탈레스는 만물은 물에서 생성하여 다시 물로 돌아간다고 믿었다. 그의 제자인 아낙시만드로스(Anaximandros, BC 610-548?)는 만물이 단일한 근원적 실체로부터 나온다고 주장하였는데, 그는 그것을 무한자라고 불렀다. 아낙시만드로스의 제자인 아낙시메네스(Anaximenes, BC 585-528)는 만물의 근본 물질을 "아르케"

연관시켜 조명하다가, 궁극적 실재란 자연(자연주의), 영(관념론), 물질(실재론), 세계(실용주의) 등으로 이해하였다. 이후 기독교의 복음이 확산되며 궁극적 실재에 대한 이해가 하나님의 존재로 대치되었다.

2) 인식론(Epistemology)

인식론은 그러한 실재를 파악하는 진리를 어떻게 알 수 있느냐(How do we know the truth?)는 질문, 즉 진리를 아는 방법론을 다룬다. 인식론이라는 용어의 어원 역시 헬라어로서 "지식, 이해"라는 뜻의 "episteme"(ἐπιστήμη)이다. 인식론적 질문을 기독교교육학에 적용한다면 하나님을 어떻게 알 수 있느냐는 질문으로서 이는 기독교교육에 있어서 가장 핵심적인 질문이다.

하나님을 아는 방법은 일반계시(General Revelation)와 특별계시(Special Revelation)로 나뉘는데, 일반계시란 신앙과 관계없이 모든 사람들에게 주신 계시로서 대표적으로 피조된 자연의 세계의 모습을 통해 하나님의 존재에 대하여 알 수 있다. 시편 19편 1절과 로마서 1장 20절은 자연법칙을 통해 알 수 있는 하나님의 피조세계를 이 잘 드러낸다. "하늘이 하나님의 영광을 선포하고 궁창이 그의 손으로 하신 일을 나타내는도다"(시 19:1). "창세로부터 그의 보이지 아니하는 것들, 곧 그의 영원하신 능력과 신성이 그가 만드신 만물에 분명히 보여 알려졌나니 그러므로 그들이 핑계하지 못할지니라"(롬 1:20). 특별계시란 특별한 때에, 특별한 장소에 있는, 특별한 사람들을 통해 주신 계시로서 대표적인 것이 약 1,500년 동안 40여 명의 저자에게 성령을 통해 영감을 주셔서 기록하게 하신 성경이다(벧후 1:21). 또한, 성경은 기독교교

(Arche)라고 부르고, 공기를 근본 물질로 제시하며, 공기의 농축과 희박화로 자연 현상의 변화를 설명하였다. 공기가 농축되면 온도가 내려가서 바람, 구름, 흙, 돌과 같은 것으로 변화하고, 반대로 공기가 엷어지면 온도가 올라가서 불이 된다는 것이다. 따라서 소아시아 에베소 지역의 명문가 출신인 헤라클레이토스(Heracleitos, BC 535-475)는 세상을 구성하는 변하지 않는 원질은 불이라고 주장하였다. 한편, 시실리 출신의 엠페도클레스(Empedocles, BC 493-430?)는 만물의 원질을 다원적 측면에서 이해하여 흙, 물, 숨(공기), 불의 네 가지 원소로 설명하였다. 그는 네 가지 원소를 결합시키는 힘은 사랑이라고 하며, 사랑하는 원소끼리는 결합하고 미워하는 원소끼리는 분리하며 우주는 영원한 네 원소의 결합과 분리의 과정을 통해 발전한다고 보았다. 최성훈, 『성경으로 본 철학 이야기』(서울: CLC, 2018), 39-40.

육학의 핵심이 되는 가장 중요한 기본교재가 된다.

주후 313년 콘스탄틴 대제가 기독교를 로마제국에서 공적으로 인정하고(기독교의 공인), 주후 380년에 테오도시우스 황제가 기독교를 로마의 국교로 공인한 이후에 인본주의적인 그리스 철학은 유일신 하나님을 믿는 교회에 대한 도전과 위협으로 받아들여졌다. 그래서 히파티아(Hypatia)라는 여성 철학자가 주후 415년에 기독교도들에 의해 처참한 죽음을 당하는 불상사도 벌어졌는데, 2009년 개봉된 "아고라"(Agora)라는 제목의 영화는 그러한 시대적 상황을 조명하였다.

예수님은 요한복음 8장 32절을 통해 "진리를 알지니 진리가 너희를 자유롭게 하리라"고 말씀하셨는데, 아직 성경 본문(the Text)과 삶의 실제(the Context)를 연결하여 복음을 전할 만한 역량이 부족했던 일부 급진적 기독교도들이 비뚤어진 열심으로 그같이 험한 일을 자행했던 것이다. 이 사건 이후 가톨릭교회가 절대적 영향력을 발휘하며 거대한 성당 건물과 뾰족한 성당 첨탑을 통해 하늘 높이 계신 하나님의 초월성을 강조하며, 교황이 "하나님의 아들의 대리자"(*Vicarious Filli Dei*)로 함께 높아지고, 신품성사를 통해 성직자들이 위계를 확립하며 권력을 휘두르던 소위 암흑기라고 불리우던 중세에 접어들었다. 하지만 13세기에 토마스 아퀴나스(Thomas Aquinas)는 "신학대전"(Summa Theologica)을 집필하여 기독교의 교리를 이성적으로 설명하려는 노력을 통해 초월적인 하나님에 대한 절대적 강조로부터 현재 우리의 삶의 자리에서 함께하시는 하나님의 내재성으로 방향을 돌려 균형을 맞추는 데 일조하였다.

3) 가치론(Axiology)

가치론은 우리가 실재를 바라보며 각각의 가치를 평가하는 것과 관련이 있다. 가치론은 "가치"라는 뜻의 헬라어 어원 "axia"(ἀξία)에서 파생된 영역이므로 "무엇이 가치있는 것인가"(What is of value)라는 질문을 다룬다. 또한, 가치론의 영역은 "관습"(custom)이라는 어근을 갖는 단어 "ethikos"(ἠθικός)를 어원으로 하는 윤리학(Ethics)과 "감각"(sense)이라는 어근에서 파생된 "aisthetikos"(αἰσθητικός)를 어원으로 하는 미학(Aesthetics), 두 가지로 구분된다.

윤리학은 진리를 아는 주체로서 이제 어떻게 살아야 할 것인가(How ought we live?) 하는 핵심적인 질문을 다룬다. 그러므로 윤리학은 삶의 방향성을 설정하는 데 기초가 되는 가치관을 형성함에 있어 기여하는데, 일례로 경제윤리란 어떤 일을 해야 하며, 어떻게 돈을 벌어, 어떻게 사용해야 하는지에 대하여 방향을 제시한다. 각기 다른 경제 윤리관을 가진 이들은 그리스도인은 깨끗한 부자가 되어야 한다고 주장하거나(청부론), 모름지기 그리스도인은 청렴하고 가난해야 한다고(청빈론) 맞선다.

하나님은 인류를 창조하시고 "생육하고 번성하여 땅에 충만하라"(창 1:27)고 말씀하셨고, 예수님도 "내가 온 것은 양으로 생명을 얻게 하고 더 풍성히 얻게 하려는 것이라"(요 10:10)고 말씀하셨다. 하지만 이 땅에는 사람들의 죄로 인해 왜곡된 구조가 만연해 있고, 따라서 개인의 욕심들이 부딪치며 풍성한 삶을 누리지 못하는 경우가 종종 있다. 하지만 하나님이 에덴동산에서 아담과 하와를 내쫓으신 후에 가인과 아벨의 제사가 드려진 사실은 땅이 단순히 가시와 엉겅퀴만을 내지는 않았다는 것, 즉 하나님은 사람이 이 땅에서 누릴 수 있는 기본적인 여건을 허락하셨다는 뜻이다.

따라서 무엇보다도 방향성을 제시하는 원칙이 중요한데, 그러한 의미에서 예수님은 "네 보물 있는 그 곳에는 네 마음도 있느니라"(마 6:21)고 말씀하셨다. 또한, 하나님께 의롭다 인정을 받았던 욥의 다음과 같은 고백은 방향성을 결정하는 중심에 대하여 일깨워 준다. "내가 언제 가난한 자의 소원을 막았거나 과부의 눈으로 하여금 실망하게 하였던가, 나만 혼자 내 떡덩이를 먹고 고아에게 그 조각을 먹이지 아니하였던가"(욥 31:16-17).

욥은 자신이 누리는 부유함에 마음의 우선순위를 빼앗기지 않았다. 하나님이 욥에게는 최우선이었고, 그 때문에 하나님의 마음을 헤아린 욥의 눈에는 물질적인 궁핍에 처해 도움을 필요로 하는 이들의 모습이 들어온 것이다. 그러므로 부함 자체가 나쁜 것은 아니라, 부유함으로 하나님을 잃어버리는 것을 경계해야 하는 것이다. 반대로 풍족함을 통해 자신이 높아지고, 다른 사람의 처지와 자신의 넉넉함을 비교하며 자고함에 빠진 이는 "낙타가 바늘 귀로 들어가는 것이 부자가 하나님의 나라에 들어가는 것보다 쉬우니라"(마 19:24)는 예수 그리스도의 말씀을 상기해야 할 것이다.

철학적인 윤리학은 어떠한 상황에도 변하지 않는 윤리적 원리를 강조하는 임마누엘 칸트(Immanuel Kant)의 "의무론적 윤리"(deontology)와 존 스튜어트 밀(John Stuart Mill)이나 제레미 벤담(Jeremy Bentham)과 같은 공리주의자들이 주장하는 공동체 전체의 행복의 크기를 강조하는 "목적론적 윤리"(teleology)로 나뉜다. 한편 기독교 윤리의 핵심은 사랑인데, 흔히 신적인 사랑을 의미하는 헬라어 "아가페"(ἀγάπη)가 기독교적 사랑을 나타낸다고 분류하지만 성경에 나오는 사랑이란 형제사랑을 의미하는 "필리아"(φιλία)를 의미하기도 하므로 포괄적인 의미에서의 하나님과 이웃을 사랑하는 것을 뜻한다.3

미학(Aesthetics)이란 진리 안에서의 아름다움이란 무엇인가(What is beauty?)라는 질문을 다룬다. 이를 기독교교육학에 적용하면 예수 그리스도를 통하여 하나님의 진리를 아는 그리스도인으로서 나는 어떻게 살아야 하는가 하는 그리스도인의 실천적 윤리를 제시하며, 믿음 안에서의 가치와 아름다움을 새로운 눈으로 바라보는 시각을 형성한다. 세속적인 미적 기준은 시대적 상황에 따라 조금씩 달라지지만 하나님이 바라보시는 아름다움이란 마음의 중심에 대한 것이다.

구약 성경에서 사무엘이 이새의 집을 방문하여 이스라엘의 새로운 왕으로서 기름 부음 받을 자를 찾을 때에 그는 큰 아들 엘리압의 용모와 키를 보고 그에게 기름을 부으려 했다. 그러나 하나님은 "사람은 외모를 보거니와 나 여호와는 중심을 보느니라"(삼상 16:7)는 말씀을 통해 하나님께서 찾으시는 사람은 하나님 마음에 합한 자여야 한다는 신적 기준을 분명히 드러내셨다. 이스라엘의 2대 왕으로 기름 부음을 받은 다윗에 대하여 사도 바울은 하나님께서 "내가 이새의 아들 다윗을 만나니 내 마음에 맞는 사람이라 내 뜻을 다 이루리라"(행 13:22)고 말씀하셨다는 사실을 지적하며 하나님께서 선택하시는 사람에게 있어서 가장 중요한 기준은 마음의

---

3 미국에서 다섯 번째로 인구가 많은 대도시 필라델피아는 사랑이라는 의미의 "philia"(φιλία)와 형제라는 뜻의 "adelphos"(ἀδελφός)가 합쳐진, "형제 사랑"이라는 이름을 가진 도시이지만 역설적으로 미국 내 범죄율이 가장 높은 도시 중 하나이다.

중심이라는 점을 재천명하였다.

4) 논리학(Logic 또는 Logical Analysis)

보통 철학은 형이상학, 인식론, 가치론으로 구분하는 것이 일반적인 경향이지만, 최근 철학의 네번째 주된 분야로 떠오르는 것이 논리학 또는 논리분석의 영역이다. "소유된 이성"(possessed reason)이라는 의미의 헬라어 "로기케"(λογική)를 어원으로 하는 논리학은 모순 없는 사고의 규칙을 연구하는 철학의 분야로 아리스토텔레스의 선구적인 방법론에서 시작한다. 소크라테스(Socrates), 플라톤(Plato), 아리스토텔레스(Aristotle) 등 아테네 철학자들 이전에 활동하던 소피스트들(sophists)은 원래 "지식을 가르치는 현명한 사람"이라는 의미의 교사를 지칭하는 말이었지만 아테네 철학자들에 의해 궤변론자라는 부정적 호칭으로 대체되었다.

예를 들어 제논(Zeno)은 느림보 거북이와 아주 빠른 용사 아킬레우스(Achilles)의 경주를 소개하며 그러한 궤변을 꼬집었다.[4] 만약 거북이가 아킬레우스 앞에서 출발한다면 아킬레우스가 거북이가 있는 곳에 도달하는 시점에서 거북이도 어느 정도 앞으로 전진할 것이고, 다시 아킬레우스가 거북이가 전진한 곳까지 도달하면 거북이도 최소한의 거리를 이동할 것이므로 영원히 아킬레우스는 거북이를 따라잡을 수 없다는 논리이다. 하지만 이는 시간의 일반적인 이동이 아니라 시간의 미세한 분화를 강조하는 오류에 빠진 궤변일 뿐이다. 순간의 시간에서는 거북이가 앞설 수 있지만, 시간의 흐름을 거슬러 경주에서 승리할 수는 없기 때문이다.

논리학은 이처럼 정의된 개념을 확인하고, 이론을 논증하는 등, 올바른 추론과 증명의 과정을 점검하는 역할을 담당한다. 급속한 변화의 흐름 속에서 다원화되는 사회에서 일상적으로 사용하고 있는 용어에 대한 검증과 분석을 강조하는 언어분석학파(Linguistic Analysis)의 철학도 이의 영향을 받은 것이다. 본서의 1장에서 기독교

---

4 호머(Homer)가 쓴 서사시 일리아드(Iliad)에 등장하는 그리스 장군으로서 테티스 여신과 인간 펠레우스 사이에서 태어났다. 어머니 테티스가 스틱스라는 이승과 저승의 경계에 있는 신비로운 강에 아킬레우스를 담가서 그는 천하무적이 되었는데, 그 발꿈치를 잡고 강에 넣었기 때문에 발꿈치(아킬레스 힐)가 약점이다.

와 교육의 개념에 대하여 살펴본 것도 논리학적 점검의 작업에 해당한다.

3 교육철학의 역사

오랜 세월 동안 전승되어 온 철학의 전통은 교육철학 전통의 기반이 된다. 교육의 철학적인 토대가 강조되기 시작한 것은 존 듀이(John Dewey)가 활동하기 시작한 20세기 이후이므로, 형이상학, 인식론, 가치론의 관점에서 전통철학을 조명하고, 20세기 전반기와 후반기의 교육철학에 대하여는 보다 교육적인 부분에 초점을 맞추어 살펴보는 것이 유용할 것이다. 하지만 그와 같은 점검에 있어서 주의해야 할 점은 특정 학파(school) 또는 이론(theory), 주의(-ism)라고 분류하는 것이 절대적인 기준은 아니라는 사실을 인식하는 것이다. 교육철학 또는 사상은 서로 영향을 주고받으며 발전해 온 것이기 때문에 이에 대하여 분명하고 일관성 있게 구분하기는 매우 어렵다. 어떤 학파 또는 이론으로 묶는다 하더라도 그 안에는 각기 다른 의견들, 분파와 다양한 주장들이 혼재한다. 본장에서는 교육철학의 연속성 또는 발전의 과정을 살펴보는 데에는 그러한 구분이 큰 그림을 이해하는 데에 유용하므로 그렇게 구분하는 것일 뿐이다. 특정 학파 또는 사상을 통해 거시적 흐름을 점검한 후에, 교육철학자들을 개별적으로 깊이 있게 살펴보는 작업으로 진행하는 것이 이해에 도움이 될 것이기 때문이다.

1) 전통철학

본서에서 전통철학이란 물질의 근본을 탐구했던 자연주의를 바탕으로 한 고대 그리스 철학에서 인본주의로 탈바꿈한 아테네 철학으로 변화하는 단계에서 나타난 이상주의와 실재주의, 그리고 중세의 스콜라주의 이후의 프랑스를 중심으로 하는 대륙의 합리론과 영국의 경험론을 지칭한다. 자연주의와 실용주의를 거쳐 교육철학 자체가 강조된 것은 20세기에 이르러서 나타난 현상이기 때문에 이전의 철학 전체를 간단히 정리하는 의미에서 전통철학이라고 정리한 것이다.

(1) 이상론(Idealism)

"이상"(idea)이란 변함없는 영원한 실재를 가리키는 말로서 고대 그리스의 철학자인 플라톤(Plato)이 강조한 개념이다. 이상의 어원은 "가장 완전한 형상을 보다"라는 뜻이며, 따라서 이상론에 의하면 참으로 실재하는 것은 정신 또는 이성이므로, 정신이 물질보다 근본적이고 우선적인 것이고, 이성이 실재이므로 물질은 이성의 부산물이며, 진리를 안다는 것은 진리에 대한 지적인 이해를 의미한다.

플라톤(Plato, B.C. 380)은 그의 저서 『국가론』의 "동굴의 비유"를 통하여 이데아 (idea)는 모든 사물의 근원적 요소이자, 절대적 존재이며, 외부세계는 그림자에 불과하다고 강조하는 가운데, 감각과 경험을 통한 현상계의 지식은 허구이며, 이데아만이 영원불멸하고 이상적인 세계이고 실재라고 주장했다.[5] 그러므로 이상주의 철학은 오직 이성적 사유를 통해서만 정신과 영혼에서 참된 지식을 발견할 수 있다고 결론을 내린다. 이상주의 철학에 의하면 참된 지식인 진리는 새로 발견되는 것이 아니라, 이미 정신 속에 내재하는 것을 깨닫는 것이다. 그러므로 이상주의가 생각하는 이상적 삶이란 보편적 정신에 합일되는 삶으로서, 절대 자아인 대우주의 도덕률을 따라 사는 것이 윤리적인 삶이 되며, 이상론이 바라보는 아름다움이란 관념이 반영된 것을 뜻한다.

이상주의 관점에서 교육이란 학습자에게 이데아를 의식화시키는 지적 과정이며, 참된 지식은 정신의 내부에 존재하기 때문에 정신을 통해서만 획득 가능하므로

---

5 플라톤은 동굴의 비유를 통해 인간의 본성에 정의와 덕성이 깃들기 위해서는 교육이 필요함을 역설하였다. 동굴의 지하 감옥에 갇힌 죄수들이 뒤에 있는 모닥불의 불빛을 통해 동굴 벽에 비친 그림자만을 볼 수 있는데, 그것은 인식의 결여(부족)를 나타낸다. 죄수들이 눈에 보이는 그림자에 불과한 허상을 존재하는 것의 실재로 받아들이는 이유는 인식 능력의 부족으로 인한 무지 때문이다. 하지만 그림자의 실물인 그 모닥불도 진리의 실재는 아니다. 실재는 모닥불이 아니라 동굴 입구에서 찬란하게 빛을 비추는 태양이기 때문이다. 플라톤은 태양을 바라볼 줄 아는 사람, 즉 그렇게 동굴 속의 삶이 가리키는 것이 헛된 환상임을 꿰뚫어 보고, 그것을 초월하는 진리를 깨달은 사람만이 국가를 충분히 통치할 자격이 있으며, 그러한 이가 통치하는 나라가 이상적인 국가라고 주장하였다. 플라톤의 주장을 요약하면 인간은 감각이라는 어두운 동굴에 갇혀 참다운 진리의 세계를 바라보지 못하고 있으며, 이를 극복하여 진리를 통찰하게 하는 이데아야말로 개별적인 사물이 없어지더라도 소멸되지 않고 존재하는 불멸의 원형이자 이상이다.

학습자의 정신적 발달, 즉 지적 능력의 제고가 가장 중요한 교육과제에 해당한다. 또한, 인간과 신, 우주에 대한 본질적 이해를 가능케 하는 참된 지식들이 주요 교육 내용을 이루므로, 신체훈련이나 직업교육보다는 개념화된 지식 위주의 자유교양교육, 즉 인문교육을 강조하였다. 이상주의 철학이 제시하는 대표적인 주요 교과목은 신, 인간과 우주의 본질을 다루는 철학, 신학, 종교학, 논리와 형식적 추론능력을 함양하는 수학, 보편적 정신의 전개과정을 살펴볼 수 있는 역사와 고전문학 등이 있다.

이상주의는 인간의 자력에 의한 노력을 중시하였지만, 한편으로는 초월적 가치라는 것이 너무 피상적, 추상적이므로 실제로 구체적인 교육상황에 적용하기 곤란하다는 맹점을 드러낸다. 또한, 정신적 가치를 중시하여 물질적, 실용적, 직업적 교육 측면의 요구를 충족시키기에 불리한 면도 있다는 사실이 지적된다.

(2) 실재론(Realism)

실재론은 아리스토텔레스(Aristotle)로부터 시작된 철학으로서 실재를 형성하는 것은 물리적 세계이며, 진리란 관찰 가능한 사실에 국한된다고 주장한다. 실재는 라틴어로 "레알리스"(realis)로서 이는 객관적으로 존재하는 사물을 가리키며, 궁극적 본질은 물질이라고 결론짓는다. 사물과 현상을 총칭하는 물질은 인간의 정신과 독립적으로 존재하며, 현실태에 존재하는 모든 사물, 즉 모든 물질적 대상은 그 실체로서 질료와 형상으로 구성된다는 것이 실재론을 전개한 아리스토텔레스의 주장이었다.

아리스토텔레스에 의하면 질료(matter)란 형상의 가능성이고, 형상(form)이란 질료의 완성태를 의미하는데, 예를 들면 나무는 형상의 가능성으로서 질료이고, 책상은 질료의 완성된 형태로서의 현실태인 형상이다. 플라톤의 이데아가 감각계를 떠나 존재하는 이상이자 모형을 강조했다면, 그의 제자 아리스토텔레스는 이데아란 개별적 사물 속에 들어 있는 형상이라고 주장했다. 이는 현실의 감각 세계를 초월한 이데아의 세계가 따로 있는 것이 아니라 눈앞에 보이는 각각의 사물이야말로 참다운 실재라는 의미이다. 따라서 실재론의 윤리적 기초는 자연법칙이며, 자연은 아름다움에 대한 중요한 평가 기준이 된다.

또한, 플라톤이 초월적인 이데아의 세계를 강조했다면, 아리스토텔레스는 내재적인 형상의 세계를 강조한 것이다. 양자의 주장 모두에 일리가 있기 때문에 양측의 의견을 조율하는 균형감각이 필요한데, 기독교 신앙에 있어서도 이 세상의 현상을 초월하시는 하나님의 초월성을 강조하는 측면과 지금 우리들의 삶의 현장에서 역사하시는 하나님의 내재성을 강조하는 측면이 함께 조명되어야 하기 때문이다. 실재론은 실제의 객관적 질서가 존재하고, 그 실재에 대한 지식을 인간이 획득할 수 있음을 강조했기 때문에 이상론이 존재론을 강조했다면, 실재론은 실재의 본질을 간파하는 능력인 인식론을 강조하는 모습을 보인다.

실재주의 철학은 다양한 흐름을 거치며 발전하였는데, 아리스토텔레스와 피타고라스(Pitagoras) 중심의 고전적 실재주의(Classical realism)는 우주가 수학적 법칙에 의해 조화를 이룸을 강조하였고, 토마스 아퀴나스(Thomas Aquinas)를 중심으로 하는 종교적 실재주의(Religious realism)는 하나님의 슬기로운 섭리에 의해 우주, 물질, 정신이 지배됨을 강조하였다. 근대 이후의 실재주의를 과학적 실재주의라고도 하는데, 그 가운데 버트란드 러셀(Bertrand Russell) 중심의 신실재주의(Neo-realism)는 형이상학이나 종교적 관점을 배제하고 과학의 엄정성을 유지하면서도 사물을 직접적으로 자각할 수 있다고 주장했고, 그 뒤를 이은 죠지 산타야나(George Santayana) 등이 주장한 비판적 실재주의(Critical realism)는 사물이 비물질적인 매개체를 통하여 간접적으로 지각될 수밖에 없음을 지적하였다.

실재론은 인간의 삶을 지배하는 질서와 법칙에 관한 핵심적 지식을 다듬어 학교를 통해 조직적으로 전승하는 것을 장려함으로써 교육의 역할을 강조하였다. 기독교교육에 있어서는 아름다운 질서와 법칙의 창조자인 창조주의 섭리를 음미하고 따르도록 권면했고, 일반교육에서는 확고한 인생관과 세계관 위에서 조화로운 이성을 계발하도록 인도하였다. 실재주의의 교육목적은 이성을 계발해서, 이성에 따라 삶을 질서있게 영위하는 것이다. 이를 위하여 지식을 탐구할 수 있는 기능과 방법을 가르치는 역할을 담당하는 교사의 역량을 강조하였다. 실재론은 세상의 실재를 반영한 지식들을 주요 교육내용으로 삼았으므로 교과 중심 교육과정의 이론적 기초를 놓았다. 또한, 실재론은 실재 세계에 대한 객관적, 보편적 지식습득을 통한 최대한의 자아실현 성취를 목적으로 하므로, 교육방법이 아니라 그 방법을 통해 전달하는 지식의 종류와 체계에 초점을 맞추었다. 그러므로 체계적으로 조직된 교과에 의존하는 한편, 실험, 관찰 및 실제 경험을 중시했다.

실재론은 교육을 통한 자기실현을 강조하여, 우주의 신비로운 법칙을 탐구하고 진리를 추구하는 엄정한 태도 함양에 기여했고, 지식을 삶의 여러 차원과 연관 지음으로써 사회생활에 필요한 지식을 구비하는 데에 공헌하였다. 그러나 한편으로는 학습의 과정과 학습내용 결정에 있어서 교사의 절대적 역할을 강조하는 교사 중심의 교육으로 흐르며 주입식 교육의 폐해에 노출되었고, 개인의 특성과 능력의 차이를 무시하고 모든 학습자들에게 동일한 교과목 중심의 기초교육을 실시하며 피동적 학습자를 양산한다는 비판을 받았다.

(3) 합리론(Rationalism)과 경험론(Experientialism)

성직자 중심의 엄격한 신앙 질서와 종교전통을 강조하던 소위 암흑기(The Dark Ages)라 불리는 중세에도 신앙 안에서 이성을 강조하는 아퀴나스 중심의 스콜라주의(Scholasticism)와 산속 깊은 곳에서 함양하는 영성적 경건을 강조하는 수도원주의(Monasticism)가 혼재해 있었지만, 종교개혁 이후에는 인간의 주체적 이성을 강조하며 관념은 주관적으로 사유할 수 있는 대상을 의미한다는 주장이 부각되었다. 따라서 참된 실재가 "저 세상"(초월적인 세계)에만 존재한다는 플라톤적 세계관이 비판을 받기 시작하였다.

그러한 흐름 속에서 르네 데카르트(René Descartes)는 그의 저서 『방법서설』(Discours de la méthode, 1637)에서 모든 전통과 진리의 근본을 의심(회의)함으로써 진리에 도달하려고 시도하였다. 더이상 의심할 수 없는 토대, 즉 생각하고 있는 자신의 존재는 부인할 수 없음을 "나는 생각한다, 고로 나는 존재한다"(Cogito, ergo sum)라는 명제를 통해 강조한 것이다. 이는 사유하는 정신이 존재의 근원이라는 의미이다. 이후 게오르그 헤겔(Georg Wilhelm Friedrich Hegel)은 객관적 관념이 주관적 관념보다 우위이며, 변증적 과정을 통해 절대정신을 향해 지속적으로 변화, 발전하는 관념이 사회와 역사를 발전시킨다고 주장하였다. 예를 들면 서로 대립하는 법과 도덕이 종합되면 인륜으로 발전하며, 서로의 이익을 놓고 대립하는 가족과 사회가 종합되면 국가를 이루는 것처럼, 객관적 정신과 주관적 정신이 변증적으로 통합되면 절대정신으로 발전한다는 것이다.

17-18세기는 자연과학의 발달과 실학주의의 영향으로 르네상스와 계몽사상 등으로 인한 개인주의와 합리주의가 강조되는 근대교육의 태동기이다. 이 시기에 경험론과 합리론 두 영역이 서로 영향을 주고받으며 발달하였다. 경험론은 귀납적 법을 강조하여서 개별적인 경험으로부터, 즉 특별한 예를 통해 일반적 원리를 도출하고자 했는데, 일례로 "사람은 죽는다, 호랑이도 죽는다"라는 구체적 사실에서 출발하여 "사람, 호랑이는 동물이다, 그러므로 모든 동물은 죽는다"라는 일반적 원리를 추론하였다. 이에 반해 합리론은 일반적 원리로부터 구체적(특수한) 원리를 도출하는 연역적 방법을 강조했다. 예를 들면, "모든 동물은 죽는다"라는 일반적 원리인 대전제로부터 시작해서, "홍길동은 동물이다"라는 구체적 사실인 소전제를 거치며, "그러므로 "홍길동은 죽는다"라는 구체적 원리를 추론해내는 방법을 사용하였다. 교육에 있어서 합리론은 이성의 사용을, 경험론은 체험학습을 강조했는데, 이는 자연주의와 실용주의 사상을 통해 현대교육이론으로 연결되었다.

(4) 자연주의(Naturalism)와 실용주의(Pragmatism)

자연주의(Naturalism)는 "낳아진 것, 자연, 본성, 본질" 등을 의미하는 라틴어 단어 "나투라"(natura)를 어원으로 하는 것으로서 본래 타고난 것을 존중하라는 의미를 담고 있다. 따라서 자연주의는 자연에는 아름다운 질서가 있으며, 그 질서에 따라 사는 것이 가장 올바르고 행복한 삶이라는 철학적 주장인 셈이다. 자연주의가 강조하는 것은 소위 "합(合) 자연의 교육원리"로서 자연에 일치하는 교육, 자연 복귀의 교육, 인간의 자연성을 뒷받침하는 교육, 자연적인 방법에 의해 자연에 도달하는 교육이다. 자연주의 교육철학은 계몽사상의 지나친 합리주의와 주지주의적 경향에 반발하여 인간의 감성과 전인교육을 강조하며 대두되었다. 자연은 감각기관을 통해 이해 가능하며, 자연의 과정은 느리고 점진적이며, 진화적으로 발전하므로 교육은 서두르지 말아야 한다고 주장한다.

　자연주의의 교육목적은 개인의 선천적인 선과 덕성을 보존하며, 학습자 내면에 존재하는 자연성을 신뢰하고 계발하는 것이다. 즉, 온전한 인간, 전인(全人)인 자연인을 육성하는 것을 교육목표로 삼는다. 인간은 누구나 자연, 인간, 사물의 세 가지에 의해 교육되는데, 이 세 교육이 모두 합치되어 위의 목표를 지향할 때 교육은 완성된다고 주장한다. 그러므로 자연주의에 입각한 교육과정의 운영원칙은 자연에 따라서 교육하는 것이며, 이는 인간 발달의 자연적 법칙을 존중한다.

　자연주의 철학이 제시하는 교육과정은 자연적 성장의 과정이므로 부모와 교사의 역할은 학습자, 특히 아동이 의식하지 않도록 은밀하고 세심하게 보살피는 것이다. 또한, 교과의 내용보다는 학습자(아동) 자신의 천성에서 우러나오는 흥미에 기반한 활동들을 강조한다. 교육방법 또한 강의와 독서와 같은 언어적 활동보다는, 학습자(아동)가 대면하는 주변 환경과 직접적, 감각적으로 상호작용하는 경험을 통해 배워나가는 방법론을 강조하였다. 이는 소위 "아동 중심, 개성 중심, 활동 중심"의 교육에 해당한다.

　자연주의 교육철학은 교육을 내부로부터의 개발로 파악하여 학습자의 발달단계를 고려하고, 학습자를 존중하는 보편적이고 민주적인 원리를 내포하며, 장쟈끄 루소(Jean-Jacques Rousseau), 요한 페스탈로찌(Johann Heinrich Pestalozzi)에 의해 계승, 발전되었다. 하지만 학습자의 경험을 중시하다가 자칫하면 자유방임적 교육으로 흘러 교육의 방향을 상실할 수 있는 위험과 인간사회가 과거 역사와 문화를 발판으로 형성됨을 간과하고 현재 상태만을 강조할 수 있는 오류의 위험을 경계해야 함이 동시에 지적되고 있다.

　실용주의(Pragmatism)는 "행위, 사실, 활동, 상호작용"을 의미하는 "프라그마"(pragma)라는 라틴어 단어에서 유래한 교육철학으로서 이는 모든 사상과 관념을 그것이 낳은 행위 또는 실천과 관련시켜 파악하려는 입장이다. 이상론과 실재론은 궁극적 실재는 불변하는 고정적, 항구적, 궁극적, 초경험적인 것이라는 주장에서 일치점을 찾은 반면, 실용주의는 세계는 언제나 변화할 수 있으며, 변화야말로 실재의 본질이라고 강조하였다.

　실용주의 교육철학은 19세기 말~20세기 초, 미국을 중심으로 등장했는데, 영국 경험론의 전통을 반영하여 이성과 의식은 경험에서 시작하며, 구체적인 실천이나 행위가 배제된 관념은 무의미하다는 반(反)형이상학적 태도를 보인다. 또한, 전통철학이 견지하는 진리의 선험성, 독립성을 인정하지 않고, 절대적 진리나 보편적 지식의 존재를 부정하는 상대주의적 진리관, 인간의 성장에 가장 좋은 결과를 가져오는 것이 가장 가치 있는 지식이라는 도구주의적 지식관을 전개한다. 다시 말하면, 지식은 고정, 확정된 것이 아니므로 지속적으로 검증되어야 하며, 세계가 계속 변화하므로 보편적인 도덕률은 존재하지 않는다는 것이다.

따라서 인간의 성장 그 자체가 교육목적이며, 교육에 있어서 실용주의적 입장을 보인 존 듀이(John Dewey)는 교육이란 경험이 끊임없이 재조직, 변형되는 과정이며, 경험의 가치는 그것이 이후의 경험, 타 경험에 유기적으로 연결되어 그것을 더욱 풍부하게 촉진, 발전시킬 때 가치가 있음을 강조하였다(Dewey, 1938). 그러므로 교육내용인 학습 자료는 학습자의 일상생활 속, 또는 그와 관련된 내용으로 선정되어야 하는 것이며, 이를 위해 듀이는 경험의 지속적 재구성인 나선형 학습의 원리와 학습자의 직접적 활동을 강조한 "활동에 의한 학습"(learning by doing)과 "문제해결학습"(problem solving learning)을 제시하였다.

실용주의 교육철학은 개인과 사회의 공존 가능성에 입각한 낙천적인 사회관을 통해 민주주의 이념을 미국에 이식했고, 진보주의 가치관 아래 미국의 공교육에 기여했으며, 교육관을 재해석하여 교육이 생활의 준비가 아니라 생활 그 자체임을 강조함으로써 학급자의 적극적 활동을 격려하였다. 하지만 지식의 습득과 인지 발달에 반대한 결과, 기본적인 지식을 교수하는 데 소홀함에 따라 기초학력의 저하를 유발하였고, 사회에 대한 지나친 낙관으로 인해 사회변화에 능동적으로 대처하는 데 미흡한 모습을 드러내는 한편, 상대적 입장으로 불확실하고 쉬운 가치만을 편애하는 등의 한계를 드러냈다.

2) 20세기 전기의 교육철학

20세기 초의 철학은 미국을 중심으로 진보주의, 항존주의, 본질주의, 재건주의를 거치며 전개되었다. 전통교육에 대한 반작용으로 등장한 진보주의, 이에 대한 또 다른 반작용인 항존주의, 그리고 양자를 통합하려고 시도한 본질주의는 헤겔의 변증법적 측면을 보여준다. 또한, 기존의 모든 것을 발전적으로 해체하여 통합하려는 재건주의는 포스트모더니즘의 영향을 받은 현대 철학의 분위기를 물씬 풍긴다.

(1) 진보주의(Progressivism)

진보주의는 전통적인 교육에 대한 반기를 들며 20세기 초에 미국에서 대두하였다. 이는 실용주의 철학의 영향을 받았는데, 실용주의가 철학적 사상을 체계화한 반면 진보주의 교육철학은 그 사상을 교육에 적용시키며 발전하였다. 유럽에서 시작된 "새교육운동"(New Education Movement)은 프랑스 혁명 이후 급변하는 사회에 대응하지 못하는 점에 대한 반성과 산업혁명을 거치며 열악한 공장 노동에 투입된 아동을 보호하기 위하여 아동중심주의, 전인주의, 노작주의, 생활중심주의 교육을 강조하였고, 미국의 진보주의 교육철학에 영향을 미쳤다. 이후 미국에서 1919년에 진보주의교육협회가 결성되며 그 목소리가 커졌지만, 2차 세계대전으로 인해 국민 전체의 단결과 협동이 요구되고 개인의 자유가 제한되는 움직임 가운데 그 세력이 약화되기 시작하였다. 미국의 영향을 받은 우리나라의 교육 또한 1950년대 새교육운동, 1990년대 열린교육운동이 진보주의 사조의 영향을 받아 전개되었다.

진보주의는 넓은 의미로는 전통주의나 보수주의에 대비되는 혁신주의를 총칭하며, 20세기 초반 이후로 교사 중심의 전통적 교육의 형식주의에 반대하고 아동의 자유로운 활동, 자발적 참여를 존중하는 아동 중심의 새로운 교육 운동으로 일어났다. 진보주의는 장쟈끄 루소(Jean-Jacques Rousseau)와 존 코메니우스(John Amos Comenius)의 자연주의, 요한 페스탈로찌(Johann Heinrich Pestalozzi)의 노작교육, 프리드리히 프뢰벨(Friedrich Fröbel)과 마리아 몬테소리(Maria Montessori) 등의 낭만적 아동중심주의, 존 듀이(John Dewey)의 실용주의의 영향을 받았고, 진리의 독립성을 강조했던 19세기 절대적 관념론에 대하여 반대하며, 진리는 가설적이고 경험적인 것이라고 주장했다.

진보주의는 아동의 다양한 개성과 잠재능력을 최대한 발현하여 완전한 인간으로 성장, 발달하게 하는 것을 교육목적으로 하는데, 특히 아동의 흥미와 욕구 충족이 학습의 동기가 됨을 지적하며, 아동의 안내자로서의 교사의 역할을 강조했다. 진보주의는 아동이 실제 생활 속에서 다양한 환경과 상호작용하면서 형성하는 경험을 중시하였기 때문에 생활경험을 중심으로 교육과정을 편성하였다. 또한, 교육방법으로서 학습자의 흥미와 관심을 존중한 활동을 통한 학습, 실생활과 관련된 문제해결법, 프로젝트학습법(구안법) 등을 제시하였다. 이렇듯 진보주의는 과거 교과 중심의 획일적, 주입식, 암기식 교육을 지양하고, 아동의 창의성, 자발성, 문제해결의 능력을 중시함을 통해 교육개혁에 공헌하였다.

하지만 진보주의 교육철학의 경험에 대한 지나친 강조는 교육의 사회적 전통과 문화적 전통을 간과할 우려가 있음을 주의해야 한다. 또한, 학습자의 기본적인 학습능력의 저하와 현대사회의 발전에 필요한 학문적 지식 학습의 저조라는 문제를 해결해야 하는 과제를 지닌다. 진보주의 교육철학이 교육의 장에서 현실 적용만을 위한 교육만을 강조하면서 학습자들이 인지교육을 통해 얻을 수 있는 다양한 지적 성취의 기회가 박탈되었고, 아동의 흥미와 욕구가 아동의 장기적 효용과 어떠한 관련이 있는지에 대한 숙고 부족으로 기초학력의 저하를 야기하였다. 이에 더하여 다수의 협동적 노력을 강조함으로써 우수한 소수의 특성을 반영하지 못하였고, 교사를 안내자, 보조자로만 이해하는 등 교사의 역할에 대한 지나친 폄하로 교사의 교권을 실추하였다는 비판들에도 직면하였다. 그러한 상황에서 항존주의는 진보주의 교육철학을 비판하는 대표적인 목소리를 내며 대두하였다.

(2) 항존주의(Perennialism)

상기한 바와 같이 항존주의 교육철학은 진보주의 교육철학의 급진성을 비판하며 등장하였다. 항존주의의 어원인 라틴어 "per"는 "불변, 영원, 항존"이라는 뜻인데, 항존주의는 인간의 본성은 불변하기 때문에 교육도 불변해야 하며, 인간의 특성인 이성을 발전시키는 보편적이고 불변적 진리를 전해야 한다고 주장하였다. 또한, 항존주의는 현대 문명과 교육이 물질주의, 세속주의, 과학숭배주의, 반지성주의, 회의주의에 빠져 동요하고 있다고 비판하며, 이러한 위기상황에서 벗어날 수 있는 유

일한 길은 일시적, 세속적 가치의 집착이 아니라 영구적, 보편적, 근본적 원리와 진
리를 추구하는 것이라고 역설하였다. 항존주의 이후 일어난 본질주의가 진보주의를
부분적으로 수용하는 반면, 항존주의는 이를 전면적으로 부정하는 모습을 보이며
발전하였다.

  항존주의의 배경은 플라톤(Plato), 아리스토텔레스(Aristotle) 등의 고전철학과 중
세 스콜라 철학인데, 특히 중세 토마스 아퀴나스(Thomas Aquinas)의 신(하나님)은 완
전무결한 절대자이며, 모든 실재의 궁극적 원인이라는 주장에서 영향을 받아 영구
적이고 절대적인 정신을 강조했다. 그러한 관점에서 항존주의는 실재론(realism)의
원리에서도 영향을 받아 인간 이성을 통한 사고력 증진을 목표로 삼는다. 주요
항존주의자들 중 시카고 대학교(University of Chicago)의 총장이었던 로버트 허친스
(Robert M. Hutchins)는 당시 교육의 반지성적, 세속주의적 경향을 비판하며, 고전독서
교육을 강조하는 등 지성교육을 강조했다. 이러한 주장은 종교적 입장을 초월하
여 일치된 모습으로 나타났는데, 개신교 진영에서는 컬럼비아 대학교의 교수이
며, 신토마스주의자인 모티머 아들러(Mortimer J. Adler)가, 가톨릭에서는 쟈끄 마르땡
(Jacques Martain)과 윌리엄 커닝햄(William F. Cunningham)이 현대교육이 목적을 잃고
과학적 인간관에 매몰되었다고 비판하며, 지성교육의 필요성에 대하여 함께 목소리
를 높였다.

  항존주의는 절대적 진리와 절대적 원리를 중시하며, 교육의 최대 목적은 이성
의 계발이라는 고대 그리스의 지식관을 수용한다. 따라서 항존주의의 교육목적은
이성에 의하여 자유롭게 행동하며, 진리를 추구하는 인간의 양성이다. 항존주의 교
육철학은 교육의 목적 달성을 위한 교양교육의 필요성을 주장하며, 기본적 교과의
철저한 이수와 고전 독서를 강조했다. 교육내용은 지적 훈련을 위한 커리큘럼으로
구성되었는데, 초등학교에서는 기본적인 교과인 읽기, 쓰기, 셈하기(3R: Reading,
wRiting, aRithmetic)를, 중·고등학교에서는 논리학, 수학, 문법, 수사학, 라틴어와 헬
라어 등 고전어를 강조하며, 대학교육에서는 고전 100권 필독서의 독서와 문학, 철
학, 역사, 과학 등의 교양교육이 부가되었다.[6] 오늘날 우리나라와 미국의 명문 대학,

---

  6 1929년 불과 30세의 나이에 시카고 대학의 제5대 총장으로 취임한 허친스는 진보주의 교육철학이

명문 고교에서 강조하는 고전독서도 항존주의의 영향을 받은 것이다.

　항존주의 교육철학 하에서 학습자는 진리의 발견과 내면화, 이성의 도야를 위해 인내와 극기가 강조되었고, 따라서 엄격한 도야와 훈련이 주된 교육방법으로 나타났다. 항존주의는 교수자의 권위를 중시하는 입장에서 교사의 모범을 강조하며, 학습자가 교사를 모방할 것을 요청했고, 논리적 지적 탐구의 전통을 계승하여 학문의 수준을 제고하였다. 그러나 항존주의는 학습자의 개성과 요구를 수용하지 못하여 학습자의 흥미와 관심, 개인적 욕구를 반영하지 않았으며, 그로 인하여 대학 수준 이상의 고등교육에서만 의미가 있다는 한계를 드러냈다. 또한, 정신(지성) 훈련을

주장한 개인의 적응과 욕구 개념이 사회의 성격을 도외시한 것을 비판하며, 교육의 과업이 인간 이성의 능력을 끌어올리는 일임을 지적하였다. 이후 뉴욕의 저명한 인문학자인 아들러를 영입한 허친스는 그와 함께 11년 동안 위대한 저서 프로그램을 실시하였고, 22년간 총장으로 재직하며 시카고대학의 개혁을 이끌었다. 이는 컬럼비아 대학(Columbia University)의 존 얼스킨(John Erskine) 교수가 1921년 3~4학년 학생들을 대상으로 60권의 위대한 저서를 읽도록 하는 "위대한 명예"(Great Honors)라는 명칭의 인문고전교육의 영향을 받아 "위대한 저서"(Great Books) 프로그램을 도입함으로써 시작된 것이다.

　허친스는 1930년 철학 고전을 비롯한 세계의 위대한 고전 100권, 실제로는 144권을 정독하지 않은 학생은 졸업을 시키지 않는다는 고전 철학 독서 교육인 "시카고 계획"(the Chicago College Plan)을 시행하였다. 그는 이를 토대로 브리태니카 백과사전(Encyclopedia Britannica) 편찬사업의 일환으로 1952년 54권으로 구성된 "서구사회의 위대한 저서"(Great Books of the Western World) 시리즈를 출간하며 고전읽기 열풍을 촉발하였다. 허친스는 이 시리즈의 첫 번째 책인 "위대한 대화: 자유교육의 실체"(The Great Conversation: The Substance of a Liberal Education)에서 위대한 책들은 가장 위대한 교양인들에 의해 쓰였으며, 저자들은 가장 위대한 교사들로서 모든 이전의 세대들을 가르쳤음을 지적하였다(Hutchins, 1954, 6). 이후 시카고 대학의 고전읽기 프로그램은 미국의 각 대학들에서 고전의 독서를 활용하는 프로그램들을 도입하도록 유발함으로써 미국의 교육에 큰 영향을 끼쳤다(Beam, 2008).

　한편 아들러는 위대한 저서의 특징을 여섯 가지로 요약하여 다음과 같이 제시하였다(Adler, 1966, 328-335). 위대한 저서들은 가장 폭넓게 읽힐 수 있는 책들로서, 현학적이지 않고 대중적이며, 항상 현대적인, 가장 읽기 쉬운 책으로서, 가장 교훈적이고 계몽적인 책이며, 해결되지 않은 채로 남아 있는 인생문제를 다룬다. 그러므로 고전읽기 프로그램의 참여자들은 비판적 독서, 진지한 청취, 정확한 발언, 반성적 사고와 같은 기본적인 지적 기술들을 습득할 수 있다(Hafner, 1992, 70). 그러나 선정된 위대한 저서들이 유럽의 백인 남성들의 작품이라는 점에서 비판이 제기되자 아들러(Adler, 1988)는 이를 전지구적 문명의 차원에서 바라보아야 한다고 대답하였다. 이는 특정 저서의 위대함이란 그 시대가 직면한 문제와의 연관성을 위주로 결정될 문제이며, 그 저서 자체에 불변의 진리가 내재한 것으로 받아들여서는 안 된다는 의미이다. 하지만 그러한 비판 제기 이후 위대한 저서 프로그램은 "인문학"(Humanities) 또는 "원전"(Original texts)과 같은 중립적인 명칭을 사용하며 시대적 요구를 반영하기 위한 노력을 시도하였다. 이와 관련한 자세한 내용은 최성훈, "항존주의와 하브루타의 변증적 결합: 고전읽기 프로그램을 중심으로." 「기독교교육정보」 69 (2020), 189-214을 참조하라.

획일적으로 강조하다 보니 전인교육을 저해하였고, 엘리트교육 위주로 흐르면서 비민주적 특수교육으로 전락할 위험성이 지적되었으며, 개인의 다양한 가치를 인정하는 민주주의 원리에 위배되고, 현대사회가 요구하는 비판적 사고력 배양을 저해한다는 비판을 받았다.

(3) 본질주의(Essentialism)

본질주의는 "본질"이라는 의미의 "essence"를 어원으로 하며, 인류가 오랫동안 쌓아온 문화유산 가운데 핵심, 본질에 해당하는 것이 존재하는데, 교육은 그 본질을 잘 선별하여 다음 세대에 전달, 계승하는 것이라고 주장한다. 본질주의는 다음의 두 단계에 걸쳐서 전개되었다.

본질주의는 1920년대 말의 경제 대공황의 원인을 아동 중심, 생활 중심의 진보주의 교육으로 인해 야기된 기초학력 저하로 돌리며, 그러한 교육적 결손을 유발한 진보주의에 대항하여 1930년대 미국에서 등장하였다. 본질주의는 진보주의의 실험 정신과 현재적 삶의 강조, 그리고 항존주의의 과거 업적에 대한 강조를 절충하여 진보주의와 항존주의의 결합을 시도했다. 본질주의 운동은 1935년 윌리엄 베글리(William C. Bagly)를 중심으로 "미국 교육의 발전을 위한 본질주의위원회"조직 이후 본격화되었다. 이후 2차 대전을 거치며 잠시 주춤했던 본질주의는 냉전 시대인 1957년, 당시 구 소련이 미국보다 먼저 인공위성 스펏닉(Sputnuk)을 발사한 것에 자극을 받아 소련에 뒤지게 된 원인을 교육에서 찾는 움직임이 일어나며 1960년대부터 다시 각광을 받게 되었다.

본질주의 교육은 초등교육과정은 읽고, 쓰고, 셈하는 능력 등 기초기능을 강조해야 하고, 중등교육과정은 역사, 수학, 과학, 문학, 언어 등의 교양적 기술을 함양해야 한다고 주장하며, 본질적 기능 관련 과목의 교수는 역량이 있는 교수자가 담당할 것을 촉구하였다. 본질주의는 철학체계라기보다는 교육 운동이므로 단일한 철학적 기반을 가지지 않으며, 그러한 차원에서 이상주의적 관념론과 실재론적 배경 모두에 영향을 받았다.

본질주의의 교육목적은 사회 전통과 가치가 내포된, 본질적인 문화와 정신적 유산을 다음 세대에 전달하여 모델 시민(model citizen)을 양성하는 것이다. 주요 교육내용으로는 민족적 경험이 축적된 문화적 유산과 전통적 가치가 포함된 교재 또는 교과를 강조하며, 상대적으로 직업교육과 특별활동을 경시하였다. 교육방법은 교사가 교육의 주도권과 통제권을 쥐고 훈육하며, 아동의 흥미 대신 노력을, 자율성보다는 훈련을, 협동보다 경쟁력을 강조하였다. 교수-학습법으로서 강의법, 암기법을 강조하였으며, 학습자들에게 충분한 시간과 학습전략 등의 적절한 학습환경을 제공하면 어떠한 학습목표도 성취가능하다는 "완전학습"(mastery learning)의 신념을 바탕으로 상당량의 과제를 부여하는 모습을 보였다.

본질주의 교육철학은 지적 성취의 수준을 제고하고, 인류 문화유산의 본질을 전수함으로써 장기적 관점에서 학습자의 학업수준 향상에 기여하였다. 본질주의는 전통주의 유산 가운데 가장 핵심적이고 본질적 내용을 선택하고 교수함으로써 학습자들이 미래 생활을 준비할 수 있다고 가정하였지만, 전반적으로 자연과학을 강조하고 인문학과 사회과학을 경시하는 결과를 초래하였다. 또한, 교사의 주도권을 중시함으로써 아동의 자발성을 간과하고 학습자들의 능동적 참여를 방해했으며, 현재에 집중함으로써 지적인 진보와 창의성을 저해하고, 미래에 대한 전망과 비전을 가진 사회개혁의 자세를 결여시킨다는 비판을 받았다.

(4) 재건주의(Reconstructionism)

재건주의는 1930년대 세계 경제의 대공황(1929-1933)을 거치며 국가 간 대립과 사회갈등 심화, 가치관 부재, 생활, 건강, 교육수준의 불균형 등 사회의 제반 문제에 직면하며 20세기 중반에 대두되었고, 1960년대에 체계화되었다. 재건주의는 진보주의가 지닌 자유주의적 견해의 단점, 과거로 역행하는 항존주의의 관점, 그리고 문화의 보존에 급급한 본질주의의 자세를 지적하며, 이들 사상으로는 사회의 개조 및 문화위기 극복이 불가능하다고 판단하였다.

교육에 있어서도 비슷한 위기의식이 대두되며, 재건주의는 교육과 학교의 사회적 책임에 관심을 가지고 진보주의의 실험정신, 항존주의의 보다 높은 삶의 목적의식, 본질주의의 지식에 대한 강조의 통합을 시도하였다. 재건주의 교육철학은 위기 극복을 위해서는 하나의 교육사조에 의해 지배받지 말고, 여러 교육사조의 장점들을 절충하여 기존의 교육사조가 지니지 못했던 목표중심성과 미래지향성을 제시해야 한다고 역설하였다.

재건주의라는 명칭은 아이작 버크손(Issac B. Berkson)이 1940년 자신의 저서 『교육철학서론』(Preface to an Educational Philosophy)에서 "사회적 재건주의"(Social reconstructionism)라는 용어를 최초로 사용한 것에 유래하며, 아동의 개성을 강조했던 진보주의와 달리 사회변화에 주된 관심을 가졌다. 이는 현 상태의 사회와 교육에 대한 개혁을 통해 새로운 사회의 창조를 추구하는 목표중심의 미래지향적 철학으로서 이후 티오도어 브라멜드(Theodore Brameld)가 여러 학자의 의견을 수렴하여 하나의 교육이론으로 체계화시켰다. 아직까지도 그 체계가 확고히 자리잡지 못한 형성단계에 있으나 오늘날 현대 문명의 위기를 맞아 전통교육에 대한 도전으로서 여전히 주목을 받고 있다.

재건주의의 교육목적은 사회적 자아실현이며, 따라서 민주주의 이상국가 건설이라는 교육의 사회적 역할을 강조하였다. 이는 현재를 중시하는 진보주의, 과거를 중시하는 항존주의, 과거와 현재의 중간에 위치한 본질주의를 절충한 목표로서 재건주의는 과거에 대한 비판적 검토, 현재의 문제에 대한 논쟁, 미래 변화에 대한 계획적 추진을 고루 강조한다.

재건주의가 현대 문명의 위기성을 경고하며, 교육의 사회개혁성을 강조하다 보니 교육내용으로서 인간의 경험과 문화유산 중심의 사회과학이 중시된다. 주된 교육방법으로는 참여와 경험에 의한 학습, 역사, 과학, 예술 등의 활동학습과 시청각 매체를 중시하며, 교실과 교실이 자리 잡은 지역사회라는 교육현장 간의 밀접한 연관을 강조한다. 재건주의 교육은 강의법 대신 협동적 조사법, 집단토의법 등을 이용하는 것을 권장하며, 민주주의적 방법을 중시하여 소수의 의견을 존중하는 공개 참여, 다수와의 합의 및 집단적 협력을 강조하였다.

재건주의는 인류가 처한 위기상황에 대한 냉철한 비판을 통해 미래에 대한 주도면밀한 전망을 제기하는 미래지향적 교육으로서 교육을 통한 민주주의 사회 건설에 대한 희망을 제시하였다. 교수자와 학습자 모두에게 사회변혁에 대한 참여 기회를 제공하는 민주적 방법론을 제시하는 재건주의는 우리나라에도 긍정적인 영향을 끼쳐서 지역사회학교 운동, 새마을 운동 등의 토대가 되었다. 하지만 재건주의는 기본적인 문제의식을 제기하는 데에는 성공했지만, 교육의 실제에 대한 영향력은 미미한 공상적 이론이라는 비판에 직면하였다. 또한, 기본적으로 요구되는 구체적 행동의 종류에 대한 합의에 실패하였고, 재건의 주체가 불확실할 뿐만 아니라, 서로 대립되고 모순된 다양한 방법들을 원칙 없이 혼합한 절충주의에서 오는 혼란과 무질서의 한계점들을 드러내기도 하였다.

3) 20세기 후반 이후의 교육철학

20세기 후반의 교육철학은 모두 근대의 교육철학에 대한 반성으로부터 시작되었다. 실존철학은 교육내용을 강조하다가 인간의 실존 자체를 놓친 점을, 분석철학은 관념적인 언어와 개념 사용으로 인한 혼란을, 비판이론은 기존 체제에 대한 교육사상의 순응 강조를, 포스트모더니즘은 이성의 절대성 강조에 대한 반론으로서의 상황의 중요성을 강조하며 대두하였다.

(1) 실존주의(Existentialism)

실존주의란 라틴어 어원이 "이그지스턴스"(existence)인데, 이는 "밖"을 의미하는 "엑스"(ex)와 "나타나다"는 뜻을 가진 "시스테레"(sistere)라는 두 단어가 합쳐진 말로서, "현실적으로 존재한다"는 의미이다. 중세의 스콜라주의 철학자 요하네스 스코터스 유리지나(Johannes Scotus Eriugena)가 "실존주의"라는 용어를 최초로 사용하였는데, 그가 의미하는 실존이란 본질(essentia)에 대응하는 구체적, 현실적 존재(existentia)를 지칭하며, 따라서 실존이 본질에 우선함을 강조하였다. 이는 인식에서 독립하여 존재가 자신에게 의미하는 바에 초점을 맞추고 있는 개념으로서 실존주의는 분석철학과 함께 20세기 서양 철학의 양대 조류를 이루었다.

인간의 실존문제를 처음 철학적으로 거론한 사람은 소크라테스(Socrates)이며, 블레이즈 파스칼(Blaise Pascal), 죄렌 키에르케고르(Søren Kierkegaard)를 거쳐 실존은 철학의 화두로 발전하였다. 두 사람은 유신론적 실존주의자로서 파스칼은 인간의 존재는 모순적이고, 공허하며 불안한 존재로서 신앙에의 귀의를 통해 그것을 극복해야 함을 강조하였고, 키에르케고르는 하나님과의 단절을 죽음에 이르는 병이라고 지적했다. 반대로 인간 중심의 무신론적 실존주의 진영의 프리드리히 니체(Friedrich Nietzsche)는 초월적 가치들이 사라진 후, 현실의 가치를 인정하려는 의지를 가진 인간인 초인(超人)을 강조했고, 쟝 폴 사르트르(Jean P. Sartre)는 인간이란 이 세상에 던져진(투영된) 존재라고 주장하며 따라서 스스로를 만들어 가는 존재라는 점을 강조하였다.

실존주의는 산업의 고도화와 기계문명으로 인한 인간소외, 인간상실에 대한 자성으로 등장했지만, 두 차례의 세계대전을 통한 비극적인 체험을 통해 급속히 발전하였다. 실존주의는 두 차례의 세계대전 이후 체제나 구조 속에 함몰되었던 인간 주체성의 회복을 주장하였고, 인간이 존재하는 방식에 대하여 고민하며, 근대적 합리주의 관념론, 실증주의, 현대 과학문명이 초래한 비인간화 현상에 반발하며 전개되었다.

그러므로 실존주의의 교육목적은 교육의 인간화이며, 따라서 전체 속에 함몰되지 않는 개성적 인간, 자신의 삶을 능동적으로 개척하는 자율적 인간, 자신의 존재가치를 깨닫는 주체적 인간 등 전인적 인간형을 추구하였다. 학습자 개인이 각 교과내용을 자신의 시각에서 이해하여 의미를 부여하는 것이 실존주의 교육의 핵심이므로 교육내용으로서 실존적 각성을 조장하는 역사, 문학, 철학, 예술 등을 제시하였다. 교육방법으로서 자율과 책임을 동시에 강조하는 열린 교육을 주장하며 표준화된 획일적 검사를 지양하고, 자기주도학습을 장려하였고, 교사와 학습자 모두를 독립적, 인격적 주체로서 강조하며 인격적 관계, 만남과 대화의 관계 형성을 중시하였다.

실존주의 교육철학은 인간의 주체성과 독창성을 강조하며, 물질문명, 기능적 조직사회에 나타나는 비인간화의 독소를 여과시키는 데에 기여했다. 하지만 개인주의적 입장을 견지하며 인간의 절대적 자유가 사회의 규범과 충돌할 때에 문제를 해결하는 데에 한계를 드러내며, 인간관계를 교사와 학생의 측면에만 중점을 두며, 또래 집단과의 관계의 중요성을 간과했다는 비판을 받았다.

(2) 분석철학(Analytical Philosophy)

분석철학은 1960년대에 영국과 미국 중심으로 기존의 형이상학적 가정을 사변적으로 연구하는 것을 비판하고, 교육을 과학적 논리의 방법으로 탐구함으로써 객관성을 갖춘 학문의 정립을 시도할 것을 주장하며 등장하였다. 이후 분석철학은 가치중립적인 언어와 논리의 타당성만을 연구할 것을 강조하며, 교육적 논의에 사용되는 언어와 개념들의 의미를 명료화하였다. 분석철학 또는 분석주의는 특정한 철학의 체계나 내용이라기보다는, 방법론에 가까운 것으로서 철학적 분석(Philosophical analysis), 논리실증주의(Logical positivism), 논리경험주의(Logical empiricism), 언어분석(Linguistic analysis) 등 다양한 사상을 토대로 형성되었다.

하지만 대표적인 분석주의(Analytical philosophy)의 입장은 하나의 단어는 실제로 그것이 지칭하는 실체의 이름을 의미한다는 점을 강조하며 실체의 존재를 전제하는 논리실증주의와 하나의 단어가 사용됨에 있어 삶의 형식에 따라 그 단어의 기능, 목적, 효과, 역할에 차이가 존재한다는 점을 부각시킨 일상언어 학파의 두 가지로 분류된다. 이를 종합하면, 분석주의는 철학의 임무란 단어, 문장에 내재된 의미를 명확하게 하는 것이라고 주장하며, 형이상학적인 단어의 사용을 벗어나 일상적, 상식적 용법으로의 환원되어야 함을 강조하였다.

분석주의 교육철학에 있어서 교육목적이 무엇인가라는 질문 자체가 성립하지 않는데, 그러한 질문은 이미 "교육"과 "목적"을 분리하고 있으며, 암묵적으로 교육은 목적을 위한 수단이라는 가정을 전제하기 때문이다. 따라서 분석주의에 있어서 교육목적은 교육 그 자체이다. 분석주의는 구체적인 교육목적의 제시는 심리학자, 사회학자, 경제학자, 정치학자 등 교육을 입안하고 정책을 집행하는 당사자들의 임무이므로 교육철학자들의 과제가 아니며, 교육철학자의 과제는 제시된 구체적 교육목적을 분석하여 그 의미를 명료화하고, 적합성 여부를 드러내는 것이라고 생각하였다.

그러한 맥락에서 교육내용 또한 구체적으로 제시할 수 없지만, 교육내용이 충족해야 할 준거, 지식, 이해, 인지적 안목 등에 대하여는 준거를 제시하였는데, 일례로 인성교육의 내용 대신 인성의 덕목들을 나열하는 등, 지식의 의미나 형식에 대하여 관심을 보이며, 논리적 구조를 가진 기초지식 위주의 교양교육을 강조했다. 분석주의는 교육방법 관련하여서도 구체적인 교수-학습법의 지침을 제공하지 않고, 교육방법의 원리만 제시하였는데, 그 원리란, 엄밀히 검증되지 않은 신념이나 이상을 배제하고 교수자 스스로 논리학의 법칙을 활용하여 합리적으로 사고하고, 자신의 생각을 논리적 언어로 조리 있게 표현함으로써 학습자의 사고에 있어서 혼란을 방지하도록 하기 위한 것이다.

분석주의는 과거의 철학이 야기한 이론적, 논리적 혼란을 제거하여 교육의 과학화에 공헌했는데, 특히 교육학의 연구대상을 명확히 하여 교육학의 성격 규명에 기여하였고, 교육학의 개념, 용어, 원리, 이론들을 논증함을 통해 언어는 이미 사용자의 관심과 신념이 반영된 것이라는 사실을 잘 포착하였다. 그러나 지나치게 언어에 집착하여 실천적 성격을 외면하였다는 지적을 받았고, 교육의 본질을 너무 직관적으로 파악하여 교육의 이념, 교육관, 교육목표 등을 정립하는 거시적 기능에 소홀하였으며, 사실적 지식을 수용하는 데에는 한계를 드러냈다는 비판을 받았다.

(3) 비판이론(Critical theory)

비판주의 교육철학은 1970년대 후반 독일의 프랑크푸르트 학파(The Frankfurt School)의 비판이론의 영향을 받아 형성되었다. 비판이론은 자본주의 사회의 문화와 이데올로기에 의해 인간의 사고와 삶이 제약되는 현상을 타파(해방)할 것을 강조하였고, 따라서 비판주의 교육철학은 학교라는 기관이 어떻게 개인의 삶을 왜곡하는지의 메커니즘에 관심을 기울였다.

비판이론은 칼 마르크스(Karl Marx)의 영향을 받아 시작된 것인데, 개인의 의식구조와 가치관이 경제적 여건에 의해 결정된다고 주장하는 마르크스주의는 1930년대에 마르크스의 이론을 제대로 알고 강조하자는 신 마르크스주의로 이어지며 발전하였다. 이후 신 마르크스주의는 독일 프랑크푸르트 대학교의 사회연구소를 중심으로 하는 프랑크푸르트 학파로 계승되었고, 프랑크푸르트 학파는 자본주의의 성공을 보며 사회변화의 요건을 고민하며 현대 자본주의 사회의 문화와 이념에 대한 비판적 검토를 수행하였다. 정통 마르크스주의가 경제적 여건만 강조한 것과 달리, 비판이론은 1, 2차 세계대전을 겪으며 스탈린 계통의 교조화된 마르크스주의를 거부하고 사회문화적 여건도 검토할 것을 제의했다.

비판주의는 1930년대, 막스 호크하이머(Max Horkheimer)와 허버트 마르쿠제(Herbert Marcuse)의 연구를 중심으로 마르크스주의의 사회관계분석과 프로이드의 심리분석을 사회심리적 이론으로 통합하려고 시도하였고, 티오도어 아도르노(Theodor Adorno)의 왜곡된 교육의 실상에 대한 "반쪽의 도야"라는 비판을 거쳐, 위르겐 하버마스(Jürgen Habermas)가 프락시스(praxis)라는 개념을 재구성하며, 비판이론의 해방적, 실천적 기능을 강조하며 발달하였다. 1980년대에는 미국에서도 그 중요성이 발달하며 미디어에 나타난 기득권층의 권력욕을 지적하는 헨리 지루(Henry Giroux) 등의 학자들을 통해 그 주장이 이어졌다.

비판주의의 교육목적은 비인간화를 조장하는 교육 여건 속에서 강력한 힘을 발휘하고 있는 이념의 실체를 밝히고, 어떻게 그러한 이념이 개인의 의식과 사회화 과정에 침투하여 비인간화를 조장하는가를 드러내는 것이다. 따라서 비판주의는 무엇이 가치 있는 교육인지에 대하여 교수자와 학습자가 스스로 성찰하도록 유도하는 규범적 성격, 사회적 실체에 대하여 자율적이고 비판적인 성찰을 강조하는 평가적 성격, 교육의 개선과 실천을 추구하는 실천적 성격을 띠고 있다. 비판주의는 주로 대중매체와 문학, 예술작품을 분석하여 그 안에 담긴 이념, 표현된 갈등, 억압과 불평등의 실상을 성찰하는 의식화 교육을 전개하였다.

일례로 미국의 지루(Henry Giroux)는 그의 저서 『비판적 교육』(On Critical Pedagogy, 2011)을 통해서 디즈니 애니메이션에 담겨 있는 성적인 메시지와 남녀차별, 인종차별, 계급사회 조장 등 서구 제국주의적인 해석을 경계하였다. 과거 우리나라 군사정권의 소위 "3S"(Screen, Sports, Sex)를 이용한 우민화 정책도 동일한 맥락에서 비판의 대상이 된다. 당시 영화의 검열 완화로 인해 저예산 애로영화 제작의 붐이 일었는데, 예를 들어 1982년 극장 개봉작 56편 중 35편이 "애마부인" 등의 성인영화였고, 스포츠와 관련하여 1981년 8월 올림픽을 유치하는 한편, 1982년 이후, 프로야구, 프로축구, 프로씨름이 출범하며 쿠데타로 잡은 정권의 정당성에 대한 반발을 완화하였다. 또한, 1982년 1월 5일 야간통행금지를 폐지한 것은 개인의 자유와 인권 측면에서 바람직한 것이었지만, OB 동재파, 양은이파, 서방파 등 전국 3대 폭력조직을 중심으로 술집, 모텔, 성매매업소 등 유흥업소가 폭증하는 폐해를 낳았다.

비판주의는 수업자료가 어떻게 교사의 역할을 축소시키며 수동적인 집행자로 전락시키는지 교사 자신에 대하여 비판적으로 성찰해야 함을 강조하며, 교과내용, 평가방식 등 규정적 지표를 이행하는 것을 넘어 잠재적 교육과정의 기능에 주의를 기울였다. 주요 교육방법으로서 현 사회에서 발생하는 문제를 인식하고, 이론적 토대를 통해 평가할 수 있는 갈등현장의 견학, 대화와 토론을 통해 독립적, 비판적 사고력을 증대할 수 있는 토론수업, 학습자의 자유와 흥미 등 주체성을 존중하는 문헌활용, 교사주도의 주입식 교육을 극복할 수 있는 비판적 글쓰기 등을 중시하였다.

비판주의는 철학, 사회학, 정치학, 경제학, 심리학 등 여러 학문분야를 종합하여 규범을 제시하는 종합적 성격을 띠며, 인간의 의식을 비판적으로 성찰하고 인간성 해방을 통해 교육의 부조리를 개선하려는 교육에 대한 반성을 담고 있으며, 교육철학의 관심영역을 실제 교육이 이루어지고 실천되는 학교현장으로 집중시키는 데 기여하였다. 그러나 비판의식에 대한 지나친 강조로 교육의 순기능, 즉 인류의 문화유산을 전승, 발전시키고 다양한 능력을 개발하는 기능을 간과했으며, 지나치게 정치, 경제, 사회 논리에 집중하여 교육의 진정한 의미와 가치에 대한 고려가 배제되었다는 비판을 받았다.

(4) 포스트모더니즘(Postmodernism)

포스트모더니즘은 모더니즘의 이성과 본질 중심주의에 반대하는 입장으로서 지식은 상황에 따라 맥락적으로 형성된다는 전제를 갖는다. 이는 지식이란 삶의 관심과 삶에서 발생한 문제의 해결을 위해 존재한다는 입장이다. 그러므로 포스트모더니즘에 의하면 지식은 고정되고 절대성을 갖는 것이 아니라, 삶의 맥락에 따라 다양한 의미를 보유하는 것이다.

포스트모더니즘을 제대로 이해하기 위해서는 모더니즘을 이해하는 것이 선행되어야 한다. 하지만 학자별로 모더니즘의 시작에 대한 분류가 다른데, 그 시작에 대한 견해는 각각 16세기, 17세기, 18세기로 나뉜다. 먼저 16세기를 모더니즘의 시작으로 보는 입장은 로마 가톨릭교회의 보편적 권력을 거부했던 1517년의 종교개혁을 그 기준점으로 삼는데, 이는 종교개혁 이후에 에라스무스와 몽테뉴를 대표로 하는 인본주의적 회의주의가 발전했다는 입장이다. 17세기를 주장하는 이들은 갈릴레오, 하비, 홉스, 데카르트, 보일, 라이프니츠, 뉴턴 등이 활동했던 과학혁명의 시기를 기준으로 제시하며, 18세기를 모더니즘의 시작으로 보는 견해는 미국과 프랑스의 공화주의 정치이론과 혁명을 그 기준으로 삼는다.

하지만 포스트모더니즘의 시작 시점에 대한 인식은 다를지라도 포스트모더니즘을 주장하는 이들은 모더니즘의 핵심에 대하여는 일치된 의견을 보여서 모더니즘은 과학적 사고와 합리성을 주된 특징으로 한다고 주장한다. 종교개혁 이후 이성을 강조하는 사조와 함께 문명 발달로 인해 보다 과학적인 방법을 중시하게 된 것을 배경으로 30년 전쟁(1618-1648)으로 인하여 독일 인구의 3분의 1이 희생되었고, 영국 시민혁명(1642-1651)으로 인하여 성인 남성의 10%가 사망하였으며, 찰스 1세의 처형 등으로 살육을 일삼는 종교분쟁과 교리를 뛰어넘는 보편적 합의에 도달하게 하는 기반이 될 근본적 진리(확실성)에 대한 열망이 강화되었기 때문이다.

포스트모더니즘이란 "뒤의, 후의"(post), "근대"(modern), 그리고 "주의"(ism)가 합쳐진 용어로 후기 근대사회, 즉 후기 산업사회의 사상 또는 사조란 뜻이다. 이는 영국의 역사학자 아놀드 토인비(Arnold Toynbee)가 최초로 사용한 용어로서, 포스트모더니즘은 1960년대 이후 근대성에 대한 비판으로서 대두되었고, 1970년대 미국의 건축 및 예술 분야에서 포스트모더니즘이라는 용어가 보편적으로 사용되기 시작하였다. 이는 1980년대에 파리와 프랑크푸르트 등 유럽에 전파되며 서구 지식인들 사이에서 폭넓게 수용되었고, 이후 포스트모더니즘은 후기현대주의, 탈근대주의, 해체주의, 후기구조주의 등의 다양한 용어로 지칭되었다.

1980년대 후반에는 교육철학에도 포스트모더니즘의 영향이 반영되었는데, 포스트모더니즘 교육철학은 절대적 지식과 객관적 이성에 바탕을 둔 근대교육을 비판하며, 이성, 감성, 직관, 영성 등 인간의 다양한 특성을 존중하는 다원화된 인간관을 강조하며 발전하였다. 포스트모더니즘이 보편타당한 지식을 추구하는 절대적 기준을 거부하고, 모든 인식활동은 인식자의 주관이 개입된 상대적인 인식이라 주장했기 때문에, 포스트모더니즘 교육철학은 근대교육의 인간 중심, 서구 중심, 남성 중심의 일원론적인 가치관에서 벗어나 생태교육, 다문화교육, 양성평등교육 등 다원적인 교육 가치관으로의 전환을 촉구하였다.

포스트모더니즘의 교육목적은 창조적이며 주체적인 다양한 자아의 형성인데, 이는 진리의 상대성과 다원성에 근거하여 끊임없이 성장하는 인간, 다양성의 수용과 활용을 통해 지속적으로 성장하는 인간 형성을 목표로 한다. 교육내용의 주요 특징에 있어서 모더니즘이 대서사적, 명제적, 인지적 지식을 강조했던 것에 비하여, 포스트모더니즘은 기술, 윤리, 미적 감수성 등을 인지적 요소와 동등하게 인정하는 소서사적 지식을 강조하여 활자 중심에서 영상매체 중심으로, 교과분리형에서 교과통합형으로의 변화를 이끌었다.

교육방법으로는 학습자의 선택권을 최대한 허용하는 개별화 학습법과 학습자의 흥미와 적성, 능력에 적합한 학습을 추구하는 대화적 협력학습법을 강조하였다. 또한, 다양한 창의적 교육방식을 지향하였고, TV, 라디오, 신문, 잡지, 인터넷, 전화, 영화 등 다양한 매체를 활용할 것을 권장했다. 교육의 현장에 대하여는 유비쿼터스(ubiquitous) 교육을 강조하여 학교라는 공간적 제약을 벗어나 집, 직장, 공연장, 산, 바다, 들판 등 모든 공간에서 이루어지는 비형식적, 무형식적 교육방법을 모두 포함하는 광범위한 교육으로 확장하였다. 포스트모더니즘 교육철학에 입각한 교사의 역할은 권위를 가진 지식전달자가 아닌, 안내자, 조력자로서 학습과정에 참여하는 것이며, 학습자가 학습과정에 능동적으로 참여하는 자기주도학습을 강조하였다.

포스트모더니즘 교육철학은 과학적, 합리적 이성을 극복하고 감성적 기능을 회복하는 등, 교육의 구조적 변화를 유도하였고, 공교육 체제에 대한 비판적 시각을 제공함으로써 대안교육 및 실험교육의 활성화 토대를 마련하는 데 기여하였다. 또한, 교육현장 내의 소수자의 주장도 존중하며 교육 및 인간 이해에 대한 지평을 확대하고, 보편성, 획일성, 전체성, 권위주의를 극복하고, 차이와 다양성과 다원성을 존중하는 토대를 구축하였다는 점에서 의의가 있다. 하지만 해체주의적 입장을 견지한 포스트모더니즘 교육철학은 윤리적 방향 설정이 미흡하여 해체 이후의 전망과 대안을 제시하지 못하였고, 이성 경시에 따른 교육의 불완전성 문제 역시 지적되었다.

4　당신의 왕(기준)은 누구(무엇)인가?

지금까지 살펴본 교육철학들은 모두 각자의 강점과 약점을 드러내고 있다. 일반적인 교육철학이 드러내는 약점들은 모두 인간의 유한성과 죄성에 기인하는 문제점들이다. 따라서 기독교교육의 철학은 일반 교육철학의 장점을 수용하는 한편, 그 약점을 하나님 중심의 철학으로 보완하여 균형을 잡아야 한다. 하나님은 호세아 선지자 때에 이스라엘이 망하게 된 이유를 그들이 기브아에서부터 죄를 지었기 때문이라고 말씀하셨다. "저희는 기브아의 시대와 같이 심히 패괴한지라 여호와께서 그 악을 기억하시고 그 죄를 벌하시리라"(호 9:9).

기브아의 시대란 레위인이 첩을 데리고 돌아가다가 들른 베냐민 지파의 기브아 땅에서 일어난 살인 사건과 같은 끔찍한 일들이 발생하는 시대를 가리키는 것이다. 즉 이스라엘에 죄가 보편적으로 퍼져서, 마치 기브아의 시대처럼, 죄가 죄인 줄 모르는 상태에 빠진 시대를 지칭한다. 이 때문에 베냐민 지파는 거의 멸절을 당할 지경에 이르렀고, 그 사건을 처리하는 이스라엘 백성의 방법도 매우 잘못된 것이었다.

6백 명의 남자들만 남은 베냐민 지파의 명맥을 잇기 위해 이스라엘은 자신들의 꾀를 냈는데, 이는 그들이 베냐민 지파 남자들에게 자신들의 딸을 절대 주지 않기로 맹세했기 때문이다. 이스라엘 각 지파들은 단 지파 성읍인 야베스 길르앗 주민들이 베냐민을 치러 갈 때에 함께하지 않았다는 구실로 그 성의 남성들을 모두 죽이고, 남성과 동침했던 경험이 있는 모든 여자들을 죽였다. 그리고 베냐민 지파 남자들이 그 남은 처녀 4백 명을 강제로 데려가게 했지만 여전히 2백 명이나 모자라자, 초막절을 지키기 위해 이스라엘 각지에서 성소인 실로로 모여든 처녀들을 강제로 붙들어 데려가게 하는 파괴적인 방법을 사용했다. 그와 같이 혼탁한 시류를 사사기 기자는 21장 25절에서 정리했는데, 그 내용은 17장 6절과 똑같은 것으로서 이는 어리석은 이스라엘의 모습을 요약하는 반복적인 지적인 셈이다. "그때에는 이스라엘에 왕이 없었으므로 사람마다 자기 소견에 옳은 대로 행하였더라"(삿 17:6; 21:25).

사사기 시대는 한마디로 왕이 없던 시대, 즉 기준이 없는 시대를 의미한다. 오늘날 현대사회가 바로 그러한 시대의 특징을 보이고 있다. 계몽주의와 산업혁명으로 근대는 인간의 이성을 다시금 강조하기 시작하였고, 이를 바탕으로 20세기의 중추적인 철학 사조 실존주의가 대두하였다. 개인의 실존을 조명하며, 현재 삶에서 나 자신에게 가장 좋은 것이 진리라는 점을 강조하는 사조로 인하여 하나님이 아니라, 인간 자신의 판단이 만물의 척도가 되어 버렸다. 그러한 인간 중심의 유토피아주의는 1, 2차 세계대전을 겪으며 무너져 버렸다. 인간이 장밋빛 환상을 가지고 의지했던 이성을 활용한 첨단 무기가 인간 스스로를 파괴할 수 있음을 깨닫게 하였기 때문이다.

하지만 그러한 잠시의 깨달음을 뒤로 하고, 절대적인 진리를 부정하며 모든 것이 상대적이라는 논리를 펼치는 포스트모던 시대가 부상하였다. 오늘날 현대 사조는 어떠한 기존의 틀과 형식도 거부하기 때문에 탈구조주의, 해체주의라는 이름으로 불린다. 이 같은 모습은 결국 사사기의 "그때에는 이스라엘에 왕이 없었으므로 사람마다 자기 소견에 옳은 대로 행하였더라"는 결론을 답습하는 것이다.

인류의 역사는 끊임없이 하나님 중심의 삶과 인간 중심의 교만 사이의 영적 전쟁의 역사이다. 대적 마귀는 우는 사자와 같이 두루 다니며 삼킬 자를 찾으며(벧전 5:8), 특히 믿음이 연약한 자를 공격하여 그들의 죄의식을 왜곡시켜 오히려 잘못된 자의식을 추켜세우고, 교만하게 만들고, 급기야 하나님을 배반하도록 미혹한다. 그러므로 기독교교육철학은 철저히 말씀에 기반한 교육정신의 기반을 제공해야 하며, 성육하신 예수님을 따르는 철학으로서 하나님을 사랑하고 세상(이웃)을 섬기는(사랑하는) 정신이 그 근본 토대가 되어야 할 것이다.

참고문헌

최성훈. "항존주의와 하브루타의 변증적 결합: 고전읽기 프로그램을 중심으로." 「기독교
　　　교육정보」 69(2020), 189－214.

＿＿＿. 『성경으로 본 철학이야기』. 서울: CLC, 2018.

Aquinas, Thomas. *Summa Theologica*. trans. The Fathers of the English Dominican
　　　Province. New York, NY: Catholic Way Publishing, 2014. (Originial Work
　　　Published in 1485).

Berkson, Issac B. *Preface to an Educational Philosophy*. New York, NY: Columbia
　　　University Press, 1940.

Descartes, René. *Discourse on Method and Meditations on First Philosophy*. 4th ed.
　　　trans. Donald A. Cress, Indianapolis. IN: Hackett Publishing Company, Inc.,
　　　1999. (Original work published in 1637).

Dewey, John. *Education and Experience*. New York, NY: Free Press, 1938.

Giroux, Henry. *On Critical Pedagogy*. New York, NY: Bloomsbury Academic, 2011.

Kruger, Alan B. *Rockonomics: A Backstage Tour of What the Music Industry Can
　　　Teach Us about Economics and Life*. New York, NY: Currency, 2019.

Plato. *The Republic*. trans. Desmond Lee, New York, NY: Penguin Books, 2003.
　　　(Original work published in B.C. 380).

Van der Walt, B. J. *Heartbeat: Taking the Pulse of Our Christian Theological and
　　　Philosophical Heritage*. South Africa: Potchefstroom University, 1978.

과거에 생산되던 내연기관 엔진을 가진 자동차의 부품 개수는 약 2만 개 정도였다. 이후 기술 발전으로 인해 수소차와 전기차 등 친환경 자동차가 등장하고, 각종 편의를 위한 기능이 부가된 오늘날 휘발유 또는 디젤 엔진을 갖춘 자동차의 부품 수는 3만여 개이며, 하이브리드 자동차의 부품 수는 3만 5천여 개에 달한다. 또한, 과거 여객 항공기 중에서 가장 커서 "점보"라는 별명을 가지고 있던 보잉 747기의 부품 수는 4백 5십만 개였지만 기술 수준이 급격히 발전한 오늘날 최신 기종 항공기의 부품 수는 이를 훨씬 초과할 것임을 예상하는 것이 어렵지 않다.

사람의 세포 수는 이와 비교조차 할 수 없을 정도로 많아서, 어린이의 경우 약 60조 개, 성인의 경우 약 100조 개나 된다. 그런가 하면 사람의 지문이 같을 확률은 650억 분의 1로서, 실시간으로 세계 인구를 측정하는 월드미터스(https://www.worldometers.info/)의 자료를 기준으로 2022년 11월 부로 80억을 넘는 세계 인구를 고려하면 지구상에서 지문이 같은 사람을 만날 확률은 통계적으로 거의 "0"인 셈이다. 또한, 정자와 난자가 만나 생명이 잉태될 확률은 3억 분의 1에 불과하고, 건강한 남녀가 이루는 혼인의 경우 배란기에도 임신 확률은 35%에 불과하며, 최근에는

03

교육심리

환경 호르몬, 스트레스 등으로 임신 확률이 급격히 떨어지고 있다. 그러므로 하나님이 허락하신 생명이야말로 신비한 하나님의 은혜로운 선물이며, 눈에는 보이지 않는 사람의 마음은 신비로움의 결정체이다. 본 장은 사람이 육체적, 정신적, 영적으로 어떻게 발달을 이루어 가는지 심리학적인 렌즈를 통해 조명함으로써 신앙 안에서 사회에서 책임을 다하는 그리스도인이 되도록 교육하기 위한 토대를 제공하고자 한다.

1 인간의 발달

인간의 발달이란 삶이 시작되는 순간, 즉 난자와 정자가 수정되는 순간부터 계속되는 전 생애에 걸쳐 일어나는 양적이고, 동시에 질적인 변화과정이다. 발달은 연속적으로 일어나지만 단계별 속도는 일정하지 않고, 개인차가 있으며, 발달의 단계는 서로 연관되어 상호작용을 일으킨다. 그러므로 발달이란 평생의 과업이며, 학습과 관련하여 발생하는 성장과 성숙은 발달과 유사한 본질을 공유한다. 육체적 측면과 정신적 측면에서 인간의 발달을 점검하는 것이 학습의 관점에서 이를 조명하는 출발점이 될 것이다.

1) 발달과 성차

사람의 성별은 정자와 난자가 만나 수정되는 순간 결정되지만, 성별을 확인하려면 성의 분화가 이루어지는 임신 6-7주가 지나야 한다. 태아는 아버지로부터 Y 또는 X 염색체를 물려받아, 6-7주가 지나며 남성의 고환 또는 여성의 난소와 같은 성(性) 기관을 형성하기 시작함으로써 성별이 구별되기 시작한다. 일례로 남아의 고환에 있는 호르몬인 테스토스테론은 남성의 생식기 발달을 촉진하고, 수태 후 3-4개월 후에는 테스토스테론에 의해 음경과 음낭이 분화된다. 여성과 남성의 생물학적 차이는 성염색체의 차이에 기인하는데, 여성은 XX 염색체, 그리고 남성은 XY

염색체를 각각 가지고 있다. 남녀가 각각 보유한 호르몬의 양에도 차이가 있는데, 여성에게는 에스트로겐 함량이 더 높고, 남성은 엔드로겐을 더 많이 보유한다. 하지만 산모의 음주, 흡연, 약물 사용, 유전적 질환 등으로 인해 클라인펠터 증후군(Klinefelter's syndrome), 터너증후군(Turner's syndrome), XYY 증후군(XYY syndrome), XXX 증후군(Triple X syndrome) 등 성염색체의 이상 증후군이 발생하기도 한다.[1]

생식선 구성에 있어서 여성은 난소조직, 남성은 고환조직이 이를 담당함으로써 남녀의 내, 외부의 생식기 차이와 기능의 차이 및 체구, 근력, 지구력의 차이를 유발한다. 한편 여성과 남성의 인지능력에 대하여 일반지능에 있어서 뚜렷한 성차는 없으나 지능의 하위영역에서 다소 차이가 나타난다. 예를 들면 언어적 능력에 있어서는 일반적으로 여아가 남아보다 빨리 말을 시작하고, 사용 어휘 수, 문장의 길이, 명사와 접속사 사용 등의 문법 발달에서 우세하며, 비언어적 소통기술에서도 우월한 양상을 보인다. 수리능력에 대하여는 수를 다루는 능력과 계산능력(수리력)에서는 여아가 우세하지만 수의 추리력(추론논리능력)에서는 남아가 앞선 모습을 보인다. 공간지각능력 관련해서는 일관성 있게 남아가 뚜렷하게 우세하며, 이는 성장 과정에서 차이가 가속된다고 간주되었지만 최근 연구에 의하면 그 차이는 미미하다는 사실이 새롭게 밝혀지면서 그 측정방식에 대한 이의가 제기되고 있다.

인성과 사회성 관련하여 신체적, 언어적 공격성은 남아가 여아보다 뚜렷한 편인데, 이는 테스토스테론 등 남성 호르몬의 영향 때문인 것으로 추측된다. 돌봄과 배려 등 양육성에 대하여는 여아가 우세한 모습을 보이는데, 여아는 2-3세 경부터 타인에 대한 관심과 돌봄 행동을 보이기 때문이다. 흥미로운 점은 여아는 타인(他人)이 있는 공적(公的) 상황에서, 남아는 혼자 있는 사적(私的) 상황에서 양육성 행동이 증가한다는 것이다. 성 역할에 대한 고정관념이 타인의 시선을 의식할 때에 여아로

---

1 클라인펠터 증후군은 남성에게 X 염색체가 한 개 많아서 염색체 수가 23쌍 46개가 아니라 47개 있는 경우로 "XXY"의 성염색체를 보유하기 때문에 출생 시에는 내, 외 생식기가 남성으로 분화되지만 사춘기를 거치며 X 염색체의 영향으로 여성의 2차 성징이 나타난다. 터너증후군의 경우, 성염색체가 하나 모자라서 X 염색체 하나만 갖는 경우로 성기의 형태와 체형은 여성이지만 난소가 발달하지 못해 불임이 된다. XYY 증후군은 남성의 성염색체가 1개 더 있어서 남성성이 강조된 초남성화 현상을 보이며, XXX 증후군은 여성의 성염색체가 1개 더 있지만, 키가 크고 하체가 길고 슬림하다는 특징 외에 별다른 특이 증상을 보이지는 않는다.

부터는 기대되는 양육성 행동의 강화를, 남아에게는 억제를 불러일으키기 때문이다. 한편, 놀이 활동에 있어서는 만 1세 이후에 성차가 나타나기 시작하는데, 남아의 놀이 시간이 더 경쟁적이고, 더 오래 지속되는 양상을 보이는데, 남아는 경쟁을 통해 분쟁을 해소하는 원칙을 습득하는 데 비하여, 여아는 관계를 중시하기 때문에 놀이 중 언쟁과 같은 갈등 상황이 발생하면 놀이를 끝내는 경향이 있기 때문이다.

2) 세대별 특성

학습자에 대한 거시적 이해를 위해서 세대별 특성을 살펴보는 것이 유용한데, 특히 특정한 집단이 비슷한 시기의 출생으로 인한 경험 공유로 의식, 행동양식에 있어서 동일한 양상을 나타내는 효과를 의미하는 출생동기집단효과(Cohort effect)는 동일한 연령대의 학습자 집단에 대한 이해를 돕는다. 이와 같은 개념은 미국에서 처음 소개된 것인데, 우리나라의 현실에 적합하도록 수정하면 세대별 특성을 이해하는 데에 도움이 된다.

전통세대(Traditionalists)는 1927-1945년 출생한 세대로서 2차 세계대전, 대공황, 한국전쟁 등을 겪었다. 이들은 전통적으로 근면하고 성실한 모습을 보이고, 아무런 군소리 없이 애국심을 발휘하며 권위에 복종하기 때문에 침묵의 세대(Silent Generation)라고도 불린다.

다음은 1946-1964년에 출생한, 우리나라에서는 한국 전쟁 이후에 1955-1963년 사이에 출생한 베이비 부머 세대(Baby boomers)이다. 이들은 주로 산업 발달기에 성장했기 때문에 기본적으로 업무 중심적, 즉 목적 지향적인 성향을 보인다. 전후 안정된 사회를 기반으로 높은 출생률이 특징인 세대이므로, 또래 세대가 많아 치열한 경쟁을 겪었기 때문에 경쟁적인 모습을 보이며, 그러한 경쟁 속에서 기반을 형성해왔기 때문에 이전 세대에 비하여 독립적인 편이다.

X-세대(Generation X)는 1965-1980년 사이에 출생한 세대인데 캐나다의 소설가 더글라스 쿠프랜드(Douglas Coupland)가 이들을 마땅히 정의할 용어가 없다는 의미에서 "X"를 사용하여 최초로 X-세대로 명명하였다. X-세대는 안정된 사회적 분

위기를 바탕으로 학업에 집중할 수 있는 여건하에서 성장했기 때문에 고학력 교육수준을 기반으로 전통의 가치를 부정하고, 자기주장이 강한 개인적인 모습을 보이며, 미디어의 영향에 민감하다.

Y-세대(Generation Y)는 1981-1996년에 출생한 세대로서 밀레니얼 세대(Millennial Generation) 또는 새로운 기술발전과 정보화에 민감한 모습 때문에 네트워크 세대(Generation N)로 불리기도 한다. 미국의 경우 Y-세대의 25%가량이 편부모 슬하에서 성장하였는데, 이는 부모 세대에 속하는 베이비 부머 세대와 X-세대가 개인적이고 자기 주장이 강하기 때문에 이혼율이 높은 것에 기인한다. 하지만 이전 세대에 비하여 유복한 부모 세대를 둔 덕분에 재정적으로 여유가 있는 편이라, 소비지향적이고, 건강과 외모, 운동에 관심이 많으며, 주목받기를 원하는 특징을 보인다.

1997년에서 2009년 사이에 출생한 Z-세대(Generation Z) 또는 인터넷 세대(I-Generation)는 태어나면서부터 인터넷 환경과 관련 전자 기기의 사용에 익숙한 이들은 한꺼번에 여러 가지 일을 하는 멀티태스킹(multi-tasking)이 가능하고, 다양한 기기와 네트워크와 연결하여 다중적 역량을 발휘하기 때문이다. 과학기술의 발전을 체득하며 성장한 이들은 단순히 과학기술을 활용하는 것뿐만 아니라 세련된 이미지와 감성 소구에 민감하며, 합리적인 설득을 통해 납득되어야 행동으로 옮기는 성향을 보인다.

마지막으로 2010년 이후 출생한 알파 세대(Alpha Generation)는 21세기의 첫 번째 아이들로서 그들의 학습스타일은 직접 체험해 보는 방식의 실험적인 모습을 보인다. 알파 세대는 유튜브의 장난감 리뷰 채널과 같은 브랜드 콘텐츠에 더 개방적이고, 매우 편안하게 기술을 활용한 장난감들, 스마트 기기들, 웨어러블 기기들을 가지고 놀며, 기술을 자신의 삶에 꼭 필요한 일부로 볼 뿐만 아니라 그들 자신의 확장으로 본다. 마케팅의 대가 필립 코틀러(Philip Kotler, 2021)에 의하면 알파 세대는 계속해서 인공지능, 음성명령, 로봇들과 같은 인간을 모방하는 기술을 채택하고 사용하며 성장할 것으로 기대된다.

2 심리학 이론 발달의 역사

마음에 관심을 두고 이를 탐구하는 것은 철학의 형이상학 분야에서 과제로 삼았던 것인데, 일찍이 아리스토텔레스는 영혼론을 통해 인간의 마음을 최초로 연구하려고 시도한 인물이다. 그는 감각, 기억과 상기, 수면과 각성, 꿈 등의 주제들을 다루며 영혼과 신체는 분리할 수 없는 하나의 실체라고 주장하였다. 이후 르네 데카르트(René Descartes)는 인간의 마음을 생득관념, 즉 타고난 본유관념으로 여겼고, 존 로크(John Locke)는 탄생 당시 인간의 마음은 백지(*tabula rasa*)와 같다는 중립적인 입장을 보였다. 한편, 빌헬름 분트(Wilhelm Wundt, 1832~1920)는 마음을 과학적으로 연구한 최초의 인물이기 때문에 "심리학의 창시자"라고도 불린다. 그는 1879년 라이프치히 대학에서 세계 최초의 심리학 실험실을 설치하고, 마음을 주시하는 내관법(introspection)을 이용하여 마음의 구조를 객관적으로 분석하려고 처음으로 시도하였다. 이는 의식 구성의 요소 및 그 작용을 연구하는 구조주의 심리학(structural psy-chology)의 기반을 형성하였다.

이처럼 철학의 연구로부터 파생한 심리학은 정신분석학을 통해 학문적인 연구가 최초로 시도되었고, 이후 인간행동과 사회환경의 관계를 다루며 환경의 영향을 강조한 행동주의 심리학, 일정한 단계를 따라 인지능력이 발전함에 초점을 맞춘 인지심리학을 거쳐서 인간의 타고난 능력을 강조하는 인본주의 심리학으로 발전하였다. 이를 학습에 대한 관점으로 분류하면 정신분석학적 접근은 생의 초기 경험에

그림 1 • 심리학 이론의 발달

의해 삶이 결정되므로 학습의 역할이 미미하다고 간주하였고, 행동주의적 시각은 외부의 환경에 의해 조장되고 조율되는 학습을 강조하였으며, 인지주의 및 인본주의적 입장은 지식을 습득하고 활용하는 복합적인 정신과정의 결과로서 학습을 강조하는 모습을 보인다.

1) 정신분석학

흔히 정신분석학을 "제1의 심리학"이라고 분류하는데, 이는 정신분석학이 최초로 심리학의 기반을 형성했다는 의미에서 붙인 명칭이다. 정신분석학의 기초를 놓은 사람은 지그문트 프로이드(Sigmund Freud)로 그는 1856년 모라비아의 작은 도시 프라이베르크(Freiberg)에서 모직물을 거래하는 유태인 집안에서 출생하였고, 위로 이복형제 2명, 아래로 6명의 동생, 한 살 많은 조카 등 다수의 또래들과 함께 성장하였다. 프로이드는 1959년 라이프치히(Leipzig)를 거쳐 1860년 비엔나(Vienna)로 이주해서 성장했는데, 당시 최고의 명문대학이었던 비엔나 대학교(University of Vienna) 의대에 진학한 그는 1881년에 임상신경학자로서 병원을 개업하였다. 1899년 『꿈의 해석』(Die Traumdeutung)이라는 저서를 통해 명성을 얻은 프로이드가 사망한 후, 막내 딸 안나 프로이드(Anna Freud)가 칼 융(Carl G. Jung), 알프레드 아들러(Alfred Adler)와 함께 신 프로이드 학파(Neo-Freudian psychologists)를 형성하여 정신분석학의 저변을 확대하였다.

(1) 프로이드의 발달단계

프로이드에 의하면 인간의 성격은 원초아(id), 자아(ego), 초자아(super ego)로 구성되는데, 원초아는 본능적 욕구를 따르며, 자아가 현실성을 바탕으로 균형을 잡고, 초자아는 인간의 보편적인 윤리를 지향한다. 그러므로 인간의 성격 형성에는 원초아와 초자아를 적절하게 통합할 수 있는 자아의 기능이 중요하다. 프로이드는 인간의 생의 초기 발달에 집중하여 발달단계를 다섯 단계로 구분하였는데, 이는 향후 인지주의적 견해를 전개하는 발달 심리학자들이 제시한 심리 발달단계의 원형으로 기능하였다.

프로이드는 인간의 생후 18개월까지의 구강기(Oral Stage)는 원초아가 삶의 전반을 지배하는 시기로서 입에 모든 감각이 집중되어 갓난 아기가 어머니의 젖을 빨며 쾌감을 느낀다고 주장하였다. 이후 만 3세까지의 항문기(Anal Stage)는 배변을 하는 항문에 감각이 집중되는 시기로서, 원초아와 자아가 배변 가리기 훈련(toilet training) 과정에서 주된 기능을 담당하여, 청결을 유지하려는 자아가 쾌감을 누리려는 원초아를 통제하기 시작하며 배변 훈련은 마무리가 된다.

다음 단계는 3-6세의 남근기(Phallic Stage)로서 이 시기는 남성의 성기에 관심이 집중되는 시기이다. 프로이드에 의하면 이 시기의 사내 아이들은 자신의 성기에 관심을 집중하는데, 자신보다 훨씬 몸집이 큰 아버지의 존재 앞에 무기력함과 위협을 느끼며 거세의 위험을 감지하는 오이디푸스 콤플렉스(Oedipus complex)를 경험하며, 여아의 경우에는 자신에게 없는 남근으로 인한 박탈감을 느끼며, 아버지를 두고 어머니와 경쟁하는 과정에서 어머니에게 반감을 갖는 엘렉트라 콤플렉스(Electra complex)를 경험한다. 남근기에는 성기를 통한 쾌감을 추구하는 원초아, 오이디푸스 콤플렉스와 엘렉트라 콤플렉스로 인하여 아버지, 어머니에 대한 사랑과 증오를 동시에 경험하며 자아와 초자아가 함께 기능한다.

프로이드는 6세 이후 사춘기까지는 학령기에 취학하여 또래 집단과 어울리느라 쾌감이 둔감해지는 잠복기(Latent Stage)로서 이 시기는 온몸을 통해 감각이 발달하는데, 잠복기가 끝날 무렵부터 2차 성징이 나타나며 새로운 변화의 과정에 돌입한다. 이어지는 성기기(Genital Stage)는 사춘기에 접어들어 이성에 대한 관심 및 다시

[표 2] 프로이드의 발달단계

단계	연령	성적 욕구	특징
구강기(Oral Stage)	0-18개월	수유 및 이유	원초아에 의한 쾌락 추구
항문기(Anal Stage)	18개월-3세	배변	자아와 원초아의 대비
남근기(Phallic Stage)	3-6세	성기	오이디푸스 콤플렉스와 엘렉트라 콤플렉스 발현
잠복기(Latent Stage)	6-11세	잠복	외형상 평온기, 성적 충동이 승화되는 시기
성기기(Genital Stage)	12세 이후	성적 충동	성인으로서의 책임감과 친밀한 관계 형성

성기로 쾌감이 집중하는 시기를 뜻하는데, 프로이드는 성기기로서 인간 발달에 대한 설명을 마무리하고 이후의 성인기에 대하여는 별다른 언급을 하지 않았다.

(2) 불안과 방어기제

자아는 원초아와 초자아 사이에서 조정하는 역할을 담당한다. 그러나 이들이 서로 충돌하여 자아가 제대로 통제, 조정을 하지 못할 때, 자아가 위협을 받는 불안의 상황이 발생한다. 프로이드는 불안의 종류를 원초아의 충동에 의해 압도되는 것을 두려워하여 본능 통제가 불가능할 것을 두려워하는 신경증적 불안, 자아가 현실의 외적인 위협 요인에 대하여 갖는 공포감인 현실적 불안, 그리고 초자아로 인해 발생하는 죄의식과 수치심 등으로 인한 도덕적 불안으로 구분하였다. 프로이드에 의하면 자아가 원초아와 초자아의 욕구를 조정하는 역할을 하지만 그것이 여의치 않을 때 불안으로 인한 심리적 불균형이 초래되고, 이것을 해결하기 위해 자아는 무의식적으로 방어기제를 발동시킨다.

주요 방어기제에는 고통스럽고 위협적인 충동, 감정, 사건 등을 무의식 속으로 추방시키는 억압(repression), 현실 자체를 부인하는 부정(denial), 불안한 상황을 벗어나기 위해 발달단계의 초기로 후퇴하는 퇴행(regression), 어떤 대상을 향해 품었던 감정이나 욕구를 더 안전한 다른 대상으로 바꾸어 표출하는 전치(displacement), 어떤 대상을 향해 품었던 감정이나 욕구를 다른 대상에게 그대로 옮겨 품는 전이(transference), 자신의 내부에 존재하는 용납할 수 없는 욕구를 타인의 것으로 전가시키는 투사(projection), 다른 대상이 아닌 자신을 탓하는 내면화(introjection), 겉으로 드러나는 말과 행동이 자신의 생각이나 욕구와 정반대로 나타나는 반동형성(reaction formation), 용납하기 어려운 상황이나 욕구에 대하여 인지적인 왜곡을 통해 변명하는 합리화(rationalization), 그리고 용납될 수 없는 충동을 용납될 수 있는 형태로 전환하여 표출하는 긍정적 방어기제인 승화(sublimation) 등이 있다. 하지만 이와 같은 정신분석학의 불안과 방어기제에 관한 해석은 과거의 인간의 정신 내적 현상에만 치중한다는 비판을 받는다.

(3) 칼 융(Carl G. Jung)의 집단무의식

융은 1875년, 스위스 케스빌(Kesswil)에서 목사의 아들로 출생하여 바젤 대학교(Universität Basel) 의학부를 졸업하고, 취리히 대학교(Universität Zürich)에서 정신의학을 연구하였다. 1907년부터 프로이드와 교류한 융은 리비도(libido)를 성적 에너지로만 정의한 프로이드와 달리, 이를 전반적인 에너지로 정의하며 프로이드와 선을 그었고, 결국 1914년에 프로이드와 결별하였다.

융은 배우거나 경험하지는 않았지만 특정한 방법으로 생각하고, 느끼고, 지각하고 행동하도록 인종, 문화와 상관없이 모든 인류에게 공통적으로 유전되어 온 정신적 소인이 있다고 주장했는데, 그러한 정신적 소인을 집단 무의식이라고 칭했다(Jung, 1968). 융에 의하면 집단 무의식을 구성하는 원형(archetype)은 인간 내면에 축적된, 시간, 공간, 인종, 문화와 상관없이 모든 인간에게 존재하는 행동 유형, 또는 큰 정서를 포함하는 보편적이고 선험적인 관념을 뜻한다. 프로이드에게 있어서는 의식이 먼저 생긴 이후 어린 시절의 경험을 통해 무의식이 후천적으로 형성되지만, 융에 의하면 선천적으로 형성되는 집단 무의식이 의식보다 먼저 형성되는 것이다.

(4) 정신분석학의 인간 이해

프로이드 등 정신분석학자들에 의하면 인간의 행동은 무의식적 동기, 생물학적 욕구와 충동, 그리고 생후 5-6년간의 생활 경험에 의해 결정되므로 인간은 결정론적 존재이다. 그러므로 정신분석학은 인간의 과거를 중시하는데, 정신분석학에 의하면 인간행동의 원인은 인간의 사고와 행동을 전적으로 통제하는 보이지 않는 힘인 리비도(libido)로서, 무의식 속에 억압된 성적 충동과 욕망인 리비도가 인간행동을 동기화하는 것이다. 한편 무의식은 어린 시절의 외상(trauma), 성욕, 식욕 등을 통하여 형성된다.

하지만 융은 프로이드 학파처럼 개인의 무의식에 집중한 것이 아니라 집단 무의식을 강조하였다. 그러므로 융이 바라보는 인간은 생물학적, 심리적, 사회문화적 존재에 해당한다. 융에 의하면 "선험적 나"로서의 자기라는 존재는 의식적 자아와 무의식의 중간영역에 위치한다. 자아란 "일상적인 나", 또는 "경험적 나"를 의미하는데, 융은 페르소나(persona)라는 개념을 통해 자아를 설명하였다. 페르소나란 자아가 외부 세계에 적응하기 위해 사용하는 행동 양식이며, 종족의 경험에서 태동한 원형에서 유래되었다. 페르소나는 원래 가면을 뜻하는 용어로서, 사회적 요구에 부응하기 위해 내놓은 공적인 얼굴이 바로 페르소나인 것이다.

또한, 융은 프로이드가 소개한 원초아와 비슷한, 그림자(shadow)라는 개념을 소개했는데, 이는 인간 본성의 어두운 측면을 나타내는 동물적 본능을 뜻한다. 융은 인간관계에서 발생하는 갈등의 근본적인 원인은 이러한 그림자의 투사라고 이해하였다. 융에 의하면 성격의 발달은 프로이드의 주장처럼 인생 초기의 결정에 따른 것이 아니라 일생에 걸친 과정이다. 한편 융은 성격 유형을 내향성과 외향성으로 구분되는 자아의 기본적 태도라고 분류했고, 자아의 심리적 기능을 사고(Thinking), 감정(Feeling), 감각(Sensation), 직관(Intuition)의 네 가지로 구분하였다. 이러한 융의 성격유형과 심리적 기능의 구분은 MBTI 성격검사의 모체가 되었다.

(5) 성 역할의 학습

성 역할이란 남성과 여성 등 특정한 성별을 가진 이에게 기대되는 행동 특성인데, 성별은 출생 시 결정되지만, 성별 정체감은 성장 과정에서 갖게 되며, 자신이 속한 사회나 문화에서 자신의 성별에 적합하다고 생각되는 가치 또는 생각을 내면화하고 일련의 행동 특성들을 학습하는 것을 통해 성 역할을 형성한다. 성 역할에 대한 정신분석학적 접근에 있어서 프로이드는 부모와의 동일시가 중요 기제라 주장하였다. 프로이드에 의하면 이때 동성 부모의 특정 행동 양식이나 특징을 자신의 성격의 일부로 형성하는 동일시가 발생하는데, 남아의 경우 어머니라는 대상에 몰입하여, 성장 과정에서 자신보다 강한 아버지를 경쟁자로 생각하지만 이내 보복에 대한 불안(거세 불안)으로 인해 자신의 욕망을 포기하고 아버지의 행동을 모방하는 방어적 동일시가 발생한다. 반면 여아는 어머니와의 동일시 과정에서 격리 경험이 없으므로 의존적 동일시만 경험하는데, 아버지의 사랑을 얻기 위해 치장을 하고 어머니와 경쟁하는 엘렉트라 콤플렉스가 나타난다고 프로이드는 주장하였다.

한편, 융은 남성과 여성 모두가 상대 성별의 특징을 가진다고 지적하였다. 융에 의하면 남성은 집단 무의식에 존재하는 여성적 원형인 아니마(anima)를 보유하고, 여성의 경우 집단 무의식에 존재하는 남성적 원형인 아니무스(animus)를 보유하는 등, 남녀 모두 양성적 특징을 보유하지만 자신의 성별에 적합하게 사고하고 행동하기를 기대하는 사회적 압력 때문에 자신의 성적 측면을 발달시키는 것이다.

2) 행동주의

정신분석학에 이어 "제2의 심리학"이라고 불리는 행동주의 심리학은 동물과 인간의 행동에 초점을 맞추어 연구를 진행한다. 특히 외적인 자극에 반응하며 특정 행동을 학습하는 과정과 방법에 관심을 두었는데, 이는 외적으로 관찰 가능한 인간 행동에 초점을 맞춘 행동주의이론과 인간이 특정 행동의 양식을 고착화하는 데에 인지적 과정이 개입된다고 주장하는 사회학습이론으로 구분된다.

(1) 고전적 조건화

고전적 조건화 실험을 통해 행동주의 심리학의 초석을 놓은 이반 파블로프(Ivan Pavlov)는 1849년 러시아의 가난한 시골의 목사 아들로 출생했으며, 개의 소화샘에 대한 실험을 통해 행동주의 심리학의 기반이 된 "고전적 조건형성이론"을 탄생시켰다. 파블로프는 우연히 자신이 연구하고 있던 개들에게서 흥미로운 사실을 발견했는데, 개들이 음식을 보고 침을 흘릴 뿐만 아니라 자신들에게 먹이를 주는 사람을 보고도 침을 흘린다는 점이다. 파블로프는 왜 개들이 단지 먹이를 주는 사람을 보는 것만으로 침을 흘리는 기본적인 반응이 유발되는지에 대하여 의문을 가졌다. 그래서 파블로프는 조건을 바꾸어 개에게 먹이를 줄 때마다 매번 종소리를 들려주고, 후에 개가 그 종소리만을 듣고도 침을 흘리는지 관찰하였다.

실험조건을 형성하기 전에는 개는 먹이를 주면 그 먹이를 보고 바로 침을 흘렸다. 파블로프는 먹이는 무조건 자극(unconditional stimulus), 그리고 개의 침은 이에 대한 무조건 반응(unconditional response)으로 분류했다. 이러한 일은 실험이 이루어지기 전에 발생한 것이므로 조건 형성 전의 무조건 자극과 무조건 반응이라고 이름을 붙였다. 한편 조건화가 이루어지기 전에 종소리를 개에게 들려주었을 때에는 개가 아무런 반응을 보이지 않았으므로 종소리는 중립 자극(neutral stimulus)에 해당한다.

파블로프는 실험을 통해 먹이를 줄 때마다 함께 종소리를 들려주었을 때, 나중에는 개가 먹이를 주지 않고 종소리만 들려주어도 입에서 침을 흘리는 것을 보고, 중립 자극인 종소리가 무조건 자극인 먹이와 함께 침을 흘리도록 하는 조건을 형성했다는 사실을 발견하였다. 따라서 먹이와 함께 종소리를 함께 들려주는 조건 형성의 과정을 통해 무조건 자극인 먹이와 더불어 종소리, 즉 환경으로부터의 감각 입력인 중립 자극도 개가 침을 흘리는 반응인 자극에 유발된 행동 또는 생리적 변화인 조건 반응을 이끌어 낼 수 있다고 결론을 내렸다. 이후 다른 행동주의 심리학자들은 이 두 개념을 이론의 기본원칙으로 삼았는데, 이 때문에 행동주의는 때로는 "자극-반응" 혹은 "S-R"(Stimulus Response) 심리학이라고 한다.

한편 행동주의 심리학자 존 왓슨(John Watson)은 1878년 미국 사우스 캐롤라이나의 금욕적인 기독교 신자인 어머니 엠마 왓슨(Emma Watson)과 알코올중독 아버지 패트릭 버틀러(Patrick Butler) 사이에서 출생하였다. 출생부터 결혼생활까지 그의 삶은 순탄치 않았는데, 그의 아버지가 왓슨이 13세 되던 해에 2명의 인디언 여인들과 살기 위해 가정을 버리고 떠나버렸기 때문이다. 왓슨은 시카고 대학교(University of Chicago) 박사 과정에서 당대의 거장 존 듀이(John Dewey)의 수하에서 수학했는데, 이후 학위를 받고 시카고 대학교의 강사로서 강의하다가 수업을 통해 만난 여학생과 결혼하였다. 하지만 존스 홉킨스 대학교(Johns Hopkins University)의 심리학 교수로 재직하며, 그의 조교 로잘리 레이너(Rosalie Rayner)와의 외도로 인해 결국 아내와 이혼하고 로잘리와 재혼하였다. 그는 자신의 자녀들에게 애정 표현을 하지 않은 것으로 유명한데, 부모의 애정 표현은 자녀의 의존 욕구를 증대시키고 정서를 불안하게 한다는 이유에서 그렇게 했던 것이다.

왓슨은 파블로프의 실험기법을 인간에게 적용하였는데, 앨버트(Albert)라는 생후 9개월 된 영아가 그 대상이었다. 왓슨은 앨버트가 이전에는 공포를 느끼지 않았던, 즉 앨버트에게 중립 자극이었던 흰 쥐를 데리고 조건 형성을 시도하였다. 이번에는 흰 쥐를 앨버트에게 보여줄 때마다 망치로 쇠 막대를 쳐서 아주 시끄러운 기괴한 소리를 냈던 것이다. 이러한 실험이 반복되자, 앨버트는 흰 쥐를 볼 때마다 공포를 느끼고 울음을 터뜨리게 되었다. 인간 대상 연구에 대하여 보호 차원에서 엄격한 기준과 절차를 요구하는 요즘은 물론이고, 당시에도 이 실험이 윤리적으로 문제가 되었다. 그럼에도 불구하고 왓슨은 인간행동이 환경에 의해 강력하게 영향을 받는다고 믿었고, 앨버트를 데리고 한 공포습득 과정에 대한 실험은 그의 생각을 뒷받침해 주었다. 이렇듯 왓슨을 비롯한 행동주의자들은 사람의 행동에 영향을 미치는 여러 가지 요소들 가운데 환경이 가장 중요한 것이라고 믿었다.

(2) 조작적 조건화

조작적 조건화의 이론을 제시한 버러스 프레데릭 스키너(Burrhus Frederic Skinner)는 1904년, 미국 펜실베이니아의 작은 철도 마을에서 2형제 중 장남으로 태어났다. 그는 해밀턴 컬리지(Hamilton College)에서 영문학을 전공하였고, 하버드 대학교(Harvard University)에서 심리학 전공으로 박사학위를 받았다. 이후 미네소타 대학교(University of Minnesota)와 인디애나 대학교(Indiana University)를 거쳐 하버드 대학교의 교수로 활동하던 스키너는 파블로프의 실험에서 개는 단지 소리를 듣고 침을 흘리는 수동적인 참가자였지만, 일상에서 동물들은 단순히 가만히 있는 것이 아니라, 음식, 짝, 편안히 머물 장소 등을 찾기 위해 움직이고 있다는 사실에 주목하였다.

그래서 스키너는 동물들이 그러한 상황에서 행동하는 것을 어떻게 학습하는지 설명하는 행동주의 원리를 발전시키기 위한 상자를 만들었는데, 그것이 소위 "스키너 상자"(Skinner's box)라고 불리는 심리학 이론에서 잘 알려진 상자이다. 그 상자 안에는 지렛대(레버)와 먹이통이 있는데, 지렛대를 누르면 먹이가 나오도록 고안되어 있었다. 스키너는 실험용 흰 쥐를 배고픈 상태로 만들어 상자 안에 넣고 관찰하였는데, 쥐는 상자 안에서 돌아다니다가 우연히 지렛대를 누를 때에 먹이가 먹이통으로 떨어지는 것을 경험한다. 지렛대를 누르면 먹이가 나온다는 원리를 알지 못하는 쥐가 상자 안을 돌아다니다가 우연히 다시 지렛대를 누르면, 또 먹이가 나오는 경험이 잦아지면서 점진적으로 쥐는 지렛대를 누르면 먹이가 나온다는 사실을 학습하게 되는 것이다.

스키너에 의하면 흰 쥐가 지렛대를 누르는 행동은 먹이에 의해 강화된 것인데, 만약 지렛대를 눌렀을 때 먹이가 나오지 않았다면 지렛대를 누르는 행동을 학습하지 못했을 것이기 때문이다. 이를 통해 스키너는 "조작적 조건 형성"(operant conditioning)이라는 개념을 제시했는데, 쥐의 지렛대를 누르는 행동은 조작적 반응이며, 쥐에게 있어서 조작적 반응을 강화(Reinforcement)하는 자극은 먹이인 것이다. 강화란 어떤 행동의 결과가 다시 그 행동이 더 많이 일어나도록 하는 요인으로서 작용하는 것인데, 흰 쥐에게 있어서 먹이는 지렛대를 누르도록 하는 강화의 요인이 된다. 또한, 쥐의 지렛대를 누르는 행동은 조작적 행동으로서, 이는 조작적 조건형성에 의해 습득된 행동을 의미한다. 스키너는 이 실험을 통해서 인간의 행동 또한 어떤 결과가 주어지느냐에 따라 형성되고 유지된다고 주장하였다.

고전적 조건화에서의 강화란 조건화의 과정에서 무조건 자극을 부여하는 것을 지칭했지만, 조작적 조건화에서는 조건화의 과정에서 부여하는 보상을 뜻한다. 조작적 조건화가 이루어지기 위해서는 강화가 중요한 역할을 하는데, 강화란 어떤 특정 행동의 재현성을 높이기 위한 과정이다. 강화인(reinforcer)은 강화를 목적으로 제공되는 자극이며, 스키너 상자 실험에서는 먹이가 쥐에게 작용하는 강화인이다. 스키너는 강화를 행동의 주체가 좋아하는 것을 제공하는 정적 강화와 행위자가 싫어하고 혐오하는 것을 사라지게 함을 통해서 특정 반응을 강화하는 부적 강화의 두 종류로 구분하였다. 또한, 강화인을 얼마나 자주, 어떤 비율로 제공할 것인가에 대한 계획인 강화계획(reinforcement schedule)을 활용하여 바람직한 행동을 유도할 것을 주장하였다. 예를 들면, 회사의 사장이 종업원들의 업무효율을 제고하고 사기를 고양시키기 위해서 월급제를 시행할 것이냐, 성과제를 도입할 것이냐 하는 것도 강화계획에 속하는 것이다.

스키너는 특정 행동을 지양하기 위해서 반응의 빈도를 감소시키는 자극인 처벌(punishment)의 개념도 소개하였는데, 이 역시 싫어하는 자극을 제공함으로써 특정 행동의 감소를 유발하는 정적 처벌과 특정 행동을 했을 경우 좋아하는 요인을 없앰으로써 그 행동을 감소시키는 부적 처벌의 두 종류로 나누었다. 정적 처벌의 예는 체벌을 가하여 폭력과 같은 특정 행동을 중단시키는 것이고, 부적 처벌의 예는 자녀가 매일 놀기만 하고 학업에 게을리하였을 때에 용돈을 줄이거나 게임 시간을 줄이는 것이다. 또한, 특정 행동에 대하여 더이상 아무런 강화인을 제공하지 않는 것을 스키너는 소거(extinction)라고 불렀는데, 이미 아무런 자극을 제공하지 않아도 특정 행동이 획득되었기 때문에 더이상 조건 반응을 유도할 필요가 없기 때문이다.

(3) 사회학습이론

앨버트 벤두라(Abert Bandura)는 직접적인 보상과 처벌이 새로운 행동의 습득을 가능하게 하는 것이라는 스키너의 행동주의 이론에 대하여 반론을 제기하였다. 비록 강화인이 제공되지 않더라도 타인의 행동 및 그 과정에서 주어지는 보상과 처벌을 관찰함으로써 그 행동을 지배하는 규칙을 파악할 수 있으며, 그러한 인지 과정을 통해 새로운 행동을 습득하는 것이라고 믿었기 때문이다(Bandura, 1976). 인간 행동이 환경적 자극과 강화에 의해 결정된다고 이해했던 스키너와 달리, 벤두라는 인간의 행동이란 인간의 인지적, 감정적, 생물학적 사건 등의 개인적 요인, 환경적 자극, 그리고 행동 간의 상호작용의 결과라고 생각하였다.

따라서 벤두라는 타인의 행동을 관찰함으로써 특정 행동을 습득하는 관찰학습이라는 개념을 소개했는데, 그 과정은 주의집중(attention), 보유(retention), 운동 재생(motor reproduction), 그리고 동기화(motivation)를 통해 형성된다. 벤두라에 의하면 타인의 행동 안에 포함된 요소들에 대한 주의 깊은 관찰이 기억 속에 저장되고 유지되면, 그 저장된 기억이 행동으로 재생되고, 자기관찰과 다른 사람들의 피드백을 통해 수정되고 조정됨을 통해 동기화되는 과정을 거치기 때문이다. 그는 특정 행동을 동기화시키는 강화 형태를 인공적으로 조성된 외적 강화, 행동 자체에 따른 만족감과 성취감 등을 통한 내적 강화, 타인의 보상과 처벌을 관찰함을 통해 조성된 대리 강화, 그리고 자신에게 스스로 보상이나 처벌을 제공하는 자기 강화의 네 가지로 나누었다.

(4) 행동주의 심리학의 인간 이해

행동주의 심리학이 바라보는 인간은 기계적인 존재인데, 행동주의적 입장은 인간은 탄생 당시에는 중립적이지만 외부 환경에 반응하며 행동을 조성하는 유기체이기 때문에 동물 실험의 결과를 인간에게 그대로 적용 가능하다고 믿는다. 따라서 인간의 행동은 유전과 환경간의 상호작용에 의해 형성되고, 생활환경이 제공하는 강화의 형태와 그 빈도에 따라 결정되는 것이다. 결국 인간 행동의 차이는 지금까지 어떤 행동을 하도록 강화되어 왔는가의 차이, 즉 강화 역사의 차이에 기인한다. 그러므로 인간 행동은 환경적 자극에 의해 동기화되며, 강화에 의해 행동의 빈도와 강도가 결정되는 것이다. 행동주의 심리학에 의하면 일관성을 가지고 있는 인간의 행동은 그 행동에 영향을 줄 수 있는 변인과 이 변인들을 통제할 수 있는 법칙을 밝혀 낼 수 있으면 얼마든지 수정될 수 있다.

행동주의 심리학에 의하면 교육과 관련해서도 외적 강화 없이 어떠한 행동의 유발 또는 학습을 통한 수정도 불가능하다. 인간은 외적 환경의 지배를 받는 수동적이고 기계적 존재이기 때문이다. 그러므로 행동주의 심리학에 영향을 받은 교육은 조작적 조건화 과정을 활용하여 복잡한 행동이나 기술을 학습시키는 방법인 행동 조성(behavior shaping)에 중점을 두는데, 이는 강화를 활용한 점진적 학습을 통해 특정 행동을 조성하려는 것이다. 그러나 행동주의 심리학 분야의 최근 흐름은 인간은 자유를 추구하며 선택을 하는 능동적 존재, 적극적 존재로 바라보는 것이다. 예를 들면 벤두라와 같은 학자는 인간의 행동은 부분적으로 환경을 창조할 수 있고, 환경도 인간의 행동에 영향을 미칠 수 있으며, 인간은 자기를 지도할 수 있는 능력이 있다고 주장한다. 하지만 큰 틀에서 보면 행동주의 심리학은 여전히 인간행동에 미치는 환경의 영향력을 가장 우선시하고 있다.

인간에 대한 정신분석학의 결정론적 이해도 그렇지만 행동주의 심리학의 수동적이고 기계적인 인간관은 하나님의 형상으로 창조된 인간의 가치를 부정할 우려가 있다. 인간 행동의 변인을 성적 욕구로만 제한하는 정신분석학의 결정론도 문제가 있지만 인간 죄성의 파괴력을 간과한 중립적이고 수동적인 행동주의의 인간 이해는 하나님 형상으로서 무한한 잠재력을 가지는 동시에 타락한 죄성을 경계해야 하는 인간의 이중성을 조명하는 데에는 매우 제한적이기 때문이다.

(5) 성 역할의 학습

성 역할 행동이 다른 사람으로부터 획득된다는 행동주의적 관점은 정신분석학과 동일하다. 그러나, 그 과정이 획득, 실행, 강화에 의한 관찰 학습의 결과라는 것이 행동주의 심리학의 고유한 주장이다. 행동주의적 접근에 의하면 아이들은 관찰에 의한 모방, 특히 동성 부모의 행동과 태도를 모방하여 성 역할 행동을 학습한다. 그러다가 학령기와 청소년기를 지난 이후의 성장 과정에서 부모 이외의 많은 사람을 만나며 사회적 환경의 영향을 받아 성 정체성과 역할을 학습하는 것이다. 행동주의 심리학에 의하면 인간의 학습과 행동에는 차이가 있는데, 학습에서뿐만 아니라 행동에 있어서도 환경적 영향이 중요한 변수로 작용한다. 이와 같은 행동주의적인 조명을 사회학습이론이라고도 하는데, 학습 단계에서는 유사성의 지각이 관련되고, 실질적인 행동 수행에 있어서는 처벌과 보상이 실행 동기로서 작용한다.

3) 인지주의

인지주의 심리학은 어린 시절의 경험이나 외부 환경적인 요소에서부터 인간의 가능성으로 초점을 전환하였다. 인간의 인지능력 발달을 강조하는 인지주의 심리학은 지능이론의 발전에도 공헌했는데, 초기의 지능이론은 인지적 측면에만 초점을 맞추다가 점차 다양한 지능의 영역을 포함하였는데, 최근의 지능이론으로서 하워드 가드너(Howard Gardner)의 다중지능이론이 대표적이다.[2] 에릭슨과 삐아제의 인지 수준의 발달단계는 심리학의 초점이 행동주의에서 인본주의로 이행하는 과정에 있음

2 발달심리학자이면서 하버드 대학교 교육학과 교수인 가드너는 초기에는 가중적 지능의 종류를 언어지능(Linguistic Intelligence), 논리-수학지능(Logical-Mathematical Intelligence), 공간지능(Spatial Intelligence), 신체운동지능(Bodily-Kinesthetic Intelligence), 음악지능(Musical Intelligence), 대인지능(Interpersonal Intelligence), 자성지능(Intrapersonal Intelligence) 등 일곱 가지로 요약했다가, 이후 자연지능(Naturalist Intelligence)을 첨가했고, 마지막으로 실존지능(Existential Intelligence)을 추가하여 아홉 개의 지능 요인을 제시하였다.

을 잘 보여준다. 인지심리학의 발달단계는 로렌스 콜버그(Lawrence Kohlberg)의 도덕 발달론과 제임스 파울러(James Fowler)의 신앙발달론의 토대가 되어 기독교 신앙 교육에 지대한 영향을 미쳤다.

(1) 에릭 에릭슨(Erik Erickson)의 발달단계

에릭슨은 유대인 주식중개인인 부친 발데마 살로몬슨(Valdemar Salomonsen)과 유대계 덴마크인 모친 칼라 아브라함센(Karla Abrahamsen) 사이에서 1902년에 에릭 살로몬슨(Erik Salomonsen)이라는 이름으로 태어났다. 그의 부모는 임신 중에 갈라섰고, 결국 그의 어머니는 1905년 유대인 소아과 의사 티오도 홈버거(Theodor Homburger)와 결혼함으로써, 에릭슨은 홈버거의 성을 따라 에릭 홈버거(Erik Homburger)라는 새로운 이름을 가지게 되었다. 북유럽인처럼 큰 키에 금발의 푸른 눈을 가진 에릭슨은 학교에서는 유대인이라고 따돌림을 당하고, 유대 학교에서는 노르만인이라고 손가락질을 받으며 괴롭힘을 당했다. 그 후 에릭슨은 미국으로 이주하며, 자신의 이름을 따서 에릭슨(Erikson)으로 성(姓)을 변경하여 그의 이름은 에릭 에릭슨(Erik Erikson)이 되었다.

그는 오스트리아 빈의 사립학교에서 학생들을 지도하던 중 프로이드의 딸 안나 프로이드를 만나서 정신분석학에 관심을 가지게 되었고, 빈의 정신분석 연구소에서 학업과정을 거쳤다. 이후 미국 보스턴의 메사추세츠 병원(Massachusetts General Hospital)과 하버드 대학교 병원(Harvard Medical School)에서 근무하다가 예일대학교(Yale University) 인간관계연구소(The Institute of Social Relations)에서 근무하며 의대에서 강의하였다. 버클리 대학교(University of California, Berkeley) 교수를 거쳐 하버드 대학교(Harvard University)에서 교수로 은퇴한 에릭슨은 『아동기와 사회』(Childhood and Society, 1950), 『청년 루터』(Young Man Luther, 1958), 그리고 『자아정체감: 청년기와 위기』(Identity: Youth and Crisis, 1968) 등의 유명한 저서를 남겼다.

에릭슨(Erikson, 1950)은 프로이드가 주장한 다섯 단계의 발달을 여덟 단계로 확장하고 각 단계별로 극복해야 할 심리사회적 위기와 발달의 과업을 제시하였다. 이후 에릭슨의 사후에 그의 아내 조앤 에릭슨(Joan Erikson)이 남편의 연구를 바탕으로

[표 3] 에릭슨의 발달단계

단계(연령)	발달과업	중요한 관계	자아의 힘
0-18개월	신뢰 대 불신	어머니	희망(Hope)
19-35개월	자율성 대 수치심	부모	의지(Will)
3-5세	주도성 대 죄책감	가족	목적(Purpose)
6-12세	근면성 대 열등감	급우, 이웃들	역량(Competence)
13-19세	정체성 대 혼돈감	동료, 역할모델	신뢰(Fidelity)
20-44세	친밀감 대 고립감	친구, 파트너	사랑(Love)
45-64세	생산성 대 침체감	가족(자녀), 직장동료	돌봄(Care)
65세 이상	자아통합 대 절망감	인류	지혜(Wisdom)

아홉 번째 단계를 추가했다(Erikson and Erikson, 1998).

에릭슨의 분류에 의하면 생후에서 18개월에 이르기까지의 시기는 어머니의 양육 태도(Feeding)가 가장 중요한 시기로서 어머니와의 관계를 통해 신뢰(Trust) 또는 불신(Mistrust)의 감정을 형성한다. 아이가 용변을 보거나 배가 고파 보챌 때에 어머니가 바로 응대를 해주면 아이는 신뢰감을 형성하고, 그렇지 않을 경우에는 아이아 자기 자신은 물론, 타인과 외부 환경에 대하여 불신감을 갖게 된다는 것이다.

에릭슨에 의하면 18개월에서 3세 사이의 기간에는 아버지를 포함한 부모와의 관계가 가장 중요하다. 이 시기의 유아가 독립적으로 환경을 탐색하고 외부와 교감하며 상호작용할 때에 의지 연습의 허용 여부가 자율성(Autonomy) 또는 수치심(Shame & Doubt)을 유발한다. 특히 배변훈련(Toilet Training)을 할 경우에 스스로 조절할 기회를 충분히 주지 않고, 실수할 때마다 야단을 치면 아이는 자신을 무능하다고 여기고 수치심을 갖게 된다고 에릭슨은 지적한다.

3-5세의 시기는 가족과의 관계가 중요한 시기로서 자기 주도적 활동에 대한 반응에 따라 주도성(Initiative) 혹은 죄책감(Guilty feeling)을 갖게 된다. 자신의 세계를 스스로 형성하려는 아이의 호기심과 환상에 대하여 적절히 반응하면 아이는 주도성의 책임감을 배우게 되는 것이며, 반대의 경우에는 부적절한 죄책감을 느끼는 것이다.

6-12세의 아동에게는 급우들과 이웃들과의 관계가 중요한데, 이들의 아동의 노력에 대한 반응에 따라 근면성(Industry)이나 열등감(Inferiority)이 형성된다. 성취동기가 높고 스스로의 힘으로 주어진 일을 해결하려는 학령기 아동의 노력에 대하여 적절한 방법으로 칭찬하고 격려하면 근면성을 발달시킬 수 있고, 반대로 너무 윽박지르거나 지나치게 간섭하면 오히려 열등감을 조장하게 된다.

에릭슨은 13-19세의 청소년기에는 정체성에 대한 숙고(Social relationships)가 중요한 발달 과제라고 지적한다. 친구들 또는 역할 모델(role model)과의 관계를 통해 정체감(Identity)을 형성하거나, 역할 혼돈(Role Confusion)에 빠지게 되기 때문이다. 이 시기의 청소년은 아주 어린아이도 아니고, 그렇다고 완전히 신체와 정서의 균형을 갖춘 성인도 아니기 때문에 사회적 요구와 자신의 역할에 대하여 혼란을 겪는데, 다른 사람과의 긍정적인 상호작용을 통해 자신에 대한 바른 정체감을 형성해 가는 민감한 시기이므로 주변 사람들의 애정과 배려를 필요로 한다.

20-44세의 성인 초기는 부모에게서 독립하여 동성 친구들 및 이성 파트너와의 관계를 통해 친밀감(Intimacy) 내지는 고립감(Isolation)을 형성하는 시기이다. 45-64세의 성인 후기는 가족들과 직장 동료들과의 관계, 즉 자녀들의 양육과 사회생활을 통해 다음 세대에 미치는 영향력이 생산성(Generativity) 또는 침체감(Stagnation)을 유발한다. 자신의 존재와 역할이 후대에 공헌한다고 느끼면 생산성을 유지하지만, 그렇지 못하면 침체되어 인생무상과 절망감에 빠지게 된다고 에릭센은 설명한다.

65세 이후에는 모든 사람과의 관계가 중요한데, 관계를 통해 자신의 삶을 돌아보고, 삶을 평가하며 자아통합(Ego Integrity) 또는 절망감(Despair)의 감정을 갖게 되는 시기이기 때문이다. 에릭슨의 아내 조앤 에릭슨은 에릭슨 사후에 그의 미완성 논문들과 저술들을 바탕으로 아홉 번째 단계를 새로이 제시하며 "geron-transcen-dance"로 지칭하였다(Erikson and Erikson, 1998). 이는 노년을 의미하는 "geron"과 초월이라는 뜻의 "transcendence"라는 영어 단어를 합쳐서 만든 합성어로서, 초월을 가리키는 단어의 끝 부분을 "dance"로 바꾸어 노년이란 인생의 희로애락을 초월하는 기쁨의 춤을 출 수 있는 단계라고 그 의미를 승화한 것이다.

(2) 쟝 삐아제(Jean Piaget)의 발달단계

삐아제는 1896년 스위스의 프랑스어 사용 지역인 뉴사텔(Neuchatel)에서 출생하였다. 그의 아버지는 뉴사텔 대학교(University of Neuchatel)의 중세문학 교수였는데, 삐아제도 뉴사텔 대학교에 진학하여 연체동물에 관한 연구로 자연과학 박사학위를 받았다. 그의 전공에서 알 수 있듯이 원래 인지심리학과 전혀 관련이 없는 분야를 공부했던 삐아제는 어린이의 인지발달에 관심을 갖기 시작하며, 1925-1929년까지는 뉴사텔 대학교의 심리, 사회, 과학철학 분야의 교수로, 그리고 1929-1975년까지 제네바 대학교(University of Geneva)의 심리학 교수로 활동하였다. 특히 자신의 세 자녀를 직접 관찰하며 인지심리학 연구를 한 것으로 유명한데, 그의 저서『아동의 심리』(The Psychology of the Child, 1969)는 이를 바탕으로 집필된 것이다.

[표 4] 삐아제의 발달단계

단계	연령	특징
감각운동기	0-2세	대상 연속성 개념의 획득
전조작기	2-7세	자아중심적, 직관적 사고
구체적조작기	7-11세	가역적 조작의 획득, 논리적 문제 해결력
형식적조작기	12세 이후	논리적, 연역적 추론 가능

삐아제(Piaget, 1969)는 아동의 인지발달의 단계를 네 단계로 구분하였다. 그는 0-2세의 시기는 감각운동기(Sensorimotor Period)로서 이 시기의 아동은 어떤 사물을 가리거나 숨겨도 가림막이나 숨긴 이의 뒤편에 그 사물이 존재함을 인지하는 대상 연속성 보유의 능력을 발달시킨다. 삐아제 연구에서 "조작"(oepration)이라는 개념은 뇌를 사용하여 인지적인 작업을 수행하는 것을 지칭한다. 2-7세의 시기는 전조작기(Preoperational Period)로서 이 시기 아동의 특징은 상징적, 자기 중심적, 그리고 직관적인 사고를 한다는 것이다.

삐아제는 7-11세의 시기를 구체적 조작기(Concrete Operational Period)라고 칭했는데, 이 시기의 아동은 아랫 부분이 넓적한 컵에 있는 물을 길고 높은 모양의 컵으로 옮겨도 물의 양이 변하지 않음을 인지하는 보존개념과 서열화 등 논리적 사고의 근간을 형성한다. 11세 이후는 형식적 조작기(Formal Operational Period)로 인지 능력이 발달하여 가설적, 개념적, 추상적 사고가 가능하게 된 시기를 뜻한다.

(3) 로렌스 콜버그(Lawrence Kohlberg)의 도덕발달론

콜버그는 부유한 유대계 미국인 아버지와 개신교도인 어머니 사이에서 네 자녀의 막내로 출생했는데, 그의 어머니는 아버지의 두 번째 부인이었다. 콜버그가 4세가 되었을 때 부모는 별거했고, 14세 때에는 결국 부모가 이혼하는 바람에 동부의 명문 사립고등학교에 진학했음에도 불구하고 그는 대학 진학을 포기하고 17-20세까지 선원이 되어 전 세계를 돌아다녔다. 이후 시카고 대학교(University of Chicago)에 입학한 콜버그는 1958년에 동 대학교에서 박사 학위를 받은 후, 1959-1967년까지는 예일 대학교(Yale University)에서, 그리고 1968-1987년은 하버드 대학교(Harvard University)에서 교수로 활동하였다. 콜버그는 그의 저서 『도덕발달에 관한 에세이』(Essays on Moral Development) 시리즈를 통해 상황의 대처 방법의 기준에 따라 개인의 도덕성 발달 수준을 구분할 수 있다고 주장하였다.[3]

특히 "하인즈 씨의 딜레마"(Heinz Dilemma)라는 이야기를 통해 특별한 종류의 암에 걸린 부인을 살리는 약을 사려는 남편의 선택에 따른 도덕발달의 수준을 구별하는 기준을 제시하였다.[4] 1단계는 "인습 이전 수준"(Pre-conventional)으로서 콜버그는 이를 다시 첫째, 벌과 복종에 따른 선택과 둘째, 도구적 목적과 교환, 보상에 따른 선택으로 구분하였다(Kohlberg, 1981). 약을 훔치면 벌을 받으며, 비싼 약을 훔치

---

3 이는 1981년 출간한 1권 "도덕발달의 철학: 도덕발달의 단계와 정의의 아이디어"(The Philosophy of Moral Development: Moral Stages and the Idea of Justice)와 1984년에 출간한 2권 "도덕발달의 심리학: 도덕발달 단계의 본성과 타당성"(The Psychology of Moral Development: The Nature and Validity of Moral Stages)의 두 권으로 구성되었다.

4 하인즈의 딜레마는 다음의 사례를 통해 윤리적 질문을 던진다. 어떤 여성이 특별한 종류의 암으로 죽어 가고 있는데, 그 부인을 살리는 유일한 약은 최근 이 마을의 약사가 일종의 라디움 성분을 함유하여 만든 약이다. 원가는 200달러에 불과하지만 약사는 2,000달러의 약값을 원하였고, 남편인 하인즈 씨는 최선을 다했지만 1,000달러밖에 구할 수 없었다. 남편은 나중에 더 돈을 마련하여 갚겠다고 우선 1,000달러만 받고 약을 달라고 했지만, 그 약사는 이윤을 추구하려고 약을 개발한 것이라며 단호하게 이를 거절했다. 하인즈 씨는 약국의 창문을 깨고 그 약을 훔쳐야 하는가? 아니면 그렇게 하면 안 되는가? 왜 그러한가?

는 것은 더 큰 벌을 받기 때문에 훔쳐서는 안 된다는 생각, 또는 약사가 나쁜 사람이므로 약을 훔쳐도 괜찮고, 들키지 않으면 처벌 받지 않기 때문에 훔쳐도 된다는 의견은 가장 기초적인 첫 단계에 해당하는 벌과 복종에 따른 선택이다. 다음 단계로서 상위 수준의 선택 기준은 도구적 목적과 보상에 따른 것인데, 예를 들어 약을 훔치다가 발각되면 감옥에 가게 되므로 상황이 악화되며, 약사가 돈을 벌려는 것은 당연한 것이므로 훔쳐서는 안 된다는 의견과 감옥에 가게 되더라도 아내를 낫게 하는 것이 더 좋다는 의견이 이에 해당하는 것이다.

2단계는 "인습 수준"(Conventional)으로서 이는 다시 상호 간 관계 기준과 법과 질서의 기준으로 나뉜다. 그는 범죄자가 아니므로 법 테두리 내에서 대안을 찾아야 한다는 판단과 아내가 기대하고 있으므로 약을 구해 줄 의무가 있다는 판단이 상호 간 관계 기준에 해당한다. 이보다 상위 단계는 법과 질서의 기준을 적용한 것으로서 아내를 살리려는 것은 당연하지만 그래도 법을 어기는 것은 잘못된 행동이라는 생각과 훔치는 것은 나쁘지만 이 상황에서 아내를 사랑하는 남편으로서는 당연한 행동이라는 생각이 이에 포함된다.

3단계는 "인습 이후 수준"(Post-conventional)으로서, 콜버그는 이를 사회계약과 민주적 법률을 따른 선택과 보편적 윤리를 따른 선택으로 분류하였다. 사회계약의 기준을 따르면, 훔친 약으로 아내를 살릴 수 있지만 목적이 수단을 정당화할 수는 없다는 생각과 전체적인 상황을 고려할 때 누구나 그럴 수밖에 없다는 생각이 대치된다. 가장 상위 단계의 기준은 인류의 보편적 윤리원칙을 따르는 것이다. 예를 들면 암 발생율은 높고, 치료 약은 한정되어 있기 때문에 누구도 약을 훔쳐서는 안 된다는 의견과 법을 준수하는 것보다 생명을 구하는 것이 당연히 우선이라는 인간 존중의 정신을 반영하는 의견이 이에 해당하는 원칙을 드러낸다.

(4) 제임스 파울러(James Fowler)의 신앙발달론

파울러는 인지심리학자는 아니지만 인지심리학의 발달단계론에 영향을 받아 신앙도 발달단계를 거친다는 신앙발달론을 제시하였다. 그는 하버드 대학교(Harvard University)에서 박사 학위를 받고, 하버드 대학교 신학대학원(Harvard Divinity School)

과 보스턴 칼리지(Boston College)를 거쳐 에모리 대학교(Emory University)의 신학부 교수로 재직했다. 그는 신앙을 "정체성, 공동체, 의미를 향한 인간의 일반적인, 또는 우주적인 노력의 모습"이라고 정의하였다(Fowler, 1981). 파울러는 신학적으로는 폴 틸리히(Paul Tillich)와 리처드 니버(Richard Niebuhr)의 영향을 받았는데, 니버의 창조주 하나님, 통치자 하나님, 구속주 하나님으로 이어지는 하나님 이해의 과정을 수용하여 하나님 개념을 개인의 종교의식에서 발달되는 개념으로 이해했다. 또한, 파울러는 틸리히가 신앙을 인간의 궁극적 관심(Ultimate concern)이라고 정의한 내용을 차용하는 한편, 에릭슨과 삐아제의 인지발달에 따른 단계를 기본 구조로 삼아 신앙발달론의 단계별 개념을 발전시켰다.

신앙발달론은 6단계로 구성되어 있는데(Fowler, 1981), 1단계는 직관-투사(Intuitive-Projective) 신앙의 단계로서 보통 3-7세의 아동기 어린이들이 이러한 모습의 신앙을 가진다고 파울러는 분류하였다. 이 시기의 아동은 양육자를 모델로 삼아 양육자로부터 투사된 신앙의 모습을 보이는데, 이는 성인 양육자가 보여주는 신앙의 양태를 직관적으로 습득하기 때문이다. 따라서 이 시기의 신앙 전수에는 기독교적 상징, 그림, 동화를 활용하는 것이 효과적이다. 2단계는 7-11세의 학령기 아동에게 해당하는 신비-문자(Mythical-Literal) 신앙의 단계로서 이 단계의 아동은 전 단계의 상상을 통한 신앙을 유지하며, 동시에 신앙의 신비를 점차 문자를 통해 습득하기 시작한다. 그러므로 이 시기의 신앙 형성에는 성경이야기, 기독교 도서, 미디어를 활용하는 것이 효과적이다.

3단계는 합성-관례(Synthetic-Conventional) 신앙의 단계인데, 이 시기는 12-18세 사이 청소년기에 해당한다. 이 시기의 소년, 소녀들은 자신이 신뢰할 만한 인물이나 그룹에 대한 충성도가 높으며, 전통과 관습에 의한 신앙을 추구하는 모습을 보인다. 주로 청소년기에 전통적인 신앙 아래에서 회개의 경험이 발생하며, 교리나 신조에 의존하는 입교 단계를 거치게 되므로 이 시기에는 역할모델이 되는 교사나 또래 집단의 역할이 중요하다. 4단계는 개별화-성찰(Individuative-Refective) 신앙의 단계로서 18-30세의 청년기 신앙에 해당한다. 이 시기는 그동안 습득한 기독교의 상징, 관습 등에 대한 비판적 성찰이 이루어지는 시기로서 종교적 권위주의와 제도화된 해악을 비판하는 자율적 신앙을 형성하는 단계이다. 그러므로 이 단계에서는 전 단계의 신앙적 가치와 진리의 기준이 재정립되기 때문에 다양한 경험을 통해 신앙을 성찰하는 것이 필요하고, 개인 및 공동체와의 만남을 통해 신앙을 점검하는 것이 요구된다.

5단계는 통합(Conjunctive) 신앙의 단계로서 대개 30세 이후 장년기의 신앙 단계에 해당하는 시기이다. 이 단계에 이르면 기독교 전통, 관습, 신학에 대한 변증법적 이해를 통해 자신의 신앙과 다른 양태의 신앙과도 조화를 이룰 수 있다. 후기의 파울러가 6단계가 아닌, 보통 사람들의 궁극적 목표로 제시한 신앙의 단계가 바로 5단계이다. 6단계는 우주적(Universal) 신앙의 단계로 마지막 단계인데, 이는 주로 노년기에 나타나는 신앙의 단계로서 테레사 수녀(Mother Teresa)나 마하트마 간디(Mahatma Ghandi)처럼 인류 전체를 수용하는 초월적 신앙의 모습을 보인다.

파울러에 대한 비판들도 많은데, 주된 내용은 그의 신앙에 대한 정의 자체가 기독교 신앙이라기보다는 철학적인 사변적 정의에 불과하다는 것이다. 따라서 하나님의 초월성과 그리스도의 구속이 생략되었다는 점이 지적되었으며, 신앙발달의 단계가 예증일 뿐이지 실제적이지 못하며, 그 내용을 중심으로 살펴보면 이는 신학적, 성경적 의미의 단계가 못 된다는 단계 자체의 문제도 제기되었다. 또한, 신앙의 구조만 설명하고, 각 단계별 신앙의 내용을 구체적으로 설명하지 못한다는 지적과 함께, 1-5단계는 리서치 자료의 결과를 토대로 그 내용을 제시하다가, 6단계는 갑자기 모델이 되는 인물을 통해 설명한다는 부분 또한 비판을 받았다. 파울러에게 영향을 끼쳤던 콜버그의 경우와 같이, 남성 위주의 관점으로 연구가 진행되어, 여성의 신앙을 반영하는 신앙의 관계적인 부분이 생략되었으며, 인터뷰 대상이 주로 성인 백인이라 유색인종과 노인층이 제외되었다는 점 역시 연구의 문제점으로 지적되었다.

(5) 인지주의 심리학의 연구동향

인지심리학적 접근 방법은 인지발달에 초점을 맞추다 보니 학습에 영향을 끼치는 것으로 알려진 정서적 요인이나 동기의 요인이 제대로 반영되지 않았다. 또한,

최근의 인지주의 심리학 연구의 동향은 뇌과학과 사회과학의 연계인데, 학자들은 학습자가 다양한 "선 개념"(a priori)을 가지고 수업에 참여하므로 수업의 내용은 선 개념과 연결되어야 한다고 주장한다. 지식은 개념 체계로 습득해야 새로운 문제해결, 즉 이론에서 실천으로 옮기는 전이에 도움이 된다는 것이다. 그러므로 효과적으로 학습하려면 자신이 이해한 것을 주의 깊게 확인하고 점검해야 함을 강조한다. 따라서 뇌의 영역에 따른 기능에 대한 깊은 연구를 기반으로 학습의 과정과 양상이 연결되어야 한다. 인지주의 심리학은 인간을 중심에 놓은 방법론으로서 인본주의 심리학이 발전하는 초석을 놓았기 때문에 인지주의 심리학의 인간 이해는 인본주의 심리학의 인간 이해와 유사한 부분이 많다.

4) 인본주의

일반적으로 인본주의 심리학은 정신분석학과 행동주의 심리학에 이어 "제3의 심리학"이라고 지칭된다. 제3의 심리학은 인간에게 초점을 맞추어 인간을 자율적 존재로 파악하며, 궁극적 가치를 인간의 존엄성에 두고 인간의 가능성을 강조한다. 그러한 인간 존중의 관점은 하나님의 형상으로 창조된 인간의 잠재력을 강조하는 기독교적 관점과도 일맥상통한다. 하지만 인본주의 심리학은 신앙과 관계없이 인간 존재 본연의 능력을 강조한다는 측면에서 기독교의 인간관과 구분이 된다. 그러므로 기독교교육의 전개에 있어서는 인본주의 심리학의 장, 단점을 구분하고 장점을 취사 선택하여 수용하는 지혜가 필요하다.

(1) 칼 로저스(Carl Rogers)의 자기실현 경향성

로저스는 1902년 미국 시카고의 근본주의 기독교 가정에서 5남 1녀 중 넷째로 출생하였다. 그는 위스콘신 대학교(University of Wisconsin)를 졸업하고, 유니언 신학교(Union Theological Seminary)를 거쳐, 컬럼비아 대학교(Columbia University)에서 박사 학위를 받았고, 이후 시카고 대학교(University of Chicago), 위스콘신 대학교(University of Wisconsin)의 교수로 활동하였다.

로저스(Rogers, 1978)는 특정 순간에 개인이 지각하고 경험하는 모든 것을 "현상학적 장"(phenomenal field)이라고 지칭하며, 현재 행동에 영향을 미치는 것은 과거 경험 속의 사실이 아니라, 과거에 대한 현재의 해석임을 강조하였다. 이는 해석의 주체인 인간의 능력을 그 중심에 놓은 접근 방법으로서 인간의 행동은 행동주의 심리학이 주장하는 것처럼 환경의 영향을 받은 결과가 아니라, 개인이 주체적으로 자신을 둘러싼 세계를 지각하고 해석한 결과라는 의미이다. 그는 자신이 어떤 사람인지 이해하는 주관적 개념인 "자기 개념"(self concept)은 현재 자신의 모습에 대한 자각과 자신이 되고자 하는 "이상적 자기"(ideal-self)를 모두 포함하는 것이며, 이상적 자아와 현실 자아가 일치하지 않을 때에 긴장, 불합리한 혼동, 불안 등이 야기되는 것이라 주장하였다.

로저스에게 있어서 그러한 문제를 해결하는 원동력은 인간에게 있는 기본적인 동기로서 자신을 유지, 향상하고 잠재력을 건설적 방향으로 성취하려는 기본적이고 선천적인 성향인 "자기실현 경향성"(actualizing tendency)이다(Rogers, 1980). 그는 의미 있는 타인들(signifcant others)로부터 수용되는 무조건적이고 긍정적 관심이 긍정적 자아상 발달에 기여한다고 지적하며, 자기실현 경향성을 활용하여 자신의 세계를 형성하는 의지인 경험적 자유를 누리는, 경험에 대하여 개방적인 사람은 실존적 삶을 살며 유기체적인 신뢰를 보유한다고 주장하였다. 또한, 그러한 사람을 로저스는 "온전히 기능하는 사람"(fully functioning person)이라고 지칭하며 가장 바람직한 인간상으로 제시하였다(Rogers, 1980).

(2) 아브라함 매슬로우(Abraham Maslow)의 욕구위계론

매슬로우는 러시아에서 미국으로 이민 온 유대인 가정의 7남매 중 장남으로 태어났다. 그는 자신의 성장과정을 회고하며 유대인이 거의 없는 동네에서 성장하며 심한 외로움과 불행감을 경험했다고 말했다. 매슬로우는 뉴욕시립대학(City College of New York)에 입학했다가 코넬 대학교(Cornell University)를 거쳐 위스콘신 대학교(University of Wisconsin)로 옮겨 학, 석, 박사과정 내내 행동주의 심리학을 공부하였다. 하지만 행동주의 심리학의 한계를 인식하며, 브루클린 대학(Brooklyn College)

그림 2 • 매슬로우의 욕구위계

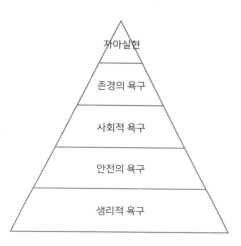

을 거쳐 동부의 유대인 학교인 브랜다이스 대학교(Brandeis University)의 심리학과 교수로 활동하며 인간의 자유로운 선택과 의지에 초점을 맞추며, 인본주의 심리학을 발전시켰다.

　　매슬로우(Maslow, 1968)는 "욕구위계론"(Hierarchy of Needs)이라는 일종의 동기화 이론(motivation theory)을 제시하였는데, 이는 인간의 행동이란 삶에 의미와 만족을 주는 일련의 선천적 욕구에 의해 동기화된다는 점을 강조한다. 그는 인간의 욕구는 생존을 유지하는 식욕과 성욕 등의 생리적 욕구로 시작하여 거주공간을 통한 안전의 확보, 사회적으로 다른 사람들과 관계를 맺고 친밀감을 나누는 욕구를 거쳐, 더욱 깊은 관계를 통해 존경받고자 하는 욕구, 그리고 자신의 잠재력을 최대로 실현하려는 욕구로 발달한다고 주장하였다. 매슬로우에 의하면 욕구의 위계에 따라 전 단계의 욕구가 해결되어야 다음 단계의 욕구로 진행하며, 첫 네 단계는 한 번 충족되면 더 이상 동기로서 작용하지 못하는 결핍 욕구이지만, 마지막 자아실현의 욕구는 충족이 되면 될수록 더 욕구가 증대되는 성장 욕구이다.

(3) 인본주의 심리학의 인간 이해와 성 역할의 학습

인간을 존중하며 인간의 능력을 중시하는 인본주의 심리학의 접근 방법은 타당한 면이 있지만, 이것이 지나쳐서 인간의 선함, 성장과 발전의 가능성 등 긍정적 면만을 강조하는 것은 경계해야 한다. 자칫하면 인간의 죄성과 한계를 간과하고, 잠재력과 가능성에만 초점을 맞추는 인본주의적 유토피아 사상에 갖힐 수 있기 때문이다. 그러므로 하나님의 형상으로서의 잠재력과 죄성을 동시에 지니고 있는 인간 존재의 본질을 직시함을 통해 자아실현적 존재로서의 긍정적인 모습만 강조하는 인본주의 심리학의 인간관에 대하여 비판적인 시각을 통해 균형을 이루어야 한다.

한편 인지주의와 인본주의적 접근은 성 역할의 학습에 관하여 하나의 목소리를 낸다. 성 역할의 발달은 정신분석학이 강조하는 생리적 본능이나 행동주의 심리학이 주장하는 사회학습에 의한 인위적 문화 규범에 따라 형성되는 것이 아니라, 성 역할까지 포함된 사회의 모습을 유아가 인지적으로 조직해 나가는 태도에 따라 형성되는 것이기 때문이다. 성장과 발달 과정을 통해 인간은 성 보존개념을 형성하며, 자신의 성 역할에 일치하는 것에 가치를 부여하는 인지적 인식 때문에 남성 또는 여성으로 온전히 성장하는 것이다.

3 기독교적 인간 이해

기독교의 인간 이해는 하나님의 형상과 죄성이라는 이중적 실존을 마주하는 인간에 대한 하나님의 구속이라는 큰 틀을 기초로 한다. 인간은 창조된 하나님의 형상(창 1-2장)으로서 다른 피조물과 비교될 수 없는 존엄성을 지니며, 따라서 피조물에 불과한 인간이지만 다른 피조물과 다르게 하나님의 형상을 따라 창조된 문화명령의 수행자로서의 역할을 수행한다. 하지만 인류의 첫 사람인 아담과 하와의 타락(창 3장)으로 죄로 인하여 인간에게 내재된 하나님의 형상이 훼손되었기 때문에, 피조 세계의 질서를 유지하고 보존하는 창조명령을 더 이상 수행하지 못하고 오히려 피조 세계의 파괴자로 전락해 버리고 말았다.

　　그럼에도 불구하고 인간은 하나님의 형상으로서의 잠재력을 여전히 보유하는데, 이를 종교개혁자 존 칼빈(John Calvin, 1559)은 영원히 구원받을 수 있는 초자연적 은사와 인간 지성의 건전성, 합리성 등 자연적 은사를 구분하여, 초자연적 은사는 완전히 타락했으나, 자연적 은사는 부패되었음에도 불구하고 하나님의 존재를 인지할 수 있는 "종교성의 씨앗"(seed of religion)이 남아 있다고 주장하며 인간의 이중적 실존을 설명하였다. 따라서 인간은 예수 그리스도를 통한 구속의 대상(창 3:15)으로서 예수님을 주님으로 믿음을 통해 다시 그리스도인으로 거듭날 수 있는 중생과 영생의 소유자가 될 수 있는 가능성을 확보하였다. 예수님의 십자가 구속의 과정을 통해 인간은 하나님의 형상을 회복하여 피조 세계의 청지기로서 사명을 감당할 수 있는 길이 열리게 된 것이다.

　　기독교적 시각의 인간관은 전인(全人), 즉 통합적인 존재로서의 인간 이해이며, 학습의 원리 또한 지적인 인식뿐만 아니라 의지적인 결단, 행동하는 실천이라는 총체적 의미에서 통합적 학습을 강조한다. 따라서 기독교교육이 주장하는 학습이란 단순한 지식이나 정보의 저장이 아니라, 진리를 받아들이고, 마음을 정하여 행동으로 옮기는 것으로서 궁극적으로 학습은 마음을 변화시켜 하나님의 형상을 회복하여 잠재력을 발휘하도록 하는 것을 목표로 한다. 기독교교육은 기본적으로 한 사람을 온전케 하며, 제자 삼는 사역을 감당하도록 부르시는 성령의 사역이다. 그러므로 기독교교육의 주체는 학습자, 교사, 그리고 성령이며, 모든 인간은 성령의 도우심을 필요로 하는 잠재적인 학습자인 동시에 교수자라는 가능성을 간과하지 않아야 한다.

4 인물의 사례를 통해 조명하는 교육심리학

1) 리 하비 오스왈드(Lee Harvey Oswald)와 케네디 가문

　오스왈드라는 비운의 젊은이가 있었다. 그의 가정환경은 매우 불우했는데, 어머니의 세 번째 남편이었던 그의 아버지는 그가 태어나기 전에 세상을 떠나 버렸다. 어머니는 곧 재혼했다가 다시 이혼하였는데, 오스왈드는 어머니의 무관심과 방치 속에 고등학교 시절까지 22번 이사를 해야만 했다. 그의 지능은 높은 편이었지만 작은 키의 왜소한 몸집에 벗겨진 머리 때문에 친구들 사이에서 따돌림을 당하며 학교생활에 잘 적응하지 못했다. 그래서 그는 고등학교를 중퇴하고 해병대 입대했다가 사회주의에 대한 환상으로 1959년 제대 후 당시 구(舊) 소련으로 망명해 버렸다. 소련에서 사생아 출신 여성과 결혼 후 두 딸을 낳았고, 아내와 두 딸들을 데리고 다시 미국으로 돌아왔다.

그는 늘 가정불화로 시달렸는데, 이를 견디다 못한 그는 아내에게 자신의 전 재산인 78달러를 주며 자신을 좀 사랑해 달라고 간청하였다. 하지만 그의 아내는 돈을 많이 벌어오지 못하는 무능한 남편은 필요 없다며 그 돈을 오스왈드의 얼굴을 향해 던져 버렸다. 화가 머리 끝까지 난 오스왈드는 자신이 근무하던 서점의 창고에 올라가 그가 숨겨 두었던 장총을 꺼내어 당시 자신이 살던 동네를 지나가던 유력 정치인을 향해 총구를 겨누었다. 오스왈드의 총을 맞고 즉사한 인물은 미국의 44대 대통령이었던 존 에프 케네디(John F. Kennedy)로 그는 대통령 임기 2년 만에 오스왈드의 총탄에 숨을 거두게 되었다.

수많은 사람이 오스왈드가 대통령을 암살할 수밖에 없었던 이유를 찾으려고 노력했지만 설득력 있는 원인을 찾지 못한 채, 갖가지 음모론이 난무하게 되었다. 최근 가장 지지를 받는 해석은 가정불화로 인해 고통받던 오스왈드가 우발적으로 살인을 저질렀다는 것이다. 그러한 해석이 맞다면 결국 불우한 가정환경으로 고통받던 한 사람이 미국과 같은 큰 나라를 이끌어가는 대통령의 죽음으로 이어졌던 것이다. 하지만 케네디 가문에서 일어난 일련의 안타까운 죽음과 그 배경은 어려운 가정에서 자란 오스왈드와의 사례와는 비교할 수 없을 정도로 유력한 가문을 자랑했던 케네디의 집안이 훨씬 더 악한 영향력을 미칠 수 있음을 시사한다. 케네디 일가의 비극은 소위 케네디 가문의 저주로까지 일컬어지는 끔찍한 사건으로 점철되어 있기 때문이다.

케네디 대통령의 바로 밑의 동생으로서 조셉 케네디(Joseph Kennedy)의 장녀이

자 셋째였던 로즈메리 케네디(Rosemary Kennedy)는 어린 시절 지적 장애 판정을 받았다. 그녀는 1941년 이를 극복하기 위해 전두엽 절제 수술을 받았는데, 수술 결과가 좋지 않아 그나마 보유하던 지능의 수준과 언어능력을 모두 잃게 되었다. 케네디 가문은 그녀를 1949년, 정신병원에 감금해 버렸고, 그녀는 자신의 성씨를 빼앗기고 가문으로부터 버림을 받았다. 2005년에 그녀가 사망한 이후에야 로즈메리는 "케네디"라는 자신의 성을 되찾을 수가 있었다.

조셉 케네디의 장남이자 첫째인 조셉 케네디 주니어(Joseph Kennedy Jr.)는 하버드 대학교(Harvard University)와 영국의 명문 대학인 런던 정경대학(London School of Economics)을 거쳐, 하버드 대학교 로스쿨(Harvard Law School)을 졸업한, 장래가 촉망되는 인재였다. 하지만 그는 1944년 폭격기 조종사로 2차 대전에 참전했다가 원인을 알 수 없는 폭격기 폭발로 사망하여 시체조차 찾지 못하는 불운의 주인공이 되었다. 뿐만 아니라 넷째인 차녀 캐서린(Kathleen Cavendish)은 2차 대전 중인 1948년 남편을 잃은 후, 프랑스에서 비행기 사고로 사망하고 말았다.

9남매 중 둘째이며 차남으로서 미국의 44대 대통령이었던 존 에프 케네디(John Fitzgerald Kennedy)는 하버드 대학교 출신으로 스테로이드 사용과다로 인한 성 중독에 시달렸으며, 1961년에 미국 제44대 대통령에 당선되었지만 2년 후인 1963년에 텍사스 주(State of Texas) 달라스(Dallas)에서 오스왈드에게 암살당했다. 일곱째인 3남 로버트 케네디(Robert Kennedy)는 하버드 대학교 졸업을 거쳐 버지니아 대학교 로스쿨(University of Virginia Law School) 졸업 후 미국 대통령 선거에서 가장 유력한 후보였지만, 1968년 6월 5일 LA 앰버서더 호텔(Ambassador Hotel) 유세 후에 팔레스타인계 요르단 이민자 시르한 시르한(Sirhan Bishara Sirhan)의 총격을 받아 사망하였다.

아홉째인 4남 에드워드 케네디(Edward Moore Kennedy)도 역시 명문 하버드 대학교와 버지니아 대학교 로스쿨을 졸업한 촉망받는 수재로서 46년간이나 연방 상원의원을 지내며 승승장구했지만 2009년에 악성 뇌종양으로 세상을 떠났다. 그는 케네디 가문에서 가장 무난한 삶을 살았다고 평가받는 인물이지만 바로 위 형인 로버트 케네디의 비서 메리 조 코페치네(Mary Jo Kopechne)의 교통사고 사망 직전에 그녀와 함께 파티에서 나온 사실이 확인되며 그녀의 사망에 연루되었다는 의혹을 받아

명성에 금이 갔다.

　　케네디 가문의 비운은 다음 대에서도 이어져서 존 에프 케네디 대통령의 넷째로서 그의 차남인 패트릭 케네디(Patrick Bouvier Kennedy)는 케네디가 대통령 재직 중이었던 1963년 8월에 조산아로 출생 후 이틀 만에 사망했다. 케네디 대통령의 셋째인 장남 존 에프 케네디 주니어(John F. Kennedy Jr.)는 아이비리그 명문 대학인 브라운 대학교(Brown University)와 뉴욕 대학교 로스쿨(NYU Law School)을 졸업한 후 변호사로 명성을 쌓고 있었는데, 1999년 로버트 케네디의 딸 로리 케네디(Rory Kennedy)의 결혼식 참석을 위해 경비행기를 몰고 가다가 사고로 부인과 함께 사망하였다.

　　로버트 케네디의 넷째인 3남, 데이빗 케네디(David A. Kennedy)는 하버드 대학교에서 2년 재학 후 자퇴하였고, 1984년에 약물과용으로 죽음을 맞이했다. 로버트 케네디의 여섯째인 4남, 마이클 케네디(Michael L. Kennedy) 역시 하버드 대학교와 버지니아 대학교 로스쿨을 거치며 비영리 조직의 수장으로 커리어를 쌓던 도중인 1997년 스키 사고로 40세가 못 되어 사망하였다. 또한, 에드워드 케네디의 셋째이자 차남인 에드워드 케네디 주니어(Edward Kennedy Jr.)는 웨슬리언 대학교(Wesleyan University) 학사, 예일 대학교(Yale University) 석사를 거쳐 코네티컷 대학교 로스쿨(Connecticut Law School)을 졸업하며 기반을 착실히 쌓았지만 만 12세 때인 1973년에 골 종양으로 오른쪽 다리를 절단하게 되었다. 이쯤 되면 가히 케네디 가는 "케네디 가문의 저주"(The Kennedy curse)라고 불러도 이상하지 않은 비운을 겪은 것이며, 이 외에도 크고 작은 일들이 계속해서 케네디 가문을 괴롭혀 왔다.

　　케네디 가문의 저주의 배경에는 케네디 대통령의 아버지 조셉 케네디의 교만이 자리 잡고 있다. 그는 아일랜드 출신의 이민자로서 앵글로 색슨 영국계 이민자들(WASP: White Anglo-Saxon Protestant)이 구심이 되어 사회를 이끌어 가던 미국 사회에 자리 잡기 위해 주가 조작 및 금주법 시대의 주류밀매 등으로 부를 축적하였다.[5]

---

5 "와스프"(WASP: White Anglo-Saxon Protestant)는 미국의 권력을 독점하고 미국 사회를 이끌어 가는 북동부의 앵글로 색슨으로 대변되는 게르만 계통의 영국 출신 백인 개신교도들을 지칭하는 용어이다. 이들은 특권 계층의 파워 엘리트로서 미국 사회를 지배해 왔다. 조셉 케네디는 영국과 분쟁이 있는 아일랜드 출신이기도 하고, 개신교를 믿는 앵글로 색슨계와 달리 가톨릭 구교의 배경을 가지는 불리한 조건을 딛고 미국 상류사회에 진입하기 위해서 불법적인 방법으로 부를 축적해 권력 기반을 강화하고자 하였다.

또한, 루즈벨트 대통령의 재정 후견인, 주 영국 대사, 증권거래위원회 초대회장 등을 역임하며 기반을 확립하였다.

하지만 그는 가문의 성공을 위한다는 명분 아래에서 자녀들 사이에서 경쟁적인 분위기를 조성하였기 때문에 자녀들은 아버지의 사랑과 인정을 받으려고 필사적으로 노력하는 모습을 보였다. 따라서 자녀들이 배운 것은 어떤 희생을 치르더라도 승리해야 한다는 잘못된 성공 개념이었다. 또한, 조셉 케네디는 성공한 남성의 요소 중에 하나가 여성편력이라고 생각하여 수많은 여성들과 문란한 관계를 가졌는데, 때로는 부인과 자녀들 앞에서도 부적절한 관계를 보이기도 했다. 일례로 조셉 케네디는 당시 최고의 헐리우드 스타인 영화배우 글로리아 스완슨(Gloria Swanson)과 뱃놀이 중 성관계를 맺었는데, 가족용 돛단배에 타고 그 광경을 목격했던 존 에프 케네디가 충격을 받아 강물에 뛰어드는 일도 있었다. 조셉 케네디는 아들들에게도 성적 편력이 힘과 사내다움의 상징이라며 남자다움을 증명하라고 압력을 넣으며 부적절한 관계를 오히려 조장하였다. 그로 인해 대통령이 된 존 에프 케네디도 마릴린 먼로(Marilyn Monroe) 등 수많은 할리우드 여배우들과 염문을 뿌리는 주인공이 되었다.

조셉 케네디의 잘못된 양육 방식이 자녀들의 성장 과정에서 파괴적이고 폭력적인 영향을 미친 것이 훗날 케네디 가문이 겪은 비운의 일부분을 차지하였다. 하지만 신앙의 시각에서 조명하면 케네디 가문의 비운을 조장한 궁극적인 원인은 조셉 케네디의 교만이다. 어느 날 신문기자 한 사람이 조셉 케네디와의 인터뷰 중에 어떻게 아홉 자녀를 모두 다 훌륭하게 키울 수 있었느냐고 질문하였다. 그때 조셉 케네디는 득의에 찬 미소를 지으며 자신과 같이 우수한 종자는 아이들을 많이 낳아 퍼뜨려야 한다고 대답하였고, 인터뷰 직후인 1941년부터 장녀 로즈마리의 장애 등 케네디 가문의 저주가 시작되었다. 결국 조셉 케네디는 그의 말년에 "내가 술을 만들어 그 술로 많은 사람들의 가정을 파괴하고 사랑과 안정을 빼앗았는데 이제 그 대가를 치르는구나"라고 한탄하며 생을 마감하였다.

또한, 출판왕 헨리 루체(Henry Luce)의 부인이며 주 이탈리아 대사를 역임했던 작가 클레어 루체(Clair Booth Luce)는 케네디 가문에 대하여 다음과 같은 평가를 남겼다(McIntosh and Rima, 2007). "그들은 야심과 교만이 가득한 사람들이다. 나는 그들을 통해 부패한 인간성과 타락의 한계를 여실히 본다. 최고가 되기 위해서 무서울 정도로 헌신적이다. 야비하고, 고상한 척하고, 추진력 있고, 관대하고, 이기적이고, 의심 많고, 교활하고, 명예를 중시하면서도 유혹에 약하며, 결코 지지 않으려는 사람들이 모인 가문이다." 결국 하나님의 존재와 은혜를 망각하고, 철저히 인간적인 시각으로 자신을 높이고자 하는 야망이 성공에 대한 비뚤어진 집착과 교만으로 이어지며 가문 전체가 비운을 맞이하게 된 것이다.

2) 사울과 다윗

성경에도 케네디와 같은 두 사람이 등장한다. 한 사람은 사울이요, 다른 한 사람은 다윗이다. 두 사람 모두 실수를 했고, 실수로 인한 실패를 경험하였다. 하지만 한 사람은 후회 속에서 생을 마감했고, 다른 한 사람은 회개하고 하나님 품에서 다음 세상을 바라보았다. 사울은 평생을 두려움에 떨었는데, 그가 이스라엘의 처음 왕으로 기름 부음을 받을 때에 그 자리를 감당하지 못할 자신의 모습을 보며 행구 사이에 숨어서 덜덜 떨었다. 왕으로 기름 부음을 받을 때에 순수한 마음으로 하나님 앞에 겸손히 머리 숙였던 사울은 두려움을 통해 하나님을 전적으로 의지하였고, 암몬과의 전쟁에 나가 승리를 거둔 후에 하나님께 감사하며 화목제를 드렸다(삼상 11장).

그러나 병거만 3만에 달하고, 6천의 기마병, 보병의 숫자는 해변의 모래와 같이 많은 블레셋의 군대를 대할 때에 그는 또 다시 두려워하였다(삼상 13:5). 그의 두려움은 철저히 인간적인 두려움이었는데, 그 두려움은 자신이 거느린 3천 명의 군대만을 바라보며 싹튼 것이었다. 또한, 군사의 숫자 뿐만 아니라 질적인 차이도 있었다. 블레셋은 그리스 계통의 해양 민족으로서 이미 철기문화를 이루어 철로 된 무기를 보유했지만 이스라엘은 아직 왕정의 초기라 군대가 주로 농부들 위주의 민병대로서 제대로 된 무기도 없었고, 그것도 대부분 청동기 무기였다. 하나님을 두려워하던 사울은 이제는 하나님이 아니라 당장 눈앞에 보이는 군대의 수의 많고 적음을 두려워하게 되었다. 그러한 인간적인 두려움 때문에 사울은 제사장이 관장해야 하는 번제와 화목제를 자신이 직접 드렸는데, 이것은 하나님을 신뢰해서 드리는 제사라기보다는 종교 행위를 통해 하나님의 마음을 움직여서 도움을 받으려는 미신적인 마음에서 비롯된 것이다.

그 후에 사울에게서 하나님이 떠나신 결정적인 사건이 있었는데, 그것은 하나님께서 사울의 손에 아말렉을 붙이셨을 때에 일어났다. 아말렉을 칠 때에 사울은 사무엘 선지자를 통해 그 모든 것을 진멸하라는 하나님의 명령을 받았다. 하지만 하나님의 명령을 거역하고 양과 소를 비롯해서 전리품의 좋은 것들을 남겨두어서 사무엘의 책망을 받은 사울은 하나님께 제사를 드리기 위한 것이라고 변명하였다. 그때 사무엘은 "순종이 제사보다 낫고 듣는 것이 숫양의 기름보다 낫다"(삼상 15:22)라고 지적하며, 왕이 하나님의 말씀을 버렸으므로 하나님도 그를 버렸다는 심판을 선언하였다.

사울의 사례는 예배의 행위나 헌금을 얼마를 드리느냐가 중요한 것이 아니라 그 예배와 헌금을 드리는 사람의 마음 중심이 가장 중요하다는 사실을 강조한다. 이는 예배자의 마음 중심이 하나님을 향하고, 따라서 하나님의 말씀을 듣고 순종하는 것이 훨씬 더 하나님을 기쁘시게 한다는 의미이다. 세상에 대한 두려움, 물질이 가지고 있는 힘에 대한 두려움은 이렇게 영의 눈을 멀게 하여 믿음을 빼앗아 간다. 예수께서 공생애 사역 중에서 칭찬하신 일은 대부분 사람들의 믿음 때문이고, 책망의 대부분은 반대로 믿음 없음으로 인한 것이었다. 이는 소위 "믿음장"이라 불리는 히브리서 11장의 기록에서 재확인된다. "믿음이 없이는 하나님을 기쁘시게 못하나니 하나님께 나아가는 자는 반드시 그가 계신 것과 또한 그가 자기를 찾는 자들에게 상 주시는 이심을 믿어야 할지니라"(히 11:6).

전능하신 하나님을 향한 믿음이 없으면 이 세상이 더 커 보이고, 세상의 권력과 물질이 더 커 보이기 마련이다. 다윗의 거룩한 분노와 용기로 인해 골리앗을 앞세운 블레셋과의 전투에서 승리를 거두고 돌아오는 사울은 또 다시 인간적인 두려움에 사로잡혔다. 이스라엘 여인들이 블레셋과의 전쟁에서 개선한 사울의 군대를 환영하며, "사울이 죽인 자는 천천이요, 다윗이 죽인 자는 만만이로다"(삼상 18:7)라고 환호하며 노래를 불렀기 때문이다. 그 두려움의 원인을 성경은 하나님 말씀에 불순종한 사울이 하나님의 임재를 더 이상 느끼지 못하는 처지에 놓였기 때문이라고 지적한다. "여호와께서 사울을 떠나 다윗과 함께 계시므로 사울이 그를 두려워한지라"(삼상 18:12).

사울은 계속되는 전쟁에서 하나님을 경외하고 의지하는 것이 아니라 군대의 수를 의지하는 한편, 군대의 무력을 통해서 자신의 지위를 유지하려는 마음을 강화하면서 그의 마음 중심은 하나님으로부터 더욱 멀어졌다. 하나님을 떠난 사울의 마음은 점점 더 공허하게 되었고, 이스라엘을 둘러싼 적들로 인하여 더욱 다급해졌다. 성공학자인 나폴레온 힐(Napoleon Hill, 1937)은 현대인들은 "가난, 평판, 질병, 사랑의 실패, 노후, 죽음"에 대한 공포와 불안에 시달린다고 지적하며, 그 여섯 가지 요소를 성공을 막는 귀신들로 표현하였다. 그가 지적한 주장의 핵심은 미래에 대한 불확실성이다. 특히 하나님을 알지 못하는 사람들은 그 마음에 평안이 없어서 아무리 돈을 벌어도 미래에 대한 불확실성 때문에 여전히 불안하다. 그래서 더 벌려고 하고, 더 가지려고 노력한다. 무슨 일이 어떻게 일어날지 모르기 때문에 철저히 자신의 힘으로 이에 대비해야 하고, 스스로의 힘으로 행복과 편안함을 이루고 그것을 유지해야 하기 때문에 곤고한 것이다.

하나님을 떠난 사울도 마찬가지 신세에 처했다. 하나님의 이름을 이용하여 핑계 삼아 자신의 욕심을 채우려 전리품을 취했고, 스스로 힘을 키우고, 든든한 재력을 갖추려고 시도했다. 왕이 될 때에 행구 사이에 숨었던 순진한 청년 사울은 이제 이스라엘의 초대 왕이 되어 암몬을 이기고, 큰 대적 블레셋도 이기고, 이제 아말렉까지 이기고 난 후에 자고해져서 자신을 향해 시선을 돌려 버렸다. 왕으로서 권력과 재물을 즐기는 한편, 자신의 자리를 더욱 확고히 하기 위하여 힘과 권력을 더 얻으려 했다. 자신의 힘으로 지위와 권력을 유지하려는 사울이 최후에 의지한 것은 창과 칼이었다. 왕의 지위와 권력을 보존하고 싶었고, 재물도 더 얻고 싶었던 그는 무력으로 그러한 것들을 확보하려고 하였다. 바로 그 때에 "여호와의 영이 사울에게서 떠나고 여호와께서 부리시는 악령이 그를 번뇌하게"(삼상 16:14) 하기 시작했다. 신하들이 보기에도 악신이 임한 사울은 왕으로서 온전치 못하여 불안하고 걱정이 될 지경에 이르렀기 때문에 그들은 수금을 잘 타는 다윗을 불러 사울의 앞에서 수금을 타게 했지만 그때뿐이었다.

　　이제 사울은 항상 창과 칼을 곁에 두고 생활하며, 불안함 가운데 자신의 힘만을 의지하며 전전긍긍하는 신세로 전락하였다. 악신(惡神)은 하나님을 떠난 사울을 더욱 힘들게 했고, 더 이상 다윗의 수금은 사울을 위로하지 못하게 되었다. 사울의 눈에 다윗은 더 이상 보잘것없는 수금을 타는 소년이 아니라, 이제는 왕의 자리를 놓고 경쟁하는 경쟁자로 보였기 때문이다. 다윗이 자신의 자리를 위협한다고 생각하는 사울은 다윗의 수금도 미워하게 되었고, 고심 끝에 그가 고안해 낸 경쟁을 피하기 위한 방법은 바로 그 경쟁자를 제거하는 것이었다. 그래서 사울은 옆에 두었던 창을 다윗을 향해 던졌지만 다윗이 용케 그 창을 피했고, 사울이 또 다른 창을 던졌지만 다윗은 이번에도 그 창을 피한다. 하나님과의 관계가 끊긴 사울은 다윗이 창을 연거푸 피했다는 사실보다 하나님이 함께하시는 다윗의 존재 자체가 훨씬 두려웠다. 하지만 아무리 애를 써도 다윗을 마음대로 죽일 수도 없음을 깨닫고 좌절하였다. 결국 사울은 이번에는 다윗을 천부장으로 임명하여 자기 곁에서 떠나게 했다.

　　사울이 사용한 창검은 그를 하나님으로부터 더욱 멀어지게 했다. 다윗이 도망 중에 제사장 아히멜렉을 통해 하나님께 드렸던 진설병을 받아먹고, 자신이 죽인 골리앗의 칼을 받아 들고 도망했던 일이 있었는데 사울은 자신의 정보원인 에돔 사람 도엑을 통해 이 사실을 들었다. 이후 사울은 기브아 높은 곳(삼상 22:6)에서 단창을 들고, 아히멜렉의 온 집안에 사형을 선포하는 잔인한 명령을 내렸다. 하지만 그의 호위병들은 하나님이 세우신 제사장 죽이기를 꺼렸고, 결국 사울은 이방인, 에돔 사람 도엑에게 명령하여 다윗을 도와준 놉 땅의 제사장 아히멜렉을 비롯하여 세마포 에봇 입은 85명의 제사장을 죽이고, 남녀와 아이들과 젖 먹는 자들과 소와 나귀와 양을 칼로 쳐서 죽였다(삼상 22:18-19). 이로써 하나님을 떠나 자신의 창검으로 자신의 지위를 확고히 하려던 사울은 하나님의 제사장들과의 관계조차도 철저히 파괴되었다. 하나님과 닿아 있던 마지막 끈이 끊어져 버린 것이다.

　　한편 다윗도 칼을 사용하였다. 하지만 그의 마음 중심이 하나님을 향할 때에 그 칼은 하나님의 백성을 대적하는 적들을 무찌르는 도구가 되었고, 자신을 죽이려는 사울의 목숨을 해할 수 있는 기회 앞에서 하나님의 기름 부음을 받은 왕인 사울을 존중하는 그의 중심을 드러냈다. 엔게디 광야에서 숨어 있던 다윗은 3천의 군대를 이끌고 자신을 잡으러 온 사울이 볼일을 보러 굴에 들어왔을 때에 그를 죽이자는 부하들의 말을 듣지 않고, 사울의 겉옷 자락만을 가만히 베고난 후에 자신을 따르는 이들에게 명하여 사울을 해하지 못하게 하였다. 자신의 인간적인 입장에서 원수인 사울이 아니라, 사울을 세우신 하나님의 뜻을 먼저 생각하여 하나님으로부터 기름 부음을 받은 왕으로서의 사울의 위치를 존중했기 때문이다. 그러므로 그가 가만히 사울의 겉옷을 베기 위해 사용한 칼은 하나님을 경외하고, 하나님이 세우신 왕을 존중하는 용도로 사용되었다. 그때에 사울조차도 "너는 나보다 의롭다"(삼상 24:17)라고 고백하며 발걸음을 돌려 돌아갔다.

이러한 일은 십 광야에서도 반복되었다. 진영 중에 누워 자던 사울 앞에서 이번에도 다윗은 사울을 살려주며, 하나님께 보응을 맡겼다. 그는 "여호와께서 그를 치시리니 혹은 죽을 날이 이르거나 또는 전장에 나가서 망하리라"(삼상 26:10)라고 말하며 사울의 머리 곁에 있는 창과 물병만을 가지고 나왔다. 하나님을 먼저 생각하지 않는 이들은 너무나 쉽게 타인을 정죄하고 판단하며 칼날을 휘둘러댄다. 반대로 끝까지 우리를 사랑하시고, 끝까지 우리를 참아주신 하나님의 은혜를 깨달으면, 서로의 실수를 용납하고 참아 줄 수 있다. 그 마음에 하나님이 계시지 않으니까, 정죄하고, 판단하고, 독설을 퍼부으며 칼날을 휘두르는 것이다. 이는 온전한 신앙인의 모습이 아니다.

하지만 다윗도 하나님을 떠나 무력을 의지하여 칼을 잘못 사용한 경우가 두 번이나 있었다. 첫째, 다윗은 충신 우리아를 죽여 그의 아내 밧세바를 취했다가 그 대가로 새로 태어난 아들이 죽음을 당했다. 그것에만 그치는 것이 아니라 배다른 아들과 딸 사이에서 성폭행이 일어나고, 폭행을 당한 다말의 오빠 압살롬이 형 암논을 죽이는 일도 벌어졌다. 더욱이 아들 압살롬이 자신에게 반역하고, 궁전 옥상에서 백주 대낮에 다윗의 후궁들과 동침하는 일이 벌어졌다. 이러한 사건들은 밧세바 사건 때 나단 선지자가 사무엘하 12장 11-12절에서 예언한 심판, 즉 하나님께서 다윗과 다윗의 집에 재앙을 일으키시고 그 아내를 빼앗아 이웃들에게 준다는 것과 은밀히 죄를 지은 다윗의 죄를 백주에 드러나게 하신다는 심판의 말씀이 이루어진 것이다.

둘째, 다윗이 자신이 거느린 군대의 힘을 가늠하기 위해 인구조사를 통해 칼을 든 장정을 계수했을 때에 이스라엘에서 칼을 빼는 담대한 자가 80만, 유다 사람이 50만, 총 130만의 정규군이었다(삼하 24:9). 3천 명의 민병대로 시작한 이스라엘의 군대는 이제 130만의 정예부대, 대군이 된 것이다. 그러나 다윗은 이번에는 그 중심이 하나님이 아니라 자신을 향했다. 자신이 거느리고 있는 군대의 수를 세어봄으로써 자신의 힘을 과시하고자 했기 때문에 다윗은 하나님께 벌을 받아, 자신이 그 수를 의지하던 백성들을 잃고 말았다. 하나님의 심판으로 7만 명이나 전염병으로 죽었기 때문이다.

위의 사건들을 통해 사울이나 다윗이나 모두 허물이 많은 사람임을 알 수 있다. 하지만 그 두 사람의 차이는 마지막에 그 중심이 하나님을 향했느냐, 아니냐 하는 것에 있었다. 자신의 중심이 전능하신 하나님을 향하면 피조 세계에 불과한 환경과 그 안에서 발생하는 어려움이 작게 보인다. 결국 이 세상의 두려움을 이겨낼 수 있다. 하지만 그 중심이 자신을 향하면 모든 일들을 자신의 힘으로 처리해야 하며, 환경의 벽이 높아 보이고, 모든 것이 버겁고 두렵게 느껴진다. 그러므로 그 중심의 차이가 엄청난 결과의 차이를 낳는 것이다.

사울을 피해 동굴에 숨어 있던 다윗은 시편 57편과 108편에서 하나님을 향한 변치 않는 중심을 고백하였다. 시편 108편은 다윗의 찬송시로서 57편 7-11절과 그 내용이 같다. "하나님이여 내 마음이 확정되었고 내 마음이 확정되었사오니 내가 노래하고 내가 찬송하리이다, 내 영광아 깰지어다 비파야, 수금아, 깰지어다 내가 새벽을 깨우리로다 주여 내가 만민 중에서 주께 감사하오며 뭇 나라 중에서 주를 찬송하리이다"(시 108:7-9). 자신의 목숨을 노리는 사울을 피해 도망하여 굴에 숨어 있는 가장 위험한 때에 다윗은 하나님을 향해 중심을 확정하였다. 삶의 불안과 공포가 밀려오는 고통의 어두움 가운데 다윗은 그 중심을 하나님께로 온전히 향한 것이다.

성경은 하나님을 떠나 자신의 무력을 의지한 결과를 냉혹하게 진술한다. 사울의 파괴적인 창검은 자신을 포함한 모든 사람들을 파괴하였다(삼상 31장). 사울은 블레셋과의 길보아 전투에서 처참하게 패배했는데, 그 전투에서 자신의 세 아들 요나단, 아비나답, 말기수아가 먼저 죽음을 당했다. 활을 맞아 부상을 입은 사울은 결국 그토록 자신이 의지하던 칼에 엎드려 죽었고, 그의 무기를 든 부관을 비롯한 모든 부하들도 그날에 함께 죽음을 맞이하며 전멸했다. 창검의 힘을 두려워하고 그 힘을 의지하던 사울은 결국 창검을 통해 죽음을 맞이하였다. 마지막 남은 아들 이스보셋도 5촌 당숙인 사울의 사촌 아브넬의 힘을 의지하여 버티다가 아브넬에게 배신을 당하고 어려움을 당하는 처지에 놓였다. 결국 아브넬도 요압의 칼에 죽음을 당하고, 이스보셋도 자신의 지휘관 바아나와 레갑의 칼에 목을 베여 죽음을 당하는 비참한 최후를 맞이하였다(삼하 3:22-4:12). 사울이 의지하던 칼이 그의 일족을 모조리 멸망시켜 버린 것이다. 마치 구약 성경판 케네디 가문의 저주를 보는 것과 같다.

반대로 어려움 가운데에도 하나님을 향한 중심을 유지하고, 인간적인 연약함과 실수 가운데에도 하나님을 향해 돌아선 다윗은 큰 은혜를 누렸다. 다윗에게 그가 죽인 자는 만만이라는 칭호를 붙여주었던 골리앗과의 싸움에서 두려움이 없던 다윗은 물맷돌을 가지고 골리앗을 대적했지만, 골리앗은 자신의 창검을 제대로 사용해보지도 못하고 죽임을 당했다. 창검을 들지 않았던 다윗이 골리앗을 쓰러뜨리고 승리를 거두며 그의 모든 일을 지혜롭게 행할 수 있었던 비결은(삼상 18:14) 하나님께서 그와 함께 계셨기 때문이다. 하나님을 떠난 사울은 이렇게 하나님이 함께하시는 다윗을 보고 크게 두려워할 수밖에 없었다(삼상 18:15). 하지만 다윗은 온 이스라엘과 유대의 사랑을 받았는데(삼하 18:16), 다윗이 마음을 받으신 하나님께서 다윗에게 계속해서 필요한 사람들을 붙여주셨기 때문이다. 그와 같은 삶은 다윗의 인생을 통해 지속되었고, 성경은 다윗의 마지막을 다음과 같이 기록한다. "그가 나이 많아 늙도록 부하고 존귀를 누리다가 죽으매"(대하 29:28).

하나님을 두려워하며 창검을 통제하는 것을 배웠던 다윗은 장수의 복을 누렸고, 물질과 명예, 권세도 얻었다. 이와는 대조적으로 하나님을 떠난 사울은 자신의 무력을 의지하였다. 그가 하나님보다 인간의 힘을 더 두려워했기 때문이다. 그러나 하나님을 떠난 그의 무력, 즉 창검은 하나님의 사람, 다윗을 공격하는 도구로 변질되었다. 마찬가지로 하나님으로 채워지지 않은 상태에서 쏟아내는 말은 칼이 되어 다른 사람의 마음을 후벼 파고, 상처를 준다. 아무리 좋은 말이라도 영혼을 사랑하는 마음으로 온전히 감싸인 말이 아니라면 영혼을 상하게 하고, 다치게 하는 칼이 될 수밖에 없다. 특히 교사와 목회자, 직분자, 지도자가 품은 칼은 그 영향력이 커서, 그들로 인해 상처받은 마음은 상처받은 당사자를 주님으로부터도 멀어지게 한다. 결국 그 상처가 복음의 통로요, 말씀의 통로를 막아 버리는 것이다.

대제사장의 종, 말고의 귀를 벤 베드로에게 예수님이 하신 말씀은 "칼을 가지는 자는 다 칼로 망하리라"(마 26:52)는 것이었다. 하나님 없는 마음은 칼을 가지기만 해도 칼로 망하기 마련이다. 그 중심이 이미 인간의 독기로 채워져 있기 때문이다. 우리의 중심이 하나님을 향하지 않을 때, 우리의 입술은 하나님께 붙들려 하나님을 찬양하는 도구가 아니라 오히려 우리 안에 있는 독을 쏟아내는 창검이 되어 버린다. 그러한 창검에 상처를 입은 우리의 심령은 또 다시 그러한 상처를 당할 것을 염려하는 불안과 두려움에 빠지게 된다. 그래서 선생님으로부터 상처를 받은 학생들은 더 이상 선생님과 어른들을 신뢰할 수 없게 된다. 그러한 불신과 불안, 또 다시 상처를 받을까 하는 두려움, 그로 인하여 서로를 믿지 못하고, 날이 서서 다투게 하는 것, 그것이 바로 사탄이 노리는 것이다.

복음을 통해 그리스도의 사랑을 깨달을 때 그 십자가 사랑에 매여 우리는 세운 날을 내려놓을 수 있다. 섭섭하고 불편한 마음들이 하나님의 크신 사랑 앞에, 기꺼이 상대방을 용납할 수 있는 마음으로 변화된다. 그러면 상대방도 세운 날을 슬그머니 내려놓고 마음을 열 것이며, 하나님을 찬양하는 마음으로 수금을 함께 들 수 있다. 창검처럼 사람을 찌르는 입술이 찬송하는 입술로 변화되어 독설을 쏟아내는 창검의 사람이 아니라 화평케 하는 수금의 사람, 율법으로 정죄하는 사람이 아니라, 은혜로 세우는 사람이 되는 것이다. 이것이 기독교교육을 담당하는 교사의 모습이 되어야 할 것이다.

참고문헌

Bandura, Albert. *Social Learning Theory*. Upper Saddle River, NJ: Prentice Hall, 1976.

Calvin, John. ed. John T. McNeil. *Institutes of the Christian Religion*. trans. Ford L. Battles, Louisville, KY: Westminster John Knox Press, 2006. (Original work published in 1559).

Coupland, Douglas. *Generation X: Tales for an Accelerated Culture*. New York, NY: St. Martin's Press, 1991.

Erikson, Erik H. *Childhood and Society*. New York, NY: W. W. Norton & Company, 1950.

_____. "The Human Life Cycle," in *A Way of Looking at Things: Selected Papers from 1930 to 1980*, ed. Stephen Schlein, 595–610. New York, NY: W. W. Norton & Company, 1987. (Original work published in 1968).

_____. *Dimensions of a New Identity: The 1973 Lectures in the Humanities*. New York, NY: W. W. Norton & Company, 1974.

Erikson, Erik, H., and Erikson, Joan. *The Life Cycle Completed*. New York, NY: W. W. Norton & Company, 1998.

Fowler, James W. *Stages of Faith: The Psychology of Human Development and the Quest for Meaning*. New York, NY: HarperCollins, 1981.

_____. *Becoming Adult, Becoming Christian: Adult development and Christian Faith*. rev. ed. San Francisco, CA: Jossey–Bass, 2000.

Freud, Sigmund. *The Interpretation of Dreams*. New York, NY: Basic Books, 1955. (Original work published in 1899).

Gardner, Howrad. *Frames of Mind: The Theory of Multiple Intelligences*. New York: NY: Basic Books, 1983.

_____. *Multiple Intelligences.* 2nd ed. New York, NY: Basic Books, 2006.

Hill, Napoleon. *Think and Grow Rich.* New York, NY: Penguin Group, Inc., 2005. (Original work published in 1937).

Jung, Carl G. *Man and His Symbols.* New York, NY: An Anchor Book, 1968.

Kohlberg, Lawrence. *The Philosophy of Moral Development: Moral Stages and the Idea of Justice.* New York, NY: Harper and Row, 1981.

_____. *The Psychology of Moral Development: The Nature and Validity of Moral Stages.* New York, NY: Harper and Row, 1984.

_____. *The Undiscovered Self.* trans. R.F.C. Hull, New York, NY: Penguin Books, 2006.

Kotler, Philip, Kartajaya, Hermawan, Setiawan, Iwan. *Marketing 5.0: Technology for Humanity.* Hoboken, NJ: Wiley & Sons, 2001.

Maslow, Abraham. *Toward a Psychology of Being.* New York, NY: John Wiley & Sons, 1968.

Piaget, Jean, and Bärbel Inhelder. *The Psychology of the Child.* trans. Helen Weaver, New York, NY: Basic Books, 1969.

Rogers, Carl. *Carl Rogers on Personal Power: Inner Strength and Its Revolutionary Impact.* New York, NY: Delta Books, 1978.

_____. *A Way of Being.* New York, NY: Houghton Mifflin Company, 1980.

웹사이트

월드미터스 https://www.worldometers.info.

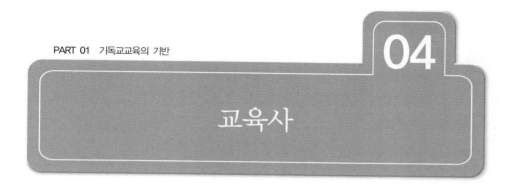

교육사

"온고이지신"(溫故而知新)이란 옛말은 "옛것을 익혀 새로운 것을 안다(배운다)"라는 의미를 담고 있다. 이는 과거를 비추어 봄을 통해 발전시켜야 할 부분에 선택적으로 집중하고, 지양해야 할 부분을 솎아 내는 작업을 전제한다. 영국의 역사학자 아놀드 토인비(Arnold Toynbee) 역시 그의 저서 『역사의 연구』(A Study of History, 1957)를 통해 "인류에게 있어 가장 큰 비극은 지나간 역사에서 아무런 교훈도 얻지 못한다는 데 있다"고 일갈하였다.

이처럼 과거를 비판적으로 조명하여 현재와 미래를 풍성하게 하는 것은 의미가 있는 작업이다. 토인비는 책의 결론에서 자신이 역사를 연구하는 이유는 하나님을 느끼고 찾으라는 하나님의 부르심 때문이라고 설명하였다. 그는 시간(4차원)과 생명(5차원)을 지나 영의 세계인 6차원까지 제시하는 틀로 인도하는 끊임없는 하나님의 창조 활동의 비전을 부여하는 것이 역사의 의의라고 덧붙였다. 기독교교육의 역사를 살펴보는 것도 그 가운데 당신의 뜻을 이루어 가시는 하나님의 섭리와 큰 뜻을 점검하고 오늘의 교육 현실에 적용함으로써 보다 나은 미래를 창조하는 기반으로 삼는 작업이다.

1 역사 속에 나타난 하나님의 뜻

1장에서 살펴본 바와 같이 하나님께서 인류에게 맡기신 창조명령, 대명령, 대위임령의 세 가지 명령은 하나님의 영광으로 귀결된다. 하나님께서 생육하고 번성하며, 땅에 충만하라고 말씀하시고, 땅과 바다와 공중의 모든 것을 다스리라고 명령하신 이유는 이 세상에서 하나님의 형상으로 창조된 인류가 그러한 다스림을 통해 하나님의 영광을 드러내기를 원하셨기 때문이다. 그러나 불행하게도 타락한 인류는 하나님의 명령을 거역하고 에덴동산에서 쫓겨나고 말았다. 이후 창세기 3장 24절에서는 하나님이 사람들을 쫓아내시고 그룹 천사들과 두루 도는 불칼로 생명나무의 길을 지키게 하시는 장면이 이어진다. 이제 인류는 하나님의 형상의 존귀한 모습을 잃어버리고, 죄의 삯으로 인해 한 명도 빠짐없이 죽음을 경험하는 존재로 전락하고 말았다. 하지만 아브라함의 후손들로 하여금 새로운 언약 백성을 일으키신 하나님은 모세를 통해 각종 명령과 규례와 법도를 부여하셨고, 이제 그러한 명령을 따라 하나님을 경외하면 장수하는 복을 누릴 수 있는 새로운 가능성이 열렸다.

따라서 "마음을 다하고 뜻을 다하고 힘을 다하여 네 하나님 여호와를 사랑하라"(신 6:5)라는 명령은 이 땅에서 생육하고 번성하는 은혜를 회복하는 근거가 되며, 대명령의 토대가 된다. 특히 생각하지 말아야 할 것을 생각한 인류 대신 가시관을 쓰시고, 만지지 말아야 할 것을 만지고 가지 말아야 할 곳을 걸어간 인류의 손과 발 때문에 못 박히시며, 그 마음에 악한 것을 품은 인류 대신에 옆구리가 창에 찔리신 예수 그리스도를 통해 인류는 구속의 은혜를 얻었다. 그 은혜를 이 세상 사람들과 나누라는 대위임령 또한 하나님의 뜻이다. 그러므로 역사 속에 나타난 하나님의 궁극적인 뜻은 인류가 구원을 얻고, 원래의 형상을 회복하여 창조적인 삶을 사는 것이다.

그런데 역사 속에 나타난 인간의 모습은 이러한 하나님의 뜻과 대비가 되는데, 일례로 철저히 인본주의적 입장에 근거한 진화론은 하나님의 형상으로 창조된 인간의 존엄성을 부인한다. 진화론과 창조론의 결정적인 차이는 사람에 대한 이해인데,

진화론을 믿게 되면 우선 성경은 창세기 1장 1절부터 부정된다. 태초에 하나님이 천지를 창조하신 것이 아니라 사람은 아메바와 같은 하등동물로부터 진화한 것이기 때문이다. 그러면 성경 말씀은 처음부터가 다 거짓이 되며, 예수님의 십자가 은혜도 다 소용없는 것이 되어버리기 때문에 인류에게 구원이란 불가능한 것이 되는 것이다.

다른 한편으로 인류 사회에도 무서운 재앙이 임하는데, 동물과 달리 인간이 하나님의 형상으로 창조된 존귀한 존재라는 근거가 없어지기 때문에 사회에서도 강한 사람이 약한 사람을 누르고 지배하는 것이 당연한 것이 된다. 진화론이 주장하는 약육강식의 논리가 지배하는 세상이 되는 것이다. 진화론에 의하면 오히려 그것이 인류 전체를 위해서는 더 나은 것이 되는데, 약한 사람은 빨리 죽어 주는 것이 인류 사회에 공헌하는 것이기 때문이다. 같은 논리에 의해서 강한 나라가 약한 나라를 지배하는 것이 당연하며, 약한 나라는 강한 나라에 흡수되어야 한다. 공산주의, 독일의 나치, 일본의 군국주의 등 인간의 존엄성을 훼손하고, 인간을 구분하여 공격하는 사상들의 기반은 진화론이 주장하는 약육강식의 논리인 셈이다.

진화론을 창시한 다윈의 사촌 동생인 프랜시스 골턴(Francis Galton)은 우생학(eugenics)을 제시하며 인간은 스스로의 진화에 책임이 있다고 주장하였다. 우생학을 받아들인 나치는 인종위생 운동을 벌였는데, 먼저 강제불임법을 만들어 독일 내의 정신지체, 매춘부, 신체 장애자들 35만 명의 생식능력을 강제로 제거하였다. 1930년대에 3세 미만의 장애 아동을 안락사시킨 것을 시작으로, 1941년에는 17세 미만의 장애자들을 모두 안락사시켰다. 그러한 과정적 기반 위에서 유태인 6백만 명도 학살당한 것이다. 비뚤어진 과학과 무신론은 현대인들을 향한 사탄의 강력한 무기이다. 인간의 존엄성을 무시하고, 양심을 덮어서 무자비와 폭력을 통해 인류를 멸망하게 하는 것이 사탄의 목적이기 때문이다.

하지만 하나님의 뜻은 인류를 구원하는 것이다. 그것을 우리의 양심도 안다. 철학자 임마누엘 칸트(Immanuel Kant)는 사람 안에 있는 양심이 하나님을 증거한다고 지적하였다. 그는 순수이성(pure reason)을 통해서 초월적인 하나님의 존재를 인식할 수 있고, 실천이성의 차원에서 부정할 수 없는 양심인 정언명법(categorical imperative)이 하나님을 증거한다고 주장하였다. 사도 바울 역시 로마서 1장 19-20절을 통해 인간이 양심을 통해 하나님을 안다고 단언하였다. "하나님을 알 만한 것이 그들 속에 보임이라, 하나님께서 이를 그들에게 보이셨느니라, 창세로부터 그의 보이지 아니하는 것들, 곧 그의 영원하신 능력과 신성이 그가 만드신 만물에 분명히 보여 알려졌나니 그러므로 그들이 핑계하지 못할지니라"(롬 1:19-20).

　　인류의 역사는 하나님을 모르는 부족들조차 절대자의 존재를 인식하고 그 대상을 하늘의 해와 달과 별, 또는 자연 자체로 생각하거나 강한 짐승을 그러한 절대자로 간주하여 숭배했다는 사실을 드러낸다. 이는 인간이 창조주가 계시다는 사실을 본능적으로 알고 있다는 의미이다. 창세기에서 선악과를 따먹은 첫 인류는 알 필요가 없는 악을 알게 되어 선악을 비로소 구별하게 되었지만, 생명나무에 접근할 수 없어 이 땅에서 영원히 살 수 없는 신세로 전락하였다. 하지만 이 또한 하나님의 은혜인데, 자연스럽게 늙고 병들어 죽어야 영원한 생명을 비로소 누릴 수 있기 때문이다. 나이가 들어 병에 시달리며 가족들과 친지들을 고생스럽게 하며 100년, 200년을 사는 것은 복이 아니라 저주일 수 있다.

　　반대로 자연스럽게 나이를 먹으며 기품 있게 죽음을 맞이하는 복된 그리스도인은 결국 눈물과 한숨이 없는 천국에서 영원한 생명을 누릴 것이다. 성경의 첫 번째 책 창세기에 등장했던 생명나무를 마지막 책인 요한계시록에서 다시 만나게 되는데, 구체적으로 요한계시록 22장 2절에서 생명수의 강 가운데 열두 가지 열매를 맺는 생명나무가 다시 등장하며, 그 나무 잎사귀들은 만국을 치료한다. 온 인류를 구원하시는 하나님의 섭리가 성경의 첫 번째, 그리고 마지막 책 속에서 생명나무를 통해 드러나는 것이다.

2 기독교교육의 역사: 시기별 구분

　　기독교교육의 역사 속에는 한 영혼을 불쌍히 여기시는 하나님의 마음과 섭리가 드러난다. 죄악의 도전이 있는 이 땅에서 하나님의 마음을 품고 신앙의 전승을 유지하기 위한 노력들이 기독교교육의 역사 속에 살아 움직이고 있다. 시대에 따른 도전의 차이는 있었지만 이에 대응하는 하나님의 사람들의 모습은 동일하다.

1) 구약 시대

구약 시대의 교육을 한마디로 요약하면 율법 중심의 교육이라고 할 수 있다. 구약성경은 율법인 모세오경 "토라"(תורה) 예언서인 "느비임"(נביאים), 그리고 성문서인 "케투빔"(כתובים)으로 구성되어 있다. 이스라엘 백성들에게 있어서 기본적인 교육이란 토라(율법)를 가르치고 배우는 것이다. 신명기 6장 4-9절의 "쉐마 이스라엘"(שמע ישראל)은 "이스라엘아 들으라!"는 뜻으로서 언약 백성들이 지켜야 할 기본적인 원리와 태도를 잘 나타낸다. 특히 5절에서 "마음을 다하고, 뜻을 다하고, 힘을 다하여 네 하나님 여호와를 사랑하라"는 명령은 말씀(토라)을 통한 하나님과의 관계를 기반으로 언약 백성으로서 이 땅에서 영향력을 발휘하며 살라는 것이다. 이스라엘 가정에서는 아버지가 절대 권위자로서 토라를 가르치고, 이에 대한 자녀들의 순종을 통해 지혜의 근본이신 하나님을 경외하는 것을 배웠다. 일상 생활에서도 남성의 겉 옷단에 하늘(하나님)을 상징하는 청색의 끈을 달아 율법에 대한 의미를 상기시키고(민 15:38; 신 22:12), 성구가 들어 있는 두 개의 가죽 상자를 양 미간에 동이고, 왼팔에 메고 다님을 통해 말씀 위주의 삶을 강조했다.

이스라엘 백성들은 민족 공동체의 제의(rite)를 통해서도 교육했는데, 기본교육의 장이요, 비공식 교육기관인 가정에서는 통과의례인 할례를 통해 언약 백성의 구별을 가르쳤고, 절기와 명절의식을 통해 선택받은 민족으로서의 역사를 소개하고, 신앙을 전수하였다. 예를 들면 이스라엘의 3대 절기인 유월절, 맥추절, 초막절(출 23:14-17)을 활용했는데, 유월절은 출애굽을 기념하는 의미에서 구원의 하나님을 가르치고, 유월절 후 첫 안식일에서 50일째 되는 날로서 보리의 첫 열매를 봉헌하는 봄의 절기인 맥추절을 통해 구원의 은혜에 대한 감사를 가르쳤으며, 가을의 토지 소산을 통한 추수감사의 절기로서 초막절을 지키며 광야 생활과 대비된 현재 삶의 은혜와 심는 대로 거두는 심판의 의미를 일깨웠다.

솔로몬이 성전을 건축한 이후, 십계명이 담긴 법궤를 성전에 모시고, 진설병,

황금 등대 등 기물들로 화려하게 장식하여 찬송과 함께 수금, 나팔 등의 악기들을 사용하였고, 예배의 참여자들이 각종 제물을 드렸다. 주전 722년에 북왕국 이스라엘이 앗수르에 의해 멸망하고, 남왕국 유다 역시 주전 586년에 오늘날의 이라크인 바벨론에게 멸망하며 성전은 무너지고, 더이상 유대인들이 예루살렘 성전으로 돌아가지 못하는 상황에서 신앙교육과 예배의 중심은 제사장이 주관하는 성전에서 랍비가 말씀을 선포하는 회당으로, 그리고 제사에서 드리는 희생물에서 말씀 중심으로 변화하게 되었다. 남왕국 유다의 멸망 이후 로마 점령기까지 유대인의 교육은 회당과 학교 중심으로 이루어졌는데, 회당은 본래 예배의 집합소로서 예배를 주축으로 하는 교육이 진행되었다.

회당에서 유대인들은 율법과 그 원리를 공부하고, 어린아이들은 기록된 율법과 구전된 율법을 공부하였고, 주전 75-70년 사이에 로마의 영향으로 학교가 회당으로부터 분리되어 초등, 중등, 고등교육기관을 갖추며 발달하였다. 초등교육기관은 "벧 하쉐퍼"(Beth Hassepher)인데 그 문자적 의미는 "책의 집"으로서 어린이들의 율법교육이 암기식으로 이루어졌다. 중등교육기관은 "벧 함미드라쉬"(Beth Hammidrash)로서 그 뜻은 "연구의 집"인데, 이곳에서는 율법의 의미에 대한 문답식 교육이 실시되었다. 고등교육기관은 "아카데미"(Academy)로서 오늘날의 신학교에 해당한다. 교사의 그룹도 최상위자인 "현자"(haakma), 학자인 "서기관"(sophel), 그리고 일반적인 의미의 "선생"(hathan)이 있었는데, 이들을 통칭하여 "랍비"라고 불렀다(요 3:2).

2) 사도 시대와 초대 교회

예수님의 교육목적은 이 땅에서 "하나님의 나라"(ἡ βασιλεία τοῦ θεοῦ)를 실현하는 것이었다. 인류구원이라는 목적을 견지한 메시아의 본질 자체가 교육의 목적이기도 하다. 예수님은 하나님의 말씀을 통해 복음의 의미를 선포하시고, 그 원리에 따른 삶을 강조하셨고, 교육의 기본원리로서 하나님과 이웃에 대한 사랑을 강조하셨다. 교육의 대상은 열두 제자를 포함한 남녀노소는 물론 빈부격차를 초월한 모든 사람들, 즉 전(全) 인류였고, 교육의 장(場)은 길가, 해변, 광야, 산, 집, 우물 곁, 회당과 성전 등 삶의 모든 현장이었다. 또한, 예수님은 대화 위주의 비유, 상징, 논증, 질문법 등의 교수방법을 사용하셨는데, 주로 먼저 경청하신 후, 질의응답에 참여하는 토론법 위주의 방법론, 그리고 생활경험을 토대로 삶에서 성경의 본문으로 이동하는 단계별 학습법을 사용하셨다.

예수님의 부활, 승천 이후 도래한 사도 시대에는 회개와 결단을 통해 예수님을 그리스도, 주님으로 받아들이는 회심이 교육의 목적이었다. 사도들은 이방인들에게는 예수 그리스도의 생애를 통해 복음의 의미를 전달하였고, 신앙의 후예들에게는 그리스도인으로서의 윤리를 함양하도록 가르쳤다. 하나님의 말씀과 종말을 대비한 믿음의 삶이 주된 교육내용이었고, 사랑을 바탕으로 자율적인 깨달음을 유도하는 것이 교육원리로 수용되었다. 교육의 장은 다락방과 같은 소그룹 공동체와 초대 교회이었고, 주로 사도들은 설교와 공동체 모임을 통해 가르쳤으며, 바울은 변증법, 대화법, 토의법 등의 교수방법을 사용하며 가르쳤다.

313년에 콘스탄틴 황제의 밀라노 칙령으로 로마에서 기독교가 공인되고, 380년에 테오도시우스 황제가 기독교를 로마의 국교로 선포한 이후 신앙의 전승과 이교도의 회심이 교육목적으로 대두되었는데, 초기에는 설교를 통한 케리그마적 선포와 말씀에 대한 가르침(디다케)이 주된 교육내용이었다. 초대 교회의 후기인 2-6세기로 들어서며 입문자 교육(카테키시스)과 예배가 부각되었는데, 예배는 "초신자들의 예배"(Missa Catechumenum)와 "신자들의 예배"(Missa Fidelium)로 구분되어 예전을 통한 교육이 시행되었다. 그 과정에서 기독교의 아가페적 사랑이 교육원리로서 기능했으며, 교육의 장도 가정, 교회, 학교로 확장되었다.

초기 기독교의 교육기관으로는 주후 1-2세기에 설립되어 세례 받기 전 초신자로서 세례 예비생인 "카테쿠멘"(catechumen, κατηχούμενος)이 입학했던 "초신자 세례학교"(Catechumenal School)가 있었는데, 수학 기간은 2-3년이었고, 초기에는 감독, 사제, 집사들이 교육을 담당하다가 후기에는 전담 강사와 교리문답 전문교사들이 교육을 담당하였다. 이후 "교리문답학교"(Catechetical School)가 생겨서 구술교육인 "카테케시스"(catechesis, κατήχησις) 등, 고급 과정의 내용이 이어졌는데, 처음에는 교사 개인의 집에서 시작했지만 점차 현대 신학교와 같은 교수진과 교육내용을 갖추며 수많은 기독교 학자들을 배출하였다. 교리문답학교로는 이집트 알렉산드리아의 문답학교(Catechetical School of Alexandria)가 유명했는데, 판테누스(Pantaenus), 클레멘트(Clement), 오리겐(Origen) 등이 교장을 역임했다. 또한, 기독교교리에 더하여 그리스 문학, 역사, 수사학, 과학 등을 포함하여 신학에 종속시켜서 교육과정을 구성하였다. 성당학교(Cathedral School)와 감독학교(Episcopal School)도 설립되었는데, 이 학교들은 초대 교회와 이단, 초대 교회 내 지도자들 간의 신학적 논쟁의 중심지가 되었고, 기독교와 유대교, 그리스 철학, 신비주의, 금욕주의 등의 사조들로부터의 변증을 담당하며 발전하였다.

3) 중세 시대

중세 시대의 교육주체는 교회와 성직자인데, 기독교의 국교 공인 이후 교회가 전 국민의 교육을 담당함으로써 교회 중심, 성직자 중심의 교육체제가 확립되었다. 중세 시대 교육의 특징은 어거스틴(St. Augustine)의 신학에 근거하여 부정적인 인간의 본성(죄성)을 강조하고, 인간 구원을 위해 신비로운 은총을 가능케 하는 성례전을 강조한 것이다. 하지만 교육의 기회는 성직자와 귀족들에게만 부여되어 주로 교권 확장의 수단으로 활용되었다.

일반 대중들 대상으로는 상징교육을 활용하여 언어보다는 기독교 미술교육을 통해 복음을 전하고 성경을 교육하였다. 성탄극, 수난극, 기적극 등 평신도를 대상으로 하는 다양한 형태의 종교극을 통해 기독교 진리를 전파하려 하였고, 성직자와 평신도의 차별을 통해 성직자는 성경 언어를 통한 성경교육을 시행하고, 평신도 대상으로는 성당 내부 스테인드 글라스 그림 등을 통한 상징교육으로 이원화되었다. 따라서 교회는 진리에 대하여 무지하여 미신이 성직자 간에도 만연하였고, 성자숭배, 성물숭배, 유물숭배 등으로 예전이 얼룩지는 폐해를 낳았다.

중세 말엽부터 교회의 타락으로 야기된 교회 쇄신 운동의 영향으로 상징교육이 쇠퇴하는 과정에서, 수도사들이 속세를 떠나 수양하며 학문을 연구했던 수도원학교(Monastery School)와 후배 신부들이 선배 신부들의 지도를 받는 교역자 양성기관인 성당학교(Cathedral School), 그리고 성속(聖俗)을 통합한 새로운 교육형태인 외곽학교(External School)와 문법학교(Grammar School)가 등장했다.

또한, 1088년, 이탈리아의 볼로냐 대학교(Bologna University, 1088년)를 시초로 대학교(Universitas)가 출현했는데, 대학은 사실상 수도원학교, 성당학교, 문법학교의 산물이며, 따라서 대학의 등장은 공식적인 교육이 수립되는 획기적 계기가 되었다. 대학의 등장으로 인해 중세를 풍미하던 어거스틴과 플라톤의 철학(이원론)에 대한 비판의 목소리가 대두하였고, 실재적인 진리를 강조하는 아리스토텔레스의 철학을 재조명하여 기독교 교리를 정립하는 움직임이 일어났다. 그 결과 신앙의 기반 위에서 이성을 활용하여 진리를 탐구할 것을 강조하는 주지주의 또는 스콜라주의(Scholasticism)[1]가 확산되었고, 토마스 아퀴나스(Thomas Aquinas)를 필두로 이성과 신앙의 조화와 균형을 도모하는 토미즘(Thomism)이 세력을 확장하였다.

4) 종교개혁기

중세의 스콜라 사상은 인간 스스로의 지식과 지혜의 힘으로 자신을 높이는 인간적인 사상으로 변질되었고, 제도화된 교육은 지배층의 욕심과 타락으로 인해 왜곡되었다. 그러한 와중에 교황을 비롯한 성직자들은 축첩과 부정축재를 통하여 교인들을 압제하였다. 존 위클리프(John Wycliffe)와 얀 후스(Jan Hus) 등 개혁을 요구하는 인물들이 목소리를 높였지만 교회의 권위와 압제에 눌려 버렸고, 1517년 10월 31일 마틴 루터(Martin Luther)가 비텐베르크 성당의 문에 95개조의 반박문을 게시하

---

1 스콜라는 고대 그리스어에서 "여유"라는 뜻을 가진 "스콜레"(σχολη)를 라틴어로 옮긴 단어로서 "학파"라는 의미로 확장되었다. 스콜라주의는 "학교신학"이라는 의미인데, 이는 주로 9세기에서 15세기에 걸쳐서 유럽의 정신세계를 지배하였던 신학에 바탕을 둔 철학적 사상, 즉 신의 계시 아래에서 인간의 이성을 활용하는 유신론적 철학을 지칭하는 용어이다. 스콜라주의 철학자들은 교회의 역사 가운데 영향력을 끼친 권위 있는 사상가들의 견해를 비교, 대조하며 누구의 견해가 가장 타당한지 여부를 점검하였다. 토마스 아퀴나스는 대표적인 스콜라철학자인데, 그는 아리스토텔레스와 신플라톤주의 철학을 기독교 신학과 훌륭하게 통합시켰다. 따라서 토미즘은 철학과 신학의 융합을 통해 자연과 초자연, 이성과 신앙을 조화시키려 했던 아퀴나스의 사상을 가리키는 것이다.

며 종교개혁의 서막이 올랐다.

마틴 루터는 종교개혁자일 뿐만 아니라 근대 공교육의 창시자로 평가받는 인물인데, 이는 그가 교육은 근본적으로 부모의 과업이며, 그러한 과업을 제대로 수행할만한 역량을 부족한 부모가 존재하므로 국가가 교육의 의무를 부담해야 한다고 주장했기 때문이다. 루터는 국가의 통치자는 교육을 계획적으로 수행하여야 하며, 이를 위하여 사회 제도를 정비하고, 교육 관련한 복지를 보장할 의무가 있다는 견해를 피력하였다. 특히 루터는 교육내용으로서 신앙교육과 고전어 중심의 인문주의 교육을 강조했으며, 학교의 커리큘럼은 일반교육과 성경 교리교육으로 양분되며, 빈부나 남녀의 구분 없이 교육을 베풀어야 한다고 주장하였다. 그는 성경을 자국어인 독일어로 번역하여 배포하였고, 계층과 성별의 구분 없는 교육의 기반 확보를 위해 교육세를 신설하여 교육 재원을 마련하는 한편, 공립학교를 설립하여 의무교육 체제를 확립하는 등 근대 기독교교육과 현대 국민교육의 초석을 마련하는 데에 공헌하였다.

존 칼빈(John Calvin)은 교육사상을 체계화하여 정립하였는데, 그는 교육학자라기보다는 교육실천가에 가까운 인물이었다. 칼빈은 하나님의 절대 주권을 강조하며 성경 중심의 신학을 견지했는데, 교회를 그리스도의 몸이며, 성도들의 사귐이며, 선택받은 자들의 무리라고 인식하는 교회 중심의 실천적 신학을 전개하였다. 칼빈에게 있어서 교육실천의 방편 역시 교회이었기 때문에 그는 스위스 제네바의 교회를 통해 하나님 말씀을 가르치고, 개혁의 원리를 주입하였다. 칼빈은 기독교의 핵심진리를 요약하여 교리화한 『기독교강요』를 썼는데, 1536년에 라틴어로 쓴 6개 장으로 구성된 초판을 출간하였고, 1539년에는 17개 장으로 구성된 라틴어 증보판, 1541년에는 불어판, 1543년에 그 증보판, 그리고 1559년에 라틴어 최종본 및 1560년에 불어판 최종본을 출간하였다.

칼빈은 부모들의 신앙교육을 지원하기 위해 1542년 『제네바 교리문답서』를 작성하여 1545년에 출판했는데, 그 내용은 1562년에 출판된 독일 하이델베르그 교리문답으로 확장되었다. 『제네바 교리문답서』는 신앙, 율법, 기도, 말씀에 대한 내용으로 구성되었는데, 잘 알려져 있는 첫 번째 질문인 "인생의 최고 되는 목적은 무엇인가?"에 대한 칼빈의 답변은 "하나님을 아는 것"으로서 그는 성경 본문을 통해 하나님을 제대로 알아야 함을 강조하였다. 루터처럼 칼빈은 학교를 통한 교육을 강조하여, 제네바대학(The Academy of Geneva)을 설립하였고, 제네바 교회를 통해 생활훈련과 교회와 시민질서, 그리스도인의 윤리적 이상을 실현하려 노력하였다. 그는 진리를 전달하는 가장 중요한 요소로 교사의 인격을 제시하였으며, 교사뿐만 아니라 일반적인 직업에 대한 소명으로서 직무를 담당할 것을 강조하였다.

종교개혁 시대 교육의 특징을 요약하자면 종교개혁의 3대 모토인 "오직 믿음"(Sola Fide), "오직 은혜"(Sola Gratia), "오직 말씀"(Sola Scriptura)을 따라 하나님의 말씀(성경) 중심의 교육을 강조하였고, 가정교육을 중시하는 동시에 학교교육을 활성화할 것을 촉구하였다. 또한, 종교개혁의 토대가 되었던 인쇄술의 발전을 활용하여 성경의 번역과 교리와 신앙 관련 서적들을 저술하는 등 교육적 기능을 확대하였고, 중세의 종교교육이 교권 중심이었던 것에 비하여, 종교개혁기 교육은 신앙과 문화라는 차원에서 형성되었다는 특징을 보였다.

5) 근대와 주일학교 운동

근대에 들어서는 종교개혁으로 촉발된 종교전쟁, 특히 30년 전쟁(1618~1648)의 후유증으로 인해 파괴적인 인간의 본성에 대한 반성과 종교 교리의 신실성에 대한 의혹이 증폭되었다. 항해술의 발달과 지리적 발견으로 인해 유럽 각국에서 자신만의 문화적 우월성에 대한 의문이 제기되기 시작하였고, 해부학과 의학의 발전을 통해 인간 본성에 관한 연구가 진행되었다. 이러한 일련의 과학정신은 현대교육을 가능하게 한 사실주의(Realism)를 태동시켰는데, 이는 과학적 경험주의와 자연주의를 포괄하는 개념이다.

근대의 기독교교육은 사실주의의 영향으로 종전의 피상적이고 관념적인 교리 중심 교육에서 자연과 자연법칙에 근거한 인간의 심리작용과 감각에 의한 지식을 강조한 사실주의 교육으로 발전하는 양상을 보였다. 특히 존 코메니우스(John Amos Comenius)에 의해 이론적이면서 동시에 실천적인 기초가 확립되었고, 독일의 경건주의자들에 의해 사실주의 교육의 전통이 계승되어 발전을 이루었다. 근대 교육과정은 교육을 통한 인간의 내면적 경험을 중시하며, 개인의 신앙적, 도덕적, 지성적 발달에 초점을 맞추며 발달하였다.

(1) 코메니우스의 교육적 공헌

코메니우스는 17세기 이전의 교육이론과 방법론을 현대 과학의 체계로 발전시킨 현대교육의 창시자로 평가받는다. 체코의 모라비아교회에서 목사안수를 받은 코메니우스는 교육이 종교에 종속되어야 함을 강조하며, 성경이 지식의 근본이요, 원천이라고 주장하였다. 그는 교육은 예수 그리스도를 개인적으로 영접하는 수단이며, 그리스도인으로서 어떻게 살며, 하나님께 어떻게 봉사해야 할 것인가를 가르치는 수단이라고 지적하였다.

코메니우스는 100여 편의 교육에 관련된 논문을 정리한 책인 『대교수학』(The Great Didactic)을 출간하였고, 『분석교수학』(The Analytical Didactic)을 출판하여, 이들 두 저서들을 통해 합리적이며 실천적인 교수방법을 제시하고자 했다. 그는 자연의 본질적 특성인 단순성과 복잡성, 수렴과 일탈, 진화와 퇴화의 원리에 근거하여 분석적, 종합적, 혼합적 방법의 세 가지 학습방법을 발전시켰다. 그는 인간과 신의 합일, 즉 교육을 통해 타락한 인간이 하나님의 형상을 회복하는 것이 교육의 목적이라고 주장하며, 어린이는 신의 가장 귀중한 선물이라고 묘사하였다.

코메니우스는 교육을 6년 주기의 4단계로 제시했는데, 1단계는 탄생 이후 처음 6년 동안의 유아기이며 이때 배워야 하는 내용이 믿음, 덕, 지혜, 지식, 경배, 순종인데, 이는 가정교육을 통해 이루어진다고 그는 주장하였다. 그는 이 가정학교를 "어머니의 무릎학교"(Schola Materni Gremii)라고 지칭하며 그러한 부분은 지식적 교과목이 아니라 철저한 생활 속의 가르침과 훈련을 통해서만 가능하다고 역설하며 첫 단계 교육의 중요성을 강조하였다. 2단계는 7-12세 사이의 아동기로서 코메니우스는 이 시기에는 "모국어 학교"(Schola Vernacula)에서 자국어로 된 지식을 습득해야 한다고 주장하였다. 3단계는 13-18세 사이의 소년기인데 이 시기에는 성경 언어를 배우는 "라틴어 학교"(Schola Latina)의 기능이 중요하며, 19-24세의 청년기에 해당하는 4단계 시기에는 "대학"(Schola Scholarum) 교육을 통한 고등교육 및 외국여행을 통해 실제적인 배움을 함양해야 한다고 지적하였다.

코메니우스는 인간의 유기적 속성과 구조와의 관계를 분석하여 인간을 자연의 모든 사물들을 알 수 있는 합리적 존재, 자기 자신과 자연의 모든 사물들을 제어할 수 있는 모든 피조물의 지배자, 그리고 하나님의 형상을 입은 존재로 소개하였다. 그는 교육내용을 지성(지식교육), 덕성(도덕교육), 신앙(경건교육)의 세 부분으로 집약하며, 기독교 교육철학의 완성, 생활 발달이론의 도입, 새로운 교육방법의 개발 등을 통해 교육적 차원에서 공헌하였다.

(2) 경건주의 교육

종교개혁 이후 교리 중심의 이성적 신앙 형태가 정착됨으로써 객관적 진리를 지나치게 강조하는 흐름이 형성되었다. 그러한 과정에서 개인적 체험을 도외시하는 것에 대한 반작용으로 경건주의(Pietism)가 태동하였다. 경건주의 운동은 17세기 말에서 18세기 초에 걸쳐서 개신교 진영에서 종교적 각성 운동으로 태동했는데, 그 사상적 기원은 코메니우스의 신학 사상과 모라비아 교도들의 경건한 생활 및 순교를 불사하는 선교의 정신이다. 경건주의 운동의 영향을 받은 경건주의 교육은 지식의 참다운 가치란 그리스도인의 실천적 경건 생활에 있다고 믿었다. 따라서 루터가 강조한 성경 연구와 기도의 생활과 함께 칼빈주의의 근검과 절약을 동시에 강조하며 삶의 실천에 초점을 맞추었다.

필립 스페너(Philip Jacop Spener), 어거스트 프랑케(August Hermann Francke), 니콜라스 진젠도르프(Nikolaus Ludwig von Zinzendorf) 등은 경건한 실천의 일환으로 선교의 열의를 진작시키며, 기독교교육을 실천할 것을 강조하였다. 이를 위해 할레 대학(Halle University)를 설립하여 기독교교육의 구체화를 시도하였고,[2] 사랑을 실천하기 위해 형제단 운동을 중심으로 고아원, 병원, 장애자를 위한 수용소 등 다양한 기관

---

2 1694년에 설립된 할레 대학은 1502년에 세워진 비텐베르크 대학교(University of Wittenberg)와 1817년에 통합되어 할레 비텐베르크 마르틴 루터 대학교(Martin-Luther-University Halle-Wittenberg)가 되었다.

을 설립하였다. 이는 북유럽과 미국에 영향을 주었는데, 특히 미국에서는 조나단 에
드워즈(Jonathan Edwards)의 대각성 운동, 찰스 피니(Charles Finney)의 전도 사역, 오순
절 운동의 태동 등에 영향을 끼쳤다.

(3) 청교도 교육

한편 영국에서는 로마 가톨릭주의와 영국 국교회의 가톨릭적 잔재와 국가 간
의 야합에 항거하여 온전한 개혁과 교회의 순수함 유지를 주장하며 청교도 운동이
일어났다. 청교도 운동의 주된 신념은 최종적인 권위를 가지는 성경이 삶의 표준에
적용되어야 할 정확 무오한 하나님의 말씀이며, 개혁의 표준이라는 것이다. 이는
"오직 성경"(sola scriptura)라는 종교개혁 정신의 연장인 셈이다.

유럽의 이주자들로 인하여 미국에서도 청교도 운동이 꽃을 피웠는데, 그 결과
미국의 초기 일반교육사는 종교교육사와 일치하는 모습을 보인다. 영국 출신의 칼
빈주의적 청교도와 프랑스 출신의 위그노들이 미국의 교육 발전에 기여함으로써 미
국 신교도들의 삶의 표준은 성경이 되었고, 그들의 생활의 중심은 교회의 예배였으
며, 설교를 통한 케리그마적 선포가 기독교교육의 중요한 수단으로 기능하였다. 초
기 미국의 청교도들은 가정교육에 전념했는데, 교회와 국가의 긴밀한 유대를 기반
으로 뉴잉글랜드 지방에서 정부가 교육에 개입하기 시작하며 공립초등학교가 설립
되었다. 주요 교육내용으로는 기독교적 경건을 다루는 과목들, 종교적 교리문답 교
육, 일반과목들이 다양하게 조화를 이루었다.

미국 최초의 대학은 목회자와 기독교 교사의 훈련을 위하여 설립된 하버드 대
학(Harvard College)으로서 1636년 케임브리지 대학교(University of Cambridge) 출신의
존 하버드(John Harvard) 목사가 붙인 뉴 칼리지(New College)라는 이름으로 출발하였
다가 1639년에 하버드 대학으로 이름이 변경되었다. 1701년에 설립된 뉴 헤이븐
(New Haven) 지역의 칼리지에이트 스쿨(Collegiate School)도 1718년에 예일 대학(Yale
College)으로 이름이 변경되며 하버드 대학과 함께 미국 초기의 고등교육을 선도하
였다.

(4) 주일학교 운동

영국의 지역 신문사를 경영하던 로버트 레익스(Robert Raikes)는 1780년에 글로세스터(Gloucester) 지역에서 현대적 의미의 주일학교를 시작하였다. 당시 영국 사회에는 산업혁명으로 인해 노동자가 고된 노동에 시달렸는데, 특히 연약한 어린아이들이 피해를 입었다. 6세 정도의 어린아이들이 조악한 환경의 생산공장에서 일했는데, 성인들이 들어가지 못하는 좁은 공간에 들어가 하루 16시간씩 노동하는 일이 다반사였다. 고된 노동에 지친 어린이들과 청소년들이 일요일이 되면 거리를 돌아다니며 싸움을 벌이곤 했고, 이들이 각종 비행과 범죄를 저지르는 모습을 본 레익스는 무지와 빈곤, 범죄의 악순환을 방지할 방법을 고민하다가 위해적인 환경으로부터 어린이들을 보호하기 위해 주일학교를 개설할 것을 결심하였다.

영국의 주일학교는 어린이를 악(惡)으로부터 지키기 위하여 일을 쉬는 일요일에 하나님과 성경에 대한 교육과 읽기, 쓰기, 셈하기의 3R(Reading, wRiting, aRithmetic), 도덕과 예절 등을 교육하였다. 1780년에 수터 엘리(Sooty Alley) 지방의 메러디스(Meredith) 부인의 집 주방에서 첫 주일학교를 시작했지만 몇 달 후 질이 좋지 않은 학생들에게 지친 메러디스 부인이 사임하고 말았다. 뒤를 이어 크리츠리(Critchley) 부인이 교사가 되어 2년 동안 주일학교를 지속하였는데, 레익스는 2년 간의 주일학교 운영을 통해 어린이들이 배울 수 있다는 가능성을 발견하였고, 어린이들도 점차 부지런히 출석하기 시작했다. 그러나 일부 기독교 지도자들은 그의 노력이 쓸모없는 것이며, 주일인 일요일에 교육하는 일은 주일을 범하는 일이라고 혹평하였다.

주일학교는 1787년에 25만 명의 어린이들이 등록하며 성장하였고, 레익스가 세상을 떠난 1811년에는 영국 내에만 40만 명의 학생들이 등록하며 성공적으로 자리를 잡았다. 영국 내 주일학교 운동의 성공 요인은 첫째, 레익스가 신문 편집인이었기 때문에 홍보에 유리했고, 둘째, 당시 감리교의 창시자 존 웨슬리(John Wesley)가 이 운동을 지지하였으며, 셋째, 1785년에는 런던의 부유한 상인이자 경건한 침례교인이던 윌리엄 폭스(William Fox)가 주일학교협회를 설립하고, 영국의 문제점을 함께 인식하며 협력하는 등 돕는 손길이 있었기 때문이다. 폭스는 20년 동안 주일학교협회를 통해 25만 권 이상의 교재와 5만 권 이상의 신약성경, 7천 권 이상의 성경을 무상 제공하며 2,500여 개의 학교들을 후원하였다. 영국의 주일학교 운동은 영국 사회에 영적 각성의 기회를 제공하며 존 웨슬리(John Wesley)의 부흥 운동으로 연결되었고, 영국 사회의 모든 계층의 사람들이 무상교육을 받을 수 있는 여건을 조성하였다. 또한, 세계 선교에 필요한 종교서적의 출간과 복음전도에 기여했고, 여성교육을 포함한 성인교육을 위한 각성과 자극을 제공하였다.

　뒤를 이어 미국에서도 주일학교 운동이 일어났는데, 초기에는 영국의 형태를 본받아 가난한 어린이들을 위한 주일학교로 시작했하였다. 최초의 주일학교는 1780년대에 버지니아 주(State of Virginia)의 감리교에서 시작되었고, 1790년에 필라델피아(Philadelphia) 주일학교협회가 결성되었다. 주일학교협회의 목적은 "다음 세대를 성경과 또한 협회가 수시로 정하는 다른 도덕적 종교적인 도서의 교훈으로 교육한다"는 것이었다. 미국의 주일학교는 6세에서 14세 사이의 어린이들에 대한 교육에 중점을 두었는데, 주요 교육과정으로서 문맹교육, 교리문답서 교육, 영국의 경우와 같이 읽기, 쓰기, 셈하기의 "3R" 및 종교훈련이 포함되었다.

　미국 초기의 주일학교는 공교육의 선구자 역할을 하였는데, 1790년 남캐롤라이나 주(State of South Carolina) 감리교 연회가 주일학교를 승인하였고, 1827년에 필라델피아 유아주일학교가 시작되었으며, 1830년에 미국 주일학교연맹이 조직되며 주일학교 운동은 미국에서도 성공적으로 안착했다. 남는 시간에 신앙을 교육하는 일반교육 중심의 영국과 달리 미국의 주일학교 운동의 특징은 부흥전도 운동과 성경 중심 교육이었다는 것이다. 그러므로 교육목적 또한 어린이들을 그리스도에게도 돌아오게 하는 회개를 위한 교육, 또는 회심시킴으로써 죄에서 구원받도록 하는 것이었고, 교사의 역할 역시 학생들을 성경으로 교육하여 개인 구원의 확신을 갖도록 하는 것이었다. 미국의 주일학교는 평신도 중심의 철저한 신앙을 바탕으로 하는 교재(성경) 중심의 교육기관으로서 점차 모든 계층의 아동들을 위한 기관으로 발전하였다.

6) 현대의 종교교육

현대의 기독교교육은 종교교육 운동의 형태로 진행되었다. 18세기 말부터 19세기 초에 미국의 초기 주일학교는 복음전도의 부흥 운동으로 이용되었고, 19세기 말에서 20세기 초에 이르러 주일학교가 종교교육 운동의 무대로 활용되기 시작하였다. 현대적 종교교육은 교회의 근대주의 운동의 성격을 띤 것으로서 인간 이성에 기초한 과학적 합리성과 도덕적 합리성이라는 원리를 기준으로 신앙을 제고함으로써, 기독교를 수정 내지 재해석하려는 입장을 취한다. 과학적 합리성과 이성을 강조하는 학자들의 등장이 종교교육 운동의 배경이 되었다.

호레이스 부쉬넬(Horace Bushnell)은 그의 저서 『기독교적 양육』(Christian Nurture)을 통하여 19세기에 절정을 이루던 부흥 운동에 있어서 절대적으로 강조되던 회개(회심)와 중생에 반대하였다. 그는 부흥회에서 이루어지는 감정적이고 일회적인 회개가 인격의 변화나 교육을 이룰 수 없다고 비판하며, 오직 기독교적 교육과 양육을 통해서만 기독교인이 될 수 있다고 주장했다. 또한, 부쉬넬(Bushnell, 1861)과 듀이(John Dewey)의 진보주의 교육(Progressive Education)의 영향을 받은 조지 코우(George A. Coe, 1927)는 기독교교육의 기본이란 개인 간의 관계와 집단 간의 관계, 즉 교육의 상호작용이라고 지적하였다. 이는 인본적인 견해로서 코우는 계시론을 거부하고 다윈의 진화론을 수용하여 인간이 무한히 성장할 수 있는 가능성을 긍정하였다. 그는 교육을 통한 지상천국 건설이 가능하다고 주장하며 현대의 기독교교육이 신본주의적 기독교교육이 아니라 인본주의적 종교교육화가 되는 데에 일조하였다.

이렇게 종교교육 운동과 진보주의 교육이 만나며 사회과학적 접근법이 강조되었고, 그러한 움직임을 따라 1903년에 시카고(Chicago)에서 "종교교육협회"(Religious Education Association)가 설립되었다. 종교교육협회는 어린이의 정상적인 종교성 발달의 법칙성을 선취함으로써 이상적인 종교적 인격을 형성할 수 있다는 신념을 견지하며, 복음전도의 일환으로만 사용되던 기존의 주일학교를 신랄하게 비판하였다. 현대의 종교교육은 영아기부터 성인기에 이르는 인간의 전 생애에 대한 교회 공동체의 끊임없는 배려가 필요함을 주장하며 세력을 확장하였다.

1960년대 초기에는 진보주의와 종교교육 운동에 대한 반발로서 신정통주의 신학(Neo-Orthodox Theology)에 의한 기독교교육 운동이 일어났고, 1960년대 후기에 들어서는 공업화와 과학기술의 발전이 가속에 더하여 세속주의의 도전 및 종교의 상대화에 따른 종교 다원주의가 등장하였다. 그러한 상황에서 복음주의 진영에서는 계시를 부정하는 신정통주의에 반발하며 복음적 기독교교육을 제시하였는데, 이는 교회갱신과 계시(성경)의 중요성을 강조하며 기독교 세계관 운동과 기독교 학교 운동 등을 통해 추진되었다.

3 우리나라의 기독교교육

1) 구한말 선교 초기

구한말 조선은 유교 국가의 취약점을 보완하는 한도 내에서만 문호를 개방하였는데, 교육 분야와 관련하여는 선교사들의 입국과 함께 신(新)교육이 시작되었다. 하지만 신교육이 선교사들이 설립한 미션스쿨들을 통한 철저한 기독교 신앙에 바탕한 교육의 형태로 이루어졌기 때문에 우리나라의 신교육의 역사는 기독교교육의 역사라고 말해도 과언이 아니다. 조선은 새로운 문물을 받아들이기 위해 일본으로 신사유람단을 파견했는데, 일본에 있던 김옥균이 선교사 조지 낙스(George Knox)에게 도움을 요청하여 1884년 6월 감리교의 로버트 맥클레이(Robert McLay) 선교사가 입국하였다.

맥클레이 선교사는 고종황제를 알현한 후 서양식 학교사업 허가를 획득하였고, 이듬해인 1885년 감리교 선교사 헨리 아펜젤러(Henry Appenzeller)가 첫 서양식 학교를 설립하였다. 고종황제는 이 학교의 이름을 "인재를 기르는 집"이라는 의미의 배재학당(培材學堂)으로 명명했고, 1886년 5월 메리 스크랜튼(Mary Scranton) 부인이 여학교를 세웠는데 이번에는 명성왕후가 이 학교에 황실의 상징인 "배꽃"이라는 의미의 "이화"(梨花)라는 이름을 붙여주었다. 같은 해에 장로교 선교사인 호레이스

언더우드(Horace Underwood)가 오늘날 연세대학교의 모체가 되는 언더우드 학당을 설립하였다. 온건개화파를 중심으로 갑오개혁이 일어난 1894년 7월 교육의 정책과 행정을 담당하는 "학무아문"(學務衙門)이 발족되었는데, 1895년 3월에 그 이름을 "학부"(學部)로 개명하였다. 1895년 7월에는 소학교가 설립되었고, 같은 해에 소학교 교사양성을 위해 중학교인 한성사범학교가 설립되었다.

서양 선교사들의 학교사업과 병원사업을 통해 불안한 시선을 보내던 대중들의 인식도 변화하기 시작하였다. 1888년 무렵 서양인이 경영하는 병원인 광혜원에서 사람의 눈알과 염통을 빼고 가죽을 벗긴다는 소문이 돌았는데, 이러한 소문은 당시 대중들이 서양에 대하여 가지고 있던 인식을 잘 나타내는 것이었다. 하지만 돌림병(전염병)이 성행할 때, 선교사 언더우드가 전염병으로 부모를 잃은 아이들을 먹이고 재우며 성경, 영어, 한문 등을 중심으로 하는 신식교육을 시행하는 모습을 보고 그러한 편견을 버리게 되었다. 또한, 1894년의 청일전쟁에서 일본이 대국인 청나라에 승리할 수 있었던 원동력은 서양의 선진과학기술을 도입한 덕분이라고 생각하면서 서양문물에 대하여 긍정적인 태도를 갖게 되었다.

이후 내한 선교사들의 학교 설립이 이어져서 중국의 산동 지부에 있던 존 네비우스(John Livingston Nevius) 선교사가 1891년 야소교(예수교) 당을 설립하며, "자립전도, 자립치리, 자립재정"을 강조하는 자신의 선교원리인 "네비우스 정책"을 적용하며 등록금의 일부라도 낼 수 있는 학생만 입학시켰다. 이 학교는 1893년에 민노아(Miller) 학당으로 이름이 바뀌었다. 1897년 8월 미국 북장로교 선교부 연례회의를 통해 선교사 윌리엄 베어드(William Baird)가 교육정책을 입안했는데, 유용한 지식의 전달, 실제 생활에 대한 기여, 책임 있는 일꾼으로 양육하는 것을 기독교 학교의 설립이념으로 삼았다.

한국 교회의 기독교 학교 설립도 활발히 이루어져서 1895년 새문안교회가 영신학당을 설립했고, 1895년 평안도 용천군의 신창교회, 정주군의 정주읍교회, 박천군의 남호교회도 사숙을 설립하였다. 1898년에는 서울 연동교회가 연동소학교를, 1898년 평양 장대현교회와 평안도 의주군의 남산교회가 사숙을, 그리고 1900년에 대구의 남문안예배당(현 대구제일교회)이 사립 대남학교(야소교 대남학당)과 신명여자소

학교를 설립하였다. 그러나 재정적 어려움으로 인해 1904년에 설립된 철산읍교회 학당과 선천군 동림교회학당 등이 폐교되는 일을 겪기도 하였다.

1895년에 초등학교 교원을 양성하기 위한 한성사범학교가 설립되며 학교교육 이 본격적으로 시작되었고, 1897년에는 미국 북장로회 선교사 베어드가 자신의 집 사랑방에서 6년제 중등교육반으로서 훗날 숭실대학교의 모체가 되는 숭실학당을 발족하며 교회의 중등학교 설립이 시작되었다. 중등학교 설립의 가장 직접적인 원 인은 초등학교 졸업생의 배출로 인해 후속 과정에 대한 필요성이 대두되었기 때문 이다. 이는 우리나라에서 기독교 대안교육이 확산되던 초기에 초등교육을 담당하는 기독교 대안학교의 졸업생 배출로 인해 중학교육에 대한 수요가 발생하자 중등교육 을 위한 기독교 대안학교가 새로이 설립되었던 것과 비슷한 모습이다.

이후 1905년 남성 대상의 중등교육기관인 신성학교, 1906년 의주읍교회가 세 운 남녀 중등교육기관인 양실학원, 대구 대남소학교가 1906년에 졸업생을 배출하 며 세운 4년 과정의 남자 중학교(계성학교) 등이 설립되었다. 그러나 1906년 일제가 대한제국에 통감부를 설치하여 정부의 교육담당 기관인 학부에 일본인들을 참여시 키기 시작하면서 교육적 간섭을 통해 조선을 압박하였다. 교육을 담당하는 일본인 들은 일본어를 도입하는 등 학제를 개정하고, 교과서 편찬에 개입함을 통해 사립학 교의 유지, 운영을 방해했으며, 일본이 주관하는 관·공립학교 위주로 학제를 개편 하였다. 1908년 일제는 사립학교령을 공포하여 학교 설립에서 교재의 선택에 이르 기까지 전반적인 교육운영을 관할하며, 당시 애국계몽 운동을 주도했던 기독교 사 립학교들을 견제하였다. 이후 기독교 학교들은 탄압을 피하기 위해 이름을 바꾸었 는데, 예를 들면 연동교회가 설립한 연동여소학교는 정신여소학교로, 연동여학교는 정신여중학교로, 그리고 연동중학교는 경신학교로 이름을 변경하였다.

1910년 일제의 강제 한일합병 직후인 1911년 8월 조선총독부는 "제1차 조선교 육령"을 선포하여 대한제국의 학부를 축소하여 내무부 산하 학무국 관장으로 예속 시키며 본격적으로 사립학교의 탄압정책을 전개하였다. 이로 인해 기독교 학교들은 재정난을 겪으며 통·폐합이 성행하였고, 그러한 어려움 가운데에서도 민족의 인재 를 양성하기 위해 경건교육(성경, 기도)과 국어교육을 강화하였다. 조선총독부는

1915년에 사립학교법을 개정하여 한국사를 폐지하고 성경 과목들을 배제하도록 하며 민족정신과 신교육을 통한 계몽의식을 짓밟으려 하였고, 일제 후기에는 신사참배를 강요하는 등 지속적으로 박해를 심화해 나갔다.

구한말 기독교 학교는 근대화 과정의 일환으로 서양문물의 전수(영어, 산수)는 물론, 신앙교육(성경, 기도)과 전통교육(한문)을 담당하였다. 또한, 여성에게 교육의 기회를 부여함으로써 신교육을 받은 여성들의 개화를 선도하였는데, 이를 통해 독립협회가 주관하는 남녀평등, 과부의 재가허용, 조혼폐지, 축첩폐지, 여아매매금지, 여성의 사회활동을 금지하는 내외법(內外法)에서의 해방 등을 통해 사회개혁에 공헌하였다. 1905년 11월 17일 을사늑약을 통해 나라의 외교권을 일제에 빼앗긴 후 위기의식이 고조되면서, 조선을 지배하려는 일제의 야욕을 분쇄하기 위한 국력 증진의 핵심은 교육을 통한 인재양성이라는 인식이 확산되었다. 이는 애국계몽 운동으로 이어져서 이동녕, 이회영, 이준, 김구, 상동교회 담임목사 전덕기 등 애국지사들이 사립학교를 설립하며 국권회복 운동을 전개하였다. 남강 이승훈의 오산학교와 도산 안창호의 대성학교 등이 이 시기에 애국계몽 운동의 일원으로 설립된 대표적인 학교들이다.

2) 해방 이후부터 오늘날

해방을 전후하여 사회의 불안을 틈탄 신비주의와 이단의 공격으로 인해 기독교 복음이 생활에 접목되어 실천으로 이어지지 못했고, 교단과 교파를 중심으로 하는 파편화된 교육으로 인해 한국 교회를 대표하는 신학의 발전 또한 제한을 보이며 서구식, 특히 미국 중심의 신학을 그대로 수용하여 기독교교육의 교육과정에도 적용하였다. 해방 이후 교단별로 공과를 보급하고 주일학교를 강화했지만 기독교교육의 기반이 되는 교재는 미국교재의 단순한 번역에 그쳐서 우리나라의 고유한 상황에 적용하기에는 어려움이 있었다. 한편 교회는 일제 시대에 신사참배에 참가한 측과 거부한 측으로 갈라졌고, 교단의 진흥에만 신경을 집중하느라 한국 교회가 연합해서 추진해야 할 과제들은 등한시 하는 폐해를 낳기도 하였다.

　다른 한편으로 한국교회는 해방 이후에 남과 북의 신탁통치로 인한 분리와 한국전쟁을 용케 견디며 교육적 기반을 잃지 않았고, 1960년에 숭실대에 기독교교육학과가 설치된 것을 시작으로 신학교를 중심으로 기독교교육학과와 기독교교육연구소가 설치의 붐을 이루었다. 또한, 1961년에 한국기독교교육학회가 결성되었고, 1993년에는 기독교교육을 포함한 신학의 실천을 강조하며 한국실천신학회가 설립되었으며, 2000년에는 정보화와 세계화라는 21세기의 시대적 변화에 부응하기 위하여 기독교교육정보학회가 설립되어 기독교교육의 중추적 역할을 담당하고 있다. 그러나 1970년 문교부가 "초, 중, 고등학교 종교교육 행사 및 행사에 관한 지시"를 통해 기독교계 학교의 예배나 성경교육을 통제하였는데, 이는 신앙에 기반한 교육을 지향하는 기독교 대안학교가 등장하는 배경으로 작용하였다.

　교회의 성장과 함께 교회교육을 포함한 기독교교육은 부흥을 맞이했지만, 교회의 성장 정체와 함께 기독교교육 역시 전환기의 도전을 맞이하고 있다. 에큐메니칼 운동을 통해 교단보다는 개교회 위주의 지역밀착 교육이 강조되며, 목회자 중심에서 제자훈련 등을 통한 평신도 지도력으로 구심이 이동하였다. 그리고 목회자와 제직 등 모든 교회의 구성원들이 교회의 운영과 교육에 참여하는 민주화된 지도력이 요구되고 있다. 과거 한국교회의 교육은 교단별 공과의 발행과 교사강습회와 세미나 등을 통한 교육으로 대변되었지만, 포스트모더니즘과 민주화의 바람을 타고 개인주의 및 개교회주의가 강화되며 21세기 들어서 교단보다는 개교회가 자체 교재를 제작하여 교육을 수행하는 방식으로 변화하였다. 코로나 19 이후에는 온라인을 활용한 소통 및 메타버스 교육의 중요성이 부각되는 한편, 비대면 소통의 확산으로 인한 공동체성의 희석 등 새로운 변화의 흐름 속에서 기독교교육은 소외된 개인에게 다가가는 한편, 공동체로서의 정신을 구현하는 교육이라는 양면적 과제를 비롯한 다양한 도전에 직면하고 있다.

4 새로운 아침의 역사

하나님이 이 세상을 창조하실 때에 참 보시기에 좋았다. 하지만 사람은 자신이 선(善)과 악(惡)을 분별하며 하나님 노릇을 하고자 하는 마음으로 인해 하나님을 거역하는 죄를 짓고 하나님 보시기에 좋지 못한 모습으로 변질되어 버렸다. 하나님과의 관계가 파괴된 것은 물론, 자기 자신과의 관계도 왜곡되어 스스로에게 속으며 하나님을 업신여기다가(갈 6:7) 타자와의 관계도 무너져버렸다. 이기적인 죄성으로 인해 타인과의 관계가 변질되는 것과 동시에, 피조세계와의 관계 역시 망가져 버렸다. 결국 인간의 죄로 인해 땅은 엉겅퀴와 가시를 내고(창 3:18), 개인과 개인의 죄가 만나 집단의 죄가 되며 무서운 죄성이 영혼들을 집어 삼키는 것이 오늘날의 현실이다. 이 땅이 천국은 아니기에 슬픔도 있고, 때때로 가정에 불화도 있고, 기독교교육의 현장에서 눈물 흘릴 일도 많이 있다. 하지만 이 땅이 지옥도 아니기에, 매 순간 하나님께서 주시는 위로와 기쁨을 누릴 수 있고, 믿음의 동역자들과 서로 위로를 주고받으며 힘을 얻는다.

창세기 1장에서 반복되는 구절들이 있는데, 가장 많이 등장하는 단어는 "하나님"으로서 천지만물의 주권자 되시는 하나님이 주체로서 30회나 등장한다. 하나님의 창조질서를 나타내는 "종류대로"라는 구가 10회, "하나님이 보시기에 좋았더라"는 구절이 7회 반복되며, 그 다음은 6회 반복된 "저녁이 되고 아침이 되니"라는 구절이다. 저녁이 되고, 아침이 되는 것이 이 땅에서의 하나님의 창조질서라는 의미이다. 어두운 저녁이 지나면 밝은 아침이 오는 것처럼 우리의 인생도 마찬가지로 선을 행하면 때가 이르러 열매를 거둔다(갈 6:9). 눈물과 땀의 수고로 심는 기독교교육도 마찬가지로서 어려움의 과정이 지나면 인내와 고통의 열매를 맺는다. 그것이 곧 저녁이 되면 곧 아침이 된다는 의미이다. 인생의 깊은 밤에도, 그리고 기독교교육의 고달픈 현장 속에서도 전능하신 하나님의 눈동자는 자비로우신 시선을 보내고 계신다.

다니엘의 세 친구인 사드락, 메삭, 아벳느고는 느부갓네살이 세운 금 신상에

절하지 않았다는 죄목으로 풀무불 속에 던져졌다(단 3:19). 성경은 이 세 명의 청년들이 그렇게 독실하게 하나님을 섬기는 데에도 어찌하여 하나님께서는 그들이 풀무불에 던져지게 내버려 두셨는가를 말하지 않고, 왜 하나님이 그들을 건져주시지 않았는지에 대해서 침묵한다. 하지만 분명한 사실은 풀무불에 던져진 사람은 세 사람인데, 그 가운데 빙글빙글 도는 사람은 네 사람이었다는 사실이다(단 3:25). 신의 아들과 같은 모습을 한 네 번째 사람, 즉 그리스도께서 그 가운데 함께 계셔서 뜨거운 풀무불 속에서 그 젊은이들을 지키고 계셨던 것이다. 험한 세상을 믿음으로 살아가며 때때로 고난을 당할 때에, 기독교교육의 현장에서 어려움을 겪을 때에, 환란 가운데 아무도 나를 도와 주지 않는 것처럼 느껴져서 외로울 때에, 하나님은 왜 나를 고난 가운데서 건져 주시지 않으셨는지, 왜 울게 내버려 두셨는지에 대하여 성경은 대답하지 않는다. 그러나 분명한 한 가지 사실은 눈물을 흘리며 고통당하는 바로 그 자리에 하나님이 함께하신다는 것이다.

　　지금 어두운 저녁의 시간을 보내는 이가 있다면, 하나님의 마음을 품고 교육현장을 지키다 지쳐버린 사명자가 있다면, 우리의 하나님은 졸지도, 주무시지도 않는다는 사실을(시 121:3-4) 기억해야 한다. 소명의식을 품고 있다면 찬란한 아침은 반드시 찾아올 것이다. 세상이 어두울수록 하나님의 사람들은 희망을 선포하는데, 이는 믿음 안에서 하나님을 바라볼 수 있기 때문이다. 언제나 믿음의 사람은 아침에 눈을 뜰 때에 하나님을 만나서, 하나님과 함께 새로운 날을 보낸다. 그 누구보다도 그렇게 하나님을 만나는 아침의 신비를 잘 알던 다윗은 고백하였다. "여호와여 아침에 주께서 나의 소리를 들으시리니, 아침에 내가 주께 기도하고 바라리이다"(시 5:3). 그는 사울을 피해 도망하며 인생의 어두운 광야를 지날 때에도 이렇게 말했다. "내가 새벽을 깨우리로다"(시 57:8; 108:2).

　　새벽에 부르짖는다는 것은 결국 믿음의 열매를 맺으리라는 고백인 것이다. 아브라함이 소돔과 고모라에 임하는 심판의 불 속에 뛰어들어가 조카 롯을 구해달라고 천사의 허리춤에 매달린 시간이 아침이었다(창 19:15, 27). 이스라엘 백성들이 홍해를 건넌 다음에 추격해 오던 애굽 사람들을 수장시킨 시간도 아침이었다(출 14:24). 모세는 아침에 시내산에서 하나님의 말씀, 십계명을 받았다(출 19:16). 아침에 이스라엘 백성들은 광야에서 만나를 얻었고(출 16:8. 14), 하나님의 보호하심으로 인해 다니엘이 사자 굴에서 아무 흠이 없이 무사히 나온 시간도 아침이었으며(단 6:19), 난공불락 여리고성이 무너져 내린 시간도 역시 아침이었다(수 6:15). 또한, 앞에서 언급한 것처럼 "저녁이 되고, 아침이 되니"(창 1:5, 8, 13, 19, 23, 31), 즉 하나님께서는 아침에 천지만물을 창조하셨다.

우리 주 예수 그리스도께서도 아침에 탄생하셨다. 아침을 깨웠던 목자들이 천사의 음성을 듣고 아기 예수께 찾아와 경배하였다(눅 2:8-20). 사도 바울의 입술을 통해 "사망아 네가 쏘는 것이 어디 있느냐?"(고전 5:15)라며 사망의 권세를 꾸짖으시는 예수 그리스도의 부활도 아침에 이루어졌다(마 28:1; 막 16:2; 눅 24:1; 요 20:1).[3] 매일의 삶에는 언제나 아침이 있고, 저녁이 있고, 하나님께서 만드신 이 우주에도 시작이 있고, 끝이 있다. 하루에도, 한 주간에도, 한 달에도, 일 년에도, 나아가 한 사람의 인생에도 아침이 있고, 저녁이 있다. 한 영혼을 주님 앞으로 인도하려고 오늘도 새벽을 깨우며 기독교교육을 통한 소명에 집중하는 한 사람, 한 사람에게도 반드시 열매 맺는 찬란한 아침은 밝아올 것이다.

---

3 마태복음 28장 1절은 부활의 시기를 "새벽"으로 기록하고, 마가복음 16장 2절에 의하면 "매우 일찍이 해 돋을 때"에 그리스도의 부활이 확인되었다. 누가복음 24장 1절도 "새벽"에 부활이 이루어졌음을 기록하고, 마지막으로 요한복음 20장 1절 역시 "일찍이 아직 어두울 때", 즉 새벽에 부활이 임했다고 기록한다.

참고문헌

Bushnell, Horace. *Christian Nurture*. New York, NY: Charles Scribner, 1861.

Calvin, John. ed. John T. McNeil. *Institutes of the Christian Religion*. trans. Ford L. Battles, Louisville, KY: Westminster John Knox Press, 2006. (Original work published in 1559).

Coe, George A. *A Social Theory of Religious Education*. New York, NY: Charles Scribner's Sons, 1927.

기독교교육의 실천

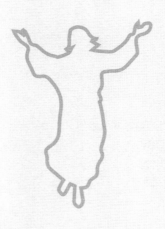

교육과정론

4년마다 개최되는 하계 올림픽에는 다양한 종목들이 있지만 그래도 하계 올림픽의 꽃은 폐막식 직전에 수많은 사람에게 감동을 주는 마라톤일 것이다. 마라톤은 선수들이 42.195km의 긴 코스를 달리며 자신과의 지루한 싸움을 통해 인간 승리의 감동을 주는 경기이다. 그래서 순위에 상관없이 메인 스타디움에 들어오는 모든 선수에게 모든 관중이 자리에서 일어나 환호하며 존경의 성원을 보내는 경기이다.

수많은 올림픽의 피날레를 장식하는 마라톤 경기 중에 2004년 아테네 올림픽에서 발생한 황당한 사건이 세계인들의 기억 속에 남아 있다. 당시 브라질의 반델레이 리마(Vanderlei Lima) 선수가 36km 지점까지 단독 선두를 유지하고 있었는데, 2위 선수와 약 300m 이상의 큰 격차를 두고 달리고 있었기 때문에 각국의 외신은 금메달이 유력한 리마 선수에 대한 내용을 경쟁적으로 소개하고 있었다. 그런데 갑자기 어디에선가 자주색 치마에 녹색 스타킹, 녹색 조끼 복장을 갖추고 베레모를 쓴 한 남성이 마라톤 코스에 뛰어들었다. 그의 등에는 "이스라엘 예언의 실현"(Israel Fulfillment of Prophecy)이라는 문구가 붙어 있었다. 그는 선두로 잘 달리던 리마를 관중들이 있는 인도까지 떠밀어 버렸다.

곧 경찰에 붙잡힌 그는 아일랜드 출신의 종말론자 코넬리우스 호런(Cornelius Horan)으로 밝혀졌다. 그는 심판의 날이 오고 있다는 사실을 알리기 위해서 가장 주목받으며 달리던 마라톤 선두주자를 넘어뜨리고 자신의 메시지를 전하려 했다는 것이다. 안타깝게도 리마는 극단적 종말론자 때문에 억울한 희생을 당했다. 리마는 떠밀려 넘어졌다가 다시 정신을 차리고 경주로에 들어왔지만 이미 이탈리아의 발디니, 미국의 케플레지에게 추월당해 동메달에 머무르고 말았다. 브라질 선수단은 즉시 국제올림픽위원회(IOC)에 항의하고 공동 금메달 수여를 요구했지만, 국제올림픽위원회는 금메달 대신에 귀감이 될 만한 페어 플레이를 한 선수에게 주는 명예상인 "쿠베르탱 메달"을 리마에게 주었다. 하지만 브라질 선수단은 여전히 발끈하며 스포츠 중재재판소에 제소해 금메달을 받아내고야 말겠다고 강하게 대응하였다.

그때 리마는 사고가 없었다 하더라도 자신이 금메달을 따리라는 보장이 없다며, 3위 이내로 입상할 것이 목표였는데 동메달을 땄으니 그 목표를 이루었다며 이를 말렸다. 또한, 메달 색깔은 중요하지 않으며, 자신을 밀친 관중도 용서한다는 말을 남겨서 수많은 사람들의 박수를 받았다. 이후 그는 올림픽에서 금메달을 딴 어느 선수보다도 더 많은 사람들의 입에 오르내리는 존경받는 인물이 되었다. 그가 순위가 중요한 것이 아니라 스포츠 정신이 중요함을 보여준 올림픽 정신의 좋은 귀감이 되었기 때문이다. 수많은 기업과 사람들로부터 후원받는 인물이 되었는데, 우리나라의 삼성전자도 2011년 1월부터 리마 선수가 브라질의 불우청소년들에게 육상과 축구를 가르치기 위해 운영하는 리마 재단의 운영경비와 정보기술 기기를 지원하였다.

이는 교육과정에 대하여 시사하는 바가 큰데, 교육과정의 개념 자체가 목적지를 전제하기 때문이다. 교육과정이란 교육목표를 향해 펼쳐지는 설계도와도 같다. 목표의 크기에 따라 설계도의 복잡성이 다르다. 이는 쉬운 예로 3층 주택과 100층 건물의 설계도가 다른 것과도 유사하다. 3층 높이의 주택은 설계의 기간도 짧고 용이하며, 건축기간도 짧아서 3개월이면 완공할 수가 있다. 하지만 100층 건물의 설계도는 훨씬 정교해야 하는데, 고층 건물에 영향을 미치는 바람의 세기와 방향을 고려해야 하고, 한 층, 한 층 올라갈 때마다 중력의 영향과 건물 전체의 균형을 측정해야 하기 때문이다. 그러므로 정교한 설계도가 필요하고, 그에 따라 기초를 잘 놓아야 한다. 반석 위에 세워진 집이 바람이 나고 창수가 나도 든든히 서는 것처럼 (마 7:25), 말씀의 정교한 설계를 바탕으로 건실히 수립된 교육철학의 뼈대 위에 세워진 교육과정은 지진이 나고 바람이 불고 폭우가 쏟아져도 흔들리지 않을 것이다.

1 교육과정이란 무엇인가?

교육과정(curriculum)은 라틴어 동사 "쿠레레"(currere)에서 유래하였는데, 이는 "달리다"(to run)라는 의미이다. "쿠레레"가 명사로 사용되면 "경주로"(race course)라는 뜻이므로 교육과정이란 학습자가 목표를 향해 학습해 가는 코스, 그리고 그 코스에서 경험하는 내용을 의미한다. 또한, 교육적 노력 내에서 만나게 되는 모든 연구, 모든 활동, 모든 자료, 모든 경험을 총칭하는 개념이다. 광의적 차원에서 조명하는 교육과정이란 특정한 교육목적을 설정하고 이를 달성하는 데 필요한 교육내용(학습경험)을 선정, 조직하고 이를 근간으로 교수–학습활동을 실행하고 그 달성도를 확인하기 위한 평가활동을 언제, 어디서, 어떻게 행할 것인가에 대한 종합적 계획을 뜻한다. 협의의 의미에서 보는 교육과정이란 설정된 교육목표를 달성하는 데 필요한 교육내용으로서 이는 교과과정에 국한된 의미이다.[1]

1) 죄의 개념을 통해 조명한 교육과정의 의미

기독교교육에 있어서 성경의 가르침에 기반한 기독교 정신으로 지향하는 목표점이 가장 중요하다. 그러므로 기독교교육을 담당하는 이에게 있어서 어떠한 목표

---

[1] 미국의 복음주의 기독교신학자 로버트 파즈미노(Robert Pazmino)는 그의 저서 『기독교교육의 기본적 이슈들: 복음주의 관점에서 본 소개』(Foundational Issues in Christian Education: An Introduction in Evangelical Perspectives)에서 교육과정이란 학습자들이 사용할 수 있도록 만든 내용으로, 교육자료뿐만 아니라 학습자들을 위해 계획되고 인도되는 실제적인 학습경험들을 포함하는 개념이라고 설명했다. 이의 목적은 학습자의 행동 변화이며, 그 목적을 이루기 위해 교사에 의해 지도되는 학습활동의 조직을 교육과정이라고 파즈미노는 덧붙였다.

를 향해, 또한 무엇을 위해 달려가고 있는지 확인하는 작업이 필수적이다. 그처럼 교육과정이 지향하는 목표를 점검하는 데 있어서 범죄(crime)와 죄(sin)의 차이를 통해 죄의 의미를 살펴보는 것이 유용하다. 성경에 나타난 죄를 지칭하는 용어들을 통해 죄의 의미를 파악할 수 있다. 구약성경에 나타난, 히브리어로 기록된 죄를 가리키는 개념은 "놓치다, 실패하다"라는 의미의 "차타아"(חטא), 언약의 파기를 지칭하는 "페샤"(פשע), 그리고 굽었다는 뜻인 "아베이라"(עבירה)이다. 결국 성경적 죄의 의미는 하나님의 형상을 따라 창조된 모습을 놓쳤다, 하나님과의 언약을 파기했다, 본래 모습을 잃고 구부러졌다는 뜻이며, 이들이 공통적으로 의미하는 바는 원래 의도된 삶이 방향에서 벗어났다는 것이다.[2]

　　신약성경에서 헬라어로 기록된 죄는 "하마르티아"(ἁμαρτία)로서 이는 과녁에서 벗어난 상태를 지칭한다. 이 역시 구약성경에 기록된 죄의 의미처럼 원래 의도된 창조의 목적에서 벗어났다는 뜻이다. 그러므로 살인, 강도, 강간 등의 범죄(crime)는 죄(sin)의 결과일 뿐이다. 죄는 삶의 방향이 잘못된 것(과녁에서 벗어난 것), 즉 창조의 목적이 왜곡된 것 자체를 타나내는 것이기 때문이다. 그러므로 실제로 악한 행위를 해서가 아니라 악한 마음을 품기만 해도 그것은 삶의 방향이 비뚤어진 상태를 의미하므로 죄가 되는 것이다. 예수님도 간음의 행위 이전에 마음 중심의 방향성이 중요함을 지적하시기 위하여 "음욕을 품고 여자를 보는 자마다 마음에 이미 간음하였느니라"(마 5:28)고 말씀하시며 마음이 왜곡된 것 자체가 죄라고 말씀하셨다. 그러므로 기독교교육과정이란 기독교 정신을 바탕으로 창조명령, 대명령, 대위임령을 실현하기 위한 현세적 목표를 지향하고 있다. 목표를 향한 마음이 인간의 뜻을 따르는 다른 의도, 부적절한 의도로 인하여 굽어졌다면 그 교육과정은 이미 실패한 것이 된다. 따라서 교육과정에 있어서 기독교 신학의 가치관을 통해 온전한 목표를 설정하고 그 목표점이 흐려지지 않도록 관리하는 것이 매우 중요한 과제가 된다.

---

2 "가르치다"라는 의미를 가진 히브리어 단어 "야라"(ירה)는 원래 "창을 던지다" 또는 "활을 쏘다"라는 뜻이었지만 "지적하여 만들다"(cause to point out)라는 의미로 확장되었고, 결국 "가르치다" 또는 "교육하다"라는 뜻으로 변천하였다. 이를 어원으로 하여 율법으로 "지정된 것"(the thing pointed out)을 지칭하는 "토라"(תורה), 즉 모세오경의 가르침 또는 율법을 가리키는 단어로 발전하였다.

2) 사상적 배경에 따른 교육과정의 의미

1920년대 이전을 풍미했던 전통적 교육사상에 의하면 교육과정이란 교육에 필요한 과목들을 열거한 교수요목(course of study)을 의미한다. 교육과정은 문화유산 중에 학문영역별로 취사선택한 지식체계로서 교사가 그 지식을 전달하는 주체로서 교수내용이 되고, 학습자는 학습내용을 구성한다. 한편 1930-1950년대 각광을 받았던 학습자 중심의 철학을 담고 있는 진보주의 교육사상에 의하면 교육과정이란 학교와 교사의 지도하에 학생들이 가지는 모든 경험을 뜻한다. 1957년 구(舊) 소련이 위성 "스핏닉"(Sputnik)을 미국보다 먼저 쏘아 올린 이후 1960년대 내내 강조된 본질주의 교육사상은 교육과정이란 교과 단위별로 엄선된 핵심개념과 원리 및 법칙이라고 설명한다. 이는 각 교과의 기본구조인 지식의 틀을 강조한 것이다.

1970년대 초에 대두한 인간 중심의 관점인 인본주의 교육사상에 의하면 교육과정이란 학생들이 학교생활을 통해 얻는 총체적 경험을 의미한다. 1970년대 후반 상호보완적 관점, 즉 재개념화의 관점에서 교육을 조명하는 재개념주의 교육사상은 기존의 교육과정 연구는 학교 내부에 초점을 맞추었음을 비판하며, 학생이 학교생활을 통해 형성하는 삶에 대한 자서전적 해석과 조망이 중요하다고 강조하였다. 그러므로 재개념주의 교육사상이 의미하는 교육과정이란 학습자의 삶에 대한 해석과 조망에 해당하는데, 이처럼 재개념주의는 학습자의 주체적 의지와 능동적 구성을 강조하였고, 교육철학으로서 구성주의로 연결되었다.[3]

3) 수준별 교육과정의 의미

교육과정을 교육을 담당하는 기관의 수준에 따라 분류하면 국가수준, 지역수준, 학교수준, 그리고 교실수준으로 나눌 수 있다. 국가수준 교육과정은 교육부가 법률

---

3 구성주의는 쟝 삐아제(Jean Piaget)의 개인의 인지능력에 초점을 맞춘 인지적 구성주의와 레브 비가츠키(Lev Vygotsky)의 사회적 상호작용을 강조한 사회적 구성주의로 구분된다. 재개념주의의 교육과정에 대한 자세한 사항은 윌리엄 피나(William Pinar, 1975)의『교육과정이론화: 재개념주의』(Curriculum Theorizing: The Reconceptionalist)를 참조하라.

에 의거, 결정 및 고시하는 교육과정으로서 교육목표, 내용, 방법, 운영, 평가에 관한 거시적 지침이 제시된다. 지역수준 교육과정이란 시, 도 교육청에서 지역의 특수성과 교육중점을 반영하여 지역의 각급 학교교육과정의 편성 및 운영지침을 제시한 것이다. 학교수준 교육과정은 보통 학교교육과정이라고 지칭하는 것으로서 국가수준과 지역수준의 두 교육과정을 근거로 지역의 특수성과 학교의 실정에 부합되도록 학교별로 마련한 교육의 세부 실천계획을 의미한다. 가장 하위단계에 해당하는 교실수준 교육과정은 일선 교사들이 교육의 현장인 학급에서 실천하는 교육과정을 뜻한다.

2 기독교적 교육과정의 역사

1) 구약 시대의 교육과정

구약 시대는 히브리 시대와 유대 시대로 구분할 수 있다. 히브리 시대란 주전 586년 남왕국 유다의 수도 예루살렘이 파괴되기 전까지 시대를 뜻하며, 이 시기의 교육의 장은 가정이었다. 당시 교육과정은 암기 중심의 율법(토라) 교육, 하나님의 행위와 족장들에 관한 이야기 교수, 잠언, 전도서, 시편 등의 문학을 중심으로 이루어졌다. 또한, 의식과 절기를 통한 교육도 병행되어 유월절, 맥추절, 장막절, 부림절 등의 절기와 할례와 성년식 등의 의식을 통하여 교육이 이루어졌고, 겉옷인 탈릿(민 15:37-41), 겉옷의 술인 찌짓(민 15:38), 이마의 미간과 손목에 메고 다니는 테필린(출 13:9; 신 6:8 등), 문설주에 쉐마를 넣어 달아 놓는 메주자(신 6:9)의 의미를 전달하는 등, 상징을 통한 교육도 활발했다. 비공식적인 직업교육을 신앙교육과 병행하는 모습도 히브리 시대의 교육과정의 특징에 해당한다.

유대 시대는 남왕국의 멸망 후인 바벨론 포로기 이후를 의미하며, 교육과정의 주된 내용은 모세오경의 율법인 토라였다. 히브리 시대의 교육이 가정을 중심으로 이루어졌지만 유대 시대에는 학교기관들을 통해 교육이 보완되었다. 따라서 초등학교인 "벧 하쉐퍼"(책의 집)에서는 히브리어 읽기, 쓰기 교육과 레위기, 쉐마, 십계명, 할례 등의 교육이 시행되었고, 중등학교에 해당하는 "벧 함미드라쉬"(연구, 탈무드의 집)에서는 구전된 토라로 알려진 미쉬나에 대한 주해를 비롯하여 수학, 천문학, 지리학, 생물학 등이 교육되었고, 대학 수준인 아카데미에서는 초등, 중등 교원 및 랍비들을 양성하였다.

2) 기독교 공동체 초기의 교육과정

그리스도의 복음이 선포된 이후 교회가 세워진 시기는 초대 교회 시대와 고대 교회 시대로 구분된다.[4] 초대 교회 시대는 예수님의 십자가 사건 이후부터 주후 약 125년경까지의 시대, 즉 예수님께 보냄을 받은 사도들이 기독교 복음을 선포함으로써 유대는 물론 사도 바울의 선교를 통해 이방 지역에도 교회들이 세워지던 시대를 뜻한다. 초대 교회의 교육과정은 그리스도에 대한 이해에 초점을 맞추었는데, 특히 그리스도의 십자가 고난과 부활의 승리를 중심으로 복음을 선포하는 케리그마 설교와 밀접한 관련이 있었다. 이는 구약성경에 대한 기독교적 해석을 통해 회개와 제자도를 가르치며 신앙고백의 공동체를 형성하는 데에 도움이 되었고, 예수님의 담화와 가르침을 주요 교육내용으로 하는 특징을 보였다.

고대 교회 시대는 초대교회 이후부터 중세에 이르는 시기인데, 이 시기의 교육과정의 특징은 교육내용이 예수님의 십자가 구속과 부활을 기념하며 세례에 큰 비중을 둔다는 것이다.[5] 예를 들면 각 단계별로 세례를 위한 교육과정이 구성되었는데, 지원자 과정은 사순절 이전에 주로 진행되었으며, 이교도의 관심을 환기시키는

---

4 하지만 이는 기독교교육의 교육과정 구분을 위한 분류이며, 예수님을 만나고 복음 전파를 위해 보내심을 받은 사도들의 사역을 중심으로 시대를 나눈 것이다. 신학자들은 1차 니케아공의회가 개최된 325년 또는 로마의 황제 테오도시우스 1세가 기독교를 로마 제국의 국교로 선포한 380년 이전의 시기를 초대교회로 보기도 하며, 동서 교회의 분열이 있었던 1054년 이전의 교회를 초대교회로 보는 등 관점에 따라 다양하게 나눈다.

5 사도들은 기독교 초기에 예수 그리스도의 부활을 기리는 절기인 부활절에 대하여 "유월절"을 뜻하는 "파스카"(Pascha)라는 용어를 사용했는데, 이는 예수님의 부활이 구약의 유월절과 상당한 연관이 있다는 신념에 기인한 것이었다. 구약의 유월절이 애굽으로부터의 해방을 뜻한다면 신약의 부활절은 그리스도를 통한 죄와 사망의 권세에서의 해방을 뜻한다.

데에 주목적이 있었다.[6] 다음으로 이어지는 과정은 입문자 과정으로서 사순절의 시작과 더불어 복음서와 성경의 전체 맥락, 그리고 교리와 관한 가르침을 통해 회심을 유도했다. 사순절 마지막 주간에는 후보자 과정이 시작되는데, 이때에는 세례의 자격을 갖춘 자를 선발하여, 성경, 부활, 교리, 교회의 전통 등을 가르쳤다. 그리고 나서 사순절 마지막 토요일 저녁인 부활절 전야예배에서 세례를 베푸는 세례식을 거행함으로써 교육과정이 마무리가 되었다.[7]

3) 중세 시대의 교육과정

중세 시대를 구분하는 기준점에 대하여는 학자별로 이견이 있지만 일반적으로 서로마 제국이 멸망한 476년부터 14-16세기의 르네상스와 종교개혁이 일어난 1517년을 전후한 시기의 사이로 본다. 중세 교육의 중심은 수도원으로서 수도원이 학교교육의 기능도 담당하였다. 주요 교육과정으로는 독서(*lectio*), 명상(*meditatio*), 기도(*oratio*), 관상(*contemplatio*) 등을 포함한 거룩한 독서(*lectio divina*)가 강조되었다. 수녀원에서는 문학, 예술, 드라마 등 상징교육도 이루어졌으며, 중세 후기에 이르러는 스콜라주의(scholasticism)의 주지적인 영향으로 인해 학교제도가 활성화되며 대학의 설립도 시작되었다.

1088년에 이탈리아 볼로냐에 설립된 볼로냐 대학교(Universita di Bologna)는 최초의 대학인데, 당시 대학에서는 일곱 기본 교과가 교양과목을 이루었고, 학부의 기초과정에서는 라틴어, 논리학, 수사학이, 그리고 석사 과정인 중급과정에서는 기하학, 수학, 천문학, 음악이 교수되었다. 오늘날 박사과정에 해당하는 최고 과정에서야 비로소 신학, 의학, 법학의 세 가지 전공을 선택할 수 있었다. 따라서 신학교육

---

6 사순절(Lent)은 재의 수요일(Ash Wednesday)로부터 시작하여 부활절 전날인 성토요일까지의 46일 기간을 뜻한다. 40일을 뜻하는 사순(四旬)을 명칭으로 사용한 이유는 46일 동안 포함된 6일의 주일(Lord's Day)을 작은 부활절(Little Easter)로 보고 제외했기 때문이다.

7 부활절 전야예배(Paschal Vigil)는 부활의 초를 점화하는 빛의 예전, 창세기로부터 전개되는 하나님의 구속 역사와 관련된 말씀을 낭독하는 말씀의 예전, 세례의 예전, 그리고 성찬의 예전 등 네 부분으로 구성되는데, 특히 기독교 초기에는 부활절 전야예배에서 시행되는 세례가 1년 중 유일하게 받을 수 있는 세례의 기회였다.

은 일곱 과정을 거친 자에 한해 교육이 이루어졌고, 가장 우수한 성적을 거둔 학생만이 신학을 공부할 수 있었다. 이때에 학생들이 만든 조합이 유니버시타스(Universitas)를 형성하였고, 교수들이 만든 조합은 컬리지아(Collegia)를 구축했다.[8]

4) 종교개혁 시대의 교육과정

종교개혁 시대는 마틴 루터(Martin Luther)가 비텐베르크 성당에 가톨릭교회를 비판하는 95개조 반박문을 게시한 1517년 10월 31일에 기치를 올렸지만, 성경 번역을 금지한 교황의 명령에 반하여 라틴어 성경을 영어로 번역하여 일반 신도들의 계몽을 선도했던 존 위클리프(John Wycliffe)와 교황을 비롯한 교회 지도자들의 부패를 비판하다가 순교당한 얀 후스(Jan Hus) 등의 선구적 활동이 개혁의 기반으로 작용하였다.[9] 이 시기의 교육과정으로는 교리문답이 핵심인데, 루터는 1522년 성경을 자국어인 독일어로 번역하고, 1529년에는 어린이 세례교육을 위한 소교리문답과 성인을 위한 대교리문답을 제작하여 보급하였다.[10] 소교리문답은 십계명, 사도신경, 주기도문, 성례, 천국열쇠와 죄의 고백 등의 내용을 담고 있으며, 대교리문답은 설교와 요약 형식의 교과서 역할을 담당했다.

존 칼빈(John Calvin)도 목회자와 시민지도자 양성을 위해 제네바 아카데미

---

8 이와는 별도로 대학이라는 이름의 조합만 설립되었다는 주장도 있는데, 11세기 이후 교황과 황제의 갈등으로 인해 이탈리아는 거의 무정부 상태에 가까운 상태를 배경으로 한다. 당시 혼란한 상황 하에서 학생들은 수업료를 내고 대학 도시에서 방세를 내야 하는 것 외에도 신변의 위협을 느꼈다. 따라서 학생들은 교수들과 연합하여 교황과 황제 어디에도 속하지 않는 조합을 설립하여 독자적인 자유와 특권을 확보하려 했는데 이것이 대학(Universitas)이라는 이름의 조합이라는 설이다.

9 위클리프는 죽은 후 31년이 지난 1415년 독일의 보덴호수에서 개최된 콘스탄츠 공의회(Council of Constance)에서 라틴어 불가타역 성경을 영어로 번역한 죄로 이단으로 판결되었는데, 공의회는 그의 저작을 불태우고 그의 무덤을 파헤칠 것을 결정하였다. 결국 콘스탄츠 공의회에서 만장일치로 선출된 교황 마르티누스 5세는 1428년 그에 대한 형을 집행하도록 명령하였고, 그의 시체를 태운 재는 스위프트 강(the River Swift)에 뿌려졌다. 한편, 후스는 성경을 믿음의 유일한 권위로 강조하며 교황청의 부패를 비판한 결과 1411년 대립교황 요한 23세(Antipope John XXIII)에 의해 파문당하고, 1415년 5월 4일 발표된 콘스탄츠 공의회의 결정에 따라 같은 해 7월 6일에 화형에 처해졌다.

10 루터의 첫 번째 독일어 번역판은 1522년 9월에 출간되었기 때문에 "9월 성경"(September Testament)이라고 불리는데, 지역 간 사투리의 차이가 심하여 의사소통이 어려웠던 당시의 배경 아래에서 저지대 독일어와 고지대 독일어를 통합하는 번역을 통해 표준 독일어를 만드는 결과까지 낳았다.

(Geneva Academy)를 설립했는데, 1541년에는 십계명, 사도신경, 주기도문, 성례의 내용을 담고 있는 제네바 교리문답을 제작하여 어린이의 세례교육에 활용하였다. 제네바 아카데미는 7년 과정의 사립학교로서 9-16세까지는 라틴어, 헬라어, 프랑스어, 논리학, 수사학, 역사, 문학, 종교(성경) 등을 배우고 이후에는 공립학교인 대학교에서 3년 과정을 더 보내며 히브리어, 헬라어, 논리학, 수사학, 웅변, 문학, 역사학, 물리학, 수학, 음악, 예술, 신학 등의 학문을 연마하도록 했다.

5) 경건주의와 낭만주의 시대의 교육과정

경건주의(Pietism)는 종교개혁 이후 개신교가 제도와 교리를 중심으로 교권화되는 것에 대한 우려로 일어난 17세기에 일어난 경건주의 운동을 기반으로 하고 있다. 경건주의자 어거스트 헤르만 프랑케(August Hermann Francke)는 소그룹에 의한 역동성을 강조했는데, 경건주의의 주요 교육과정으로 어린이의 삶에 적용할 수 있는 교리문답이 대표적이다. 경건주의는 어린이 교육을 강조하며 결손가정에 관심을 가졌고, 일일성경연구, 선한 생활, 악의 회피 등을 강조하며 개인의 변화를 통한 사회의 변혁을 지향하였다.

낭만주의(Romanticism)는 계몽주의에 반대하여 대두되었으며, 18세기 말에서 19세기에 이르는 시기에 각광을 받았던 사조이다. 이 시기에 장쟈끄 루소(Jean-Jacques Rousseau), 요한 하인리히 페스탈로찌(Johann Heinrich Pestalozzi), 프리드리히 프뢰벨(Friedrich Wilhelm August Fröbel) 등의 자연주의 교육학자들이 활동했다. 루소는 아동기(5-12세) 때에는 인위적 학습환경과 교과목이 아니라, 자연에 대한 친화력을 갖는 것이 필요함을 강조하며 교과서를 지양하고, 문학을 강조했는데, 특히 "로빈슨 크루소"11와 같은 모험이 담긴 소설을 권장하였다. 페스탈로찌 역시 지리와 체육 같은

---

11 이 책은 영국의 대니얼 디포(Daniel Defoe)가 1719년에 쓴 장편소설로 원제는 "조난을 당해 모든 선원이 사망하고 자신은 아메리카 대륙 오리노코강 가까운 무인도 해변에서 28년 동안 홀로 살다가 마침내 기적적으로 해적선에 구출된 요크 출신 뱃사람 로빈슨 크루소가 그려낸 자신의 생애와 기이하고도 놀라운 모험 이야기"로서 이는 주인공 로빈슨 크루소가 난파 후 무인도에서 겪는 경험을 다룬 가상의 자서전이다.

과목들을 교리문답보다 중시했으며, 프뢰벨은 교육내용의 선정기준은 어린이를 내적으로 연결하는 놀이임을 지적하며 언어를 통한 어린이의 자아실현을 강조하였다.

6) 주일학교 시대의 교육과정

1780년 영국의 레익스가 시작한 주일학교 운동 이후의 시기를 주일학교 시대로 분류한다. 주일학교 운동은 산업혁명으로 인해 사회적 문제로 떠오른 노동자 계층 어린이를 위한 사회교육의 차원에서 시작했다. 이 시기의 주요 교육과정으로는 전통적으로 강조되던 읽기(Reading), 쓰기(wRiting), 셈하기(aRithmetic)의 3R이었고, 위생학, 도덕, 기본적인 기독교 계명 등 또한 교육과정을 구성하였다.

미국 주일학교의 교육과정의 특징은 영국의 사회교육에서 교회교육으로 변화하였다는 점인데, 미국의 주일학교에서는 1825년부터 성경을 1년에 4분기로 나누어 공부하도록 교육과정을 구성하였고, 이를 위해 1년에 49주 동안 성경을 배우고 분기말에 평가하도록 제작한 통일공과를 제작했다. 1870년 이후로는 6년 주기의 공과를 제작하여 보급하였고, 1908년에 이르러는 연령별로 조직한 계단공과를 제작하였다. 1952년에는 한 가지 주제를 중심으로 하는 현대식 여름성경학교 교재의 제작이 시작되었으며, 1970년대 12개 교단의 공동개발교육과정과 2000년, 9개 교단의 성경탐구 제작 등 현대에 들어서는 교회의 연합, 즉 에큐메니컬한 측면이 반영되었다.

7) 우리나라 교회학교의 교육과정

한국교회의 교육과정을 공과를 중심으로 살펴보면 해방 이전에는 외국, 특히 미국의 공과를 들여와 사용했고, 해방 이후부터 한국전쟁을 겪은 직후인 1960년대 이전에는 통일공과가 중시되었다. 1954년에 부별 계단공과를 출판하기로 결의한 것이 1960년대 이후에 열매를 맺어서 수많은 교회들이 계단공과를 주일학교의 교재로 사용하기 시작하였다. 또한, 60년대 이후에는 교단별로 자체 교육과정위원회를 구성하여 교단이 추구하는 신학에 기초한 교육과정을 개발하기 시작하였다.

　　예를 들면 예장 합동은 1914-1948년에는 만국 주일공과를 번역하여 사용하다가 1952-1967년에 세계 통일공과를 번역하여 사용했고, 1965년 충현교회를 시작으로 1967년부터는 교단 차원에서 계단공과를 제작하여 1967-1985년 사이에는 구 계단공과를, 1986-1997년에는 신 계단공과를 사용하다가 2001년 이후 새로운 공과 "말씀, 믿음, 삶"을 출간하여 사용하였다. 예장 고신은 1967년부터 교육교재인『생명의 양식』을 제작했고, 1993년 개정판을 사용하다가 2009년 이후 유초등부 공과는『그랜드스토리』를 거쳐 2016년『킹덤스토리』로 개편되었고, 중고등부는『클릭바이블』이라는 소그룹 교재를, 성인은『구역공과』를 사용하며, 학습교육 및 문답서와 세례교육 및 문답서 등 새신자 교재와 계절공과 등을 병행하여 사용하고 있다.

　　예장 통합 측은 1969년에 총회커리큘럼연구위원회를 구성하여 1972년부터『성서와 생활』이라는 계단공과를 제작하여 사용하다가, 1980년 말부터 2000년까지『말씀과 삶』공과를, 1997년부터 3차 교육과정인『부르심과 응답』을 개발하여 2001-2012년까지 사용되었고, 2013년 이후『하나님의 사람』을 개발하여 사용하였다.

　　한편 감리교는 1972년부터『계단공과』, 2009년 이후『은총과 성화』를 제작하여 사용하였고, 이후 어린이부에서 노년부에 이르는 각 발달단계별 교재와 교리공과, 영어교재, 절기묵상집, 소그룹 교재, 임원교육교재 등 다양한 특별교재를 구비하여 활용하고 있다. 하지만 교단보다는 개교회 위주로 목회사역이 수행되는 한국교회의 흐름과 더불어 과학기술의 발전과 4차 산업혁명 시대 진입, 코로나 19의 격변 등을 경험하며 급변하는 시대상으로 인해 기존의 구태의연한 공과공부가 아니라 온라인(Online)과 오프라인(Offline)을 모두 활용하는 올라인(All Line) 형식의 새로운 기독교교육의 커리큘럼 구성이 요구된다.

8) 현대 교육과정[12]

현대사회의 교육과정은 과거와는 전혀 다른 모습을 보이고 있다. 전통적인 교육이 파이프라인(pipeline) 형태의 직선적인 교육이라면, 오늘날 4차 산업혁명 시대의 교육은 플랫폼(platform) 형태로 모든 이에게 열려 있다. 플랫폼은 서로 다른 영역들이 과거의 경계를 넘어서 자유로운 상호 결합을 통해 융합을 이룰 수 있는 토대로서 4차 산업혁명 시대가 요구하는 협력적 창의 역량의 기반을 제공한다. 아직 초, 중, 고 수준의 교육에 있어서 플랫폼을 활용하는 교육은 인력과 재정 및 기술 수준의 한계로 요원하며, 오히려 공교육에 대한 대안성을 바탕으로 기존의 대안교육을 대체하는 형태의 홈스쿨링의 가능성이 포스트 코로나 19 시대에 새롭게 주목받고 있다. 대학 수준에서는 코로나 19 시대의 비대면 소통의 확산으로 인해 플랫폼 형태의 교육이 빠르게 자리잡고 있기 때문에 21세기 교육과정은 대학을 중심으로 플랫폼, 혁신, 융합, 기업가 대학 등을 통해 조명하는 것이 큰 흐름을 이해하는 데에 도움이 될 것이다.

플랫폼 대학은 네트워크, 빅데이터, 인공지능을 기반으로 온라인 공개수업인 MOOC(Massive Open Online Course) 중심의 열린 대학을 지향한다. 2011년 3개의 MOOC 강좌를 출범시킨 미국의 스탠퍼드 대학(Standford University)을 비롯하여 MIT(Massachusetts Institute of Technology) 등 세계적 수준의 명문대학들이 적극적으로 MOOC 강좌의 개설을 확대하고 있으며, 지식전달 중심의 교양 기초과목들이 급속하게 MOOC로 전환되기 때문에 교육 경쟁력 보유 여부를 바탕으로 대학의 양극화가 예견되고 있다. 일례로 스탠퍼드 대학의 앤드류 응(Andrew Ng) 교수와 다프네 콜러(Daphne Koller) 교수가 설립한 1세대 MOOC 플랫폼인 코세라(Coursera)는 점유율을 독식하는 모습을 보이고 있다. 우리나라에서는 서울대, 카이스트(KAIST), 포항공대 등이 참여하여 한국형 온라인 공개강좌(K-MOOC)를 출범하여 이에 대처하고 있지만 아직은 미미한 수준이다.

---

12 현대적 교육과정 관련 내용은 최성훈, "4차 산업혁명과 기독교 대학의 교양과목 운영전략." 「기독교교육정보」 67(2020), 205-207에서 발췌하여 정리한 것이다.

혁신 대학은 4차 산업혁명 시대의 스마트 기제를 활용하여 교육과 연구의 혁신을 주도하는 대학들로서 대표적인 사례는 미네르바 스쿨(Minerva School)이다. 지난 2014년 29명의 신입생 대상으로 첫 수업을 시작한 이후 100% 온라인 수업으로만 운영하는 혁신 대학인 미네르바는 MOOC의 성공이 대량 전달이 아니라, 개인화된 맞춤식 교육에 있음을 제시하였다. 미네르바는 모든 수업이 정원 20명 미만 소규모 세미나 형식의 포럼으로 운영되는 온라인 강의 플랫폼인 포럼을 활용하여 4년 동안 7개국을 순회하며 기업 인턴십, 프로젝트에 참여하는 현장 실습형 교육을 운영한다. 열린 비대면 교육을 통한 집단지성의 형성과 더불어 7개국으로 학습공간과 캠퍼스를 확장시킴으로써 재학생들의 네트워크를 강화하는 이원화 전략인 셈이다. 또한, 미네르바는 수준별 맞춤학습, 완전히 능동적인 학습, 체계적인 피드백을 효과적으로 구현할 수 있도록 포럼을 제공하는데, 1년 학비는 미국 내 다른 사립대학들의 3분의 1에 불과하므로 매년 가장 높은 경쟁률을 보이고 있다.

한편, 융합 대학은 지식 융합의 가속도가 붙은 시대적 현실에 대한 대응책인데, 상당수의 대학들은 학문 분야를 초월하는 융합 교육을 일반화하고 있다. 기업가 대학은 신자유주의의 물결과 4차 산업혁명 시대의 기업 경쟁력 제고 강조를 바탕으로 기업의 경영 방식을 채택하고, 정부 및 산업계, 지역사회와 소통하며 지식과 기술 이전의 사업화와 창업 등을 통해 수익 창출과 경제성장에 기여하고자 하는데, 이미 취업 및 창업의 열풍과 산학협력이라는 명목으로 대학가에 든든히 자리매김하고 있다. 그러나 기업가 대학의 무분별한 확산은 교양교육의 실용화와 상업화 가속을 통하여 교양교육의 본질에 위해를 가할 수 있으므로 경계해야 한다.

３ 교육과정의 분류

1) 형식적 분류

교육과정 운영에 있어서 공식적 교육과정과 잠재적 교육과정의 조화가 필요하다. 이를 위해 교육과정에 대한 지속적인 모니터링을 통해서 공식적, 그리고 잠재적 교육과정의 현상을 파악하고, 부정적 효과를 극소화시킴으로써 교육과정의 수준을 유지, 제고해야 한다.

(1) 표면적 교육과정(Manifest curriculum 또는 Official curriculum)

표면적 교육과정이란 학교나 교사가 계획적으로 의도하여 문서화한 공식적 교육과정으로서 교육과정의 구성, 교과서 편찬, 교수요목의 작성 등을 통해 교육의 의도가 명시되어 있으며, 인지적, 기능적 영역에 초점을 맞춘다. 이렇게 교육의 의도가 공식적으로 명백히 드러나 있다고 해서 공식적 교육과정 또는 명시적 교육과정이라고도 칭한다. 교과 중심 또는 학문 중심의 교육과정은 모두 의도된 계획에 의한 교육과정으로서 표면적 교육과정에 해당한다. 표면적이라는 용어는 의미적 맥락에 따라 계획된(planned), 구조화된(structured), 외면적(external), 형식적(formal) 등의 용어로 대체할 수 있다.

(2) 잠재적 교육과정(Hidden curriculum 또는 Latent curriculum)

잠재적 교육과정 또는 숨겨진 교육과정은 학교나 교사에 의해 의도되지 않았지만, 학생들이 학교생활을 통해 은연중에 얻게 되는 경험에 초점을 맞춘, 문서화되지 않은 비공식적 교육과정을 의미한다. 잠재적 교육과정의 특징은 비계획적, 비의도적, 단편적이라는 점이며, 이러한 교육과정은 정의적, 가치적, 도덕적 측면과 관계가 있다. 잠재적 교육과정은 인간 중심 교육과정에서 강조되며, 교사의 특성, 교육관, 학생에 대한 기대에 기반을 두고 있다. 그러므로 학급의 사회 심리적 상황을 중시하며, 학교 및 학급의 규모, 기자재 등 물리적 환경 및 학교제도와 행정적 특성도 중요시된다. 잠재적이라는 용어는 계획되지 않은(unplanned), 비구조화된(unstructured), 내면적(internal), 비형식적(informal) 등의 용어로 바꾸어서 사용할 수 있다.

잠재적 교육과정은 학습자들의 태도가 가치관에 더 강력한 영향을 미칠 수 있다. 예를 들어 신학교 교수가 수업을 진행하며 청바지에 허름한 티셔츠를 입고, 운동화를 신고 강의를 한다면 일반적인 경우에 신학생들은 그 수업이 중요한 수업이라고 생각하지 않을 우려가 있다. 또한, 금연을 공식적으로 선언한 기독교 학교에서 별도의 흡연구역을 설치한다면 이는 흡연을 인정하는 잠재적 교육과정으로 기능함에 따라 학교의 금연에 대한 신념이 무시되기 십상일 것이다.

(3) 영의 교육과정(Null curriculum)

영의 교육과정은 의도적으로 배제된 교육과정으로서 특정 사회의 역사, 문화, 정치적 배경으로 인해 학교나 교사가 고의적으로 교수에서 제외하거나 금기시하는 내용을 제외하여 구성하는 교육과정이다.13 일본이 역사교육에서 일제의 동아시아 식민지, 위안부 사건, 만주사변 학살 등 자신들에게 불리한 내용들을 삭제하는 것이나, 산업혁명 직후 서양 직업교육에서 읽기(Reading)와 쓰기(wRiting)는 가르쳤지만 육체노동을 꺼리고 재무, 회계직 등의 사무직으로 이동하는 것을 방지하기 위해 산술교육(aRithmetic)을 배제하는 것, 또는 기독교 대안학교가 그 종교적 신념에 의해 생물 과목에서 진화론을 제외하는 것 등이 영의 교육과정의 사례에 해당한다. 교육과정이 선택과 배제의 산물이므로 영의 교육과정은 공식 교육과정의 필연적 부산물이며, 공식교육과정 때문에 제외되는 기회비용으로서의 학습내용을 의미한다.

2) 이론적 분류

교육과정은 크게 전통주의 접근법, 개념-경험주의 접근법, 그리고 재개념주의적 접근법의 세 가지 종류로 세분된다. 첫째, 전통주의적 교육과정은 교육의 3요소

---

13 영의 교육과정이라는 개념은 미국의 교육학자 아이즈너(Elliot Eisner)에 의해 처음 소개된 개념이다. 아이즈너는 교육과정을 인지발달에 중점을 둔 교육과정(Development of cognitive proc-esses), 학문적 이성주의(Academic rationalism), 인간 중심 교육과정(ersonal relevance), 사회적 응과 개조에 중점을 둔 교육과정(Social adaptation and social reconstruction), 그리고 기술로서의 교육과정(Curriculum as techonology) 등 다섯 가지로 분류하였다. 그는 개인이 의미를 구성하는 방법은 다양하며, 교육과정에 대한 의사결정을 하는 사람은 실재에 대한 다양한 시각을 표현하는 예술가와 같은 사람이라고 주장하며 교육과정 구성에 대한 예술적 측면을 강조했다. 이와 관련한 자세한 사항은 Elliott Eisner, *The Educational Imagination: On the Design and Evaluation of School Programs.* 2nd ed. (New York, NY: Macmilan Publishing, 1985)를 참조하라.

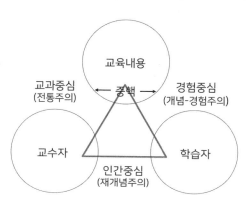

인 교수자, 학습자, 교육내용 중에서 교수자와 교육내용에 초점을 맞추고 있다. 전통주의 교육과정의 이론적 토대는 18세기 합리주의 교육사상과 19세기 능력심리학에 기반한 형식도야이론 또는 능력연마이론이다. 따라서 교과의 내용 체계를 강조하며, 그 내용을 전달하는 교사 중심의 교육과정에 해당한다. 전통주의 교육과정의 교육내용은 계획되고 조직되어, 학생에게 일률적인 교육내용을 제공하며 지식의 습득에 중점을 두어 설명 위주의 교수방법을 활용한다.

둘째, 개념-경험주의적 교육과정은 학습자가 교육내용을 직접 접하며 경험하는 것에 초점을 맞추어 학습자의 흥미, 요구, 능력을 토대로 자발적 활동에서 생성되는 경험의 체계를 중시한다. 이는 진보주의 교육사상에 기반한 것으로서 교과보다 생활, 지식보다 행동, 분과보다 통합, 미래보다는 현재, 교수자의 교수활동보다 학습자의 학습활동에 초점을 맞추는 것이다. 따라서 교수자가 설정한 목표보다는 학습자 중심의 숙고 또는 숙의라는 단어를 선호하며, 학습자의 자발적 학습활동을 강조하는 한편, 학습자의 전인적 발달을 중요하게 생각한다. 또한, 문제해결 능력의 함양을 목표로 하지만, 개인차를 인정하고 민주시민적 가치의 체득에 중점을 두는 바람직한 면을 보이기도 한다.

중핵교육과정은 교과 중심 교육과정과 경험 중심 교육과정의 결함을 보완하기 위한 교육과정으로서, 교과 중심의 교육내용과 학습자의 경험 모두를 강조하는 입장이다. 중핵(core)이란 특정 사물이나 대상의 본질을 의미하므로 중핵교육과정은 중핵학습이 있는 교육과정의 전체 계획을 뜻한다. 따라서 교사와 학생의 협력을 강조하므로 전통적인 교과의 구분을 파기하여 융통성 있는 학습활동을 운영하며, 문제해결에 불필요한 훈련이나 실험을 배제하는 한편, 교사의 생활지도, 상담역할을 강조한다.

마지막으로 재개념주의 교육과정은 교수자와 학습자 사이에서 일어나는 상호작용에 중요성을 둔 것으로서 이는 실존주의와 인본주의 심리학에 기반한 인간 중심의 교육과정이므로 인간의 성장가능성 실현이 주된 목적이다. 따라서 교육을 통해 개인의 자아실현과 사회발전에 기여할 것을 강조하며, 교육의 인간화와 전인교육에 중점을 둔다. 또한, 잠재적 교육과정을 중시하여 공식적으로 명시되지는 않지만 교육에 영향을 미치는 요소들에 민감하며, 인간적인 학교환경 구축에도 관심을 갖는다. 학습자 중심의 자아인지를 위한 역사, 문학, 철학, 예술 등 교과를 강조하는 한편, 발견학습법, 학습과정 및 결과에 대한 자기평가 등 학습자 개인의 개성에 부합되는 교육 활동을 중시한다.

조립공정을 통해 이러한 접근방법들을 비유하자면 전통주의는 학습자(어린이)가 원재료이고, 교사는 기술자로서 조립공정인 교육과정을 통해 학습자를 교육(생산)한다. 개념-경험주의의 접근방법은 화원 온실로 비유할 수 있는데, 그에 따르면 학습자(어린이)는 씨앗, 교사는 정원사가 되어 온실 역할을 하는 교육과정을 통해 교육을 수행하는 것이 된다. 재개념주의는 교육과정을 순례여행으로 비유하는데, 따라서 학습자(어린이)는 순례자로서 학습자와 함께 탐구하는 다른 순례자인 교사와 함께 순례의 다양한 여정, 즉 교육과정을 통해 진리를 배운다.

(1) 전통주의적 접근

① 전통주의 교육과정의 특징

전통주의 교육과정의 교육에 대한 이해의 특징은 교육목적을 성취하는 효과성을 지향한다는 것이며, 따라서 목표의 성취를 위한 통제의 필요성 역시 중시된다. 표준화된 행동 변화가 교육의 목표이기 때문에 교육목표는 구체적이며, 관찰 가능한 것으로 진술되어야 함이 강조된다. 전통주의 교육과정의 사상적 배경으로는 르네 데카르트(René Descartes)의 방법서설, 아이작 뉴턴(Isaac Newton)의 우주론, 에드워드 쏜다이크(Edward L. Thorndike)의 연관주의, 프레드릭 테일러(Frederic W. Taylor)의 과학적 경영관리론 등을 들 수 있으며, 전통주의 교육과정의 대표적인 학자로는 랄프 타일러(Ralph W. Tyler), 로버트 자이스(Robert S. Zais), 프랜시스 클라인(M. Frances Klein), 존 맥닐(John D. McNeil) 등이 있다.

　　교육과정이라는 용어는 프랭클린 바빗(John Franklin Bobbitt)이 1918년에 출간한 『교육과정』(The Curriculum)이라는 저서에서 최초로 사용된 것으로 보는 것이 일반적인 견해이다. 바빗은 커리큘럼 작성의 과학적 방법을 제안하며, 인간의 삶이 구체적인 활동들로 구성되므로 삶을 준비하는 교육은 분명하고 적절하게 이러한 구체적인 활동들을 준비하는 것이어야 한다고 주장하였다. 또한, 1924년에는 『교육과정 구성법』(How to Make a Curriculum)이라는 저서를 출간하며 교육이란 사람들로 하여금 균형잡힌 성인 생활을 수행하게 하는 모든 종류의 활동들을 준비하는 것이며, 커리큘럼 작성에 있어서 가장 중요한 것은 그러한 활동들을 찾는 것이라고 강조하였다.

　　바빗에 의하면 커리큘럼 작성의 가장 중요한 부분은 활동분석이다. 그는 광범위한 인간 경험의 범주를 분석하고, 그것들을 보다 구체적인 활동들로 세분하여 분석하는 것이 교육과정 구성에 가장 핵심적인 부분이라고 주장하였다. 바빗이 시작한 전통적 커리큘럼은 랄프 타일러(Ralph W. Tyler)를 통해 혁신적인 발전을 이루었다. 타일러는 기존의 구태의연한 교육과 새로운 교육의 사조 모두를 비판하며 교육과정을 치밀하게 구성할 것을 제시했는데, 그에 따르면 진보주의는 학습자의 흥미와 경험에만 치중했고, 본질주의는 지식의 커다란 몸체에만 관심을 가졌기 때문에 교육과정을 짜임새 있게 구성하는 데에 실패하였다. 따라서 타일러는 1949년에 출간한 『교육과정과 수업지도의 기본원리』(Basic Principles of Curriculum and Instruction)를 통해 한 종류의 정보는 학교의 목적을 이루는 광범위하고 지혜로운 기반을 제공하는 데에 부적절함을 지적했다.

타일러는 커리큘럼 계획의 4단계로서 네 가지 질문들을 제시했는데, 그 질문들은 다음과 같다. 첫째, 학교는 어떤 교육목적들을 성취하기를 원하는가? 둘째, 이 목적들을 성취하기 위해 어떤 교육경험들이 제공되어야 하는가? 셋째, 이러한 교육경험들을 어떻게 효과적으로 조직할 수 있는가? 넷째, 이러한 목적들이 성취되었는지 여부는 어떻게 평가(determine)할 수 있는가? 이를 요약하면 타일러의 커리큘럼 계획의 4단계는 교육목표의 설정, 설정된 교육목표를 이루기 위한 학습경험의 선정, 선정된 학습경험의 조직, 그리고 학습경험을 통한 교육목표 성취 여부의 평가로 이루어진다(Tyler, 1949).

전통주의 교육과정에 의하면 교육과정을 구성하는 4단계의 구체적인 내용은 다음과 같다. 첫 번째 단계는 교육목표를 설정하는 것이다. 교육목표의 진술을 위한 가장 유용한 형태는 학생들 안에서 개발되어야 할 행동의 종류와 행동이 일어나는 삶의 내용이나 영역을 명시해야 한다. 따라서 커리큘럼 작성자는 가능한 한 명료하게 기대되는 교육 결과들을 정의함으로써 내용을 선정하고, 학습활동을 제안하며, 교수 절차의 종류를 결정하는 데 유용한 일련의 기준을 보유하고 이를 제시해야 한다.

두 번째 단계는 교육목표를 이루기 위하여 필요한 학습의 경험들을 선정하는 것이다. 학습자들이 갖게 되는 교육적 경험들은 학습자와 학습자 외부에 존재하는 외부적 조건 사이의 상호작용으로서 이는 교육의 수단으로 기능한다. 따라서 교사의 책임은 환경을 구비하여 교육이 원활히 이루어질 수 있는 상황을 조성함으로써 학생들로 하여금 기대되는 종류의 행동이 나타나도록 인도하는 것이다. 그러므로 전통주의 교육과정에서는 교사의 주도권이 강조된다. 학습경험을 선정하는 원리는 기회, 만족, 가능성, 다양성을 들 수 있는데, 학습자들이 목표로 한 행동을 직접 경험할 수 있도록 기회를 부여하고, 행동 수행 중에 만족을 느낄 수 있는 경험을 제공하며, 학습경험이 학습자의 능력 범위 내에 존재할 수 있도록 하는, 가능한 학습경험을 구성해야 한다. 또한, 하나의 목표를 달성하는 데 여러 가지 다양한 경험이 동원될수록 유리하고, 적절한 환경이 조성되고 교사가 도움을 제공하면 동일한 학습경험이 여러 가지의 학습결과를 도출할 수 있다.

세 번째 단계는 선정된 학습 경험들을 조직하는 것인데, 학습경험 조직의 목적은 교육경험의 축적이다. 학습경험들을 효과적으로 조직하기 위하여 계속성(continuity), 계열성(sequence), 통합성(integrity)의 세 가지 기준이 사용된다. 계속성이란 주요 커리큘럼 요소가 한 주제 내에서 수직적으로 반복되어야 함을 의미하고, 계열성은 한 주제 내에서 내용이 넓고 깊게 심화되어야 함을 강조하며, 통합성은 커리큘럼 경험의 수평적 관계로서 학생들로 하여금 다른 각각의 주제에 대하여 하나의 통합된 관점을 갖도록 하는 것이다.

네 번째 단계는 교육과정 구성의 마지막 단계인 평가이다. 평가의 기준이 교육프로그램의 목표들이므로 평가의 과정은 교육프로그램의 목표들에서 시작한다. 객관적인 평가를 위해서는 명백하게 정의되고 진술된 목표들만이 교육프로그램에 있어서 중요한데, 따라서 교육목표의 확인을 통해 학습 상황을 확인하고, 평가 도구를 제작하여 평가를 실시하고, 그 결과를 정리하여 평가 결과를 통해 교육과정을 진단하고 개선해야 한다.

② 전통주의 교육과정과 기독교교육

기독교교육의 교육과정은 체계적인 교육과정 수립을 위해 교육목표를 설정하고, 교육목표 성취를 위한 학습경험을 선정하고, 선정된 학습경험을 조직하고, 교육목표의 성취 여부를 평가하는 타일러의 교육과정을 받아들였다. 이 과정에서 주도적인 역할을 담당한 인물은 미국의 개혁주의 기독교교육학자 드윗 캠벨 와이코프(DeWitte Campbell Wyckoff)이다. 그는 기독교교육과정이 체계적이어야 함을 주장하며 일곱 가지 학문 영역을 우선적으로 고려할 것을 강조했는데, 일곱 학문 분야를 둘로 나누어 하나님 이해에 대하여는 신학과 교회, 봉사를 포함해야 하고, 인간 이해에 대해서는 철학, 역사, 심리학, 사회학, 언론학을 포함해야 한다고 주장하였다.

와이코프는 특히 타일러식 교육과정을 수용하여 명백한 교육목표설정, 교육목표 성취를 위한 교육내용(학습경험) 선정, 효과적인 교수방법의 선택(학습경험의 조직), 그리고 학습효과의 평가 등 4단계를 강조했다. 와이코프의 저서 『기독교교육과정의 이론과 설계』(Theory and Design of Christian Education Curriculum)는 기독교교육과정 분야에서 영향력 있는 저서 중에 하나인데, 그는 타일러처럼 커리큘럼을 그것으로 인해 교수 학습과정이 체계적으로 수행되는 계획으로 파악하는 등 교육목표의 구체성을 강조했다(Wyckoff, 1961). 그는 또한 과학적 커리큘럼 모델을 기독교교육에 적용하는 데 낙관적이어서 타일러처럼 평가의 기준을 교육목표로 인식하는 한편, 평가의 과정을 기준설정, 상황묘사, 그리고 그 기준의 관점에서 상황을 평가하면서 기준과 상황을 비교하는 3단계로 분류하였다. 와이코프의 커리큘럼 모델은 오늘날에도 기독교교육에 있어서 가장 영향력 있는 지배적인 모델로서 기능하고 있다.

미국의 개혁주의 목회자인 도날드 그릭스(Donald Griggs, 2003)도 그의 저서, 『오늘날 교사들의 교수지도』(Teaching Today's Teachers to Teach)를 통해 타일러처럼 기독교교육의 실제에 있어서 목표의 중요성을 강조하였다. 그는 학습목표는 구체적이고, 관찰 가능하고, 측정 가능한 것이어야 한다고 주장하며 교수를 통한 학생들의 행동 변화를 중시했다. 따라서 그는 강의 계획서가 "이 수업이 끝난 뒤에는 학생들이 다음과 같은 것을 할 수 있다"라는 각각의 목표 진술로 시작해야 한다고 강조하였다. 타일러의 기독교교육과정에 대한 영향력을 언급하며 파멜라 미첼(Pamela Mitchell, 1988) 역시 1980년대 미국의 기독교교육 커리큘럼에 관한 대부분의 책들과 대부분의 교단에서 커리큘럼이라 부르는 자료들의 출판은 타일러식 커리큘럼 모델에 의해서 영향을 받은 것이라고 지적했다. 전통주의 교육과정론의 영향을 받은 기독교교육은 교육의 목표를 기본목표, 주제, 문제 등 다양하게 수직적으로 세분화하여 구성한다. 내용 선정의 원리로 성경 및 신학적 근거에 기반하며, 내용의 영역은 삶의 전 영역을 복음 또는 성경의 빛으로 해석하는 포괄성을 띠며, 하나님, 계시, 섭리, 세계, 사회, 문화, 신앙, 성숙, 재림, 그리스도인의 정체성과 사역 등을 포함한다.

교육내용의 조직에 있어서 전통주의 교육과정은 선정된 교육내용과 실제적인 학습의 상황을 연결하는 다리의 역할을 함을 강조하며, 논리적, 심리적, 발달단계적 연속성을 중시하였다. 또한, 학습자의 요구와 상황을 고려하며, 개인, 교육현장, 교육방법, 지역사회, 문화 등의 차이를 고려하는 융통성을 발휘할 것을 강조한다. 내용의 조직 유형으로는 연속성, 균형성, 순차성 등을 고려하여 교사의 관점에서 생각하는 논리 체계를 따라 교육내용을 조직하는 계단식 구성을 활용하고 있다. 따라서 교수-학습과정 역시 폐쇄적, 직선적, 계단적인 성격을 띠며, 이러한 구성은 체계적인 내용 전수가 가능하다는 장점이 있지만 학습자의 차이를 비롯한 다양성을 간과한다는 비판도 받았다. 교육평가에 있어서는 평가의 대상을 결정하고, 평가를 위한 자료를 수집하며, 평가의 판단을 위한 준거를 설정하여 그 준거를 가지고 체계적으로 분석하고 판단하여 그 결과를 교육과정에 반영하여 개선하는 체계적인 접근법을 활용한다.

(2) 경험-개념주의적 접근

① 경험-개념주의 교육과정의 특징

경험-개념주의 교육과정의 교육 이해의 특징은 사회과학적 탐구와 발달심리를 중시한다는 것이다. 경험-개념주의는 사회과학의 발전과 더불어 그 방법적 특질인 가설의 설정과 검증을 받아들여 개념과 경험을 검증하는 것에 대한 깊은 관심을 드러냈다. 따라서 자연과학에 기초한 탐구방법, 즉 경험을 강조하며 각 교과의 기본 구조인 지식의 구조에 대한 탐구과정을 통해 학습활동을 전개하려고 시도하였다. 이는 교육환경, 기간, 학습자 연령 등의 체제를 중시하는 체제적 접근으로서 지식, 정보의 전달보다 교육과정 자체를 강조하며, 효율성을 지향한다. 또한, 분석철학의 영향을 받아 개념을 세분화하여 강조하며, 실증주의적 합리성에 기초한 양적 연구를 선호하는 모습을 보인다.

하지만 경험-개념주의는 근대적 과학실증주의의 개념과 경험을 타일러 학파와 공유했기 때문에 전통주의적 견해를 실질적으로 크게 변화시키지는 못했다. 경험-개념주의의 대표적 학자들로서 조셉 슈왑(Joseph J. Schwab), 조지 뷰쉘프(George A. Beauchamp), 모리츠 존슨(Mauritz Johnson), 로버트 가네(Robert M. Gagne), 데커 워커(Decker F. Walker) 등이 있다.

② 경험-개념주의 교육과정과 기독교교육

경험-개념주의의 영향을 받은 기독교교육은 행동으로 나타날 수 있는 구체적인 교육목표를 강조하지만, 교육의 내용 선정에 있어서는 실용성과 융통성을 강조하는 등, 생활 지향적 성격을 띤다. 이는 교사들의 지도력을 중시하는 동시에 학습자의 수준을 고려하는 등, 전통주의적 성향에 학습자의 경험을 가미한 모습이다. 경험-개념주의 교육과정의 내용은 학습자 변화라는 기술적 가치, 교사에 의해 인정된 지식이라는 정치적 가치, 정보 제공이라는 과학적 가치, 예술적이고 상징적인 의미를 중시하는 미학적 가치, 그리고 학습자를 인격적 주체로서 인정하는 윤리적 가치를 담고 있다.

교육내용의 조직은 교과의 논리적 체계보다 학습자들의 관심과 흥미를 우선적으로 고려하는데, 그 유형은 구체적인 것에서 추상적인 것으로, 그리고 단순한 것에서 복잡한 것으로 반복하며 진행하는 나선형으로 조직된다. 또한, 학습자의 관심과 흥미를 고려하여 수직 또는 수평으로 점진적으로 내용을 확대 또는 심화하는 방향으로 운영한다. 교수학습의 과정은 개방적 질문을 통해 학습자의 동기를 유발하고 탐구활동을 진작하며, 교육평가의 방식은 양적 평가로서 진단평가와 형성평가를 모두 활용하는 형태를 보인다.

(3) 재개념주의적 접근

① 재개념주의 교육과정의 특징

1970년대에 시작된 재개념화(Reconceptualization) 운동 이래로 교육에 대한 비판이 쏟아져 나오기 시작하였다. 따라서 재개념주의는 현상학, 실존주의, 정신분석학, 네오마르크시즘, 비판이론, 구조주의이론 등에 영향을 받아 개방적, 과정적, 간 학문적, 비판적인 특징을 보였다. 역사비판, 미학적-철학적 비판, 정신분석학적 비판, 사회적-정치적 비판 등을 통해 교육의 정당성과 통합성을 강조하였다. 교육에 대한 비판사조를 바탕으로 재개념주의는 다양한 대안적 커리큘럼 이론들을 제시하였는데, 대표적인 주장은 다음과 같다.

첫째, 재개념주의는 전통주의자들의 주장처럼 교육목표를 엄격한 순서에 의해 명확하고 단순하게 설정하는 것은 교육목표를 정의하는 과정 자체가 역사적이라는 사실을 간과하는 것이므로, 교육목표의 설정은 끊임없는 논쟁에 의해 이루어져야 한다고 주장하였다. 그러한 과정을 통해 지나치게 미래에 초점을 맞추어 과거를 잊고, 현재의 혼란을 야기라는 것을 방지해야 한다는 의미이다.

둘째, 재개념주의 진영에서는 전통주의 교육과정의 수많은 개념이 인간의 정신보다는 기술적 측면을 강조하므로 교육과정 본연의 의미가 퇴색되어 버렸다고 비판하였다. 이는 전통주의 교육과정이 행동주의 심리학의 영향을 받아 인간의 초월적인 상상과 창의성을 박탈했으므로 단순이 목표와 방법을 연결하는 교수-학습과정이 아닌, 개인적인 의미를 형성하는 미학적이고 실존적인 창조과정이 되도록 운영해야 한다는 주장이다.

셋째, 기존 학교교육으로 인한 비인간화와 인간소외현상을 지적하며 정신의 황폐화를 방지하기 위해 인간 중심의 교육과정을 수립해야 함을 강조하였다.

넷째, 기존의 학교교육이 불평등하고 정의롭지 못한 현재의 사회체제를 정당화시켜서 사회적 불평등을 재생산하므로 이를 바로잡아야 한다고 일갈하였다.

요약하면, 재개념주의자들은 학교는 변화하는 사회의 일부로서 사회와 불가분의 관계를 맺는다고 생각하였고, 교육은 가치추구의 작업이라고 주장하였다. 따라서 연구방법론으로 양적인 연구보다는 심층을 다루는 질적 연구 방법을 선호했으며, 대표적 학자로는 마이클 애플(Michael W. Apple), 파울로 프레어(Paulo Freire), 엘리엇 아이즈너(Elliot W. Eisner), 맥신 그린(Maxine Greene), 메드라인 맥도날드(Madeleine MacDonald) 등이 있다.

② **재개념주의 교육과정과 기독교교육**

재개념주의의 영향을 받은 기독교교육은 영의 교육과정을 고려하여 기존의 목표가 간과한 것, 왜곡과 편견, 그에 대한 이유 등을 조명한다. 교육내용을 선정할 때에 개인과 공동체, 지역과 세계, 목회자와 평신도 간의 긴장과 통합성을 고려하며, 그 내용으로는 재개념주의자인 마리아 해리스(Maria Harris)의 영향을 받아 교육목회의 다섯 가지 커리큘럼 모두를 반영한다. 따라서 재개념주의 교육과정을 활용하는 기독교교육은 제사장적 성취, 예언자적 설교의 케리그마(κήρυγμα), 입문교육, 설교와 양육 등의 디다케(διδαχή), 예배에서의 다중적 참여, 영성, 기도 등의 레이투르기아(λειτουργία), 교제, 리더십, 책임 등의 코이노니아(κοινωνία), 사회정의와 사회적 관심 등의 디아코니아(διακονία)를 교육내용으로 삼는다(Harris, 1989).[14]

재개념주의에 입각한 기독교교육은 교육내용을 조직함에 있어서 교육의 본질적 교육과정과 학교화의 교육과정을 분리하여 교육적 측면에서는 봉사, 친교, 선포, 예배, 가르침을 강조하고, 학교화의 측면에서는 가르침의 요소만을 강조한다. 또한, 제사장적(기억, 성화, 축복), 예언자적(정의와 평화 추구), 정치적(사회봉사), 다중적(관계적), 다층적 교육과정의 성격을 드러낸다. 교육내용을 조직하는 유형은 각 교과를 다면적 융합의 형태로 조직하는 통합형으로서 주제, 프로그램, 간학문적 통합을 강조하며, 그러한 예로서 프로젝트 학습조직, 교회교육 엑스포(Expo) 등을 들 수 있다. 재개념주의 기독교교육의 교수-학습과정은 상호주관적 만남을 중시하며 돌봄과 성육화, 기다림의 과정을 강조하며, 이는 "춤의 스텝"과 같은 복합적인 과정임을 지적한다. 또한, 교육평가에 있어서는 질적 평가를 강조하여 현장의 관찰, 열린 인터뷰, 그룹 토의 등을 통한 평가를 선호한다.

4 기독교적 교육과정에 대한 시사점

경주로(race course)의 의미를 갖는 교육과정의 정의를 고려할 때, 기독교적 교육과정을 실천하는 것은 장거리 경주를 하는 것과도 같다. 마라톤 선수들이 훈련하는 데 있어서 주전선수들이 페이스를 잘 조절해서 컨디션 관리를 통해 좋은 성적을 거둘 수 있도록, 옆에서 함께 뛰어주는 "페이스 메이커"(phase maker)가 있다. 내 힘으로는 도저히 완주할 수 없지만, 이미 코스를 완주하고, 승리를 거둔 베테랑 선수가 함께 뛰어 주면 완주할 수 있다. 믿음의 경주를 수행하는 코스의 곳곳에 난관들

---

14 해리스는 다섯 가지의 교육목회 커리큘럼이 기능하는 원리로서 구약성경의 희년 개념을 제시하였다. 그러나 그녀가 강조하는 희년의 개념은 구약 시대에 국한되는 규례적 개념이 아니라, 하나님의 인류를 향한 사랑을 표현하는 상징으로서 복음의 의미와 연결되는 원리임을 나타낸다. 자세한 내용은 마리아 해리스의 『주빌리를 선포하라: 21세기를 위한 영성』(Proclaim Jubilee: A Sprituality for the Twenty-First Century), 김은주 역(서울: CLC, 2015)을 참조하라.

이 있고, 장애물도 있으며, 우리의 눈을 잡아 끄는 유혹이 있다. 또한, 그 여정 속에서 우리는 어리석게도 무거운 짐들을 종종 주워 들기도 하고, 작은 돌부리에도 쉽게 넘어지곤 한다.

하지만 그때마다 우리의 곁에서 함께 뛰어 주시는 분이 있는데, 그분은 "믿음의 주요 온전하게 하시는 이"(히 12:2)인 그리스도시다. 그리스도의 관심은 앞에 서서 달리는 사람들보다 뒤처진 사람들에게 있다. 그리스도께서는 뒤에 처진 사람들, 때로는 휠체어를 타고 달리는 사람들, 목발을 짚고 걷는 사람들, 넘어져 주저앉아 우는 사람들을 안타까운 눈으로 바라보시고 손을 내미시며, 피곤한 몸을 붙들어 주시고, 연약한 무릎을 일으킬 힘을 주신다. 그리고 믿음의 여정 내내 옆에서 함께 뛰어 주신다. 예수님은 우리 앞에 놓인 교육과정의 여정에 대하여 잘 알고 계시며, 나의 약점을 잘 알고 계시고, 내가 어떤 코스에 취약한지, 어디에서 내가 잘 넘어지는지를 아신다. 그러므로 예수님과 함께라면 기독교교육을 담당하는 이는 넘어져도 다시 일어설 수 있다. 또한, 내가 달린 코스를 다른 사람이 달릴 때에는 도움의 손길을 내밀 수도 있다. 기독교교육의 교육과정에서 내 힘으로 그 경주로를 달리는 것이 아니라 예수 그리스도의 이름의 권세와 능력과 성령의 도우심을 의지하여 그 길을 함께 달리면 최후의 승리를 거둘 수 있다!

참고문헌

최성훈. "4차 산업혁명과 기독교 대학의 교양과목 운영전략." 「기독교교육정보」 67 (2020), 199－225.

Bobbit, Franklin. *The Curriculum*. Ithaca, NY: Cornell University Press. 2009. (Original work published in 1918).

＿＿＿. *How to Make a Curriculum*. Boston, MA: Houghton Mifin, 1924.

Harris, Maria. *Fashion Me a People: Curriculum in the Church*. Louisville, KY: John Knox, 1989.

Eisner, Elliot W. *The Educational Imagination: On the Design and Evaluation of School Programs*. 2nd ed. New York, NY: Macmillan Publishing, 1985.

Griggs, Donald. *Teaching Today's Teachers to Teach*. Nashville, TN: Abingdon Press, 2003.

Mitchell, Pamela. "What is Curriculum?: Alternatives in Western Historical Perspectives." *Religious Education* 83(1988), 349－366.

Pazmino, Robert W. *Foundational Issues in Christian Education: An Introduction in Evangelical Perspectives*. Grand Rapids, MI: Baker Academic, 2008.

Pinar, William. *Curriculum Theorizing: The Reconceptionalist*. Berkeley, CA: McCutchan, 1975.

Tyler, Ralph W. *Basic Principles of Curriculum and Instruction*. Chicago, IL: The University of Chicago Press, 1949.

Vygotsky, Lev S. *Mind in Society: The Development of Higher Psychological Processes*. Cambridge, MA: Harvard University Press, 1978.

Wyckoff, DeWitte Campbell. *Theory and Design of Christian Education Curriculum*. Louisville, KY: Westminster Press, 1961.

06

교수학습법과 교육공학

1930년 어느 날, 뉴욕의 식료품 상점에서 빵 한 덩어리를 훔치고 절도혐의로 기소된 한 노인이 재판을 받게 되었다. 판사가 정중하게 왜 남의 빵을 훔쳤느냐고 묻자 노인은 울먹이며 대답했다. "저는 열심히 살려고 했지만 나이가 많다는 이유로 일자리를 얻을 수 없었습니다. 사흘을 내리 굶자 너무나 배가 고파 그만 빵 한 덩어리를 훔치고 말았습니다."

판사는 잠시 후에 아무리 사정이 딱하다 해도 남의 것을 훔치면 안 되며, 법은 만인에게 평등하고 예외가 없다는 판결을 내리며 노인에게 10달러의 벌금형을 선고하였다. 일반 시민으로 구성된 배심원들은 물론 방청석이 술렁거리기 시작했다. 노인의 딱한 사정을 들은 그들은 판사가 정상을 참작해서 무죄판결을 내릴 줄 알았기 때문이다. 하지만 판사는 논고를 계속했다. "이 노인이 재판장을 나가면 다시 빵을 훔치게 될 것입니다. 그러므로 노인이 빵을 훔친 것은 노인의 책임만은 아니라, 노인이 살기 위해 빵을 훔쳐야 할 정도로 어려운 상황을 만든 우리 모두의 책임입니다. 노인에게 도움을 주지 않은 벌로 제게도 10달러의 벌금형을 선고합니다. 이 법정에 앉아 있는 시민 여러분들도 50센트의 벌금형에 동참해 주실 것을 권고합니다."

이윽고 판사는 자기 지갑에서 10달러를 꺼내어 모자에 담았다. 그 모습을 본 방청석에 앉았던 사람들도 모두 그 모자를 돌려가며 주머니에서 꺼낸 돈을 담았다. 판사는 거두어진 돈 57달러 50센트를 모아 노인에게 주도록 했다. 노인은 10달러를 벌금으로 내고 나머지 돈을 들고 나가며 눈시울을 붉혔다. 그의 지혜로운 판결로 인해 사람들은 시민으로서의 책임감과 사랑과 공의의 이중적 의미를 깊이 배우고 깨닫게 되었다. 그러한 명판결을 내린 판사는 나중에 1933년부터 1945년까지 뉴욕 시장을 세 번이나 역임했던 피오렐로 라구아디아(Fiorello Henry La Guardia)이다. 그는 비행기 사고로 아쉽게 세상을 떠났지만 뉴욕은 그를 기념하여 뉴욕에 있는 공항 중 하나에 그의 이름을 따서 "라구아디아 공항"(LaGuardia Airport)이라 이름 붙였다.

교수학습법 또한 그러한 지혜로운 방법론에 대한 것이다. 예수님도 죄악된 세상 속으로 제자들을 파송하시며 "뱀같이 지혜롭고 비둘기같이 순결하라"(마 10:16)라고 말씀하셨다. 교육공학은 그러한 방법론에서 공학의 힘, 즉 발달된 과학기술의 힘을 활용하는 것이다. 그러므로 필연적으로 교수학습법과 교육공학에 있어서도 철학적 사상과 심리학적 사조가 영향을 끼치며, 이를 기독교의 기반 위에서 운영하는 기독교교육학의 교수학습법과 교육공학에 대하여 신학과 목회철학은 매우 중요한 기초를 제공한다.

1 교수학습법이란 무엇인가?

교수학습법은 교수법(Teaching Methods)과 학습법(Learning Methods)을 포괄하는 개념이다. 교수법은 교사 중심의 개념으로서 교사가 교수과정을 통해 행하는 것에 관심을 가지며, 학습법은 학습자 중심의 개념으로 학습자가 체득하는 학습의 과정과 행동의 변화 등 결과를 강조한다. 하지만 최근 교육의 흐름은 양자를 구분하지 않고 통합적으로 조명하는데, 이는 교수와 학습이 교육과정에서 항상 동시에 일어나기 때문이다.

1) 교수이론

미국의 교육학자 찰스 라이겔러스(Charles Reigeluth, 1983)에 의하면 교수란 수업에 비해 포괄적인 것으로서 설계, 개발, 실행, 관리, 평가의 과정을 통해 진행되는 것이며, 교수이론이란 교수의 영역 중에서 교사의 적용과 실행에 중점을 두는 이론을 뜻한다. 한편, 교육심리학에 공헌한 미국의 인지심리학자인 제롬 브루너(Jerome Brunner, 1966)는 교수이론의 성격을 처방적, 규범적, 방법적인 것으로 제시하였다. 어떻게 하면 학습과제를 학습자가 가장 잘 배울 수 있을지에 관심을 갖는 측면에서 교수이론은 처방적이고, 학습자가 어디까지 학습해야 하는지에 대한 학습의 준거와 어떤 조건에서 학습해야 하는지를 제시하는 측면에서는 규범적이며, 학습자가 학습목표를 달성할 수 있도록 학습자의 내, 외적 환경을 의도적이고 체계적으로 조작해야 한다는 의미에서 방법적이라는 의미이다.

2) 학습이론

학습이란 넓은 의미에서는 유기체가 자신을 둘러싸고 있는 환경과 상호작용을 통해 행동에 변화가 일어난 것을 뜻하고, 좁은 의미에서는 학습자가 정해진 학습목표를 달성하는 상황에 참여하여 의도한 목표를 성취하는 활동을 하는 것을 지칭한다.[1] 따라서 학습이론이란 어떤 학습의 결과로서 행동의 변화를 일으키게 한 유기체 내의 학습과정을 설명하고 해석하는 것을 목적으로 하는 이론이다. 앞서 교수이론이 처방적, 규범적, 방법적이라고 설명했던 브루너는 학습이론은 서술적이고 간접적인 성격을 지닌다고 말했다.

학습이론은 크게 행동주의적 관점과 인지주의적 관점으로 분류되는데, 우선

---

[1] 그러므로 넓은 의미의 학습은 동물까지 포함하고 제공된 학습의 조건도 의도적인 것과 의도적이지 않은 것, 그리고 바람직한 행동의 변화뿐만 아니라 바람직하지 않은 행동의 변화 모두를 포함한다. 하지만 좁은 의미로 학습을 정의하면 학습의 주체는 학습자인 인간으로 한정되고, 학습의 상황은 의도적으로 제공되는 것에 국한되며, 학습을 통한 행동의 변화 역시 바람직한 변화만을 전제로 한다. 교수와 학습에 관한 자세한 내용은 변영계, 『교수학습이론의 이해』 개정판 (서울: 학지사, 2020)를 참고하라.

행동주의적 관점은 유기체의 행동이란 경험의 결과로 일어나는 학습이라고 설명한다. 그에 따르면 학습은 무조건 자극과 조건 자극이 연합한 결과이며, 또한 자극과 반응의 근접적 연합의 결과로 일어난 강화의 결과이다. 그러므로 주로 변화된 행동에 관심을 가지며, 윤리적 문제를 피하기 위해 주로 인간 이외의 동물들을 실험 대상으로 삼는다. 인지주의적 관점은 학습자의 내적인 정신 과정에 초점을 맞추어 학습을 인지구조의 습득과 변형의 과정으로 파악한다. 따라서 학습이란 한 개인이 자신이 가지고 있는 생각과 그에게 제시된 환경적 현상이 상호작용하도록 하는 지적 과정을 의미한다. 그러므로 학습은 단순한 습관의 형성이 아니라, 두 사건의 관계를 아는 것, 즉 인지하는 것을 포함하는 것이다.

3) 교수-학습이론의 변천

20세기 초에서 중반까지는 행동주의 심리학을 바탕으로 하는 전통주의 학습이론이 주를 이루었으나 2차 대전 이후 1950-1970년대에 교수이론이 등장하며 교수이론과 학습이론의 통합이 본격적으로 이루어지기 시작했다. 특히 미국의 교육심리학자 너데니얼 게이지(Nathaniel L. Gage, 1964)는 학습이론이 교수이론으로 변환될 때 그 유용성이 더 증대될 것이라고 강조하며 교수이론을 통한 학습이론 보완의 필요성, 즉 통합의 효과를 주장하였다. 또한, 그는 교수이론은 모든 교사, 학습자, 학습과제, 그리고 수업이 이루어지는 모든 현장에서 적용될 수 있는 일반적 성격을 가질 때에 유용성이 있다고 지적하였다.

1970-1980년대에 들어서는 인지학습이론이, 그리고 1990-2000년에는 구성주의 교수-학습이론이 각광을 받았으며, 21세기에 들어서는 뇌과학 또는 신경과학의 중요성이 강조되고 있다. 교수-학습이론, 특히 학습이론은 교육공학을 통한 교수체제 설계의 기반이 되는 원리를 제공한다. 행동주의, 인지주의, 구성주의 등 학습이론들을 요약, 비교하자면 다음의 표의 내용과 같다.

[표 5] 학습이론의 비교[2]

사상별 비교항목	행동주의	인지주의	구성주의
대표적 교수-학습이론	파블로프의 고전적 조건형성이론, 쏜다이크의 도구적 조건형성이론, 스키너의 강화이론	브루너의 인지발달구조이론, 오수벨의 유의미 학습이론	삐아제의 인지적 구성주의이론, 비가츠키의 사회적 구성주의이론
철학적 관심	객관주의 교수	객관주의 교수-학습	구성주의 학습
수업의 목적	외현적 행동의 변화	인지구조의 변화	주관적 경험에 근거한 개인적 의미 창출
교사의 역할	정보 제시자	새로운 정보와 기존 인지구조의 연결 촉진자	학습환경 조성자
학습자 이해	수동적 인간	적극적 인간	적극적 인간
학습의 생성	자극과 반응의 연결 및 강화	정보의 입수, 조직, 저장 및 인출 활동 강조	개인이 경험한 세계에 대한 새로운 의미 창조
학습의 영향(역할)	외현적 자극 및 반응의 체계적 배열	정보처리활동 촉진을 위한 학습자의 정신적 활동 강조	학습 주체자의 학습활동과 학습대상인 지식의 역동적 상호작용
효과적인 학습의 형태	변별, 사실의 기억, 개념의 획득 및 일반화, 적용	문제해결, 추론	복잡하고 비구조화된 학습과제 및 문제영역
교수-학습 전략	외현적 교수전략	학습자의 내적 사고전략, 교수자의 부호화 전략, 정보처리 전략	학습환경 조성 및 상황적 맥락과 실제적 과제 제공

---

2 제롬 브루너(Jerome Brunner)는 삐아제와 달리 발달단계는 연령별로 고정된 것이 아니라 각 단계의 인지구조에 적합하도록 지식을 구조화하여 지적 자극을 통해 촉진될 수 있다고 주장한다. 그는 수업의 내용은 학습자들의 의욕을 고취시키기 위해 그들의 경험 및 생활 맥락과 관련이 있어야 하고, 쉽게 성취될 수 있도록 구조화되어야 하며, 주어진 정보 이상의 것을 추구할 수 있도록 추상적인 사고를 촉진하도록 구성되어야 한다고 주장한다.

미국의 심리학자인 데이비드 오수벨(David P. Ausubel)은 의미란 학습자가 어떤 내적인 인지 조작을 활용하여 자신의 경험을 능동적으로 해석할 때 발생한다고 주장한다. 학습 내용이 학습자의 인지구조에 의미 있게 연결될 때 발생하는 유의미학습의 전제 조건은 실사성(substantiveness)과 구속성(nonarbitrariness)인데, 실사성은 학습과제의 내용을 어떻게 표현하더라도 그 의미가 변하지 않는 특성이며, 구속성이란 일단 임의적으로 맺어진 관계가 하나의 관심으로 굳어진 이후에는 그 관계가 다시 임의적으로 변경될 수 없는 특성을 의미한다. 실사성의 예를 들면 "할아버지는 아버지의 아버지이다"라는 명제는 "아버지의 아버지는 할아버지이다"라는 명제로 표현해도 그 의미가 변하지 않는다. 또한, 물건을 담는 도구를 가방이라고 한다면, 가방이라는 말은 이미 굳어진 의미 때문에 구속성이 높지만, 만약 가방이라는 단어가 사회적 약속과 다르게 필기도구를 의미한다

행동주의 학습이론에 의하면 학습이란 경험의 결과로 나타나는, 관찰 가능한 행동의 변화, 외부 환경의 자극에 대한 반응을 의미한다. 그러므로 행동주의의 주된 관심은 학습의 결과로 나타나는 외현적 행동 변화이며, 이는 기계론적 인간관에 바탕을 두기 때문에 학습자를 수동적인 존재로 이해한다.[3] 인지주의 학습이론은 자율적(적극적) 인간관에 바탕을 두기 때문에, 학습을 행동의 변화를 인도할 수 있는 정신적 구조의 변화로 이해한다. 따라서 인지주의의 주된 관심은 내적 사고의 과정, 즉 학습자의 인지과정이다. 그러므로 이 이론은 통찰에 의한 학습과 학습자의 "선개념" 또는 "선 이해"(a priori)에 초점을 맞춘다.

구성주의 학습이론은 유기적 인간관에 기반하여 학습이란 인식의 주체인 학습자가 자신의 현실 속에서 경험적, 인지적 활동을 통해 얻는 지식의 구성이라고 해석한다. 따라서 구성주의의 주된 관심은 학습자가 스스로 능동적인 지식을 창출하는 것이다. 삐아제는 개인에게는 자신을 이해하고 세상을 인지하는 도식(schema)이 있는데, 외부로부터 받아들인 정보가 자신의 도식에 적합하면 이에 동화(assimilation)되며, 만약 자신의 인지적 도식에 부합되지 않으면 불평형(disequilibrium) 상태에 이르러 혼란이 야기되기 때문에 자신의 도식을 수정하는 조절(accommodation)을 통해 새로운 인지적 도식을 구성해야 한다고 지적한다(Piaget, 1969). 따라서 인지적 구성주의에 따르면 자신의 도식을 수정하는 조절(accommodation)을 통해 평형화(equilibration)를 이루는 과정에서 학습이 발생한다.

한편, 사회적 구성주의란 구(舊) 소련의 심리학자인 레브 비가츠키(Lev S. Vygotsky, 1978)가 주장한 개념으로서, 그는 사회적 특성, 의사소통 스타일, 성격, 인지적 능력, 언어 스타일, 지적 배경 등 인간의 다양한 발달과 학습은 학습자의 "근접발달영역"(ZPD: Zone of Proximal Development) 내에서 사회적, 문화적 상호작용으로부터 일어난다고 주장하였다. 근접발달영역이란 아동 중심의 개념으로서 아동이 스스로 도달할 수 있는 학습능력과 성인 교수자 및 부모 등 주변의 도움을 받아 도달할 수

면 구속성이 낮다. 오수벨은 가장 중요한 학습의 조건은 학습자가 사전에 이미 알고 있는 내용을 새로운 학습 내용과 관련짓는 것이라고 지적하였다. 이와 관련한 자세한 내용은 이화여자대학교 교육공학과, 『21세기 교육방법 및 교육공학』(서울: 교육과학사, 2004)을 참조하라.

3 이와 관련한 학자별 자세한 내용은 심리학의 이론을 다룬 3장을 참조하라.

있는 능력의 차이, 즉 실제적 발달수준과 잠재적 발달수준의 차이를 뜻한다.

2 교수학습법의 분류

5장에서 다룬 교육과정과 본 장에서 다루는 교수학습법은 그 바탕이 되는 사상적 흐름이 유사하다. 교육과정의 큰 줄기는 교수자 중심의 교과(교육내용) 위주의 전통주의, 학습자의 경험을 중시하며 과학적 방법론을 강조하는 개념-경험주의, 그리고 교수자와 학습자의 상호작용 및 학습자의 비판적이고 주체적인 경험을 중시하는 재개념주의로 나뉜다.

교수학습법에 있어서는 그 기본원리에 따라 행동주의와 인지주의를 기반으로 하는 교수자 중심의 객관주의 교수학습법과 학습자 중심의 구성주의 교수학습법으로 양분된다. 객관주의 교수학습법은 논리실증주의에 근거하여 수업 설계가 사전에 선정된 지식 전달을 위한 하향식의 순차적 과정을 통해 진행된다. 반면 구성주의 교수학습법은 현상학과 해석학에 근거하여 수업 설계의 과정이 피드백과 성찰을 통한 순환적 과정으로 전개된다.

양자의 결정적인 차이는 객관주의의 입장에서 볼 때에 지식은 학습자와 독립적으로 존재하는 것으로서 학습이란 지식을 학습자 외부에서 내부로 전이하는 과정이며, 구성주의는 자신의 경험을 이해하려고 노력하는 학습자에 의해 지식이 구성되며, 학습자는 능동적인 유기체로서 지속적으로 지식을 재구성한다고 본다. 따라서 객관주의 교수학습법은 교수자로부터 학습자로의 지식 전달에 중점을 두며, 구성주의 교수학습법은 학습자가 스스로의 힘으로 지식을 구성할 것을 강조한다. 그러나 양자를 뚜렷이 구분하여 대립의 관계로 볼 것이 아니라 통합적 관점에서 두 가지 방법론을 활용하는 것이 바람직하다. 객관주의 교수학습법에 대한 반작용으로 일어난 구성주의 교수학습법의 등장으로 인해 교수학습의 패러다임이 교수자 중심에서 학습자 중심으로 변화하고 있는 경향을 반영하여 등장한 것이 인터넷 기반의 이러닝(e-Learning)이다. 교수학습법은 교육의 목적을 이루기 위하여 과학적 지식을 활용한다는 측면에서 교육공학의 교수설계이론과 중첩되는데, 이러닝의 장점을 활용하는 한편, 단점을 보완하기 위해 등장한 블렌디드 러닝(Blended Learning)이 대표적인 예가 된다. 포괄적인 차원에서 볼 때에 블렌디드 러닝 역시 인터넷을 활용한 학습자 중심의 구성주의 교수학습법에 포함된다고 볼 수 있다.

1) 객관주의(Objectivism)

객관주의는 전통적인 교수–학습 방법이 기초하고 있는 인식론으로서, 사실주의와 행동주의에 기초한다. 객관주의의 기본적인 가정은 세상에 대한 완벽한 지식인 진리가 존재하는데, 따라서 인간이 추구하는 지식은 이러한 실재와 속성, 원리를 아는 것이며, 모든 사람은 외부에서 내부로 전달되는 진리를 통해 똑같은 이해에 도달할 수 있다는 것이다.

객관주의에 의하면 가르침(교수)이란 이미 존재하는 지식이 그 지식을 알고 있는 사람(교수자, 교사)에 의해 지식을 알지 못하는 사람(학습자)에게 전달되는 과정이며, 따라서 수업의 중심은 교수자이기 때문에 대표적인 교수–학습의 방법은 교수자가 지식을 학습자들에게 전달, 주입하는 방법이다. 객관주의 교수학습법에 있어서의 평가는 교수와 분리될 수 있고, 객관적으로 측정 가능한 표준화 검사 유형이 주로 사용된다. 강의법과 동기유발법인 ARCS(Attention Relevance Confidence Satisfaction) 모형이 대표적인 객관주의 교수학습법이다.

(1) 강의법(Lecture Method)

강의식 교수법은 가장 오래된 전통적인 교수법으로서 교수자가 다수의 학습자에게 일방적으로 지식을 전수하는 방법이다. 강의법은 일정한 시간 내에 가장 많은 학습자에게 가장 쉽게, 가장 많은 지식과 정보를 전달할 수 있다. 주로 강사, 교수자의 능력에 의존하므로 교수 설계자의 입장에서 복잡한 교수설계과정을 거치지 않아도 되는 편리함을 제공하며, 유능한 교수자를 확보한 경우, 교육효과가 극대화될 수 있다.

강의법은 기초지식을 함양해야 하는 개론 과목에서 운영하기에 유용하며, 학습자의 수에 제한을 받지 않는데, 특히 인터넷을 활용한 사이버 강의는 제한 없이 학습자에게 정보와 지식을 전달할 수 있다. 강의식 교수법의 단점은 학습자와의 상호작용이 제한된다는 것이며, 일방적인 정보전달 수단이므로 학습자들이 수동적이며, 지루하게 되어 학습동기가 저하될 가능성이 있다는 점이다. 또한, 강사에 대한 의존도가 크기 때문에 강사의 수준에 따라 강의의 질이 달라진다는 위험성이 있다.

(2) ARCS(Attention Relevance Confidence Satisfaction) 모형

동기유발법으로서의 ARCS 모형은 학습자의 학습능력은 학습자 특성, 교수전략, 그리고 학습자의 동기수준과 밀접한 연관이 있다는 가정에 기초한다. 미국의 교육공학자인 존 켈러(John M. Keller, 2010)는 학습자의 동기유발을 위한 모형을 제공했는데, 그는 이 모형을 통해 학습자의 학습동기에 영향을 미치고 이를 유지하는 요소들을 주의집중(Attention), 관련성(Relevance), 자신감(Confidence), 만족감(Satisfaction)의 네 가지로 제시하였다.

주의집중은 호기심, 주의환기, 감각 추구 등과 관련되는데, 특히 호기심은 학습자의 주의 유발 및 유지의 요인이다. 주의집중을 위해서는 시청각 효과를 사용하는 지각적 주의 환기와 문제해결 활동의 구상을 장려함으로써 능동적 반응을 유도하는 것이 필요하고, 탐구적 주의환기를 진작시키고, 목표, 내용, 방법을 통합함으로써 다양성을 제공하는 것이 요구된다.

관련성은 결과와 과정의 두 가지 측면을 통해 과제가 학습자의 개인적 흥미나 목적과 관련되는가에 대한 긍정적 해답을 제시하는 것에 관한 것이다. 친밀한 주제와 실용성에 중심을 둔 목표 제시를 통해, 그리고 학습자 개인적 수준에 맞춘 목표 제시를 통해 필요의 부합성을 부각하여 교수의 효과를 끌어올릴 수 있다.

자신감은 지각된 능력, 지각된 조절감, 성공에 대한 기대와 관련이 있는데, 이는 평가기준 및 피드백을 제공하고, 적정 수준의 난이도를 유지하고 학습의 속도를 조절함으로써 학습을 유지시키는 기반이다. 만족감은 일단 유발된 동기를 지속시키는 역할을 담당하는데, 이는 현실 상황에서 적용할 수 있는 기회를 제공하는 내재적 강화와 외적 보상, 그리고 수업내용의 일관성을 유지하는 공정성 확보를 통해 학습자의 만족도를 제고하여 학습의 효과를 극대화하려는 것이다.

　　ARCS 모형은 특정 종류의 변인에만 치중했던 다른 동기 이론들과 달리, 동기와 관련된 연구들을 종합하도록 돕는 주의집중, 관련성, 자신감, 만족감이라는 구체적인 변인들을 제공하고 있기 때문에 교수설계자들이 체제적 접근을 할 수 있는 틀을 제공한다. 또한, 동기 설계를 위한 구체적인 전략들을 하나의 체계적인 이론적 틀 안에서 제공함으로 통합적 가치를 지닌다. 하지만 동기 전략은 동기에 영향을 미치는 조건들의 복합성으로 인해 구체적, 처방적 전략으로 제시되기 어려우며, ARCS 모형이 학습자 개인의 특성을 해결하는 것이 아니므로 동기적 측면에 해당할 때에만 유용하며, 동기의 복합성과 환경과의 관계 때문에 교수설계자에게 직접적으로 유용한 처방적 동기 전략을 세부화시키는 데에는 제한이 있다는 점이 지적된다.

2) 구성주의(Constructivism)

　　구성주의는 실재는 지식을 가진 사람의 마음에 존재하며, 사람의 경험에 의한 해석이라는 신념에 기초한다. 구성주의는 학습이란 학습자가 지식의 내적인 표상을 구축하는 과정으로서 경험에 의해 독특하게 개발되는 개인적 해석이며, 교수란 학습자가 개인적인 경험을 통해 의미를 해석하는 것을 돕는 과정이라고 이해한다. 따라서 수업의 중심은 학습자이며, 교수자는 학습자가 의미를 구성하는 것을 돕는 보조자, 촉진자, 코치의 역할을 담당하는 것이다. 또한, 구성주의 교수학습법에 있어서 평가는 과제와 분리된 것이 아니라 문제해결과정인 학습과정 자체에 포함된 것으로 간주된다. 대표적인 구성주의 교수학습법에는 문제중심학습(PBL: Problem Based Learning), 목표기반 시나리오(GBS: Goal-Based Scenario), 액션러닝(Action Learning), 그리고 최근 기독교교육에서 새로이 조명하는 하브루타(Havruta) 등이 있다.

(1) 문제중심학습(PBL: Problem Based Learning)

　　문제중심학습법은 종전의 강의법을 지양하고 문제를 해결해 나가는 과정을 통해 학습이 이루어지도록 하는 방법으로서, 이는 존 듀이(John Dewey)의 학습자 중심 교육철학을 적용한 것이며, 1966년 캐나다의 맥매스터 의과대학교(McMaster University Medical School)에서 의사인 하워드 배로우(Howard S. Barrow)와 의학자인 로빈 탬블린(Robyn M. Tamblyn)이 개발한 방법론이다. 두 사람은 엄청난 양의 지식과 정보를 암기해야 하는 의학 교육의 특성에도 불구하고, 기존의 강의식 및 암기식 수업을 의과대학교의 학습에 적용하기가 비효율적인 것에 착안하여 의사들이 당면하는 정확한 진단과 적절한 치료방법을 찾는 고차원적인 문제해결능력 함양을 위해서 실제적 문제를 중심으로 교육과정을 개편하였다(Barrow and Tamblyn, 1980).

그들이 개발한 첫 번째 사례는 감기에 관한 것이었는데, 의과대학교 학생들에게 주입식으로 감기에 대하여 강의하는 것보다, 감기 증상의 사례를 주고 학생들 스스로 사례분석을 통해 병명을 밝히고, 진단에 근거한 처방까지 내릴 수 있도록 구성한 것이다. 이는 1980년대부터 수의학, 약학, 간호학, 공학, 경영학, 교육학, 법학, 건축학, 경제학 등 다른 학문에도 적용되기 시작하여 오늘날에는 대표적인 학습자 중심의 교수학습법으로 인정받고 있다.

문제중심학습은 실제적인 문제의 사례로부터 시작하는데, 학습을 통해 다룰 문제는 너무 쉽게 해결되거나 특정한 틀에 매여 한 가지의 정답이 도출되는 것이 아닌, 비구조화되고 충분히 복잡한 것이어야 한다. 또한, 교육과정과 연관되어 학습목표를 이루는 데 공헌해야 하고, 학습자의 발달단계에 적합한 다양한 학습자원들을 활용할 수 있는 기회를 제공해야 한다. 학습자 중심의 방법론인 문제중심학습에 있어서 교사의 역할은 단순한 지식의 전달자가 아닌, 학습의 진행자 또는 촉진자이다.

문제중심학습법은 실생활과 관련된 구체적인 문제를 학습자의 경험을 통해 학습하는 학습자의 자발적 학습으로서 의의를 지니며, 이를 통해 학습자의 민주적 생활태도를 향상시키는 데에도 기여한다. 사고력, 창의력, 문제해결능력 등을 향상시키는 데에도 유용하다. 하지만 실제 사례 중심의 학습이므로 체계적인 교육에는 불리하며, 따라서 기초학력을 쌓는 데에는 유용하지 않다. 또한, 심도 있는 지식과 경험의 토대하에 사례의 구조가 잘 구성되지 않으면 학습방향의 일관성을 잃을 수 있기 때문에 모든 학문에 일관적으로 적용하는 데에는 한계가 있으며, 평가의 기준을 선정하는 데에도 어려움이 있다.

(2) 목표기반 시나리오(GBS: Goal-Based Scenario)

목표기반 시나리오는 1980년대 초 미국 노스웨스턴 대학교(Northwestern University)의 교육심리학 교수였던 로저 쉥크(Roger Schank)를 중심으로 개발된 교수설계이론으로서 특정한 목적을 달성하기 위해 인위적으로 구성된 시나리오에 기초하여 문제를 해결하도록 하는 방법이다. 이는 목표를 강조하는 측면에서는 객관주의적인 특성을 보이기도 하지만, 실제적인 맥락을 강조하는 면에서 구성주의적 방법론으로 분류된다.

목표기반 시나리오는 학습자의 흥미를 자연스럽게 유도하기 위한 방법은 성취 가능한 목적을 달성하도록 요구하는 것이라는 가정에 기초하며, 따라서 시나리오에서 구성한 문제는 기능과 사례를 학습하도록 구성된 문제이므로, 단순한 지식이 아니라 기능의 획득에 중점을 둔다. 목표기반 시나리오는 기능을 가르치는 가장 최선의 방법은 실제상황이라는 신념하에, 문제 시나리오와 함께 문제해결에 필요한 사례와 문제해결 과정에 대한 단서, 자료들을 함께 제시한다. 이는 방대한 양의 자료를 처리할 것을 요구하므로 대부분의 경우에 컴퓨터의 활용이 요구된다.

목표기반 시나리오는 목표(goal), 임무(mission), 표지이야기(cover story), 역할(role), 시나리오 운영(scenario operation), 자원(resources), 피드백(feedback)의 각 단계들이 유기적으로 결합되어야 그 성과가 도출된다. 먼저 목표를 이루기 위해서는 목표 성취에 기여하는 기술을 연습하는 방법에 관한 지식인 과정지식(process knowledge)과 학습자들이 목표 성취를 위하여 발견해야 하는 정보인 내용지식(content knowledge)을 필요로 한다.

임무는 학습자들이 설정된 목표를 성취하기 위하여 수행해야 하는 과제로서 학습자들이 처한 상황과 유사한 형태의 임무를 과제로 부여함으로써 학습자들의 동기를 유발시킨다. 표지 이야기는 목표 달성을 위하여 학습자들이 임무수행에 필요한 내용을 구체화시킨 것이며, 역할은 학습자들이 표지 이야기 속에서 담당하는 임무수행자의 역할을 뜻한다. 표지 이야기와 맡은 역할이 흥미로울수록 학습자들의 동기가 부여된다.

시나리오 운영은 학습자들이 임무를 수행하는 모든 구체적인 활동을 의미하는데, 설정된 목표와 그에 따른 임무에 따라 시나리오는 다양한 모습으로 나타난다. 학습자원은 목표를 달성하기 위해 임무를 수행하는 데 있어서 참고가 되는 정보이며, 이러한 정보는 학습자원의 형태로서 잘 조직되어 있어야 한다. 피드백은 학습자들이 임무를 수행하는 과정에서 발생할 수 있는 어려움을 해결하는 데 도움이 되는 교수자의 조언인데, 피드백이 적절한 시기에 제공되면 학습자들의 임무수행의 효과성과 효율성이 증대된다.

(3) 액션러닝(Action Learning)

액션러닝은 조직구성원이 팀을 구성하여 동료와 촉진자의 도움을 받아 실제 업무의 문제를 해결함으로써 학습을 하는 방법이다. 목표기반 시나리오처럼 문제 중심이지만, 목표기반 시나리오가 과거 또는 특별히 창조된 문제를 사용하는데 비하여, 액션러닝은 실제 조직, 개선이 필요한 현안에 초점을 둔다. 또한, 액션러닝은 문제중심학습과 달리 해결책의 실제 적용 및 타당성 검증의 기회를 갖는다. 이는 조직 내 문제해결을 하는 데 있어서 학습을 활용하는 것으로서 실질적이고 행동 위주의 교육훈련 방법에 해당한다.

액션러닝에서 학습을 위해 사용되는 문제는 실제 조직에서 해결해야 하는 문제로서 실시간 학습을 통해서 개인의 학습뿐 아니라 조직의 요구를 모두 만족시키는 것을 목표로 한다. 따라서 학습을 단순히 한순간에 끝내는 것이 아니라 일련의 과정으로 만들며, 핵심인력을 대상으로 한 비교적 장기간의 학습을 요구한다. 액션러닝은 성과와 직결되는 과제를 해결함으로써 조직의 성과 향상에 직접적으로 기여하며, 팀을 이룬 학습을 통해 구성원들 간의 이해 증진 및 조직변화를 유도한다. 또한, 익숙하지 않은 도전적 과제를 다룸으로써 폭넓은 시야를 제공하는 유용성을 지닌다.

목표기반 시나리오와 마찬가지로 액션러닝을 성공적으로 운영하기 위해서도 준비, 설계, 실행, 평가의 각 단계를 짜임새 있게 구성해야 한다. 준비 단계에서는 교수자들에 대한 촉진교육과 지원 확보, 학습자의 역량 파악이 필요하며, 설계 단계에서는 조직의 목표와 필요를 기반으로 액션러닝에 대한 요구를 분석하여 이에 적합한 실제 과제를 선정하여 프로그램을 설계하여야 한다. 실행 단계에서는 실제 프로그램의 운영과 함께 학습자가 지속적으로 참여할 수 있도록 지원과 격려를 아끼지 않아야 하며, 평가 단계에서는 목적 달성의 효과성을 측정하고, 성공과 실패 요인에 대한 분석을 통해 프로그램을 개선하는 것이 요구된다.

(4) 하브루타(Havruta)[4]

하브루타(havruta, חברותא)는 "친구" 또는 "짝"을 지칭하는 히브리어 "하베르"(haver)에서 파생된 것으로 "우정"이라는 의미를 갖는다. 유대인들에게 친구란 서로 가르쳐주고 배우며, 은혜를 주고 받는 교육적이며 인격적인 관계를 뜻하는데, 하브루타는 이같이 기본적으로 두 사람이 서로 짝을 지어 대화하고 토론하는 유대 고유의 학습방법이며, 세 사람 이상이 한 팀을 이룰 때에는 "하브라"(havurah)라고 한다. 전통적으로 하브루타는 유대인의 율법인 토라와 탈무드를 공부하는 것을 의미했는데, 우리나라에서는 국가교육과정의 개정을 통해 학습자 중심의 교육과정을 편성하며 학생들의 학습참여를 강조한 이후 주목을 받기 시작하였다.[5] 이후 하브루타 학습에 대한 학문적 논의는 모이라 매티슨(Moira B. Mathieson, 1990)이 이를 세계 각국의 협동학습 사례의 하나로 소개하며 시작되었다.

---

4 하브루타에 대한 자세한 내용은 최성훈, "항존주의와 하브루타의 변증적 결합: 고전읽기 프로그램을 중심으로,"「기독교교육정보」69(2020), 189–214를 참조하라.

5 우리나라에서 하브루타는 2012년 탈무드하브루타연구회가 설립되며 도입되기 시작하였고, 2014년 하브루타교육협회의 설립 및 하브루타 교육사 자격과정을 위한 세미나 개최와 관련 서적들의 출판 이후 본격적인 논의가 이루어졌다. 우리나라 교육환경에 적합하도록 조정한 하브루타의 다섯 가지 학습모형은 질문중심, 논쟁중심, 비교중심, 짝 가르치기, 문제 만들기로 구성되며(Lee, 2018), 두 가지 이상의 하브루타 모형을 함께 사용할 때에 효과성이 증진됨이 확인되었다.
　　한국식 하브루타 수업모형은 질문 만들기, 짝 토론, 모둠 토론, 발표, 그리고 교수자가 전체 학생과 나누는 정리 단계인 쉬우르의 절차로 구성된다. 하브루타는 다양한 분야에서 의사소통 효과의 증진, 사고력 배양, 자기주도학습능력 및 창의력 향상 등의 면에서 긍정적인 결과를 도출하였다. 또한, 하브루타 교육의 효과로서 즐거움, 경청, 집중력, 논리력, 창의력, 발표력, 의사소통능력, 협상력, 리더십의 증진이 지적되었으며(아리엘리, 김진자, 2014). 하브루타를 통해 체득할 수 있는 장점으로서 고등 사고력, 창의적 사고, 자기주도학습, 소통과 경청 및 타협능력, 비판적 사고력과 논리력의 향상 및 평생 친구관계 형성 등이 제시된다.

데렉 복(Derek Bok, 2006)은 비판적 사고능력을 위해서는 주제에 대한 명확한 인식능력, 주제와 관련한 다양한 의견과 이해관계를 치밀하게 정리할 수 있는 능력, 관련 증거와 보충자료를 수집하고 주제와의 관련성을 드러내는 입증력, 가능한 대안의 장단점을 검토 후 자신의 입장을 정리하는 능력, 그리고 예상되는 반론에 대한 변호를 할 수 있는 변증력 등 다섯 가지의 능력이 필요하다고 주장하였다. 하브루타는 그와 같은 능력 함양을 위해 전통적으로 주제이해, 하브루타, 상호피드백의 세 단계 과정으로 전개되며(아리엘리, 김진자, 2014), 그와 같은 세 가지 쌍을 중심으로 하는 여섯 가지 핵심 실천의 원리들로 구성된다(Kent, 2010, 219-220).

이를 세부적으로 살펴보면 1단계는 상대방의 이야기에 관심을 기울이고 듣는 경청하기(listening)와 자신의 생각을 명확하게 표현하는 재확인하기(articulating), 2단계는 질문에 대하여 재질문하거나 이의를 제기하는 반문하기(wondering)와 주의를 집중하고 대안에 대하여 탐색하는 집중하기(focusing), 그리고 3단계는 상대방의 생각을 명료화, 강화, 확장하도록 격려하는 지지하기(supporting)와 모순되거나 대립되는 생각에 대하여 주의를 환기시키는 도전하기(challenging)으로 구성된다(Kent, 2010). 이와 같은 여섯 가지 실천 원리들은 진술(testimony), 질문(question), 대답(reply), 반박(rebuttal), 증거(evidence), 갈등(conflict), 해결(resolution)이라는 하브루타의 7가지 일반적 원리로 체계화되었다(박종신, 2017, 340-341).

하브루타는 학습자 상호 간에 가르치고 배우도록 하지만 이를 엄밀히 살펴보면 토론기법은 아닌데, 하브루타 학습이 논쟁을 통해 우위를 확보하는 것이 아니라 질문과 대화를 통해 서로의 의견을 존중하고 경청하며 사고력을 개발하는 관계에 기반한 협동학습법이기 때문이다. 또한, 하브루타는 토론처럼 쌍방향 말하기에 해당하지만 토론과 같이 공적인 말하기가 아니라 사적인 말하기의 성격을 띠기 때문에 토론과는 성격이 다르다. 하브루타는 질문을 중심으로 생각의 연상을 자극한다는 점에서 토론에 비해 발산적 창의성에 보다 초점을 맞추고 있고, 형식 토론은 제한된 시간 내에 중요한 내용들을 선별하여 전달한다는 점에서 수렴적 창의성에 초점을 맞춘다. 이는 하브루타의 관계성을 입증하는 특징이며, 따라서 단순히 하브루타를 토론과 대조하기보다는 하브루타와 토론을 결합하여 양자의 장점이 상승효과를 도출하는 교수법으로 승화시키는 편이 교육의 효과성을 증진한다.

하브루타의 관계성은 학습자와 텍스트, 학습자와 학습자, 그리고 학습자와 교수자의 관계로 구성된다. 우선 하브루타는 짝을 이루는 학습자들이 중심이 되어 텍스트를 접하여 이를 해석하는 개인들의 관계를 기반으로 한다. 학습자는 주어진 본문 내용을 정독과 다독을 통해 접하면서 텍스트와의 관계성을 강화하며, 학습자의 삶에서 제기되는 문제에 대하여 텍스트(text)를 통해 조명하며 삶이라는 콘텍스트(context)와의 간격을 줄여간다. 또한, 하브루타는 학습자의 참여를 중시하며 학습자 간의 친밀한 관계를 형성하는데, 텍스트와의 상호작용을 통해 개인 학습자뿐만 아니라 짝을 이루는 학습 파트너의 지적인 측면을 강화하는 과정을 통과하기 때문이다. 마지막으로 하브루타는 교수자와 학습자 간에 수직적인 위계 관계가 아니라 수평적인 관계를 형성하는데, 이는 교수자와 학습자 역시 스승과 제자가 아니라 짝을 이루는 동등한 친구로서 서로 배우고 가르치기 때문이다. 일반적인 학교의 구조 속에서 교수자와 학습자 간의 관계는 수직적 관계로 굳어지기 십상이지만 하브루타는 그러한 관계를 벗어나 인격적인 관계로 인도한다. 이같이 하브루타는 관계성을 기반으로 하여 학습자 개인은 물론, 짝이 되는 상대방 학습자, 그리고 교수자 모두의 상호작용과 발전을 도모하는 교수법이다.

3 교육공학의 이해

공학이라는 용어는 "예술, 기술"이라는 뜻의 헬라어 "테크네"(τέχνη)와 "어휘, 연구, 신탁"의 의미를 가진 "로기아"(λόγια)라는 두 단어를 조합한 것이다. 공학의 어원은 특정 사물을 만들어 내는 지식 또는 기술의 의미를 지닌다. 과학이 현상을 설명하는 데에 관심이 있는 반면에, 공학은 실제적인 문제해결에 관심이 있다. 따라서 공학이란 실제적 과제를 해결하기 위해 과학적 지식 또는 조직화된 지식을 체계적으로 적용하는 연구이며, 교육공학이란 교육의 목적을 이루기 위하여 과학적 지식을 적용하는 학문 분야를 지칭한다.

　　예를 들면 교수학습법의 교수이론이 어떻게 하면 학습자가 학습을 더 잘 할 수 있을지에 대한 설명을 통해 방향성을 제공한다면, 교육공학은 학습자의 학습과 발달을 촉진하기 위한 보다 나은 방법에 대하여 명확한 지침을 제공하는 이론으로서 보다 구체적이고 처방적이다. 교육공학을 단순히 교육에 시청각 매체를 활용하는 것으로 좁게 정의하는 경우도 있지만, 교수-학습방법의 개발 및 활용에 관련된 모든 요인과 절차들에 대하여 체제적 관점에서 탐색하는 거시적 학문분야로 파악하는 포괄적인 이해가 더욱 유용하다.

1) 교육공학에 대한 관점

　　교육에서의 공학에 대한 관점은 크게 네 가지로 분류된다(Roblyer and Doering, 2010). 첫째, 교육공학의 개념을 매체(media)와 동일시하는 관점으로서 이는 1930년 대의 시청각 운동에 뿌리를 두고 있다. 특히 대학교육에서 교과서보다는 슬라이드와 필름과 같은 매체를 활용하였고, 따라서 교육공학이란 시청각 매체라고 생각하였다.

　　둘째, 교수체제와 교수설계로서 교육공학을 파악하는 것인데, 이는 2차 세계대전 이후에 군대와 산업 분야에서 단기간에 다수의 지휘관(장교)과 산업 인력을 양성하려는 목적에서 출발한 것으로서 정형화된 학습자료와 훈련절차를 강조하였다. 이러한 관점은 행동주의와 인지주의 심리학을 동시에 반영한 것으로 효율성을 달성하기 위해 계획적이고 체제적 접근을 활용하였다.

　　셋째, 직업훈련 또는 공학교육의 관점으로 교육공학을 바라보는 것인데, 이는 1980년대에 들어 산업훈련가와 직업교육 전문가들에 의해 제시된 것으로 학교교육의 주요한 목적은 학교에서 습득한 지식과 기술을 직업 현장에서 활용할 수 있도록 미리 준비하는 것이라는 이해에 바탕을 둔다. 컴퓨터의 보급이 확대되고 이를 이용한 디자인(CAD: Computer Aided Design)과 그래픽, 인쇄 기술의 발달을 그 배경으로 한다.

　　넷째, 컴퓨터 시스템의 관점으로서 1960년대에 처음으로 컴퓨터를 학교 수업에 도입한 이래로 교육공학이란 컴퓨터를 교육목적으로 활용하는 것이라고 이해하였다.

이러한 관점의 발달을 배경으로 20세기 초의 시청각 교육은 1950년대에 교수-학습과정을 통신으로 보는 통신이론과 교육을 총체적으로 접근할 것을 강조하는 체제이론(Systems Theory)이 결합하여 시청각 통신 모형으로, 그리고 1960년대 후반에는 교수공학(Instructional Technology)이 등장했다. 교수공학은 행동주의 심리학과 체제이론을 바탕으로 하는데, 특히 체제이론은 교수-학습의 과정을 강조하며 관련된 모든 구성 요소들 간의 상승적 통합효과를 기대하였다. 이후 교수공학은 교육공학(Educational Technology) 또는 학습공학(Learning Technology)과 동의어로 사용되고 있다.

2) 교육공학의 영역 및 성격

교육공학은 ADDIE, 즉 분석(Analysis), 설계(Design), 개발(Development), 실행(Implementation), 평가(Evaluation) 등, 각각의 영역을 통해 문제를 해결하는 교수학습의 이론과 실제에 기여한다(Morisson et al., 2011). ADDIE 모형은 객관주의 교수체제 설계모형이지만 구성주의 교수체제 설계모형도 각 단계가 유기적으로 결합되어 상호작용을 일으킨다는 점을 제외하면 거의 유사하다. 오늘날 교육공학의 방법론이 학습자 중심의 교육 효과 진작을 위해 사용된다는 추세를 고려할 때에 ADDIE 모형을 바탕으로 교육공학의 영역을 설명해도 무리가 없을 것이다.

우선 분석 단계에서는 학습과 관련된 조건들을 분석하여 문제를 확인하고, 그 해결을 위한 자원 및 관련 서비스의 우선순위를 결정하는데, 이는 학습자들의 연령, 지능, 성격, 경제, 문화, 사회적 특성, 선수학습 수준, 경험 등의 배경과 특성을 고려하여 그들의 요구를 파악하는 학습자 분석으로 시작한다. 교수분석이란 문제가 있는 현재의 상태에서 문제가 해결된 바람직한 상태에 이르도록 하는 포괄적인 요구를 분석하는 요구분석, 위에서 언급한 학습자분석, 목표분석, 그리고 목표를 이루기 위한 과제의 타당성을 검토하는 과제분석을 포함한다.

설계 단계에서는 이를 토대로 수업내용을 구성하고 적합한 교수활동을 선정함으로써 교수학습의 성과를 극대화할 수 있는 구체적인 절차 및 지침을 설정한다. 본 단계에는 교육목표를 이루기 위한 교수매체의 종류 및 특성을 구분하고, 선정하고 운영하는 교수매체 분석 및 교수학습 방법론의 선정이 포함된다.

개발 단계는 설계 단계에서 기획된 것을 기반으로 실제적으로 수업에서 활용할 수 있는 교수매체와 자료 등을 효과적으로 배치하는 단계이다. 이 단계에서 인쇄매체, 시청각매체, 컴퓨터, 통합매체 등을 어떻게 활용할 것인지에 대한 계획이 구체적으로 드러난다.

실행 단계는 개발된 교육프로그램을 운영, 조정, 감독하는 단계로서, 여기에는 교육매체의 활용은 물론 자원과 정보의 관리, 관련 정책의 고안 등이 포함된다. 마지막으로 평가 단계에서는 교육공학 프로그램의 과정과 결과에 대하여 그 가치를 결정한다.

교육공학은 체제적, 처방적, 학습자 지향적이라는 특성을 보인다. 체제적이란 교수학습의 활동을 일련의 요소들로 이루어진 체제(system)로 보고, 체제를 이루는 각 요소들이 기능을 독립적으로 충분히 발휘하면서도 다른 요소들에게 긍정적인 영향을 미치거나 상호보완적이게 되어 그 요소들의 공동의 목적을 달성하기 위한 변인들을 밝히고 그 기제를 분석함을 통해 체제 전체의 기능을 극대화할 수 있도록 하는 접근이라는 뜻이다.

수업의 목적을 어떻게 결정하고, 관련 내용을 어떻게 선정하며, 어떠한 방법으로 평가하는지 등에 대한 일련의 방법을 제시한다는 측면에서 교육공학은 처방적이다. 또한, 학습자의 요구를 반영하여 교육프로그램을 설계하고 학습자의 적극적인 참여를 유도하기 위하여 학습자를 중심에 놓고 교수체제를 설계, 개발, 운영한다는 측면에서 학습자 지향적인 성격을 보인다.

3) 뉴미디어와 교육공학

캐나다의 미디어 이론가이자 문화비평가인 허버트 마샬 맥루한(Herbert Marshall

McLuhan, 1964, 7)은 "월드 와이드 웹"(world wide web)의 출현을 통한 정보의 가속화를 인터넷 탄생의 30년 전에 예고하며, "미디어가 메시지"라는 유명한 말을 남겼다. 오늘날 디지털 문화는 인간과 인간, 인간과 미디어, 그리고 미디어 간의 상호작용이 특징인데, 이는 면대면이 아니라 각종 커뮤니케이션 방식이 혼합된 매개 커뮤니케이션을 통해 이루어지는 것이다. 따라서 미디어를 통한 소통과 상호작용에 있어서 다양한 매체를 이해하고, 다양한 형태의 메시지를 분석, 평가하여 의사소통할 수 있는 능력인 미디어 리터러시(media literacy)가 요구된다. 미디어 리터러시는 다원화된 현대사회에서 이미지와 영상 관련 비주얼(visual), 다양한 양식을 통한 복합적 멀티(multi), 비판, 문화, 인터넷, 정보, 소셜 미디어, 소프트웨어, ICT, 트랜스 리터러시 등의 다양한 미디어에 대한 다층적 의미로 확장되며 뉴미디어 관련 교육공학적 대응이 요구되고 있다.

20세기 후반 이후 정보통신기술의 발달이 정보의 확산을 가속함에 따라 지식의 생성과 소멸이 이전의 시대와 달리 급속도로 빨라졌고, 21세기 들어서 4차 산업혁명 시대를 맞이하며 그러한 경향은 더욱 확산되었다. 따라서 기존의 교육방식으로는 더이상 수많은 정보를 가공하고 활용해야 하는 지식기반사회에 대응하기 어렵게 되었고, 인터넷을 활용하는 웹사이트 기반의 새로운 교수법(WBI: Web-Based Instruction)인 "e-러닝"(e-Learning)이 주목을 받기 시작하였다. 이러닝의 정의에 대하여는 이러닝이라는 용어를 어떤 목적으로 사용하느냐에 따라서 다양한 견해가 존재하기 때문에 일관된 정의나 개념 규정을 찾기는 어렵지만 이러닝의 개념 정의에서 공통적으로 강조하고 있는 공통적인 요소들을 살펴보는 것이 이를 이해하는 데 도움이 될 것이다.

이러닝의 특징은 다음과 같다(임정훈, 2012).

첫째, 인터넷 기반의 전자 매체를 바탕으로 한다.

둘째, 시공의 제약을 극복하는 융통성이 있는 학습환경을 제공한다.

셋째, 교수자와 학습자, 또한 학습자 간의 상호작용을 지향한다.

넷째, 다양한 형태의 자기주도적 학습활동을 강조한다.

21세기에 들어오면서 무선 인터넷과 다양한 이동통신기기의 발달은 누구나 언제든지 인터넷에 접속하여 자신이 원하는 정보와 지식을 손쉽게 탐색, 획득할 수 있는 환경을 구축하였다. 이로 인해 유선 인터넷을 기반으로 하던 이러닝 교수학습 환경도 무선 인터넷을 기반으로 하는 모바일 러닝(m-learning)으로 변모하였다. 모바일 러닝에 대하여도 다양한 개념 정의가 있지만 대체로 모바일 인터넷과 휴대폰, 태블릿 PC, 노트북 컴퓨터 등의 이동통신기기를 이용하는 무선 인터넷 기술에 기반한 학습으로 정의한다. 모바일 러닝도 이러닝의 일종으로 볼 수 있으며, 더 확장된 개념으로서 유비쿼터스 러닝(u-learning 또는 ubiquitous learning) 또는 스마트 러닝(smart-learning)을 들 수 있다. 이는 무선 인터넷 환경의 발전과 이동통신기기의 발달을 통해 언제, 어디에서든 인터넷에 접속하여 다양한 정보와 지식을 빠른 시간 내에 획득할 수 있는 시대의 교수학습을 지칭하는 표현들이다.

웹 2.0의 등장에 따라 이러닝에도 변화가 불어오고 있는데, 웹 2.0이란 특정한 ICT(Information and Communication Technology) 기술을 의미하는 것이 아니라 웹의 일반 사용자들이 정보를 개방하여 함께 공유하고 정보의 생산에 적극적으로 참여하여 상호협력하는 인터넷의 새로운 활용 경향을 지칭한다(임정훈, 2012, 374). 인터넷상에서 누구나 자유롭게 글을 작성하여 지식과 정보를 제공할 수 있는 참여형 온라인 백과사전인 위키피디아(Wikipedia)를 비롯하여, 인터넷의 사용자가 직접 이미지 또는 동영상 자료를 제작하여 공유하는 UCC(User-Created Contents)의 확산도 여기에 한몫을 단단히 했다. 뿐만 아니라 TV나 라디오와 같은 전통적인 매체와는 다르게 사람들 사이에서 1대 다수 또는 다수 대 다수로 의사소통을 가능하게 하는 인터넷 기반 매체인 소셜미디어(Social Media)는 이용자들 상호 간에 정보를 공유하고 관계를 맺으며 지식을 창출하는 중요한 역할을 담당하고 있다.[6]

교회의 홈페이지도 컴퓨터 환경에서 구축되던 것이 최근에는 모바일 환경에도 적용되며, 설교 및 예배의 영상을 스마트 폰의 애플리케이션(Application)으로 제공하

---

6 원래 TGIF라는 단어는 주말을 맞아 기뻐하는 의미에서 "Thank God, It's Friday"라는 표현에서 유래한 것이지만 최근에는 TGIF란 "Twitter, Google, Instagram, Facebook" 등의 대표적인 소셜미디어를 지칭하는 용어로 바뀌었는데, 이는 급격하게 발달하는 이러닝의 모습을 잘 보여주는 예다.

거나 실시간 중계하는 모습을 보인다. 특히 코로나 19 팬데믹 상황을 경험하며 온라인 목회의 중요성이 강조되고, 포스트 코로나 19 시대를 맞이하며 단체 및 개인의 인터넷방송, 디지털미디어방송(DMB: Digitl Media Broadcasting), 휴대 인터넷(Portable Internet)을 활용한 교육 및 목회 활동이 폭넓게 확산되었다.

4) 블렌디드 러닝(Blended Learning)[7]

블렌디드 러닝은 전통적인 오프라인 면대면 수업과 온라인 비대면 수업을 혼합한 교수학습법인데, 오프라인과 온라인 양자의 장점을 통합하고 단점을 보완하므로 학습효과를 극대화하는 데에 공헌한다. 블렌디드 러닝의 시초는 1982년 미국 시카고 대학교(University of Chicago)에서 시작된 원격교육(distance learning)이며, 이후 1993년 미국 플랫스버그 뉴욕 주립대학(State University of New York at Plattsburgh)의 윌리엄 그라지아데이(William D. Graziadei) 교수가 최초로 컴퓨터를 활용한 온라인 강의를 제공하였고, 이후 이러닝을 거쳐 2002년 이후 블렌디드 러닝이 핵심적인 교육과정으로 부각되었다.

(1) 블렌디드 러닝과 플립드 러닝

블렌디드 러닝의 한 형태인 플립드 러닝(flipped learning)은 웹 기반 기술을 활용하는 교수법의 혼합을 통해 운영한다는 면에서 블렌디드 러닝과 매우 유사하다. 그러나 블렌디드 러닝이 온라인과 오프라인 방식을 혼합하여 수업 전체의 학습 효과를 증대하는 것을 지향하는 데 비하여 플립드 러닝의 경우 사전학습은 대부분 온라인 강의로 제공하고 이후 심화학습은 오프라인을 통해 진행하며 오프라인 학습의 효과성을 향상시키는 데에 초점을 맞춘다는 점에서 구별된다. 즉 플립드 러닝이 수업 전에 학습자들이 미리 동영상 강의를 통해 교과 내용의 기본적 개념을 숙지하고 대면 강의를 통해 이를 적용하는 학습으로 이원화되어 있는데 비하여, 블렌디드 러

---

7 블렌디드 러닝과 관련한 자세한 사항은 최성훈, "블렌디드 러닝과 기독교교육: 대학교육을 중심으로," 기독교교육정보 71(2021), 77-103를 참조하라.

닝은 학습방법론에 초점을 맞추어 온라인과 오프라인 두 가지 교수학습법을 운영하며 학습 도구와 기술, 전략을 총체적으로 활용함으로써 학습환경을 최적화하고 학습효과를 증대하는 데에 목표를 둔다.

따라서 특정 과목에 있어서 블렌디드 러닝은 해당 과목의 통합적 학습 목표의 달성에 중점을 두지만, 플립드 러닝은 오프라인으로 진행하는 대면 수업에 보다 중점을 두는 경향을 보인다. 플립드 러닝은 교실에서 수행되는 학습의 효율적 운영을 위하여 IT 기술을 활용하는 블렌디드 러닝의 한 형태로 간주되며, 플립드 러닝의 사전학습은 웹 기반의 동영상 콘텐츠만을 다루지 않으며, 신문기사, 퀴즈 등 다양한 형태의 자료를 포함한다(Brewer and Movahedazarhouligh, 2018, 413). 양자의 결정적인 차이는 플립드 러닝이 추가적인 사전학습을 제공하지만 오프라인 수업 시간이 단축되지 않는데 비하여, 블렌디드 러닝은 온라인 수업의 비율에 따라 오프라인 수업이 늘어나거나 줄어든다는 점이다(Lage, Platt, Treglia, 2000, 30-43). 블렌디드 러닝은 온라인 콘텐츠의 비율이 30-79%인 오프라인과의 혼합 강의를 의미하는데, 온라인 콘텐츠의 비율에 따른 강의 유형의 분류는 다음과 같다.

[표 6] 온라인 콘텐츠 비율에 따른 강의유형[8]

온라인 비율(%)	수업유형	내용
0	전통적(오프라인)	온라인 기술이 사용되지 않으며, 판서와 구두 수업으로만 진행하는 대면 수업
1-29	웹 활용	웹 기반의 기술을 활용하는 대면 수업
30-79	블렌디드/하이브리드	온라인과 오프라인 대면 수업을 혼합
80 이상	온라인	온라인으로만 운영, 대면 방식의 수업을 배제

(2) 블렌디드 러닝의 혼합성

"혼합"을 지칭하는 "블렌디드"(blended)의 의미는 단순히 전통적인 면대면의 오프라인 방식과 새로운 온라인 방식의 교수학습법을 연계하는 데 그치는 것이 아니

---

8 I. Elaine Allen, and Jeff Seaman, *Online Nation: Five Years of Growth in Online Learning.* (Newburyport, MA: Sloan Consortium, 2007), 4.

라, 개별학습과 협력학습의 연계는 물론 콘텐츠의 통합과 실시간 및 비실시간 수업의 연계와 같은 다차원적 혼합을 통해 학습효과를 극대화하는 방식으로 그 개념은 물론 영역까지 확장되고 있다. 학교를 통한 형식교육을 위한 블렌디드 러닝의 주요 요소는 학습환경, 학습목표, 학습내용, 학습시간 및 장소, 학습형태와 매체, 상호작용 유형 등이 있다. 따라서 블렌디드 러닝은 온라인과 오프라인을 통해 학습목표, 학습방법, 학습시간과 공간, 학습경험과 상호작용의 방식 등을 결합하여 최적의 학습효과를 생산하기 위한 학습전략으로 부각하고 있다. 그러나 온라인과 오프라인 수업을 단순히 결합하는 데에 그친다면 그리 효과적이지 못하며, 과목에 따라 수업 내용과 학습자 특성을 고려하여 유기적으로 양자를 결합해야 효과적인 수업이 될 수 있다.

블렌디드 러닝의 운영 방식은 혼합 방식(mixed mode)과 보조 방식(adjunct mode)으로 분류하는 것이 일반적인데, 우선 혼합 방식은 온라인과 오프라인의 수업 형태를 절충하는 것으로서 수업 범위를 온라인과 오프라인으로 구분하여 운영하는 수직형과 모든 정규 수업 시간을 온라인과 오프라인으로 균등하게 분할하여 운영하는 수평형으로 나뉜다. 보조 방식은 정규 수업을 면대면 오프라인 중심으로 운영하되 온라인 활동을 통해 상호작용의 측면을 보충하는 온라인 보충 방식 및 정규 수업을 온라인으로 운영하지만 실습 등 일부 활동을 오프라인을 통해 추가하는 오프라인 보충 방식으로 구분된다. 온라인 보충 방식의 경우 플립드 러닝과 매우 유사하지만 플립드 러닝보다는 인터넷 기술에 대한 의존도가 절대적이지 않다는 점에서 구별된다.

한편 블렌디드 러닝의 혼합성을 수업방식의 혼합, 수업전달 매체의 혼합, 온라인 수업과 오프라인 수업의 혼합, 그리고 앞서 언급한 모든 것들의 혼합으로 구분하기도 한다(Mantyla, 2001). 수업방식의 혼합은 강의식과 학습자 주도방식 또는 정형화된 수업과 비정형화된 수업 등 각기 다른 수업방식을 혼합하는 것이고, 수업전달 매체의 혼합이란 수업을 위한 비디오, 온라인 시뮬레이션, 구조화된 수업 등의 매체를 혼합하는 것이다. 하지만 가장 대표적인 혼합 방식은 온라인과 오프라인의 혼합이며, 앞에서 언급한 모든 방식을 혼용하는 총체적인 접근방법도 블렌디드 러닝의 혼합 방식에 해당한다.

(3) 블렌디드 러닝 교육과정

블렌디드 러닝의 주요 특징은 온라인과 오프라인 수업의 혼합, 시간과 공간의 제약 때문에 대면 수업에서 다루지 못하는 내용을 온라인으로 보충하며 온라인과 오프라인 수업의 장점을 취하는 것, 그리고 교수자가 아니라 학습자를 중심으로 하는 교수학습법이라는 점이다. 블렌디드 러닝은 오프라인 수업의 시간적 한계를 극복하여 학습자들에게 예습과 복습의 기회를 제공하며, 온라인과 오프라인의 혼합에 기반한 협업 활동을 통해 학습자 간 편차를 줄이며, 온라인 수업 진행시 배제되거나 포기하는 학생들에 대하여 보충수업 성격의 오프라인 활동이 보완하는 효과를 도출한다. 결국 블렌디드 러닝은 온라인과 오프라인 교육의 장점을 동시에 활용함으로써 학습효과를 증진하며 학습자 중심의 맞춤 교육을 가능케 한다. 따라서 블렌디드 러닝의 교육과정에서는 온라인 수업에서 제공하는 멀티미디어를 활용한 교수 자료를 통해 내용적 지식을 함양하고, 오프라인 수업에서는 대면 표현력과 사고력을 증진할 수 있다.

블렌디드 러닝은 시간과 공간의 제약을 받지 않기 때문에 교수자와 학습자 사이의 상호작용이 원활하여 학습의 효율성이 제고되며, 학습자 중심의 교육활동이 가능하다. 또한, 온라인과 오프라인 학습 환경의 통합으로 학습도구와 학습자원의 면에서도 유리하다. 블렌디드 러닝은 대면 수업만으로는 어려웠던 개별학습의 기회를 충분히 제공하여 학습자의 수준별로 반복학습이 가능하기 때문에 자기주도 학습의 역량을 강화하며, 교수자에게도 대면 수업은 물론 온라인을 통해 학습자들의 학습과정을 모니터링할 수 있도록 하여 수업의 다각도 점검이 가능하다.

블렌디드 러닝의 교육과정 운영과 관련하여 교수자들은 블렌디드 러닝에 대하여 반복을 통한 학습 제고, 자기주도적 학습을 통한 학습자 흥미 유발, 수업 시수 및 강의실의 물리적 한계 보완 등을 장점으로 지적한 데 비하여, 학습자들은 수업 시간에 대한 결정권, 온라인 선행학습 및 반복을 통한 학습효과, 교수자의 잡담 방지 등을 제시하였고, 반대로 블렌디드 러닝의 단점에 대하여는 교수자가 학습자의 집중력 저하, 교수자의 준비 부담, 평가의 공정성을 제기한 데 비하여 학습자는 과제 증가의 부담, 상호작용의 부족을 지적하였다(임진숙, 김강희, 2020, 390-392).

(4) 블렌디드 러닝과 수업설계

블렌디드 러닝은 온라인과 오프라인 수업의 혼합 형태에 따라 고려해야 하는 교수설계의 변인 범위가 넓기 때문에 다양한 측면에서 교수전략을 수립하여 반영해야 하며, 이는 온라인에서 사용하는 저작도구의 활용력, 시스템의 운영능력, 효과적인 소통 역량 등을 요구한다. 그러므로 블렌디드 러닝의 원활한 운영을 통해 학습효과를 높이기 위해서 우선적으로 요구되는 과업은 수업설계의 정교함인데, 이는 수업의 구성, 수업방법의 선택, 학습자와 학습환경의 분석 및 교수학습자료 개발 등 전체 수업의 과정을 기획하는 수업의 설계가 치밀해야 교육효과를 산출하기 때문이다. 블렌디드 러닝의 수업설계 원리는 상호작용을 중심으로 상호작용 확대, 상호작용 정교화, 상호작용 평등화, 상호작용 공유, 상호작용 비용 효과성의 다섯 가지로 제시된다(손혜숙, 2021, 168).

상호작용 확대의 원리는 오프라인 강의를 통한 학습에서 불가능하거나 부족한 부분을 온라인을 통해 보완하는 것이고, 상호작용 정교화 원리란 온라인 수업에 있어서 보다 명확한 의사소통을 중심으로 의사결정을 할 필요가 있을 때에 오프라인 수업을 통해 이를 보완하는 것이다. 상호작용 평등화 원리는 익명성이 보장되는 온라인 소통을 통해 학습자들의 동등한 참여를 보장하고 의사소통을 촉진하는 방안이며, 상호작용 공유의 원리는 학습내용과 자원을 온라인을 통해 공유하도록 하는 것이다. 마지막으로 상호작용 비용효과성의 원리는 다수의 학습자들이 지역적으로 분산되어 있는 경우 이동비용을 최소화하는 한편, 시설 및 장비 비용을 절감하기 위하여 온라인과 오프라인 방식을 혼합하여 활용하는 것이다.

블렌디드 러닝과 관련하여 교수자는 개별 학습자들의 요구를 반영하여 수준별 학습능력의 신장 및 학습목표의 달성을 위한 조언과 지도력을 발휘해야 한다. 이는 단순한 교사의 역할이 아니라 수업설계자 및 학습활동과 상호작용의 조력자, 온라인 사회자, 평가 및 관리자 등의 복합적인 역할을 수행할 것을 요구한다. 하지만 전통적인 교사의 역할에 충실한 교수자는 블렌디드 러닝에서 필요로 하는 전문지식, 교수능력, 매체의 활용력, 학습자와의 소통 등의 측면에서도 긍정적인 역할을 담당할 가능성이 높다. 그럼에도 불구하고 모든 교수자가 온라인 학습에 필요한 콘텐츠를 개발하고 이를 적절히 구현하는 역량을 보유한 것은 아닐 수 있기 때문에 교수자들이 블렌디드 러닝 관련 미디어 역량을 보유하도록 하는 지원이 필요하다. 블렌디드 러닝에 있어서 교수자의 역량은 수업의 전문성을 통해 학습자의 학습효과로 연결되기 때문에 적합한 교수 역량 강화가 요청되며, 특히 전공계열의 특성을 반영하여 특화된 차별적 지원책이 블렌디드 러닝의 안정적인 운영을 위한 기반이 되기 때문이다. 이는 기독교교육과 관련해서도 두터운 성경 지식에 근거한 기독교세계관 및 수업설계의 역량을 필요로 한다.

4 기독교교육의 교수학습 및 교육공학적 기반

인류 역사에 있어서 신무기의 등장은 전쟁을 통한 패권의 판도를 결정지었다. 유럽과 러시아, 아시아를 정복해서 인류 역사상 최대의 제국을 이루었던 징기스칸 군대의 신무기는 기병이었다. 무거운 갑옷과 투구를 걸친 유럽의 기병들과는 달리 간단한 투구와 가죽옷만을 입었던 경무장 기병이 주축이었던 몽골의 군대는 약간의 보조부대를 제외하고는 전부 기병으로만 구성되어 있었다. 그들이 사용한 주무기는 두 가지 종류의 활이었는데, 작고 가벼운 활은 근거리용, 조금 큰 활은 장거리용이었다. 서너 살 때부터 말타는 훈련을 받은 몽골인들은 잔혹한 고비사막에서 지내는 것 자체가 훈련이었고, 사막에서 자란 몽골의 말 역시 유럽의 말과는 달리 물 없이도 며칠을 버티는 훈련이 되어 있었다. 또한, 예비 말을 데리고 다니며 행군이나 전투 중에 필요에 따라 교체해서 기동성을 유지했다. 고대의 병법은 기병 하나가 보병 열을 이길 수 있다고 언급하는데, 당시 보병들이야 농사를 짓다가 차출된 농민군인데 비해서 기병들은 어린 시절부터 훈련받은 정예병사들이었기 때문이다. 이러한 기병의 전투력을 바탕으로 몽골제국은 수천의 도시를 파괴하고 1,850만 명을 사살하며 30여개 국 이상을 점령하였다.

총이 등장하며 한 번 더 전쟁의 역사는 변화하였다. 특히 우리나라를 침략한 일본이 조총부대를 앞세워 재미를 톡톡히 보았다. 일본에서 조총부대를 대규모 단위로 편성해서 운영했던 인물은 오다 노부나가인데, 전국 시대 당시 일본에서 조총은 무사정신에 위배되는 무기로 간주되어 적장들은 오다 노부나가를 무사도에 어긋나는 인물로 비난하였다. 하지만 조총에는 치명적인 약점이 있었는데, 총을 한 번 쏘고 나면 헝겊으로 총신을 닦고 다시 불을 붙여서 발사해야 하므로 다음 공격까지 시간이 너무 오래 걸렸다는 점이다. 따라서 말을 탄 적 기병들이 공격을 하면 첫 발을 쏘고 나서는 무참히 공격을 당해야 하는 어려움에 처했다. 특히 오다 노부나가의 라이벌이었던 다케다 가문은 기마대를 앞세워 오다 노부나가의 조총부대를 무찌르곤 했다. 효율성을 중시한 오다 노부나가는 조총부대를 3열로 세워서 첫 줄의 격발이 끝나면 맨 뒷줄로 가게 하고, 다음 줄이 총을 쏘고 나면 다시 맨 뒤로 가도록 하는 식으로 조총부대를 운영해서 시간이 걸리는 약점을 극복하였다. 결국 그러한 전술을 바탕으로 오다 노부나가는 일본 전국을 통일하였다. 오다 노부나가가 가신의 반란으로 죽음을 당한 이후에 그 뒤를 이은 토요토미 히데요시가 우리나라를 침략할 때 가장 재미를 본 무기도 조총이었다.

하지만 조총의 시대를 끝낸 신무기 기관총이 등장하였는데, 근대 전쟁에 있어서 기관총은 제국주의 열강의 군비경쟁의 판도를 바꾸어 놓았다. 1883년 영국인 하이럼 맥심(Hiram Stevens Maxim)이 개발한 기관총은 방아쇠를 당기고 있는 한, 계속해서 총알이 자동으로 발사되는 무기로서 당시에는 기관총을 당해낼 무기가 전혀 없었다. 1분에 600발, 즉 초당 10발의 탄환이 발사되는 이 기관총은 1차 세계대전의 핵심무기였다. 오늘날에도 기관총은 보병의 전개에 있어서 가장 중요한 무기 중 하나이다. 기관총을 쏘아대는 부대 앞에서는 어떤 보병도 전진할 수 없었기 때문이다. 따라서 2차 세계대전은 기관총을 보유한 각국들의 각축전이었다.

그러나 2차 세계대전은 원자폭탄이 발명되며 마무리되었다. 사실 독일은 2차 대전 발발 당시인 1939년에 핵 물리학이 세계에서 가장 발달한 나라였고 원자폭탄을 제조할 수 있는 재료 또한 풍성하게 확보하고 있었다. 독일은 1940년 프랑스와 벨기에를 침공해서 양국과 그 식민지들을 지배하게 되었는데, 벨기에의 식민지 자이르 지방에는 당시 세계 최대의 고품질 우라늄 광산이 있어서 원자폭탄 1-2발을 만들 수 있는 1천 톤 이상의 천연 우라늄을 확보해 놓은 상태였다. 또한, 이에 못지 않은 우라늄 광산인 오스트리아의 요아킴 슈탈 광산 역시 독일의 지배하에 있었고, 당시 핵분열 실험을 위해 필수인 중수를 생산하는 시설 또한 독일이 점령했던 노르웨이에 있었기 때문에 독일이 원자폭탄을 만드는 것은 시간 문제였다. 하지만 초기에 승승장구하던 독일은 원자폭탄의 개발을 늦추는 바람에 20억 달러를 투여한 "맨하탄 프로젝트"를 통해 원자폭탄의 개발을 앞당긴 미국이 먼저 원자폭탄을 개발하며 2차 대전은 마무리 된 것이다. 당시 독일도 거의 원자폭탄의 개발을 마무리한 단계에 있었기 때문에 최종 완성의 타이밍이 승부를 결정지은 것이다.

하지만 아무리 과학기술이 발달하고 시대가 바뀌어도 영적 전쟁의 무기요, 기독교교육의 핵심 도구가 하나님의 말씀이라는 사실에는 변함이 없다. 하지만 전쟁을 하는 데에 무기가 큰 역할을 하는 것처럼 기독교교육을 통해 신앙을 다음 세대에 전수하고, 이 세상에서 그리스도인들이 영향력 있는 삶을 살도록 하는 데에는 성경 말씀뿐만 아니라 교수학습법과 교육공학이라는 보조적인 무기들이 필요하다. 그러한 무기들을 사용할 수 있도록 타이밍을 조절하시고 사명자들을 구비시키시는 분은 바로 하나님이시며, 그러한 무기들을 사용하기에 합당한 온전한 그리스도인이 되어야 죄로 물든 세상을 구원하는 방주로서, 그리고 빛과 소금으로서의 사명을 감당할 수 있는 것임을 간과해서도 안 될 것이다.

참고문헌

박종신. 『하브루타』. 인천: 성경암송학교(BRS), 2017.

변영계. 『교수학습 이론의 이해』. 서울: 학지사, 2005.

손혜숙. "블렌디드 러닝을 활용한 독서 교육방안 연구." 「리터러시연구」 12(2021), 163－190.

헤즈키 아리엘리, 김진자. 『탈무드 하브루타 러닝』. 서울: 국제인재개발센터, 2014.

이화여자대학교 교육공학과. 『21세기 교육방법 및 교육공학』. 서울: 교육과학사, 2004.

임정훈. "이러닝의 이해와 설계", 『교육공학의 원리와 적용』, 335－380. 파주: 교육과학사, 2012.

임진숙, 김강희. "학문 목적 한국어 학습자를 위한 블렌디드 러닝(Blended Learning) 수업 개발 연구: 한국어 뉴스 리터러시 교과에의 적용을 중심으로." 「새국어교육」 125(2020), 379－416.

최성훈. "블렌디드 러닝과 기독교교육: 대학교육을 중심으로." 기독교교육정보 71 (2021), 77－103.

_____. "항존주의와 하브루타의 변증적 결합: 고전읽기 프로그램을 중심으로." 「기독교교육정보」 69(2020), 189－214.

Allen, I. Elaine, and Seaman, Jeff. *Online Nation: Five Years of Growth in Online Learning*. Newburyport, MA: Sloan Consortium, 2007.

Barrow, Howard. S. and Tamblyn, Robyn M. *Problem－Based Learning: An Approach to Medical Education*. New York, NY: Springer Publishing Company, Inc., 1980.

Bok, Derek. *Our Underachieving Colleges: A Candid Look at How Much Students Learn and Why They Should Be Learning More*. Princeton, NJ: Princeton University Press, 2006.

Brewer, Robin, and Movahedazarhouligh, Sara. "Successful Stories and Conflicts: A

Literature Review on the Effectiveness of Flipped Learning in Higher Education." *Journal of Computer Assisted Learning* 34 (2018), 409−416.

Gage, Nathaniel L. "Theories of Teaching," in *Theories of Learning and Instruction, the Sixty−Third Yearbook of the National Society for the Study of Education*, ed. Ernest R. Hilgard, 268−285. Chicago, IL: The University of Chicago Press, 1964.

Keller, John M. *Motivational Design for Learning and Performance: The ARCS Model Approach*. New York, NY: Springer Science+Business Media, 2010.

Kent, Orit. "A Theory of Havruta Learning." *Journal of Jewish Education* 76 (2010): 215−245.

Lee, Ju−Eun. "Improvement of Chinese Class through Habruta Teaching Method." *Asia−Pacific Journal of Multimedia Services Convergent with Art, Humanities, and Sociology* 8(2018), 449−456.

Mantyla, Karen. *Blending E−Learning: The Power Is in the Mix*. Alexander, VA: Association for Talent Development, 2001.

Mathieson, Moira B. "Tips for Teachers: Lesson Plans and Ideas from Around the World." *ERIC Cooperative Learning* 10(1990), 49−54.

McLuhan, Herbert M. *Understanding Media: The Extensions of Man*. Boston, MA: The MIT Press, 1964.

Morrison, Gary R., Ross, Steven M., Kalman, Howard K., and Kemp, Jerrold E. *Designing Effective Instruction*. New York, NY: John Wiley & Sons, 2011.

Piaget, Jean, and Bärbel Inhelder. *The Psychology of the Child*. trans. Helen Weaver, New York, NY: Basic Books, 1969.

Reigeluth, Charles M., and Stein, F. S. "Elaboration Theory of Instruction," in *Instructional−Design Theories and Models: An Overview of Their Current Status*, ed. Charles Reigeluth, 335−382. Hillsdale, NJ: Lawrence Erlbaum Associates, 1983.

Vygotsky, Lev S. *Mind in Society: The Development of Higher Psychological Processes*. Cambridge, MA: Harvard University Press, 1978.

07

교육사회학

미국 휘튼 대학(Wheaton College)의 철학교수를 역임한 복음주의 신학자인 아더 홈즈(Arthur F. Holmes)는 1977년 출간한 『모든 진리는 하나님의 진리다』(All Truth is God's Truth)라는 저서를 통해 이 세상의 모든 진리는 결국 하나님의 진리를 담고 있으며, 진리이신 그리스도를 통해 하나님의 진리를 발견할 수 있다고 주장하였다. 신학적 관점에서는 유한한 인간이 정치, 경제, 사회, 문화, 철학, 종교, 과학, 기술 등의 분야에서 발견하는 진리는 완전한 것이 되지 못하므로 알파벳의 소문자를 사용하여 "truth"라고 지칭하는 반면에 하나님의 완전한 진리를 가리킬 때에는 대문자를 이용한 "Truth"를 사용함으로써 이를 구분한다. 이 땅에서 믿음의 여정을 통과하는 동안 경험하는 진리(truth)는 완전한 것이 되지 못하기 때문에 거울로 보는 것처럼 희미하지만 완전하신 하나님 앞에서 온전한 진리(Truth)를 깨달을 것이다.

진리를 발견하는 과정, 즉 우리가 살아가는 이 세상은 황량한 광야와도 같다. 하지만 성경은 험난한 광야의 존재 이유에 대하여 설명하는데, 특히 이스라엘 백성들의 출애굽의 예를 들어서 광야를 통과하는 인간을 향한 하나님의 본심에 대하여 일깨운다. 하나님께서 이스라엘 백성들로 하여금 40년 동안 광야 길을 걷게 하신

것은 이스라엘 백성들을 "낮추시며, 시험하사, 그 마음이 어떠한지, 하나님의 명령
을 지키는지, 지키지 않는지 알려 하심이라"(신 8:2)는 것이다. 이어지는 구절에서 명
시된 광야의 목적은 고난을 통해 마음의 중심이 하나님 앞에 겸손하게 구비되어 복
을 받도록 하시기 위함이다. "네 조상들도 알지 못하던 만나를 광야에서 네게 먹이
셨나니 이는 다 너를 낮추시며 너를 시험하사 마침내 네게 복을 주려 하심이었느니
라"(신 8:16).

　　　히브리어로 "미"(מ)라는 접두사는 장소를 지칭하는데, 예를 들어 거룩함은 "카
도쉬"(קדוש)인데, 거룩한 장소인 성전은 "미"(מ)가 붙어 "미크다쉬"(מקדש)가 된다. 마
찬가지로 말씀을 "다바르"(דבר), 말씀들의 모음을 총칭하여 "드바림"(דברים)이라고
하는데, 광야는 여기에 장소를 의미하는 접두사 "미"(מ)가 붙어서 "미드바르"(מדבר)
이다. 다시 말하면 광야는 하나님의 말씀이 임하는 장소요, 하나님의 말씀을 듣는
장소라는 뜻이다. 기독교교육의 장(場, field) 역시 하나님의 말씀을 듣는 장소이다.
이를 확대하여 해석하면 하나님의 형상을 따라 창조된 사람이 거하는 모든 곳이 하
나님의 음성을 듣고 하나님의 뜻을 따라 살아갈 기본소양을 갖추고, 그 뜻을 이루
는 장소인 것이다. 결국 하나님 말씀을 통해 하나님과 동행하는 이에게 하나님의
진리가 임한다.

1 교육사회학이란 무엇인가?

　　　교육의 3요소를 교수자, 학습자, 교육내용이라고 한다면 교육의 4요소는 여기
에 "환경"이라는 요소를 가미한 것인데, 과학기술이 발전한 21세기에서 환경이라는
요소는 "미디어"(media) 또는 "가상공간"(virtual reality)이라는 요소로 대변되는 경향
을 보인다. 교육사회학은 교육과 사회의 역동적인 관계를 살피는 교육 분야의 학문
영역으로서, 그 전제는 교육이 특정한 사회적 배경을 토대로 이루어진다는 것이다.
교육사회학은 네 번째 교육의 요소인 환경과 직접적으로 관련이 있는 교육 분야이
지만 그러한 전제를 갖는 것은 너무 인본주의적 접근이라는 비판과 함께 교육사회

학 자체도 이론가들의 개인적 배경, 문화적 환경에 의해 영향을 받는다는 지적도 제기되었다.

교육사회학은 20세기 초에는 교육학의 관점에서 사회학의 지식과 이론을 응용하여 교육 문제를 다루는 "교육적 사회학"(Educational sociology)의 특징을 보였다. 이는 사회학적 지식의 확장을 위해 교육을 조명하는 "교육의 사회학"(Sociology of education)과 달리 교육의 과제를 해결하기 위하여 사회학의 이론을 교육에 응용하는 것이다. 1950년대 이후에는 교육적 사회학의 규범적 접근에서 벗어나 객관성이 높은 교육과학으로 재조직하려는 움직임에 의해서 기존의 실천 지향적인 성격에서 학문 지향적인 성격으로, 또한 기존의 가치 판단적인 성격에서 사실 분석적인 성격으로 변모한 교육의 사회학의 흐름을 보이기 시작하였다.

2 교육사회학의 이론적 토대

교육사회학의 이론을 거시적으로 분류하면 기능주의와 갈등주의로 나눌 수 있고, 미시적인 차원에서 분류하면 해석학적 관점과 신교육 사회학으로 나눌 수 있다. 교육사회학의 형성 초기에는 기능이론이 우세했지만 1970년대 이후 갈등이론의 본격적 도전에 직면하였다. 이후 연역적 방법을 통해 교육과 사회를 거시적으로 조명한 기능이론과 갈등이론과 달리 귀납적 사고를 통해 교육의 내적 과정에 대하여 미시적으로 분석한 해석학적 패러다임이 대두하였고, 이는 신교육사회학으로 이어지며 발전하였다.

1) 교육사회학의 거시적 관점

사회변동과 관련된 교육에 있어서 기능주의는 균형과 조화를 강조했고, 갈등주의는 사회의 갈등과 변화에 초점을 맞추었다. 1차 세계대전(1914-1918) 이전의 교육사회학은 기능주의 관점에 초점을 맞추어 사회의 진화와 적자생존을 강조하는 사회적 다원주의를 강조하였다. 따라서 어떤 부족, 종족들은 보다 덜 발전하여 백인보다 열등하기 때문에 정복되어 개화(문명화)되는 것이 마땅하다는 논리로 연결되어 제국주의 열강이 대두하는 배경으로 작용했다.

이윽고 겪은 1차 세계대전의 참상은 진화나 유전이 아닌 사회, 문화, 제도에 초점을 맞추게 되는 계기가 되었다. 1930년대에 들어서는 환경(사회화)의 영향에 주목하여 인간의 성품은 사회적 상호작용에 의해 형성됨을 강조했지만 이에 대하여 두 가지의 측면에서 비판이 대두되었다. 첫째, 이는 유전적인 부분을 전적으로 간과한 것이고, 둘째, "인간은 무엇, 무엇의 산물"이라는 결정주의적 인간관의 한계를 지적한 것이었다.

특히 갈등주의의 비판이 두드러졌는데, 기능주의적 사고는 인간의 경험과 반대로서 인간의 자유, 존엄성, 책임을 무시하는 것이며, 인간의 창의성, 주관성을 간과하는 것이라는 점을 지적하였다. 하지만 갈등주의적 입장 역시 인간에 대한 지나친 낙관론에 근거하고 있고, 참다운 자유의 근원인 하나님의 존재가 부재하며, 성령의 도우심을 통한 그리스도인의 재사회화가 필요함을 간과하고 있음도 동시에 경계하여야 할 것이다.

(1) 기능이론(Functional theory)

먼저 기능주의적 관점은 사회는 생물학의 유기체와 마찬가지로 자신의 생존과 유지에 필요한 여러 부분으로 구성되어 있고, 각 부분의 기능은 사회 존립에 필수적인 것임을 지적한다. 그러므로 사회의 각 부분은 질적 우열의 차이가 없이, 기능상의 차이만 있는 여러 부분들의 집합체라고 여긴다. 기능주의는 사회학의 창시자로 불리는 어거스트 꽁트(Auguste Comte)와 그의 영향을 받아 사회 유기체론을 주장한 허버트 스펜서(Herbert Spencer)가 그 토대를 이루었다. 하지만 기능주의의 대표적 인물은 프랑스의 사회학자인 에밀 뒤르깽(Emile Durkheim)이다. 그는 프랑스혁명 이후에도 와해되지 않는 사회를 바라보며, 교육의 핵심은 비사회적 존재인 개인을 사회적 존재로 양육하는 것이라 생각하였다. 한 마디로 교육은 곧 사회화의 활동이라는 것이다.

기능이론의 다양한 세부이론에는 합의이론(Consensus theory), 질서모형(Order model), 균형모형(Equilibrium model), 조화이론(Harmonic theory) 등이 있으며, 이들을 포괄하여 기능이론이라고 지칭한다. 기능이론은 현대사회를 타고난 권위와 지위가 아니라 개인의 능력과 업적에 바탕을 둔 성취사회로 파악하기 때문에 현대사회는 전문가사회요, 또한 민주사회로 인식되는 것이다. 하지만 사회의 유기적인 통합에 집중하다가 현대사회에 만연한 다양한 갈등과 대립 현상들을 설명하는 데에는 한계가 있고, 사회현상을 결과에 의해 설명하는 목적론적인 한계를 드러내는 점이 지적되었다. 그러한 이유로 1970년대에 시작된 기능이론과 갈등이론의 학문적 대립과 논쟁은 오늘날까지 지속되고 있다.

한편, 기독교교육의 시각에서 기능주의 관점을 평가하자면, 기능주의 시각은 거시적 관점으로 사회를 인식하는 것으로서 사회라는 거대한 실체가 그 속에 있는 개인을 지배한다고 믿기 쉽다. 그러한 관점은 결국 인간은 하찮은 존재이고 사회화의 산물일 뿐이라는 주장으로 연결되는데, 이는 하나님의 형상으로 창조된 인간의 존엄성을 부정하는 오류를 범할 수 있음을 경계해야 할 것이다.

(2) 갈등이론(Conflict theory)

갈등주의적 관점은 사회는 개인과 집단의 끊임없는 경쟁과 갈등의 장이라고 이해한다. 갈등의 핵심은 희소한 자원을 둘러싼 분배의 문제인데, 이를 주장하는 대표적인 인물은 독일 출신의 유대인 철학자 칼 막스(Karl Marx)이다. 막스의 기본적인 주장은 역사의 발전은 유산계급과 무산계급의 경제적 이해관계를 둘러싼 갈등 관계를 통해 이루어진다는 것이다. 갈등주의는 인간이 사회 구조에 의해 결정된다는 점에서 기능주의와 유사한 입장을 보이지만, 인간이 새로운 사회를 건설할 수 있는 능력을 가지고 있다는 것을 인정함으로써 기능주의와 차별되는 모습을 보였다.

갈등이론은 급진주의 이론(Radical theory), 사회적 재생산이론(Social reproduction theory), 종속이론(Dependency theory) 등으로 연결된다. 갈등이론은 사회화를 통한 지배구조를 교정하고 인간성을 회복하는 데 공헌하였다. 하지만 갈등이론은 사회를 무조건 이분하는 과도한 결정론에 빠져 있어서 학교 교육의 순기능을 무시하거나 외면하는 점이 한계로 지적된다.

신마르크스주의자(Neo-Marxist)인 브라질의 교육학자 파울로 프레어(Paulo Freire, 1970)는 교육의 목적이란 학습자가 사회의 억압된 구조를 신중하게 검토하여 변화를 가져올 수 있는 비판적 의식(conscientização)을 배양하는 것이며, 따라서 온전한 교육은 해방 효과를 지녀야 한다고 주장하였다. 그의 타당한 주장에도 불구하고 기독교의 시각에서 이를 비판적으로 조명한다면, 프레어는 인간의 죄성, 특히 억눌린 자들의 죄성을 간과했으며, 그리스도인에게 있어 새로운 삶의 출발점은 인간의 통찰이나 능력이 아니라, 성령의 역사를 통한 구원의 은혜임을 놓쳤다. 또한, 그리스도인의 목표는 하나님을 영화롭게 하는 것이지, 사람을 영화롭게 하는 것이 아님을 간과해서는 안 된다.

기독교적 시각에서 볼 때에 갈등이론은 인간의 본성은 선하며, 이러한 선한 본성을 통해 새로운 사회를 건설할 수 있다는 인본주의적 믿음에 기반하고 있다. 그러나 그러한 이해는 인간이 구속을 필요로 하는 죄인이며, 스스로 자신을 구원할 수 없다는 기독교적 관점과 대립되는 것이다. 기독교는 인간의 죄의 해결은 그리스도를 통해서만 가능하고, 끊임없는 죄성의 극복은 성령의 도우심을 통해서만 가능하다는 점을 직시하기 때문이다.

2) 교육사회학의 미시적 관점

교육사회학의 미시적 이론은 규범적 패러다임을 전제로 하는 거시적 이론과 달리 현상학적 또는 해석학적 패러다임을 기초로 삼는다. 미시적 관점을 해석학적 이론과 신교육사회학으로 구분하기는 하지만, 넓은 의미에서 교육 사회현상을 설명하는 데 있어서 사람과 사람 사이에서 발생하는 상호작용의 맥락을 중시하고, 직접 관찰이나 참여의 방법을 통해 교육의 내적 과정을 설명하고 지식의 사회성에 초점을 맞추는 것은 동일하다.

(1) 해석학적 이론(Hermeneutical theory)

해석적 관점에서 바라본 사회학이란 사회적 행위를 해석적인 것으로 이해함으로써 그 과정과 결과를 인과적으로 설명하는 과학에 속한다. 그러므로 행위란 행위의 주체인 개인이 의미를 부여하는 모든 행동을 의미한다. 이는 기능주의의 비인간화(로봇모델)와 갈등주의의 인본주의적 모델 사이의 통합 유형인 셈이다. 해석학적 이론은 사회란 구성원들 간의 끊임없는 상호작용에 의해 존재한다고 믿으며, 사회생활 역시 상호작용의 맥락 속에서 이루어지므로 개인이 자신과 세상을 어떻게 해석하느냐 하는 것이 가장 중요하다고 믿는다.

해석적 관점은 독일의 사상가 막스 베버(Max Weber)를 통해 발달했는데, 그는 종교(기독교교육)는 우리에게 의미를 부여하는 실체이며, 모든 것은 개인의 주관적인 해석에 달렸다고 주장하였다. 그러나 그의 가치-중립적인 가정은 지나친 단순화를 유발하는 것이라는 비판에 직면하기도 했다. 해석학적 이론에는 다양한 세부 이론들이 있는데, 개인의 자아 형성은 사회적 상호작용의 결과로서 인간 경험이란 사람, 대상, 상황, 사상에 대한 상징적인 해석과 의미 부여를 통해 이루어지고, 그에 따라 행동이 유발된다고 믿는 상징적 상호작용이론(Symbolic interactionism)과 인간의 상호관계란 교섭의 결과로부터 얻어지는 이득과 손실을 비교하여 이득이 더 클 경우에 유지될 수 있다는 교환이론(Social exchange theory), 행동주의나 객관주의가 아닌, 그 상황 또는 현상 자체를 통해 개인이 의미를 부여하고 세상을 파악해야 함을 강조하는 현상학적 이론(Phenomenological theory), 그리고 해석학적 방법을 사용하여 특정 집단의 생활양식인 문화를 기술하기 위해 그 구성원들의 의식과 생각, 판단 등을 연구하는 민속방법론(Ethnomethodology) 등이 있다. 그러나 이렇게 다양한 이론들은 사회가 주체적이고 능동적인 역할을 하는 구성원들 간의 끊임없는 상호작용을 통해 이루어지며, 문화와 지식은 이러한 상호작용의 결과라는 데에는 의견을 함께하고 있다.

(2) 신교육사회학(New sociology of education)

기존의 교육사회학의 전반적 연구가 교육의 외적 구조인 사회구조와 학습자의 학습 효율성에 주된 관심을 가져온 것에 대한 반작용으로 교육의 내적 과정에 해당하는 교육내용에 초점을 맞추려는 시도가 영국을 중심으로 일어났는데, 이를 신교육사회학이라고 칭한다. 이는 사회 전체를 거시적으로 다루는 것보다 조금 더 미시적인 수준에서 학교교육을 구체적으로 다루어 보자는 입장이다.

1970년대에 미국에서 거시이론인 갈등이론이 발전하는 동안, 영국에서는 교육불평등의 원인이 되는 학교 내의 현상들을 연구하였는데, 특히 교육내용인 지식의 성격과 이러한 지식이 교수과정에서 사회의 구조적 불평등에 어떻게 반영되는지에 대하여 관심이 집중되었다. 결론적으로 지식은 사회적 구성물로서, 사회적인 위계가 구분되어 있으며, 이 때문에 지식의 위계화는 사회 계층화를 야기한다고 주장하였다.

그 가운데 흥미로운 것으로 중상류 계층과 하류 계층의 언어능력에 현저한 차이가 있기 때문에 이러한 언어능력의 차이가 사회계층의 단절을 야기한다는 주장이다. 예를 들면 중상류 이상의 계층에서는 정교화된 언어로서 정확한 문법적 어순과 구문으로 내용을 전달하고, 다양한 접속사와 종속절을 사용하여 논리적인 의사전달을 하며, 상징적 표현을 통해 각각의 어휘나 어구가 지니는 미묘한 뜻이 세밀하게 전달되는 등, 언어 자체가 인지적 활동으로 간주된다는 것이다. 이에 비해 하류층의 언어는 구문형식이 조잡하고, 문장이 짧고 문법적으로 미완결인 경우가 많으며, 단순한 표현과 "그렇지?"(isn't it?/aren't you?), "알겠지?"(you know), "그래, 안 그래?"(yes or no?) 등의 감정의 동의를 얻으려는 표현을 비롯한 상투적인 관용 표현이 많다. 따라서 중상류 이상의 계층이 사용하는 언어가 대중적 언어보다 개인의 의도를 섬세하게 전달하고, 논리적 사고와 탐색을 촉진하므로 이 계층에 속한 학습자의 인지발달은 촉진되고 학업 성취도도 더 높아지게 된다는 것이다.

또한, 학교 교육은 지배계층이 선호하는 문화를 가르침으로써 사회계층의 불평등을 유지, 심화시키며, 하류층보다는 중상류 이상 계층의 문화를 더 많이 반영하기 때문에 중상류 이상의 계층에 속한 학습자들이 더 높은 학업 성적을 얻을 가능성이 높다는 문화재생산이론도 교육사회학의 이론에 속한다. 학생의 능력에 대한 교사의 기대는 학생의 사회경제적 배경에 의해 영향을 받으며, 학교에서 가르치고 전달하는 지식은 지배집단의 이해관계와 논리를 반영한다는 문화적 헤게모니 이론도 같은 맥락의 주장이다.

③ 생태학적 접근과 기독교교육의 환경

생태학(ecology)이란 생물학적 유기체와 그 유기체가 소속한 사회적, 물리적 환경 간의 상호의존적인 체계를 연구하는 학문으로서 유기체와 외부세계와의 상호작용을 핵심으로 한다. 이를 응용한 생태학적 체계론은 인간 발달을 사회문화적 관점에서 이해하는 것으로서 다양한 환경체계와의 상호작용을 강조한다. 생태학적 체계론이 주목받는 배경이 된 사건 중 하나는 21세기 들어 인류 최대의 도전이 된 코로나 19의 발발이다.[1]

전 세계를 휩쓴 코로나 19 사태 이후 정치, 외교, 경제, 사회, 문화는 물론 종교 분야에 있어서도 큰 변화의 물결이 몰려오고 있고, 새로운 형태의 사회로의 이행이

---

[1] 21세기 들어서 지구촌은 소위 "사스"로 알려진 중증급성호흡기 증후군(SARS: Severe Acute Respiratory Syndrome)과 "메르스"로 불리는 중동호흡기 증후군(MERS: Middle East Respiratory Syndrome Coronavirus)을 거쳐 코로나 19(Coronavirus Disease-19)라는 신종 전염병으로 인한 새로운 위기에 직면하였다. 이에 더해 제4차 산업혁명의 사이버 자극은 포스트모더니즘으로 인해 주목받던 인간의 감성마저 훼손시켜 버리고, 인공지능의 대두를 통해 인간을 주변화시키는 위협을 가하고 있다. 이는 향후 기술숭배와 물신주의를 통해 기독교의 가치관에 정면으로 도전할 가능성이 크다. 코로나 19와 같이 전 세계를 휩쓰는 전염병은 한편으로는 신의 노여움이라는 해석을 통해 종교에 대한 의존을 강조하지만, 다른 한편으로는 눈에 보이지 않는 초월적 존재보다는 과학적 해결책과 인간에 대한 성찰에 초점을 맞추며 종교와 멀어지게 만든다. 전염병이 발병할 때에 전통적으로 종교는 삶과 죽음에 대한 성찰을 제공하는 기능을 담당하였다. 그러나 오늘날 현대인들은 코로나 19를 경험하며 의료기술, 의료행정, ICT와 빅데이터를 통하여 전염병 관련 지표를 눈으로 확인하고 통제할 수 있게 됨에 따라, 종교보다는 정보와 과학에 더욱 의존하는 경향이 강해졌으며 위기 상황에서 절대적 존재를 추구하는 종교성이 희석되고 있다. 이같이 종교성이 약화되는 가운데 한국교회는 복음의 핵심 내용을 현대사회의 상황 속에서 소통하는 균형감각을 강하게 요구받고 있으며, 기독교교육 역시 그러한 과제에 직면하고 있다.

가속화됨에 따라 이른바 변화가 일상이 된 뉴노멀(New Normal) 시대가 도래하였다. 과학정보통신 기술의 발달로 전 세계가 하루 생활권이 된 오늘날의 지구촌은 어떤 형태로든 상호작용을 통해 서로 영향을 주고 받는다. 이는 한편으로는 교류의 증진을 통해 상호 이익과 발전을 촉진하기도 하지만, 다른 한편으로는 신종 전염병의 발생과 확산 등의 위험에 노출시키기도 하는 양면을 동시에 드러낸다.

생태학적 체계이론을 주장한 대표적인 인물은 미국의 심리학자 유리 브론펜브레너(Urie Bronfenbrenner)로서 그는 1979년에 출판한 저서 『인간 발달의 생태학』(The Ecology of Human Development)을 통해 명성을 얻었다. 이는 환경과 발달의 관계에 대한 경험적 리서치의 결과를 정리한 것으로, 인간과 환경은 지속적으로 상호교류하는 하나의 체계 안에 있으며, 인간의 능력과 그 발휘는 개인행동의 상황과 더 큰 사회에 달려 있다는 것이 그의 핵심 주장이며, 자세한 내용은 다음과 같다.

1) 생태학적 체계이론

미시체계(Microsystem)는 개인에게 가장 가까운 환경체계로서 개인과 직접적인 관계에 있는 환경이다. 예를 들면 개인의 발달에 관련 있는 특성들을 보이는 가족, 친구, 이웃, 소그룹 구성원, 직장의 동료, 교회 내 같은 조직의 구성원(셀원) 또는 살고 있는 집, 교회의 크기, 교회의 시설물, 주변환경(공원) 등의 물리적 환경을 의미한다.

중간체계(Mesosystem)는 개인이 참여하는 둘 이상의 환경들 간의 상호관계로서 미시체계들로 구성된 하나의 체계를 뜻한다. 이는 개인이 새로운 환경으로 이동할 때마다 형성되거나 확대되는데, 예를 들면 가족과 관련이 있는 이웃, 부모와 교사의 관계, 가족의 셀 구성원, 가족의 친구, 친구의 친구 등이 중간체계에 속한다.

외체계(Exosystem)란 개인이 관여하지는 않으나 개인이 속한 환경에서 발생하는 일에 영향을 끼치거나 영향을 받는 하나 이상의 환경체계를 지칭한다. 외체계는 간접적으로 개인에게 영향력을 발휘하며, 그 예로는 부모의 직장, 소득수준, 근무조건, 정부기관, 교육위원회, 교회의 당회, 대중매체 등이 있다.

거시체계(Macrosystem)는 특정 문화의 유형이나 광범위한 사회적 맥락을 의미한다. 거시체계는 신념, 태도, 전통 등을 통해 개인에게 영향을 주며, 다른 체계들에 비해 안정적이나 변화가 가능하다. 거시체계의 예로는 전통적 미의 기준, 성 역할에 대한 사회적 기대, 정치적 격변, 법, 종교, 경제, 교육, 공공정책 등이 있다.

시간체계(Chronosystem)는 전 생애에 걸쳐 일어나는 변화, 즉 사회 역사적 격변과 같은 환경에 해당한다. 개인에게는 가족의 죽음, 전쟁, 재난 등 결정적인 영향을 미치는 외적인 사건이나 심리적 변화 등 내적인 사건이 시간체계로 작용한다.

2) 기독교교육의 환경

일반적으로 교육환경에 대한 자조적인 목소리는 "19세기 교실에서, 20세기의 교사가, 21세기의 학생을 가르친다"는 것인데, 대부분의 경우에 기독교교육의 환경은 일반교육의 환경보다도 열악한 편이다. 교육환경은 물리적인 환경과 심리적 환경으로 나뉜다. 물리적 환경에는 시설, 방의 크기, 밝기, 환기, 방음상태, 온도, 의자 및 탁자의 크기, 모양 등이 포함되고, 심리적 환경에는 분위기, 풍토, 교사의 리더십 형태, 학생의 심리적 상태 등이 포함되며, 이 둘을 포함하면 기독교교육의 환경 또는 목회적 교육환경이 된다.

유대인의 신앙교육에 있어서 가장 중요한 것은 가정이었지만, 한국 교회의 신앙교육에 관련한 상황에서 가장 중요한 교육환경은 교회의 환경이다. 교회환경 또는 목회환경은 교회가 선호하는 예배 방식이 은사집회 스타일인지, 아니면 강해설교 스타일인지, 프로그램의 운영이 강의식인지, 대화식인지, 교회의 치리와 운영이 권위적인지, 민주적인지 여부에 의해, 그리고 교인들이 참여적인지 방관적인지 등에 의해 달라진다. 교육 기자재 구비 및 사용 정도는 물론, 교사의 세계관, 리더십 형태, 언어, 신앙적 자질, 삶의 양식 등의 교사의 지도 형태도 중요한 교육환경으로 작용한다.

기독교교육 또는 목회적 교육환경의 개선을 위해서 예배환경, 교육공간과 시설, 교육 기자재의 구비 및 활용 등에 대하여 점검해야 한다. 구체적으로 예배당의 위치, 크기, 구조, 가구 배열, 조명, 음향, 온도, 습도, 환기, 소음, 성가대 위치, 예배순서, 헌금방식, 강대상의 활용 등을 통해 바람직한 예배환경을 조성해야 한다. 예배당을 포함한 교육시설은 복음적, 교육적, 발달단계적 장식을 가미해야 하며, 기독교적 상징을 창의적으로 활용하여야 한다. 때로는 지역공동체와 연계하는 작업이 필요하며, 가정과 연계하여 교인 간의 친목과 가족의 단합을 위해 캠핑장, 글램핑장을 운영하거나 납골당 등을 운영하는 것도 현대 교육목회의 환경에서는 필요할 수 있다. 기본적인 원칙은 모든 시설이 기독교교육을 중심으로 구비되어야 한다는 것이다.

교육기자재를 구비하고 활용함에 있어서는 하드웨어뿐만 아니라 교회 구성원의 역량에 따라 필요한 소프트웨어를 개발할 수도 있으며, 교육자료실을 설치하여 매체와 자료들을 관리하며, 정기적으로 매체사용 교육을 시행함으로써 보유하고 있는 기자재를 충분히 활용할 수 있어야 한다. 한국교회의 환경이 예배(케리그마와 레이투르기아)에 너무 치중한 경향이 있는데, 향후 관심과 투자가 필요한 환경은 교육(디다케), 교제(코이노니아), 봉사(디아코니아)이며, 문서선교, 어린이선교, 청소년선교, 장년선교, 노년선교와 문서선교, 경찰서, 소방서 선교, 문화선교 등 연령별, 주제별로 다양한 의미의 선교활동도 기독교교육의 환경과 연계하여 관심을 기울여야 할 것이다.

4 기독교교육의 장(場, field)

전통적인 기독교교육의 현장은 가정, 교회, 학교, 사회의 네 가지로 분류되는데, 21세기 들어 부각되는 교육의 현장은 가상공간(cyber space) 또는 미디어(media)이다. 가정은 대표적인 비형식교육(Informal education)의 현장이며, 교회는 비형식교육에서 준형식교육(Non-formal education)을 거쳐 형식교육(Formal education)으로 변모하고 있다. 학교는 형식교육이 이루어지는 공식적인 현장이고, 사회는 준형식교육이 발생하는 곳이며, 가상공간은 비형식, 준형식, 형식교육의 형태를 모두 반영하는 독특한 모습을 보인다.

1) 가정

교육의 기본적인 출발점이 가정이지만 현대 가정의 현실을 살펴보면, 교통수단의 발달로 인한 주말부부, 자녀들의 조기유학으로 인한 분거 가족의 증가,[2] 그리고 여성의 교육수준 향상과 취업에 따른 경제력 확보, 인권향상 등으로 인한 부부의 힘과 역할 분배의 변화 등 긍정적, 부정적 변화가 함께 일어나고 있다. 가족 구성원의 분리와 급변하는 사회로 인해 가정교육의 비중이 줄어들고, 미디어를 통한 가족의 역할이 왜곡되는 한편, 이혼이 증가하는 혼란한 상황을 맞이하고 있다.

2022년 3월 통계청(www.kostat.go.kr)이 발표한 "2021년 혼인·이혼 통계"에 의하면, 2021년 혼인 건수는 19만 3천 건으로 1970년 통계 작성 이후 최저치를 기록했고, 이혼 건수는 10만 2천 건에 달했다. 평균 결혼 연령이 남성 33.4세, 여성 31.1세인데 비하여 평균 이혼 연령은 남성 50.1세, 여성 46.8세이며, 이혼 부부의 평균 혼인 지속기간은 17.3년이었다. 미성년 자녀가 있는 부부의 이혼비율은 40.5%를 차지했으며, 부부간 협의에 의한 이혼이 77.9%, 분쟁이 있어서 재판을 통한 이혼의 경우가 나머지인 22.1%로서 전년 대비 0.7% 증가했다. 뉴스포스트(www.newspost.kr)가 2021년 5월 부부의 날을 맞이하여 조사한 이혼의 원인은 성격차이, 경제문제, 가족 간 불화, 배우자의 부정, 정신적·육체적 학대의 순이다. 가정은 신앙양육의 기본이며 세상에서의 첫 만남의 장이자, 최초의 기독교교육이 이루어지는 현장임에도 불구하고, 가정에 대한 연구는 19세기 중엽에야 시작되었다.

이러한 현실에 대하여 미국의 가정학자이자 여성학자인 마가렛 사윈(Margaret Sawin, 1979)은 가정이야말로 인류 속에 가장 오래 자리를 같이해 오면서도 가장 망각되어 온 그룹이라고 한탄하였다. 그 이유는 지금까지의 기독교교육의 이론들이

---

2 아내와 자녀를 해외로 유학 보내고 본국에 홀로 남아 있으며 자녀의 방학 기간 중에 해외를 방문하는, 철새처럼 두 나라를 왔다 갔다 하는 "기러기 아빠"라는 용어는 이제 사회적으로 널리 퍼진 용어가 되었다. 아버지의 능력에 따라 자녀를 보낸 해외를 한 번 방문하지도 못하는 "펭귄 아빠", 재정에 구애받지 않고 원하는 때마다 방문하는 능력 있는 "독수리 아빠" 등 다양한 용어들도 파생되었다. 부모는 한국에 남아 있으면서 어린 자녀만 조기 유학을 보내 떨어뜨려 놓는 경우도 늘어나서 그러한 아이들을 지칭하는 "낙하산 아이들"(parachuting children)이라는 용어마저 생길 정도로, 성공지상주의, 출세주의로 인한 오늘날 가정의 분리는 일상화됨으로써 사회적 우려를 낳고 있다.

주로 교회학교 분야에 편중되었기 때문이다. 영국의 소아과 의사이자 심층심리학자인 도날드 위니캇(Donald Winicott, 1953; 1957)은 어린 시절에 배가 고프거나 불편한 감정을 느끼며 우는 아이에게 어머니가 바로 안아 주는 반응을 통해 아이는 자신의 존재가 소중하다는 것을 깨닫게 되고, 자신을 긍정하게 되며, 이러한 우호적인 환경을 "안아 주는 환경"(Holding environment)이라고 소개하였다. 자신의 필요에 즉시 반응해서 안아 주는 어머니의 경험이 어머니를 포함한 타인에 대하여 긍정적인 인식을 형성함으로써 건강한 자아를 형성하며, 나아가서 하나님에 대한 인식에 있어서도 긍정적인 토대를 형성한다는 것이다. 이는 3장(교육심리)에서 소개한 에릭슨이 생후 18개월까지의 기간 중에 어머니와의 관계가 가장 중요하며, 어머니의 따뜻한 사랑과 돌봄이 아이에게 신뢰감을 형성시켜 주는 반면, 그렇지 못할 경우에 자신과 타인, 외부 환경에 대하여 불신하게 된다고 주장했던 대목을 연상케 한다.

호레이스 부쉬넬(Horace Bushnell, 1861)은 가정은 언약공동체로서 하나님과의 언약을 후대로 전달하는 중심적 역할을 담당한다고 강조하였다. 따라서 부모의 역할은 언약의 전달자이며, 가정교육의 목적은 자녀들이 기독교의 덕인 경건 안에서 성장하도록 하는 것이다. 부쉬넬에 의하면 바람직한 교육방법은 부모를 통한 모범이며, 부모는 자녀를 신앙과 사랑으로 양육할 책임을 갖는다. 결국 부모의 삶과 정신이 자녀들의 삶을 형성한다고 본 것이다. 한편 랜돌프 밀러(Randolph Miller, 1961)는 가정이란 언약공동체와 은총의 매개로서의 구속적 세포로 연결된 유기적 통합체라고 보았다. 유기적 통합체로서의 가정은 부모가 권위를 강요하거나 영향력을 행사하는 곳이 아니며, 따라서 부모는 자녀들이 자율적으로 마음껏 자랄 수 있는 분위기를 형성해야 한다. 자녀는 부모와의 관계를 통해 신앙을 배우며, 이러한 관계는 하나님과 관계 맺는 단계에 이르기까지 발전한다고 밀러는 덧붙였다.

2) 교회

부쉬넬(Bushnell, 1847)은 기독교 가정에서 태어나는 아이는 그리스도인으로 성장하는 것이지 불신자가 아니기 때문에 어린이는 그리스도인으로 양육되어야 하며 회심되어서는 안 된다고 주장하였다. 조지 앨버트 코우(George A. Coe, 1927)는 사회화 교육론을 제시하며 교육은 사회적 상호작용이 일어나는 장인데, 교회도 사회적 유산의 하나의 예라고 주장하며 교회교육이 하나님의 나라를 통해 하나님의 민주주의를 사회에서 실현시킬 것을 강조하였다.

한편 엘리스 넬슨(Ellis Nelson)과 존 웨스터호프 3세(John Westerhof III)는 신앙공동체(Faith community)를 강조하며, 기독교적 양육은 신앙공동체인 교회 공동체에서만 가능하다고 주장했다. 넬슨(Nelson, 1967)은 종교는 아동을 양육하는 성인들에 의해서 사회화된 결과이며, 신앙은 신자들의 공동체인 교회에서 소통되는 것이라고 강조하였다. 웨스터호프(Westerhof, 2012)는 전통적인 학교식 패러다임으로 운영되는 교회교육의 한계를 지적하며, 그러한 교회교육이 성경지식과 도덕교육에는 유용할 수 있지만 신앙의 전수에는 교회 공동체 전체가 함께 신앙의 경험과 문화를 공유해야 한다고 주장하였다.

오늘날 강조되는 교회교육의 강조점은 간세대교육(Intergenerational education)이다. 간세대교육이란 적어도 두 세대 이상의 연령그룹 또는 보다 적절하게는 세 세대 이상의 연령그룹의 모든 구성원들이 경험을 통하여 서로 주고 받는 교수-학습 과정에 함께 참여하는 것이다(Foster, 1984). 따라서 신앙에 있어서의 간세대교육이란 둘 또는 그 이상의 세대가 참여하여, 세대간 상호작용을 통해 참여자 모두의 신앙 성장을 지향하는 교육을 의미한다. 간세대교육의 목적은 서로 다른 세대를 이해, 수용하며, 모든 세대가 동일한 활동을 통해 가치와 전통, 신앙고백의 전수 등을 공동으로 경험하며, 상호 나눔을 통한 신앙의 성장과 성숙을 도모하는 것이다.

간세대교육의 성경적 근거로서 구약에서는 토라교육, 회당교육, 종교예식교육 등 언약공동체의 가정교육을 들 수 있다. 엘리 제사장과 사무엘(삼상 1-3장) 사이에서 전수되는 교육이 대표적인 사례가 된다. 신약에 나타난 간세대교육의 예는 예수님이 어린 시절(눅 2:41-48)에 서기관과 제사장들과 질문과 응답을 통해 나누신 내용을 들 수 있다. 간세대교육은 이같이 연령을 초월하여 학습자로서의 인식을 바탕으로 하나님 나라의 신앙을 견지하며, 남녀노소 구분 없는 복음의 전파를 추구한다.

간세대교육은 현대사회의 가정 형태의 변화, 가치관과 가족 기능의 변화를 맞아 그 필요성이 증대되고 있다. 도시화, 산업화로 인한 핵가족화로 세대 간 상호교류의 기회가 점차 사라지고 있고, 자녀는 가문의 재산이고 다복의 상징이라 여겼던 농경문화의 가치관과 달리 현대사회는 자녀 교육과 양육의 부담이 제기되고, 자녀의 존재가 여성의 사회활동의 장애요인으로 지적되고 있다. 또한, 개인주의적 여가활동의 분화로 인한 가족 간 교제와 소통이 단절되고 있기 때문에, 부부관계의 갈등, 청소년 문제의 심화, 고령화로 인한 고립감 등의 노인 문제를 해소하기 위한 방편의 하나로 간세대교육은 그 중요성이 강조된다.

교회교육의 현실 또한 간세대교육의 필요성을 부각시킨다. 교회교육이 지나치게 학교교육의 영향을 받아 학교교육 시스템을 답습함으로써 신앙교육의 본질이 왜곡되고 있다는 지적이 끊이지 않는다. 학교교육의 장점은 같은 연령대의 같은 수준에 있는 교인을 교수함으로써 교수-학습의 효율성을 확보하는 것이다. 그러나 신앙교육에서 학습자를 지나치게 세대 단위로 구분할 경우 세대의 단절을 통한 신앙 전승의 단절 위험에 노출된다. 교회교육의 구조적 문제, 즉 성인 중심의 목회구조와 미성년층 중심의 주일학교교육의 이원화는 물론, 성인 내에서도 장년 예배와 젊은이 예배가 분리되는 것도 간세대교육의 필요성을 제시한다.

교회학교의 학교식 교육구조 운영과 더불어 기독교교육 관련 전문적인 역량을 갖춘 교육자가 절대 부족하므로 교회의 교육은 구태의연한 프로그램과 교육기재에 의존하는 한편, 가정과 교회의 협력 관계 또한 단절되고 있다. 간세대교육은 이분법적 시각을 극복하고, 부모세대와 자녀세대의 상호 간 삶과 배움의 공유를 통해, 상호작용하는 역동적 신앙 공동체의 형성에 공헌할 수 있다. 또한, 학교식, 교과 중심 교육에 대한 대안으로서 지적인 편향성 탈피로 신앙의 통전성을 회복하고, 가정과 교회교육의 연계를 확보하여 기독교교육에서 소외된 가정의 역할을 회복시키는 데 기여할 것으로 기대된다. 간세대교육은 교회교육의 단편성과 파편성을 극복하여 평생교육을 실천하며, 대형교회의 소그룹 활동과 소형교회의 장점을 부각시켜서 공동체성, 친밀감, 참여의식 등을 제고할 수 있다.

간세대교육은 절기행사나 이벤트처럼 일회성 교육으로 실시할 수도 있고, 성경학교, 가족캠프, 주제별 교육 등 3일-4주간 지속되는 단기교육, 세례, 입교교육,

주제별 교육 등 3-6개월간 지속되는 계절 단위 교육, 연중 계속 실시되는 주간 단위 주제별 간세대교육 등 다양한 형식을 통해 지속할 수 있다. 특별히 세대가 함께 해야 한다는 형식에 얽매이기보다는 교회 전체가 하나의 목회철학, 교육주제를 가지고 한마음을 품도록 하는 것이 간세대교육의 본질이다. 이를 교수-학습형태에 따라 구분하면 성만찬, 예배와 예전에 대한 교육, 간세대 성경연구, 주제별 성경공부 등의 스터디, 특정 주제에 대한 발표와 토론, 단기선교 또는 봉사활동과 같은 현장에서의 실천경험의 나눔과 이에 대한 성찰, 신앙의 경험, 광복절, 한국전쟁 등 사회, 국가적으로 중요한 사건들에 대한 이야기 전달 등의 방법으로 시행 가능하다. 상담과 멘토링, 코칭 등의 방법도 활용할 수 있는데, 특히 부모세대와 자녀세대보다는 조부모세대가 멘토(mentor)로서 자녀세대를 멘토링하는 경우, 조부모세대는 부모세대에 비하여 부정적인 삶의 부분을 덜 노출했기 때문에 훨씬 설득력이 강하고 효과적인 모습을 보인다.

3) 학교

미국의 기능주의 사회학자인 탈콧 파슨스(Talcott Parsons, 1977)는 사회체제를 구성하는 기본 단위는 사회적 행동이며, 이들 행동자의 상호작용 체제가 사회체제라고 주장하였다. 브루코버 등(Brookover et al., 1979)은 학교의 사회체제는 학교와 학습풍토에 의해 규정되며, 그 구성 요소는 학교의 심리적 규범, 조직구조, 수업실천행위라고 덧붙였다. 한편 매튜 마일스(Matthew B. Miles, 1969)는 학교조직의 특성으로서 목표 달성에 대한 측정이 어렵고, 교사와 학생의 능력이 다양하며, 교사의 역할 수행이 상급자가 보이지 않는 곳에서 주로 이루어지며, 교사들의 직무 간 상호의존성이 낮고, 주위 환경으로부터 통제와 압력을 받기 쉬워 자율성이 감소된다는 점을 지적하였다.

현대사회에서도 학교의 자율성은 확보되어야 할 중요한 요소이다. 그러나 세속적 개인주의가 공동체의 경험을 박탈하였고, 그 결과, 학교의 현장은 학생들의 고립을 심화하였을 뿐만 아니라 교사들과 학생들 상호 간의 교류도 저하되었다. 과거에는 군사문화의 영향을 받은 교사의 체벌이 문제시 되었지만, 오늘날에는 민주주의와 개인주의가 강조되며, 학생의 인권의 명분하에 정당한 훈육이 신고의 대상이 되거나, 아예 학업을 포기하는 학생을 인도할 마땅한 수단이 사라지는 결과가 야기되었다. 학교의 체제가 권위주의적 위계의 형태를 띠는 것도 문제이지만, 민주주의 모형도 결국 왜곡된 힘의 집중으로 귀결되면 공동체의 내분을 초래할 수밖에 없는 것이다. 따라서 학교 공동체 내의 역할에 대하여 권위의 높고 낮음과 관련한 직분이 아니라 역할과 기능이 다른 권위와 직분이라는 인식이 필요하다.

교사의 권위는 교수내용과 교수학습법에 대한 전문성과 학생들을 사랑하고 돌보는 리더십에서 자연스럽게 발현되는 것이다. 또한, 학생의 권위는 학습과정에 대한 권위로서 학업과정을 성실히 수행하는 데에서 발생한다. 교사의 책무는 학생들이 자신의 권위를 책임있게 행사할 수 있도록 돕는 것인데, 이는 민주화라는 이름으로 모든 것을 학생들에게 맡기는 것이 아니라 다른 이들과 상호의존하며 독립하는 능력을 길러주는 것이다. 특히 기독교교육에서는 교수-학습의 결정에 대하여 학생, 교사가 서로 다르지만, 보완적인 책임을 지는 학습공동체를 이루어야 한다. 이를 위하여 상호존중하는 공동체 안에서 어떻게 살고, 배우는지를 보여주는, 실제적 삶의 모습(praxis)을 통한 교육이 학교 현장에서 이루어져야 할 것이다.

교회 부흥이 기독교교육에 미친 영향의 대표적인 것으로서 기독교교육학과의 설치를 들 수 있다. 1960년에 숭실대학교에 최초로 기독교교육학과가 설치되었고, 이듬해인 1961년에는 한국기독교교육학회가 설립되었다. 그러한 성장 추세를 따라 교회를 통한 기독교교육이 주일뿐만 아니라 매일 기능을 한다는 점을 반영하고, 기존에 어린이에게만 초점을 맞추었던 것에서 벗어나 청소년과 청년 및 실버 세대를 포함한 전 교인을 대상으로 한다는 점에 착안하여 "주일학교"라는 명칭을 "교회학교"로 교체하였다. 1년 내내 영, 유아부터 성인에까지 이르는 전 교인을 대상으로 하는 교육의 기반을 조성한 것이다.

그러나 오늘날에는 교회의 쇠퇴와 함께 기독교교육도 쇠퇴하고 있다. 저출생 고령화라는 사회적 도전 앞에서 교인의 고령화 추세와 다음 세대의 급진적인 감소를 마주하며, 기존의 청, 장년의 헌신을 강요하는 교육과 목회에서, 복음의 원리를 따라 진리를 통해 자유로움을 부여하고(요 8:32), 영혼을 풍성하게 하며, 쉼과 기쁨을 제공하는 교육과 목회로 패러다임을 전환해야 한다. 그러므로 기존의 구색 맞추기 식, 주먹구구식 교육과정과 프로그램은 학습자의 필요를 반영하며, 눈높이를 고려한 교육과정과 교육프로그램으로 대체되어야 한다.

다음의 탐슨 선생님의 이야기는 우리에게 기독교교육의 현장에서 섬기는 목회자와 교사가 갖추어야 할 가장 중요한 마음가짐에 대하여 귀한 깨달음을 준다. 미국의 어느 초등학교에 5학년을 맡은 미세스 탐슨(Mrs. Tompson)이라는 선생님이 있었다. 여러 아이들을 동시에 맡아도 교사의 눈에는 수많은 아이 중에 눈에 띄는 아이가 있게 마련이다. 눈에 띄는 아이들 중에도 공부를 잘하고 똑똑해서 두각을 나타내는 아이가 있는가 하면, 학업능력이 떨어지거나 태도가 불량해서 눈에 들어오는 아이도 있다.

그중에 테디(Teddy)라는 아이가 있었다. 테디는 뒤의 경우에 해당되는 아이였다. 친구들에게도 인정받지 못하고 따돌림을 당하는, 소위 왕따 학생이었다. 얼굴도 못생기고, 항상 멍한 얼굴을 하고 있었으며, 공부도 못하는데다가 몸에서 냄새까지 났다. 어느 날 시험 채점을 하는데 테디의 답안은 여느 때와 같이 모두 틀렸다. 탐슨 선생님은 이날도 모두 틀렸다고 긋고 '빵점'이라고 쓰려다가 테디의 생활기록부를 다시 한번 살펴보았다.

1학년: 착한 아이, 미래가 보임, 그러나 가정환경이 불우함
2학년: 조용한 아이, 그러나 성격이 폐쇄적, 어머니는 불치의 병임
3학년: 다른 아이에 비해 학습능력이 떨어짐, 금년에 어머니께서 돌아가심, 아버지는 아이에 대해 관심이 없음
4학년: 이 아이의 미래가 없음, 아버지는 가출, 이모집에서 양육, 이모로부터 구박받고 있음

5학년 담임선생님이었던 탐슨 선생님은 이 아이의 생활기록부를 읽으며 마음이 뭉클해졌다. 그래서 이제부터는 수업 후에 과제도 봐 주고 관심을 가지고 이 아

이를 돌보기 시작했다. 보통 미국의 학교에서는 크리스마스와 학년 말에 선생님께 작은 선물을 하나씩 드리는 것이 관례이다. 그해의 연말이 되고, 크리스마스가 되어 아이들이 선물을 하나씩 준비해 왔다. 대개 미국에서는 선물을 받은 그 자리에서 선물을 풀어보고 감사의 마음을 전하기 때문에 반 아이들의 선물이 하나씩 끌러지고, 탐슨 선생님은 그때마다 감사의 마음을 표현하였다.

이제 테디의 차례가 되었다. 테디가 허름한 종이로 싸서 가져온 선물을 탐슨 선생님이 풀러보니 한눈에 보기에도 조잡하고 촌스러운, 그나마 알도 듬성듬성 빠진 모조 다이아몬드 목걸이와 쓰다 남은 향수가 들어 있었다. 반 아이들이 키득키득 웃기 시작하다가 급기야 누군가 손을 들어 테디를 지적하며 놀리자 반 전체가 웃음을 터뜨렸다. 그러자 탐슨 선생님은 그 목걸이를 얼른 집어 들어 목에 걸었다. 그리고는 향수를 집어 들고 몸에 뿌리며 자신이 가장 좋아하는 냄새라며 칭찬을 했다. 사실 테디가 가져온 그 목걸이와 향수는 테디의 어머니가 쓰던 물품들이었다. 테디는 선생님께 다가가서 말을 건넸다. "선생님. 선생님 옆에 가니까 엄마 냄새가 나요, 선생님이 엄마 목걸이를 하시니까 꼭 엄마 같아요." 이후 선생님을 꼭 끌어안았다.

그렇게 그 해가 지나갔다. 테디는 제법 공부를 잘했고, 다음 학년으로 진학한 후에 몇 년이 지났다. 어느 날 탐슨 선생님에게 편지가 왔다. 그 편지는 이런 내용으로 시작되었다. "사랑하는 탐슨 선생님, 제가 고등학교를 2등으로 졸업한다는 소식을 선생님께 제일 먼저 전합니다." 그리고 안부와 그동안의 소식이 이어졌다. 그로부터 4년 후에 또 다른 편지 한 통이 도착했다. "사랑하는 탐슨 선생님, 제가 과수석으로 대학을 졸업합니다."로 시작되는 편지는 자신이 어떻게 지냈는지를 설명하고, 선생님의 안부를 묻는 내용으로 이어졌다. 또 다시 몇 년이 지났고, 또 편지가 왔는데, 이번에는 이렇게 시작되었다. "사랑하는 탐슨 선생님, 티어도어 스텔라도(Theodore Stolado)가 의사가 되었습니다. 그리고 다음 달 저는 결혼합니다. 저는 어머니가 안 계십니다. 하지만 선생님이 제 어머니이십니다. 오셔서 제 어머니 자리에 앉아주십시오."

이제는 어엿한 의사가 되어 어른으로서 애칭 테디가 아닌 자신의 이름 전체를 사용하며, 탐슨 선생님을 어머니처럼 사랑하고 존중해서 자신의 결혼에 초대한 것이다. 이 이야기는 실제로 일어난 이야기로, 미국의 교회학교에서는 널리 알려진 이야기이다. 초등학교 5학년 선생님의 사랑이 한 사람의 인생을 이처럼 바꾸어 놓았다. 누구나 탐슨 선생님과 같은 사람이 될 수 있다. 어른의 눈높이로 급하게 아이를 다그치지 않고, 하나님의 마음을 담아 아이들을 기다려 주고 사랑하면 그러한 어엿한 의사로 성장한 인물을 길러낼 수 있는 것이다.

4) 사회

오늘날 한국사회는 글로벌 경제의 확산과 민주화된 시민사회 진입으로 인해 과거에 비하여 한층 다원화된 양상을 보이고 있는데, 특히 정보통신기술의 발달과 4차 산업혁명 사회로의 이행은 정보에 대한 접근성 제고를 통해 민주적이고 수평적 조직문화를 형성하고 있다. 따라서 한국교회의 사역 및 기독교교육에 있어서도 그와 같은 사회적 변화를 조명하는 한편, 포스트 코로나 19 시대를 맞이하여 코로나 19를 통해 얻은 새로운 경험에 대하여 심도 있는 반성과 점검을 통해 향후 사역 및 교육의 방향에 대하여도 세밀한 논의와 대비가 필요하다. 시대적 조류에 휩쓸리는 것은 경계해야 마땅한 세속주의라면, 현실을 수용하며 복음을 시대적 상황에 맞추어 적용하는 균형의 관점을 유지하는 차원의 "복음적 세속화"는 세상을 품고, 세상과 함께 살아가는 긍정적인 방법으로서 기능하기 때문이다.

서울대와 카이스트, 고려대 등의 명문 대학에서 활발한 활동을 하는 무신론 동아리 "프리싱커스"(Free Thinkers)는 전도거부카드를 제작해서 배포하는 것으로 유명하다. 그들이 주장하는 자유로운 사상이란 권위, 전통, 교리보다는 논리와 이성, 경험이 조합된 의사결정을 강조하는 개념이다. 그들은 특히 상식 이하의 행동으로 행인들에게 피해를 주는 맹목적인 전도자들을 대상으로 전도거부카드를 내밀곤 한다. 그들의 행동에 대하여 그리스도인이 반박할 근거는 없어 보인다. 똑똑한 대학생들이 정당한 발언을 하는 것이고, 그들은 얼마든지 논리적인 의사소통을 통한다면 종교에 대하여도 열린 마음을 가지고 있음을 고려할 때, 교회가 사회와 소통하는 방식을 바꾸어야 함이 자명해지기 때문이다.

　　지난 2013년 한목협(한국기독교목회자협의회)은 7대 광역시에서 만 18세 이상의 기독교인 1천 명, 비기독교인 1천 명, 목회자 5백 명 대상으로 실시한 설문조사와 기독교 여론을 선도하는 인사 20명과의 심층면접의 결과를 정리하여 "한국기독교 분석리포트"를 발표하였다. 조사 결과, 종교를 믿고 싶지만 기독교는 아니라고 응답한 이들은 기독교를 기피하는 이유로서 너무 상업적이라서(19.5%), 신뢰가 안 가서(12.2%), 너무 자기 중심적이어서(11.3%), 맹목적인 추종(8.1%) 때문이라고 지적하였다. 또한, 최근 1년 내 전도 경험자의 전도대상은 이웃과 친척(47.2%), 친구와 선배(42.6%)가 대다수를 차지하여 가까운 친지들을 대상으로 전도 활동이 이루어지고 있음이 드러났다. 불신자들이 전도 권유를 받았을 때의 느낌은 귀찮다, 와닿지 않는다, 짜증 난다 등의 의견이 91.5%로 대다수를 차지하고 있었다. 한편 목회자의 자기평가 결과를 살펴보면, 자신의 목회자로서의 신앙과 삶의 불일치를 가장 많이 고민하고 있음이 97.4%의 응답으로 드러났다. 이러한 조사 결과는 한국 교회의 위기가 하루아침에 온 것이 아니라, 오랜 세월 동안 누적된 불신의 결과임을 드러내며, 기독교가 사회와 어떻게 소통해야 하는지, 무엇을 필요로 하는지를 제시한다. "예수 천당, 불신지옥"식의 일방향 의사소통은 오히려 비기독교인들에게 짜증을 유발하는 무례한 폭력임을 직시하고, 먼저 복음의 의미를 깨달은 그리스도인들이 그 구원의 복음이 상식적인 삶의 실천윤리로 드러나도록 하는 것이 필요하다.

　　복음은 우리의 행위로 인한 것이 아니라 하나님의 선물로서 의롭다 칭해 주신 것인 "칭의"의 개념이 확실하면, 그 구원받은 사람이 이제는 예수 그리스도를 따라 사는 그리스도인으로서 "성화"(聖化, sanctification)의 삶을 살아야 함을 차근차근 전달하는 과정에 기독교교육이 중요한 기능을 담당한다. 이는 교회 안에서만 갇혀서 게토화(ghettowised) 되어서도 안 되고, 기초적인 점검 없이 무리해서 급하게 세상으로 들어가도 안 된다. 온전한 균형을 가늠하는 데에는 철저한 기본기 쌓기가 필요한 셈이다. 복음을 전하는 데에 오랜 시간 동안 삶을 통한 그리스도의 본을 보이는 것이 필요하다면 그 원리가 되는 신앙의 기본 토대를 확고히 하는 것이 얼마나 중요한지가 증명된다. 또한, 성화의 인내만을 요구하는 것이 아니라 성화를 이루어 가는 과정에서 도우시는 성령의 손길과 불완전한 이 땅에서 맛보는 천국의 하나되는 은혜를 교회 공동체 내에서 보여주어야 한다.

1955년 가을 어느 날, 미국 오레곤 주(State of Oregon) 유진(Eugene)이란 작은 마을에서 다큐멘터리 영화 한 편이 상영되었다. 늦은 밤에 마을회관에서 영화를 상영한다는 광고를 듣고, 시골 작은 마을의 사람들 대부분이 모여 영화를 관람하였다. 단편 영화의 제목은 "우리들부터 아이들의 부모가 되어 주자, 한국의 고아"라는 것이었고, 그 내용은 한국전쟁(Korean War)으로 인해 생겨난 수많은 고아들이 겪는 곤경을 소개하는 것이었다. 특히 미군 병사들과 한국 여인들 사이에 난 혼혈 고아들에 대한 내용이 큰 관심을 끌었다. 이 다큐멘터리 영화는 이러한 고아들을 돌볼 손길을 찾고 있음을 호소하고 있었지만, 영화가 끝나자 마을 사람들은 "우리들같이 가난한 농부들이 무엇을 할 수 있겠느냐"고 자조하며 하나, 둘씩 흩어졌다.

그러나 한 쌍의 부부는 그 영화의 장면들을 잊을 수 없었다. 왜 그렇게 남한의 아이들이 그 부부의 눈에 어른거리는지 알 수가 없어 하나님의 뜻을 구하며 기도했다. 며칠이 지난 후, 두 부부는 함께 기도하다가 깨달음을 얻게 되었고, 자신들이 가지고 있던 농장의 반을 팔아 기금을 마련하고는 한국으로 가서 8명의 고아들을 양자로 삼아 데려왔다. 이 사실이 지역 신문에 사진과 함께 실리자 여러 곳에서 자신들도 혼혈 고아를 양자로 맡고 싶다는 연락이 이어졌다. 8명의 전쟁 고아들은 이 부부의 가정이 아니라 곳곳에서 이들을 키우겠다고 찾아 온 사람들의 집으로 보내졌다. 용기를 얻은 부부는 자신들의 모든 농토를 팔고 이 일에 전념하기로 결심하였다. 이 부부의 이름은 해리 홀트(Harry Holt)와 버싸 홀트(Bertha Holt)이며, 이것이 세계 최대 아동 입양기관인 홀트 아동복지회(Holt Children's Services, Inc.)가 시작된 배경이다.

그들은 1958년 서울 은평구 녹번동에 고아원과 소아과 병원을 설립하고, 1959년에 일산에 6만평 부지를 매입해서 대규모 고아원을 설립하였다. 평생 아동복지사업에 헌신하던 해리 홀트와 버싸 홀트 부부는 모두 일산에 묻혔고, 그 딸 말리 홀트가 1956년에 한국에 와서 아동복지사업을 지속하고 있다. 홀트 아동복지회를 통해 1955년부터 지금까지 10만여 명의 아이들이 해외로 입양되어 새로운 삶을 찾게 되었다. 하나님께서 시골 작은 마을에 사는 홀트 부부의 마음에 넣어 주신 선한 마음이 크고 놀라운, 아름다운 열매를 맺고 있는 것이다.

5) 가상공간

2천 년 전 로마는 이미 인간이 도달할 수 있는 최고의 문명 상태를 이루어 놓았다. 로마는 주변의 모든 나라를 점령해서 "팍스 로마나"(Pax Romana)라는, 로마의 힘을 바탕으로 세계 질서를 유지하는 평화의 시대가 오게 하였다. 완벽한 법률제도를 자랑하며 정복한 나라들을 잘 다스렸고, 전 세계로 통하는 도로들을 건설하여 효율적인 지배 체제를 구축하였다.[3] 오늘날 로마의 도로와 같은 역할을 담당하는 교육의 중요한 환경은 인터넷 또는 가상공간이다. 특히 모든 전자기기가 인터넷을 통해 연결되어 끊임없이 데이터를 생성하고, 이를 가공한 인공지능의 활용을 강조하는 4차 산업혁명 시대의 기독교교육은 가상공간이라는 교육의 장을 중시해야 한다. 하지만 가상공간을 활용하는 기독교교육의 기반인 신앙의 본질을 확고히 해야 올바른 교육이 이러우질 수 있다.

이제는 우리나라에서 아무리 가난해도 밥을 굶는 사람은 흔치 않다. 명실상부한 선진국이 된 터라 먹고 사는 문제는 이제 해결이 되었기 때문이다. 요즘 분양되는 초고층 아파트들을 보면, 과연 인간이 이보다 더 편안하게 살 수 있을까 하는 생각이 들 정도이다. 몸이 불편하면 호텔처럼 깨끗하고 잘 정비된 병원에 갈 수 있고, 전 세계가 인터넷으로 가까워져서, 원하는 정보를 언제, 어디에서나 손쉽게 얻을 수 있다. 코로나 19 팬데믹을 거치며 온라인과 오프라인의 통합과 균형이 이루어져서 예배도 인터넷으로 드릴 수 있는 편리한 세상이 되었다.

오늘날 기독교가 현대인에게, 그리고 2천 년 전 로마 시민들에게 해 줄 수 있는 것은 무엇일까? 기독교가 현대인들에게, 또한 당시 로마인들에게 무엇을 해 줄

---

3 이는 19세기 초부터 20세기 초에 이르기까지 식민지를 기준으로 해가지지 않는 나라를 이루며 힘에 기반한 평화를 구가하던 "팍스 브리타니카"(Pax Britanica)의 주역 영국은 물론, 막강한 군사력과 전 세계의 기축통화인 달러를 찍어내는 경제력이라는 힘을 중심으로 평화를 이룬 "팍스 아메리카나"(Pax Americana) 시대를 이끌고 있는 미국의 모습과도 비슷하다.

수 있느냐는 질문은 다른 말로 하면 다음과 같다. "과연 현대인들에게 부족한 것이 무엇인가?" "로마인들에게 부족한 것은 무엇이었는가?" "지금 현대인들은 무엇에 대하여 목마르며, 당대 로마인들은 무엇에 대하여 갈급했는가?" 사도 바울은 그것이 "죄의 문제"라는 것을 간파하였다. 아무리 이 땅에서 누리면서 살아도, 죄의 문제는 우리 힘으로 결코 해결할 수 없다. 로마의 문명이나 군사력, 지식으로 결코 죄를 해결할 수 없었다. 결국 로마인들은 풍족한 가운데 더 깊은 죄에 빠져들어 멸망해 가고 있었으며, 그러한 모습은 오늘날 현대인들에게도 동일하게 나타나고 있다. 현대인들은 겉모습만 화려하게 변했지, 속은 여전히 병들어 있고, 무거운 죄의 짐으로 신음하고 있다. 더 가지려고, 더 누리려고 끊임없이 목말라 하지만, 결국 그 목마름을 채우려고 이리 뛰고, 저리 뛰며, 얄은 꾀를 쓰며 분주한 삶을 살다가 서서히 죄의 삯인 사망을 향해 가는 것이다.

죄의 속성은 우리를 지으신 하나님이 아니라, 우리 자신의 힘과 능력을 바라보는 것이다. 그것은 내가 가진 무엇, 내 힘으로 이룰 수 있는 무엇을 의지하는 것이다. 샛별, 계명성이라 불리우는 영광을 얻었던 사탄도 "내가 하늘에 올라 하나님의 뭇 별 위에 내 자리를 높이리라 … 내가 가장 높은 구름에 올라가 지극히 높은 이와 같아지리라"(사 14:13-14)고 자신을 높이다가 스올 구덩이 맨 밑에 떨어짐을 당하는 (사 14:15) 신세로 전락하였다. 우리도 마찬가지이다. 우리를 창조하신 하나님을 잃어버리고 내 마음대로 사는 것의 마지막은 인생의 허무요, 영원한 후회일 뿐이다. 그러므로 죄의 결과는 사망이며, 그것도 아무런 희망이 없는 절대적이고 영원한 사망이다.

사탄은 타락한 마귀요, 귀신은 마귀와 함께 타락한 천사들을 지칭한다. 사탄은 사람의 말과 행동을 통해 그 사람에 대하여 이해할 뿐, 사람의 마음을 읽지 못한다. 무소부재하시고 전지전능하신 분, 사람의 마음을 감찰하시는 이는 오직 하나님 한 분뿐이기 때문이다(살전 2:4). 또한, 사탄의 속성은 이 땅을 두루 다니는 것인데, 그러한 속성이 욥기 1장과 2장에 거듭 나타난다(욥 1:7; 2:2). 그래서 그리스도인들의 "대적 마귀가 우는 사자와 같이 두루 다니며 삼킬 자를 찾는"(벧전 5:9) 것이다. 사탄이 좋아하는 곳은 물 없는 곳이다(마 12:43). 물이란 생명을 의미하는 한편, 생명을 낳는 땀과 눈물과 피를 상징한다. 기독교교육에 있어서도 교육의 과정을 통해 다른 이를 든든히 세우는 일은 땀과 눈물뿐 아니라 때로는 피흘림의 희생을 요구하기까지 한다.

에스키모가 늑대를 잡는 방법을 통해 우리는 사탄이 우리를 죄로 멸망케 하려는 술수에 대한 깨달음을 얻을 수 있다. 에스키모는 늑대를 잡기 위해 시퍼렇게 날이 선 칼을 준비하여, 그 칼을 피가 낭자한 고깃덩어리에 꽂아 넣는다. 칼이 보이지 않게 고깃덩어리로 그것을 잘 감싼 후에 그것을 꽁꽁 얼린다. 그리고는 늑대들이 잘 다니는 길목에 칼 손잡이가 땅 속으로 묻히도록 해서 고깃덩어리만 먹음직하게 드러나게 한다. 늑대는 이런 사실을 알지 못한 채, 피가 어린 꽁꽁 언 고깃덩어리를 발견하고 그것을 핥기 시작한다. 한참 핥다 보면, 고기에 어린 피 맛에 취하고, 차가운 고깃덩어리로 인해 혀가 얼얼하여 고기 속에 자리 잡은 칼날에 자신의 혀가 베이고 있는 것도 모르고 더욱 핥게 된다. 피 맛과 고기 맛에 취한 늑대는 계속해서 혀를 베이면서도 고기를 탐하고, 얼마 안 있어 늑대는 과다출혈로 쓰러지고 만다.

이것이 에스키모인이 힘들이지 않고 늑대를 잡는 방법이다. 파리도 마찬가지이다. 파리가 꿀을 발견하면 쏜살같이 달려들어 꿀을 빨아 먹는다. 그러다가 자신의 발과 날개가 꿀에 들러붙는 것도 모르고 꿀맛에 취해서 꿀에 붙어 죽어가는 것이다. 우리가 예수 그리스도를 머리로 해서 말씀으로 깨어 있지 않으면 지금 내가 하는 일이 나를 살리는 일인지, 망하게 하는 일인지 제대로 분별을 하지 못한다. 그렇게 향방 없이(고전 9:26) 살다가 불의의 삯을 통해 죽어가는 것이다. 그러므로 우리가 호흡하고 살아가며 소통하는 모든 공간이 기독교교육의 현장임을 잊어서는 안 된다. 우리의 말과 행동, 생각이 모두 하나님을 드러내는 통로가 될 때에 기독교교육은 비로소 그 열매를 거두기 마련이기 때문이다.

참고문헌

한국기독교목회자협의회(한목협). 『한국기독교 분석리포트: 2013 한국인의 종교생활과 의식조사 보고서』. 서울: 도서출판 URD, 2013.

Bronfenbrenner, Urie. *The Ecology of Human Development: Experiments by Nature and Design*. Cambridge, MA: Harvard University Press, 1979.

Brookover, Wilbur B., Beady, Charles, Flood, Patricia, Schweitzer, John, and Wisenbaker, Joe. *School Social Systems and Student Achievement: Schools Can Make a Diference*. New York, NY: Praeger, 1979.

Bushnell, Horace. *Views of Christian Nurture, and of Subjects Adjacent Thereto*. Delma, NY: Scholars' Facsimilies & Reprints, 1847.

_____. *Christian Nurture*. New York, NY: Charles Scribner, 1861.

Coe, George A. *A Social Theory of Religious Education*. New York, NY: Charles Scribner's Sons, 1927.

Foster, Charles. "Intergenerational Religious Education," in *Changing Patterns of Religious Education*, ed. Marvin, J. Taylor, 278−289. Nashville, TN: Abingdon Press, 1984.

Freire, Paulo. *The Pedagogy of the Oppressed*. trans. Myra Bergman Ramos. New York, NY: Continuum, 1970.

Holmes, Arthur. *All Truth is God's Truth*. Grand Rapids, MI: Eerdmans Publishing Co, 1977.

Miles, Matthew B. "Planned Change and Organizational Health: Figure and Ground," in *Organizations and Human Behaviour*, eds. Fred. D. Carver and Thomas J. Sergiovanni, 375−391. New York, NY: McGraw Hill, 1969.

Miller, Randoph C. *Christian Nurture and the Church*. New York, NY: Charles Scribner's Sons, 1961.

Nelson, C. Ellis. *Where Faith Begins*. Richmond, VA: John Knox Press, 1967.

Parson, Talcott. *Social Systems and the Evolution of Action Theory*. New York, NY: Free Press, 1977.

Sawin, Margaret. *Family Enrichment with Family Clusters*. Valley Forge, PA: Judson Press, 1979.

Westerhoff III, John H. *Will Our Children Have Faith?* 3rd rev. ed. New York, NY: Morehouse Publishing, 2012.

Winnicott, Donald. "Transitional Objects and Transitional Phenomena: A Study of the First Not−Me." *International Journal of Psychoanalysis* 34(1953), 89−97.

_____. *The Child and the Outside World*. London, UK: Tavistock, 1957.

웹사이트

뉴스포스트. www.newspost.kr.

통계청. www.kostat.go.kr.

08

교육리더십

하버드 대학교(Harvard University)의 신문인 "더 크림슨"(The Crimson)은 지난 2014년, 2013년 가을에 입학한 신입생 1,600명을 대상으로 부정행위와 관련한 60개 문항의 설문 조사 결과를 발표하였다. 하버드 대학교 신입생 가운데 80%의 학생들이 설문 조사에 응답했는데, 신입생의 10%는 입학 전에 부정행위를 한 적이 있다고 대답했으며, 42%의 학생들은 대학 생활 중에도 부정행위(cheating)를 저질렀다고 고백하였다. 16%의 학생들이 학기말 과제를 정해진 시간 내에 완성하여 제출하는 테이크홈 시험(take-home exam)[1]에서 부정을 범했다고 답했고, 체육특기생의 경우에는 그 비율이 26%로 훨씬 높게 나타났다. 부정 행위 관련한 설문 조사를 하게 된 것은 2012년에 발생한 다음의 사건 때문이다.

2012년 정치학과 매튜 플라트(Matthew Platt) 교수가 봄학기에서 개설한 의회론 입문(Introduction to Congress) 과목의 테이크홈 학기말 과제에서 표절 또는 함께 작업한 것이 드러난 학생들이 적발되었는데 그 숫자는 수강생 279명의 절반에 달했다.

---

1 테이크홈 시험은 개방형 시험의 일종으로서 주어진 시험 문항 또는 주제에 대하여 시험 기한에 맞추어 답안을 작성하여 제출하는 유형이다. 일반적으로 시험 문항에 대하여 학생들 상호 간의 의견 교환은 가능하지만 깊이 있는 토론을 포함한 공동 작업 및 표절은 부정행위로 간주된다.

이는 1학년부터 4학년까지 하버드 대학교 학생 총원의 2%에 해당하는 숫자이며, 결국 2013년 2월 수강생의 절반 이상이 제적 처리되었다.

우리나라에서도 잘 알려진 하버드 대학교의 마이클 샌델(Michael Sandel) 교수의 "정의론"(Justice theory) 과목은 하버드 대학교의 졸업 필수과목인 윤리 과목 중 하나이다. 1982년 하버드는 "윤리적 사유"(Moral Reasoning)라는 분과를 신설하고 윤리 과목의 이수를 졸업 필수 요건으로 지정하였다. 그 이유는 졸업생들이 기업윤리에 어긋나는 과장 광고를 하다가 적발되거나, 자금을 불법으로 은닉·횡령하는 일들이 드러났으며, 비즈니스 스쿨(Business School) 졸업생들의 회계장부 조작, 로 스쿨(Law School) 졸업생들의 뇌물수수와 판결 조작, 메디컬 스쿨(Medical School) 졸업생들의 수익을 위한 과잉진료 등이 드러났기 때문이다. 그래서 "윤리적 사유"라는 졸업 필수과목 시리즈를 지정하여 재학생들의 윤리적 사고의 진작을 도모하였던 것이다.

그 가운데 신과 대학(Harvard Divinity School)의 하비 콕스(Harvey Cox) 교수는 "예수와 윤리적 삶"이라는 과목을 개설했는데, 이는 "예수"라는 이름이 들어간 과목으로서는 하버드 대학교에서 70여 년 만에 처음 개설된 과목이었다. 그 강의 내용을 요약하여 출판한 책이 "When Jesus Came to Harvard"라는 제목의 단행본으로 출간되었고, 이는 우리나라에도 『예수, 하버드에 오다』라는 제목으로 번역되어 출판되었다. 미래의 리더들을 배출하는 가장 지성적인 교육기관 중 하나라고 칭송받는 하버드에서 왜 이러한 과목을 개설해서 리더십과 윤리에 대하여 강조할 수밖에 없었을까? 이는 궁극적으로 리더십에 대한 정의와 본질에 대한 이해 부족에 기인하는 것이다. 따라서 리더십의 정의를 살펴보는 것이 요구된다.

1 리더십이란 무엇인가?

리더십이란 무엇일까? 리더십이란 "리더"(leader)와 "십"(ship)이라는 단어가 합쳐진 합성어이다. 리더란 집단을 이끄는 지도자(person who leads) 또는 인도자를 의미하며, 십(ship)이란 어떤 위치에 부합되는 자질, 역량, 성격, 기술(character, skill, condition, position, quality, state, act) 등을 뜻한다. 그러므로 리더십이란 지도자의 행동, 자질, 성향 등을 의미하는 개념이지만 모든 사람들이 수긍할 만한 방식으로 리더십을 정의하는 것은 쉬운 일이 아니다. 여러 가지 요소들이 복합적으로 작용하여 리더십을 구성하기 때문이다.

경영학자 조셉 로스트(Joseph Rost)는 리더십 정의의 역사를 연대별로 구분하였는데(Rost, 1991), 그는 1900-1929년까지를 리더의 지배와 통치, 통제와 권력의 집중을 강조하는 시대로, 1930년대는 리더의 특성과 영향력을 리더십으로 개념화했던 시대, 1940년대에는 집단접근법이 대두되어 집단 활동을 지도하는 리더의 행동을 리더십으로 강조하는 흐름이 있던 시대, 그리고 1950년대는 집단이론이 이어지면서 리더의 관계성, 집단의 효과성에 미치는 영향을 리더십으로 정의하던 시대라고 분류하였다.

그는 1960년대는 세계대전 등 격변을 겪은 후 일치된 목소리를 강조하며 공유된 목표를 달성하도록 하는 영향력으로서 리더십을 정의했고, 1970년대는 당시 조직을 강조하는 토요타 자동차(Toyota Motor Corporation), 소니(Sony) 등 일본 기업들의 부상으로 인해 연구된 조직행동론의 영향을 받아 리더십이란 조직의 목표 달성을 위해 조직의 업무수행을 촉진하고 유지하는 능력이라는 주장이 설득력을 얻었으며, 1980년대에 들어 리더십의 본질에 대한 연구가 폭증하며 리더십을 리더의 영향력, 특성, 변화와 변혁을 이끄는 능력 등으로 복합적으로 이해하는 움직임이 전개되었다고 구분하였다.

이러한 흐름을 따라 각종 리더십 이론들이 대두되고, 사라지기를 거듭하며, 리더십의 정의에 대하여도 수많은 정의들이 제시된 끝에, 21세기 들어서 학자들은 리더십 정의에 대하여 한 가지 일치된 의견을 내고 있다. 그것은 모든 사람이 공감할 수 있는 리더십 정의를 찾을 수는 없다는 것이다. 하지만 오늘날에도 여전히 리더십 이론들은 시대적 변화의 흐름을 반영하며 강조점을 바꾸어 다양한 정의를 제공하고 있다.

그림 4 • 리더십 이론 연구의 흐름

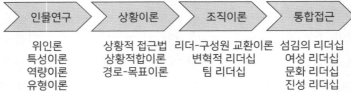

20세기 초~중반   1960~1970년대 1970~1980년대   최근의 경향

인물연구	상황이론	조직이론	통합접근
위인론	상황적 접근법	리더-구성원 교환이론	섬김의 리더십
특성이론	상황적합이론	변혁적 리더십	여성 리더십
역량이론	경로-목표이론	팀 리더십	문화 리더십
유형이론			진성 리더십

2 리더십 이론의 발전과정

1) 인물 연구

20세기 들어 리더십 이론은 리더라는 인물 자체에 관심을 가지며 발전하기 시작했다. 따라서 초기의 리더십 이론은 리더라는 개인에 초점을 맞추어, 리더의 특성과 문제해결력, 그리고 행동유형에 관심을 두었다. 이러한 인물 연구는 리더십이론의 고전적 토대를 형성하였다.

(1) 위인론(Great man theory)과 특성이론(Trait approach)

리더십 이론은 초기에는 위인론이 그 관심의 초점이었다. 19세기의 역사가 토마스 칼라일(Thomas Carlyle, 1841)은 역사는 소수의 뛰어난 영웅들에 의해 만들어지며, 그러한 영웅들은 보통 사람들과는 다른 훌륭한 자질이나 특성을 타고났다고 주장하였다. 진화론을 주장한 찰스 다윈의 사촌 동생인 프랜시스 갤턴(Francis Galton)의 유전론, 즉 인간의 뛰어난 자질과 능력은 유전적으로 결정된다는 우생학(Eugenics)도 그러한 위인론의 발전에 기여하였다.

이후 20세기에 들어서며 심리학의 발전과 더불어 태도, 성격, 지능 측정기법이 정교해지며 리더의 타고난 특성에 초점을 맞추는 특성론이 대두되었다. 특성(trait)이란 한 개인이 보유하고 있는 성격, 기질, 욕구, 동기, 가치관 등의 성격적 특성과 여러 가지 심리적 능력 및 기술과 같은 속성을 통칭하는 용어이다. 특성이란 한 개인이 내적으로 보유하는 것으로서 직접적 관찰이 불가능하며, 따라서 간접적 측정이나 추리를 통해서만 파악이 가능한 것이다. 또한, 특성은 유전과 경험에 의해 형성되는 것으로서 단기간에 쉽게 변화하지 않는다. 특성론에 의하면 리더십은 타고 나는 것이며, 그러므로 리더라는 존재는 어느 다른 시점에 어떤 곳에서 태어난다 하더라도 리더가 되는 것이다. 예를 들어 프랑스의 영웅 나폴레옹은 적국이었던 영국에서 태어났어도, 환경과 상관없이 위대한 인물이 되었을 것이라는 논리인 셈이다.

(2) 리더십의 역량 연구(Skills approach)

타당성 있는 측정이 어려운 내적 특성을 규명하는 것보다는, 객관적 관찰과 측정이 용이한 외적 행동을 연구하는 것이 바람직하다는 견해가 리더십 연구 분야에서 새로이 대두되기 시작하였다. 내적 특성은 발견도 어렵고, 장기간에 걸쳐 형성된 것이므로 변화시키기도 어려우며, 변화 여부를 평가하기도 어려운 데 비해 외적 행동은 리더 훈련에서의 목표를 설정하기에도, 그리고 훈련의 효과성을 평가하기에도 훨씬 용이하기 때문이다. 특히 문제를 직면한 상황에서 리더십 특성을 논의하다가는 문제를 다룰 시기를 놓치기 십상이다. 따라서 특성론에 대한 회의가 확산되며 리더십의 역량 연구가 각광을 받기 시작했던 것이다.

초기의 리더십 역량 연구는 미국 육군 장교들 1,800명을 표본으로 하여 리더의 효과적인 업적을 이룬 저변이 무엇인가를 밝히는 데에 초점을 맞추었다(Mumford et al., 2000). 리더의 역량이란 문제해결능력을 뜻하는데, 역량 연구는 리더 중심 모델로서 효과적인 리더십을 이해하는 데 도움이 된다. 또한, 리더십 역량 연구는 리더십이란 능력만 있으면 누구에게나 가능한 것이라고 강조하기 때문에 리더십 교육, 리더십 프로그램 개발을 위한 구성의 틀을 제공하는 매력적인 접근법이다.

하지만 한편으로는 리더의 역량이 어떻게 효과적인 리더십으로 연결되는지를 설명하지 못하기 때문에 예측력이 약하며, 주요 구성요소가 성격특성 개념과 유사한 개인적 속성을 담고 있기 때문에 특성 모델과 중첩된다. 또한, 리더 역량 모델의 창안이 육군의 장교들만을 대상으로 표집하고, 그들의 근무상황만을 관찰하여 모델을 구성한 것이므로 다른 상황에 대한 일반적인 적용이 곤란하다는 면이 지적되었다.

(3) 리더십의 유형 연구(Style approach)

리더십 역량 연구의 그러한 문제를 시정하기 위해 새롭게 전개된 리더십의 유형 연구는 리더의 행동유형에 초점을 맞추고 있다. 유형 연구는 기존의 연구, 즉 리더의 성격 특성을 강조하는 리더 특성 연구, 리더의 역량(문제해결력)을 강조하는 리더 역량 연구와 차별화하기 위해서 리더의 행동을 강조하였다. 리더의 리더십 행동 유형을 개념화하여 오직 리더가 무엇을 하는가, 즉 리더는 어떻게 행동을 하는가 하는 점에만 초점을 맞추어 리더의 행동을 구분하였다. 예를 들면 리더의 독재적 행동과 민주적 행동을 구분하였고, 인간(관계) 중심 행동과 직무(과업) 중심 행동을 구분하였으며, 전체적으로 리더의 행동을 과업 행동(task behavior)과 관계성 행동(relationship behavior)으로 나누어 두 가지 행동의 최적 조합을 찾는 것을 목표로 했다.

리더십 유형 연구는 리더십 연구의 초점을 보편적으로 바꾸기 시작한 연구로서, 리더십 유형에 관한 광범위한 실증 연구를 통해 리더 행동의 유형을 검증하므로 신뢰성을 제고할 수 있고, 리더십 행동이 두 가지 주된 유형으로 분류되어 간결한 처방을 제공하는 데 유용하다. 하지만 유형 연구는 리더십 유형이 업적성과와 어떤 관계를 가지고 있는지를 적절하게 밝히지 못하는 한계를 드러냈고, 따라서 모든 상황에 효과적일 수 있는 보편적 리더십 유형을 찾아내지 못한다는 비판을 받았다.

2) 상황이론

1960년대 들어서 기존의 연구가 보편적인 리더의 특성과 행동을 찾는 데에 실패하며 상황이론이 대두되었다. 리더의 특성이나 행동을 조명하는 연구는 모든 상황에서 성공적일 수 있는 특성과 행동을 찾으려고 노력해 왔지만 그러한 일반적인 요인이 있을 수 없다는 기존의 리더십 연구에 대한 중요한 비판들이 목소리를 높이게 되었기 때문이다.

또한, 정치적 행동에 대한 분석을 통해 상황이론이 효과적인 것으로 강조되었다. 조직 내의 정치적 행동이란 자신의 이익을 지키고, 욕구를 충족시키며, 목표를 달성하기 위해 다른 사람들의 행동에 영향을 미치려는 시도를 뜻한다. 조직구성원들 간의 정치적 행동은 의사결정 절차 및 성과지표가 불확실하거나 복잡해서 명확하지 않을 때, 그리고 희소자원에 대한 경쟁이 치열할 때에 더 많이 발생한다. 그러므로 정치적 행동이란 개인적 차이에 기인할 수도 있지만, 상황에 따라 더 영향을 많이 받는 것이다. 요약하면, 구성원이나 과업의 특성과 같은 상황적 요소에 따라 동일한 리더의 특성이나 행동도 그 효과가 달라진다는 것이다.

이와 같이 리더십에 대한 패러다임이 상황변수를 포함하는 방향으로 변화되었다. "리더십 효과＝f(leader, follower, situation)"의 함수로 정리한 것과 같이, 리더십 효과는 리더의 특성, 행위와 함께 상황적 조건에 따라 달라진다는 주장이다. 이와 같은 주장의 기본 전제는 상이한 상황은 상이한 유형의 리더십을 요구한다는 것이다. 주요 상황이론으로 상황적 접근법, 상황적합이론(리더적합이론), 경로-목표이론을 들 수 있다.

(1) 상황적 접근법(Situational leadership)

상황적 접근법은 1969년에 폴 헤레시(Paul Heresy)와 케네스 블랜차드(Kenneth Blanchard)에 의해 처음 개발되었고, 이후 여러 차례의 개정을 거듭하며 "상황적 리더십 II"(SL II: Situational Leadership II)라는 모형으로 완성되었다. 이는 리더십 유형과 하위자(구성원)의 발달 수준을 분리하여 분석한 것으로서, 리더십은 지시적 차원과 지원적 차원으로 구성되는 것이며 적절한 리더십 스타일은 구성원의 성숙도에 따라 지시적 차원 및 지원적 차원의 리더십 조합을 통해 달리 발휘되어야 한다고 주장하였다.

상황적 접근법에 의하면 구성원들의 유능성과 헌신성, 혹은 동기유발의 수준은 시간의 경과, 상황에 따라 달라지며, 그 성숙도가 리더 행동의 효과를 어떻게 조정해야 하는지를 제시한다. 따라서 리더는 구성원들(하위자들)의 변화하는 유능성 및 헌신성의 수준에 맞추기 위해서 그의 지시적 행동과 지원적 행동의 정도를 변경시켜야 한다는 것이다. 리더십 스타일은 구성원들의 성숙도에 따라 위임형, 도움형, 코치형, 지시형으로 구분되는데, 구성원들이 매우 성숙한 수준을 보인다면 리더는 지시적인 과업지행행동과 지원적인 관계지향행동 모두를 보일 필요가 없이 의사결정과 집행에 관한 권한을 모두 위임하는 위임형이 적절한 방식이다. 구성원들이 중상 정도의 성숙도를 보이면 리더는 구성원들과 아이디어를 공유하며 그들을 격려하고 도와서 업무를 촉진하는, 낮은 과업지향행동과 높은 관계지향행동을 보이는 도움형의 모습을 보여야 한다. 구성원들의 성숙도가 중간 수준이면 리더는 과업지향행동과 관계지향행동 모두 높은 수준으로 사용하여 방향을 제시하고 구성원들을 격려하는 코치의 역할을 담당하는 것이 절적하다. 마지막으로 구성원들의 성숙도가 낮을 경우, 리더는 높은 과업지향행동과 낮은 관계지향행동을 통해 명확한 지침을 지시하고 세부적인 업무를 챙기는 지시형 리더로서 기능해야 한다.

상황적 접근법은 직관적으로 알아차릴 수 있기 때문에 이해가 쉽고, 다양한 상황에 대하여 쉽게 응용하여 적용할 수 있기 때문에 리더십의 잠재력을 보유한 개인을 훈련시켜 유능한 리더가 되게 하는 신뢰할 만한 훈련모델을 제공하는 것으로 인식되었다. 또한, 수많은 리더십 이론들의 특성이 서술적(descriptive)이지만, 상황적 접근법은 처방적(prescriptive)이므로 여러 가지 상황에서 해야 할 리더행동과, 해서는 안 될 리더의 행동을 잘 제시하는 융통성을 발휘하고 있다. 구성원들의 과업 성격에 따라 그들을 다르게 지도하며, 그들을 도와 새로운 직무 기술을 습득시킴으로써 과업 수행에서 보다 자신감을 갖도록 도와야 한다는 중요한 리더십의 포인트를 상기시킨 점도 상황적 접근법의 강점이다.

하지만 상황적 접근법이 제시하고 있는 가정이나 명제를 정당화하기 위한 실증 연구가 부족하기 때문에 비판을 받으며, 이론적 기반에 관한 의문도 대두되었다. 또한, 모형에서 제시하고 있는 구성원들의 발달 수준이 모형 내에서 어떻게 개념화되는지 설명이 미흡하다는 점, 리더십 유형을 구성원들의 정적인 성숙도가 아닌, 동적인 발달단계와 어떻게 적합시켜야 하는지에 대한 제시가 부족하다는 점, 그리고 성별, 연령, 직무경험, 교육수준 등 어떤 인구통계학적 변인이 모형상의 구성원에 대한 리더의 행동 처방에 어떻게 영향을 미치는지에 대한 설명이 결여되었다는 점 역시 단점으로 지적되었다.

(2) 상황적합이론(Contingency theory)

상황적 접근법의 뒤를 이어 리더가 그의 리더십을 적절한 상황에 적합시켜야 한다는 것을 의미하는 리더-적합이론, 즉 상황적합이론이 대두되었다. 상황적합이론은 리더십의 효과성은 리더의 행동유형이 상황과 어느 정도로 잘 적합되느냐에 달려 있다는 주장을 전개한다.

상황적합이론의 여러 가지 접근법 가운데 가장 널리 인정을 받는 것은 프레드 피들러(Fred Fiedler)의 이론인데, 피들러는 군대 조직 내의 상이한 상황에서 근무하는 리더들의 행동유형을 연구한 후 리더십 유형을 과업지향과 관계성 지향으로 구분하여 "LPC 척도"(Least Preferred Co-Worker Scale)를 개발했다(Fiedler, 1967; Fiedler and Garcia, 1987). 이 척도는 가장 함께 근무하기 싫은 리더의 유형을 골라내는 방법으로 사용되는 1-9점 척도인데, 높은 점수를 받은 사람은 관계지향적, 낮은 점수를 받은 사람은 과업지향적인 것으로 판별한다.

상황적합이론에 의하면 세 가지 상황 변인, 즉 집단의 분위기, 신뢰의 정도, 충성도, 하위자들의 리더에 대한 호감을 나타내는 "리더-구성원 관계"(leader-member relation), 과업상의 요구, 과업 내용의 명확성, 과업 수행 절차의 명료성을 다루는 "과업구조"(task-structure), 상벌에 대한 리더의 조직 내 합법적 권력, 구성원에 대한 채용, 해고권, 승진, 급여 인상권 등에 대한 "지위권력"(position power)의 세 가지 요인이 결합하여 조직 내 여러 가지 상황의 유리함을 결정한다.

상황적합이론은 수많은 실증 연구들에 의해 지지를 받음으로써 리더십 이해의 지평을 확장하였고, 리더가 모든 상황에서 효과적일 수 없다는 사실을 옳게 지적하였다. 또한, 만약 그 리더의 유형이 그가 활동하는 상황과 잘 부합된다면 그 리더는 효과적으로 직무 수행을 하게 될 것이고, 그의 유형이 상황과 적합하지 않으면 그 리더의 직무 수행은 실패할 것이라는 예측력을 보유하기 때문에 리더십 유형에 관한 유용한 데이터를 제공했다는 좋은 평가를 받았다. 하지만 특정 리더십 유형을 가진 사람이 어떤 이유로 특정 상황에서, 다른 상황에서보다 더 효과적인지를 충분히 설명하지 못했다는 지적과 함께, LPC 척도가 실무에서 사용하기에 번거로우며, 작업현장에서 리더와 상황 간의 적합이 잘못되었을 때 조직이 무엇을, 어떻게 해야 하는가를 적절하게 설명하지 못한다는 비판을 받았다.

(3) 경로-목표이론(Path-goal theory)

경로-목표이론이란 리더가 구성원들의 동기를 어떤 방식으로 유발시킴으로써 설정된 목표를 달성하도록 할 것인가를 설명하는 이론이다. 이는 리더 행동이 구성원의 만족과 노력투입 동기에 미치는 효과는 과업의 특성과 구성원의 특성이라는 상황요인에 따라 달라진다고 주장하는 일종의 상황적합이론이다. 경로-목표 이론은 1970년대 초에 등장했는데, 이는 기대이론(expectancy theory)에서 유래한 것이다. 기대이론에 의하면 구성원들은 그들이 노력하면 과업을 수행해 낼 수 있다고 기대할(믿을) 때, 노력의 결과가 어떤 성과(보상)를 낼 수 있을 것이라고 기대할 때, 그리고 과업 수행의 결과로 얻은 보상이 가치 있는 것이라고 기대할 때 동기가 유발된다.

따라서 경로-목표이론은 구성원들의 동기유발을 위해 그들의 필요(욕구)에 가장 적합한 리더십 유형을 선택함으로써 구성원들의 성공적인 과업의 수행과 만족 수준을 증진시켜야 한다고 강조한다. 리더십의 동기유발은 구체적으로 목표달성 경로를 명확히 할 때, 코칭이나 지도를 제공할 때, 목표달성의 장애물을 제거할 때, 작업 그 자체에서 만족감 느끼도록 할 때에 증대된다는 것이 경로-목표이론의 핵심 주장이다. 상황적리더십이 리더의 행동을 구성원들의 발달(성숙) 수준에 적응시켜야 함을 강조하고, 상황적합이론이 리더의 리더십 유형과 특정한 상황변인들 간의 적합성을 강조한 데 비하여, 경로-목표이론은 구체적인 상황변수를 리더의 리더십 유형과 구성원들의 특성 및 과업 특성의 두 가지로 제시하여 그 두 요인 간의 관계를 강조하였다.

경로-목표이론은 리더의 행동을 지시적(directive) 리더행동, 지원적(supportive)

리더행동, 참여적(participative) 리더행동, 그리고 성취지향적(achievement oriented) 리더행동으로 세분하여 제시하였다. 지시적 리더행동이란 하위자들에게 과업수행을 위한 구체적인 세부사항과 시한, 업적기준과 규칙 등을 명확히 전달하는 것을 의미하며, 지원적 리더행동은 모든 구성원을 인격적으로 존중하며 평등하게 대하는 리더의 친절한 배려행동을 뜻한다. 참여적 리더행동은 구성원들과 상의하고, 그들의 아이디어나 의견을 구하고, 제안을 받아들여 집단이나 조직이 과업을 어떻게 진행할 것인지에 관하여 구성원들의 의견을 의사결정에 반영하는 것이며, 성취지향적 리더행동은 구성원들에게 높은 수월성 수준을 설정하고 지속적 개선을 요구하는 등 구성원들에게 과업에 대한 도전적인 자세를 요구하여, 가능한 한 최고 수준으로 과업을 완수하게 하는 행동이다.

이에 대응하는 구성원들의 특성은 친화욕구(needs for affliation)와 과업구조의 선호도(preferences for task structure), 통제위치(locus of control), 그리고 과업능력에 대한 자기지각의 수준(self-perceived level of task ability)의 네 가지로 구분된다. 구성원들은 친화욕구가 강할수록 지원적 리더십을 선호하고, 과업구조가 불확실할수록 지시적 리더십을 선호한다. 또한, 구성원들이 통제력을 자신이 가지고 있다고 생각할 때에는 참여적 리더십을 선호하고, 외적통제위치를 인식할 때, 즉 자신보다 외부세력의 권위를 중시할 때에는 지시적 리더십이 적합하며, 자신의 능력 및 유능성에 대한 지각이 높을수록 지시적 리더십에 대한 반감이 증가하는 모습을 보인다.

구성원들의 이러한 특성이 시사하는 바는 과업의 내용이 불명확하거나 모호할 경우에 리더가 그와 같은 과업을 구조화하는 것이 필요하며, 구성원들이 고도로 반복적인 과업을 담당하는 경우, 지원적 리더십이 필요하다는 것이다. 조직의 공식적 권한시스템이 약한 상황에서 리더행동은 규칙이나 과업상의 요구들을 명백히 함으로써 구성원들의 과업수행을 돕는 수단이 되어야 하므로 지시적 리더십이 필요하며, 과업을 수행하는 데 있어서 장애가 되는, 지나친 불확실성과 욕구불만의 요인들, 구성원들에게 위협이 되는 요인들을 제거하는 것도 리더의 책임임을 강조한다.

경로-목표이론은 과업 특성과 구성원 특성이 리더십과 구성원들 간의 관계에 어떤 영향을 미치는가를 설명하는 첫 번째 상황이론으로서 여러 가지 다양한 리더십행동이 구성원들의 만족과 그들의 업적(업무수행)에 어떠한 영향을 미치는가에 대하여 유용한 이론적 틀을 제공했다는 평가를 받았다. 또한, 동기유발이론인 기대이론의 원칙들을 리더십이론에 통합하는 유일한 이론으로서 구성원들이 과업을 완수할 수 있는 능력, 과업성공에 따른 보상, 가장 선호하는 보상 제공을 위한 리더의 역할을 통해 구성원들에 대한 지속적인 동기유발을 강조하는 매우 실무적인 모형을 제공하였다.

1990년대에 들어서 로버트 하우스(Robert House, 1996)는 지시적 행동, 지원적 행동, 참여적 행동, 성취지향적 행동 등 기존의 네 가지 유형에 작업의 촉진, 집단 지향적 의사결정, 과업집단의 대변 및 관계형성행동, 가치 중심적 행동이라는 네 가지 유형을 가미했지만 오히려 복잡성을 증가시켰고, 그 핵심내용은 동일하다는 비판을 받았다. 이와 같이 경로-목표이론은 개념적으로 복잡하고 리더십의 다양한 상이한 측면들을 통합하므로 이론적 의미를 해석하는 데 혼란을 유발하며, 구조화, 목표의 명확성, 구성원들의 능력수준, 공식권한의 정도가 상이한 상황 요인을 동시에 통합할 수 없다는 한계를 드러냈다. 그 근거가 되는 기대이론 역시 이론이 너무 복잡하고, 이성적인 계산과정으로만 파악했다는 비판과 함께, 그 타당성을 검증하기 위해 실시된 실증 연구에서 지시적 리더십과 지원적 리더십 관련 연구는 많이 실시되었으나, 참여적, 성취지향적 리더십에 관한 연구는 부분적으로만 검증되었다는 점이 지적되었다. 또한, 리더십이 기대이론의 주장들과 어떻게 연관되는 것인지에 대하여는 명백하게 설명하지 못함으로써 리더십 행동과 구성원의 동기유발 간의 관계를 적절하게 설명하지 못했다는 비판도 제기되었다.

3) 조직이론(Organizational theory)

1970년대 이후에 리더십 연구는 심리학을 포함하는 사회과학 전반에 걸쳐 인지주의적 관점과 인본주의적 관점의 확장과 다국적 기업의 국제적 경쟁의 심화로 인해 조직 문화가 주요 관심사로 부각되었다. 특히 1960-1970년대에 전자산업의 새로운 별로 떠오른 소니(Sony Corporation)와 "간판(Just-In-Time) 시스템"을 통한 품

질관리로 세계시장에서 두각을 나타내게 된 토요타 자동차(Toyota Motor Corporation)
와 같은 일본 기업들의 부각이 센세이션을 일으키며, 그 성공을 가능케 하는 특유
의 조직문화와 조직행동론에 대한 관심이 중심으로 대두한 것이다.

(1) 리더-구성원 교환이론(LMX theory: Leader-Member Exchange theory)

리더-구성원 교환이론은 리더가 모든 부하들과 질적으로 높은 수준의 관계를
가질 의향이나 시간, 여유가 없음을 가정하여, 리더십을 리더와 구성원들 간의 상호
작용을 중심으로 조명하였다. 리더-구성원 교환이론은 리더십 스타일은 상황에 따
라 변하지 않고, 오히려 리더-구성원의 관계에 기반한다는 것을 강조하며, 상황요
인을 배제하였다. 초기에는 리더가 구성원들 각자와 형성하고 있는 역할확대와 역
할협의의 내집단 관계 및 공식적 고용계약에 명시된 역할에 근거한 관계인 외집단
관계의 두 가지의 수직적 관계의 성질에 초점을 맞추어 이 이론을 수직짝 연계이론
(vertical dyadic linkage theory)이라고 불렀다.

이는 내집단의 구성원들은 외집단의 구성원들보다 리더로부터 더 많은 정보와
영향, 신임을 받게 되고, 더 많은 관심의 대상이 된다는 사실에 초점을 맞춘 것이다.
이후의 연구는 점차 내집단과 외집단의 차이를 중심으로 LMX 이론이 조직의 효과
성과 어떻게 연관되어 있는가에 초점을 맞추어 전개되었다. 리더-구성원 교환이론
은 양질의 리더-구성원 관계를 구축하면 낮은 이직률, 긍정적 업적평가, 높은 빈도
의 승진, 높은 조직 헌신성, 보다 바람직한 과업배정, 개선된 직무태도, 참여도 증진
등의 바람직한 결과들을 초래할 수 있고, 구성원들의 활기찬 노력 및 창의성 증대,
직무성과의 시너지 효과 등을 기대할 수 있다고 주장하였다(Liden et al., 1993; Graen
and Uhl-Bien, 1995; Atwater and Carmeli, 2009). 최근의 연구는 리더와 구성원들 간의 교
환관계가 리더십 만들기에 어떻게 활용될 수 있는가에 초점을 맞추어 리더가 단지
몇 사람의 구성원보다는 모든 구성원들과 양질의 교환관계를 개발해야 함을 강조한
다. 또한, 모든 구성원들이 자신들을 내집단의 구성원으로 느끼도록 해야 한다는 점
에 초점을 맞추고 있다.

리더-구성원 교환이론은 조직 내에서 구성원들이 서로 어떻게 연관을 맺고 있

는가를 이해하도록 하는 틀을 제공하는 서술적이고 실증적 이론이며, 리더와 구성원의 관계를 중심으로 하는 유일한 리더십 이론으로서 그 가치를 인정받았다. 또한, 리더십 발휘에 있어서 의사소통의 중요성에 주목하며, 의식적이든, 무의식적이든, 내집단으로 끌어들이는 인종, 성, 민족, 종교, 연령 등과 관련한 편견의 영향력에 대하여 경고함으로써 리더십 자체에 교훈을 주며, 이론의 실무적 적용이 조직 성과와 어떻게 연관되는지를 구체적으로 검증하는 수많은 실증 연구를 통해 뒷받침되는 점에서 실효성이 입증되었다.

하지만 과업 단위의 부서를 내집단, 외집단의 두 부류의 집단으로 구분하여 불공정과 차별을 부추김으로써 공정성이라는 기본적 가치에 역행한다는 비판과 함께, 양질의 리더-구성원 교환관계가 형성되는 방식에 대한 설명이 부재하다는 점이 지적되었다. 또한, 과업상 규범이나 문화적 변인, 구성원들 간의 사회적 연결망 등 여러 변인들이 LMX 관계에 어떠한 방식으로 영향을 미치고, 그 같은 관계 속에 있는 개인들에게 어떤 모습으로 영향력을 발휘하는가 하는 부분이 명확하지 않고, 수직짝 관계의 측정치를 사용한 실증 연구들의 부재로 인해 교환관계의 측정 도구들에 대한 내용 타당성이 결여되어 있다는 지적 등이 리더-구성원 교환관계의 측정에 대한 의문 제기는 리더-구성원 교환이론의 적용력에 대하여 비판적인 모습을 보인다.

(2) 변혁적 리더십(Transformational leadership)

변혁적 리더십 이론은 리더-구성원 교환이론이 각광을 받던 1970년대에 등장하였고, 1980년대 초부터 1990년대에 이르기까지 수많은 후속 연구가 이루어지기 시작하였다. 그 결과, 1990년부터 2000년 사이에 리더십 관련 학술지 "리더십 쿼터리"(The Leadership Quarterly)에 게재된 논문의 34%가 카리스마적 리더십을 포함하는 변혁적 리더십에 관한 것이었다(Lowe and Gardner, 2001).

변혁적 리더십은 리더가 미래의 트렌드를 예측하고, 구성원들로 하여금 이에 대비하는 가능성있는 비전을 이해하고 받아들이도록 고취하며, 다른 사람들을 리더로 육성하거나 더 나은 리더가 되도록 이끌어 가며, 조직이나 집단을 혁신적으로 변화시키는 것을 강조한다. 이는 구성원들의 정서, 가치관, 윤리, 행동규범, 그리고 장기적인 목표 등에 영향력을 끼침을 통해 개인을 변화시키고, 변혁시키는 데에 초점을 맞춘 과정적 리더십으로서 카리스마적 리더십과 비전적 리더십 개념을 포괄하는 개념이다.

변혁적 리더십이 추구하는 중요한 요소들은 구성원들에게 강력한 역할모델이 되는 리더의 이상적 영향력(idealized influence), 구성원들에게 끊임없이 높은 기대를 표시, 공유된 비전을 실현하는 데 헌신하도록 동기유발을 통해 의욕을 고무시키는 영감적 동기부여(inspirational motivation), 구성원들의 창의성과 혁신성을 자극하고, 그들 자신의 신념과 가치뿐만 아니라 리더와 조직의 신념과 가치까지도 새롭게 바꾸어 나가는 지적 자극(intellectual stimulation), 구성원들의 개인적인 성취, 성장 욕구에 세심한 관심을 기울이고, 지원적인 분위기를 조성하려는 리더의 멘토 또는 코치의 역할인 개별적 배려(individualized consideration)이다(Conger and Kanungo, 1987).

변혁적 리더와 카리스마적 리더의 차이를 살펴보는 것이 변혁적 리더십의 이해에 도움이 된다. 변혁적 리더는 구성원들이 고양되고 발전되는 것을 추구하는 데 비해, 카리스마적 리더는 그 반대인 경우가 많은데, 즉 구성원들을 약하고 의존적인 존재로 만들어 개인적인 충성을 추구하곤 하기 때문이다. 또한, 변혁적 리더십은 리더와 구성원 모두의 동기수준과 도덕수준을 높이는 과정을 강조하므로 히틀러나 후세인과 같이 부정적인 의미의 변혁을 시도했던 독재자의 리더십과 구분되며, 리더십을 리더와 구성원 간의 교환관계에 초점을 맞춘 거래적 리더십과도 구분된다.

변혁적 리더십의 강점은 리더가 어떻게 선두에서 변화를 주장하고, 옹호하는지를 설명하는 직관적 소구력을 보유하며, 대규모 조직의 저명한 리더들과 최고경영자들을 대상으로 하는 일련의 정성적 연구를 포함하는 광범위한 연구를 통해 뒷받침된다는 점이다. 또한, 리더십을 리더 개인만의 책임이 아니라 리더와 구성원들 간의 상호작용의 결과로 파악하는데, 이는 리더십에 대한 과정적 접근으로서 폭넓은 리더십 관점을 제시한다는 긍정적인 평가를 받는다. 변혁적 리더십은 구성원들의 욕구, 가치관, 그리고 도덕성을 강조하며, 리더 자신의 이익을 초월하여 조직 공동체의 이익을 위해 구성원들을 동기유발하려는 노력이 포함된다는 점도 바람직한 면으로 수용되었다.

　　하지만 변혁적 리더십은 리더십의 매우 폭넓은 범위를 포괄하므로 리더십의 변수들을 명확하게 한정하기가 곤란하고, 리더십 자체를 훈련 가능한 행동이 아니라 개인적 성격특성 또는 성향으로 파악함으로써 변혁적 리더십을 성격특성이론으로 보이게 하는 면이 한계로 작용한다. 또한, 변혁적 리더십은 선택된 엘리트의 것이라는 영웅적 리더십의 편견에 사로잡혀 구성원들이 리더에게 미치는 영향력을 간과함으로써 파괴적 목적으로 사용될 가능성이 있다는 우려도 지적되었다.

(3) 팀 리더십(Team leadership)

　　예수님은 갈릴리 언덕 위에서 "공중의 새를 보라"(마 6:26)고 말씀하셨다. 물론 예수님은 공중의 새도 먹이시는 하나님께서 믿음을 가진 신실한 사람의 모든 것을 책임져 주신다는 것을 강조하시기 위한 의도로 말씀하신 것이지만, 하늘을 나는 기러기의 편대비행을 통해 팀 리더십에 대한 교훈을 얻을 수 있다. 기러기들은 날개를 퍼덕일 때마다 뒤따르는 기러기에게 상승기류를 형성하기 때문에 V자형으로 날면 혼자 날 때보다 70%가량의 힘으로 비행할 수 있다. 그렇기 때문에 편대에서 이탈한 기러기는 항력의 부담을 느끼고 공기 저항을 없애기 위해 재빨리 편대로 다시 복귀한다. 선두에서 나는 기러기는 지칠 때마다 편대 뒤로 가서 자리를 바꿈으로써 리더는 때때로 휴식을 취해야 한다는 교훈을 준다. 한편, 편대를 이루며 뒤에서 나는 기러기들은 선두에서 나는 기러기에게 울음소리를 내며 격려함으로써 대형 전체가 일정한 속도를 유지하게 한다. 만일 아프거나, 부상을 당해 낙오하는 기러기가 생기면 두 마리의 기러기가 대열에서 이탈하여 낙오한 기러기가 기력을 회복할 때까지 함께하며 돌본다. 이처럼 기러기의 편대는 탁월한 팀 리더십의 모델이 된다.

　　팀이란 공동의 목표를 공유하며 그 공동의 목표를 달성하기 위해 서로 간의 활동을 조정해 가는 상호의존적인 구성원들로 구성된 조직 내의 집단을 지칭한다. 팀 리더십은 다변화 및 다원화되는 현대사회의 추세 속에서 리더 혼자서 모든 것을 담당하는 전통적 방식으로는 급변하는 환경에 발 빠르게 대처할 수 없기 때문에 리더십 이론 연구 영역에서 가장 주목받으며 빠르게 발전하고 있는 분야이다.

팀 리더십 관련한 집단 연구는 작업상의 협동 노력을 주장한 인간관계 운동에 초점을 두고 1920-1930년대에 시작되었다(Porter and Beyerlein, 2000). 이어서 1940년대에는 집단역학 연구, 1950년대에는 감수성 훈련과 집단 내 리더십, 1960-1970년대에 들어서는 조직개발과 팀개발, 작업팀의 리더십 효과성에 초점을 맞추며 발전하였다. 1980년대에 기업 경영을 둘러싼 치열한 경쟁으로 인한 품질관리, 벤치마킹, 지속적 개선운동에 초점을 맞추었고, 1990년대에는 경쟁우위를 위한 글로벌 시각의 조직 전략이 대두되었다. 2000년대에 들어서는 이전보다 더 복잡해지는 이슈에 보다 더 신속하게 대응해야 하므로 상황의 필요에 따라 몇 사람의 팀 구성원들이 요구되는 영향력을 발휘하다가 물러나고, 또 필요에 따라 다른 팀 구성원들이 팀을 인도하는 분산된 리더십 내지는 공유된 리더십의 의의가 더욱 강조되고 있다.

팀 리더십은 리더의 직무가 팀을 감시(관찰)하고 팀의 효과성을 확보하기 위해 필요한 조치를 취하는 것임을 강조하는 기능적 리더십에 기초한다. 팀 리더십의 모델은 조정과 감시의 개념을 통합하며, 팀 효과성도 통합하는데, 팀 효과성을 개선하기 위해 리더는 취해야 하는 구체적인 조치들을 제공한다. 리더는 팀 기능의 현재 상태를 이해하기 위해 정보를 찾아내고, 그 정보를 분석하여 구조화함으로써 팀을 계속 관찰(감시)할 것인가, 아니면 개입(조치)할 것인가의 여부를 결정한다. 또한, 리더는 과업상의 문제를 위해 개입할 것인가, 아니면 관계상의 문제를 위해 개입할 것인가를 결정하며, 그러한 개입이 내부적 수준의 개입인가, 아니면 외부적 수준의 개입인가 하는 사항도 결정하여 문제에 대처해야 한다.

내부적 과업을 위한 조치로서 리더는 목표를 명확히 하고, 성과를 위해 비전을 설정하고 역할을 명료화하고 권한을 위임하는 등 성과를 위한 구조화 작업을 담당하며, 정보를 통제, 조정, 중재함으로써 의사결정을 촉진하고, 교육과 개발을 통해 팀 구성원들의 과업기술훈련을 담당한다. 또한, 코칭을 통해 구성원들과의 밀접한 관계를 맺고, 개인적인 욕구를 충족시키며, 갈등 관리의 책임과 공정하고 일관성 있는 운영을 통해 윤리적이고 원칙적인 관행을 모형화한다. 리더는 외부적 수준의 개입을 위한 조치로서 외부 환경 내의 연결망을 구축하고 제휴관계를 형성하는 한편, 조직 외부에 대하여 팀을 옹호하고 대변하는 역할을 담당한다.

　　팀 리더십은 실제적인 조직의 과업집단에 필요한 리더십에 초점을 맞춤으로써 구성원들이 팀의 문제점을 진단하고 수정조치를 취할 수 있는 지침을 제공한다. 또한, 리더가 훌륭한 매개체 또는 정보처리자로서 행동하지 않으면 안 되게 만드는 복잡한 요인들을 관리가능한 실무적인 형태로 통합한다. 팀 리더십 모델은 리더의 지위권력이 아닌, 진단하고 조치를 취하는 기능에 초점을 맞추고 있기 때문에 중요한 리더십의 기능들은 팀의 구성원 누구에 의해서도 수행될 수 있음을 인정하며, 따라서 조직 내에서 리더와 구성원들이 변화하는 역할을 고려하여 반영한다. 그러므로 문제진단력, 그에 상응하는 적절한 조치를 취할 수 있는 문제해결력, 인간관계 능력 및 교섭력을 갖춘 바람직한 리더를 선발하는 기준으로 활용이 가능하다.

　　한편, 팀 리더십 모델은 팀 중심 리더십의 의사결정에서 고려대상이 되는 리더십 기술 중 일부만을 제시하고 있기 때문에 리더가 당면한 구체적인 문제 상황에서 현장에 가장 적합한 해답을 제공하지 않는다는 점을 지적받기도 한다. 또한, 팀 리더가 집단과정, 의사결정, 대인간의 의사소통, 갈등해결 및 그 밖의 능력에서 능숙하게 숙련된 사람이라는 것을 너무나 순진하게 전제하고 있다는 비판을 받는다.

4) 융합이론(Integrated leadership theory)

　　21세기의 특징은 빠른 변화와 불확실성이다. 따라서 급변하는 현대사회에서 특정 유형의 리더십으로 다원화된 사회적 요구를 충족할 수 없기 때문에 리더십의 종합화가 이루어지고 있다. 과거에는 기술의 우위로 진입장벽을 설치하거나, 자본의 우위로 규모의 경제를 달성할 수 있었다. 하지만 현대의 정보화 사회와 무한경쟁 체제에서는 정보의 양보다는 정보의 질과 그에 대한 해석 능력이, 그리고 사람의 마음을 얻는 창의력과 아이디어가 관건이 된다. 오늘날 초일류기업의 특징을 보면 인재를 중시하는 가치경영과 사람 중심의 조직문화가 돋보인다. 리더십의 강조점도 한두 가지 요소에 초점을 맞추는 것에서 벗어나 다양한 요소가 상호작용을 통해 시너지를 산출하는 것으로 이동하고 있다. 따라서 최근의 리더십 이론은 기존의 리더십 구성요소가 복합적으로 작용하는 것에 초점을 맞추어 과거에 비하여 훨씬 다각화된 양상을 조명하고 있다.

(1) 여성의 리더십(Women's leadership)[2]

여성의 리더십과 관련하여 초기의 연구는 과연 여성도 리더가 될 수 있는가 하는 질문에 초점을 맞추었다. 그러나 최근의 연구는 남성과 여성의 리더십 유형의 차이와 효과성의 차이는 무엇이며, 여성이 사회의 중추적 리더십 역할에서 실제보다 과소평가되고 있는 이유에 대하여 밝히고 있다. 여성의 리더십 증가에 따라 다양한 연구가 전개되고 있는데, 초기에는 남녀 간의 리더십 유형 차이에 초점을 맞추었고, 여성의 리더십이 남성과 비교하여 관계 지향적인가, 아니면 과업 지향적인가 하는 측면과 민주적 스타일인가 아니면 독재적 스타일인가를 비교하였다. 그 결과 여성 리더와 남성 리더는 관계적, 과업적인 부분에서 유의미한 차이가 없다는 것이 밝혀졌고, 유일하고 확고한 성 차이는 여성의 리더십이 남성보다 더 민주적이고, 참여적이라는 것만이 알려졌다(Barbuto et al., 2007).

최근 연구는 과업지향적 리더십에 있어서는 유의미한 남녀의 성차가 드러나지 않지만 관계지향적 리더십의 측면에서는 여성이 남성에 비하여 보다 관계를 중심으로 하는 변혁적 리더십을 발휘하는 반면에 남성은 보다 거래적 리더십의 특성을 보인다는 결론을 제시하였다(임희정, 2018). 또한, 여성 리더십의 변혁적 성향이 더 뚜렷하기 때문에 여성 리더는 남성 리더들보다 더 업적에 따른 보상을 활용하며 공정성을 담보하는 경향이 있다는 것이 밝혀졌다(Ayman et al., 2009).

여성들이 과거에 비하여 중간 관리자의 단계까지는 사회의 각 분야에서 활발하게 리더십 활동을 보이지만 여전히 최고위직에 올라가기에는 유리천장(the glass ceiling)이라는 보이지 않는 승진장벽이 있다는 문제를 제기하기도 한다(Powell and Graves, 2003). 승진장벽을 쌓는 여러 가지 요인들로서 남녀 간의 성 차별과 성별에 따른 편견, 그리고 가정과 사회생활을 성별로 분리하는 구조적인 역할의 분화가 지

---

2 여성 리더십과 관련한 자세한 내용은 최성훈, "현대사회와 여성 리더십: 개신교의 조직문화를 중심으로," 「장신논단」 54 (2022), 177-201을 참조하라.

적되었다. 승진장벽이 제거된다면 모든 사람이 리더십 역할을 맡을 수 있는 가능성 및 기회가 허용되어 기회균등의 이상이 실현되고, 인구통계학적으로 보다 크고 다양한 인재풀을 확보하여 재능있는 인재를 찾기가 더 용이하여 조직의 성공수준을 증대할 수 있으며, 풍부하고 다양한 여성인력을 리더십 역할(직위)에 승진(진입)시킴으로써 사회의 모든 구성집단을 대표하는 사회적 수준의 조직을 형성할 수 있다는 주장이 힘을 얻고 있다(최성훈, 2016).

리더십 스타일의 양성적 개념은 남성과 여성 모두에게 최선의 리더십 행동을 선택할 수 있는 기회를 제공함으로써 리더십 효과성을 증진하며, 여성의 리더십은 성 차별이라는 사회적 통념을 해소하고, 그동안 간과되었던 여성의 승진장벽의 여러 측면들을 밝힘으로써 사회적 불평등을 개선하는 데 기여한다. 그러나 성별과 리더십은 리더십의 다양성이라는 보다 포괄적이며, 일반적인 주제 아래 포함될 수 있는 내용이다. 따라서 북미에서는 인종, 종족 면에서 소수집단 출신의 리더에 대한 연구는 부족하므로 서구 문화권 외에, 세계의 다양한 지역의 문화권에서의 성별과 리더십 관련 연구의 진행이 필요하다는 점이 지적되었다. 또한, 사회와 기업 내, 성 차별의 해소는 기초적인 조직인 가정에서의 성 차별의 해소로부터 시작되어야 한다는 점을 강조해야 한다는 주장이 제기된다.

(2) 문화적 리더십(Cultural leadership)

문화적 리더십의 연구는 문화와 리더십에 관해 확실히 검증된 이론이 없기 때문에, 문화와 문화의 차원들이 리더십에 미치는 영향에 초점을 맞추었다. 이는 세계화의 증대로 인하여 효율적 다국적 조직의 설계, 다국적 조직에 적합한 리더의 선발, 다양한 문화적 배경을 가진 구성원들로 이루어진 조직의 효과적인 관리라는 과제에 대응하기 위해 발전하고 있는 리더십 이론의 분야에 해당한다. 오늘날 글로벌 리더에게는 다문화적 역량이 요구되는데, 다문화적 역량이란 전 세계에 걸친 경영, 정치, 문화적 환경 이해력, 다문화적 시각, 문화적 취향, 문화의 추세 학습력, 타 문화권 출신의 사람들과 함께 업무할 수 있는 능력, 타 문화권에서의 의사소통 및 현지적응력, 그리고 타문화적 배경의 사람들과 문화적 우월성을 넘어 평등한 입장에서 친화적 관계 형성능력을 의미한다.

문화적 리더십의 모형 중에서 "GLOBE"(Global Leadership and Organization Behavior Effectiveness research program)라는 모형의 연구는 1991년 미국의 경영학자 로버트 하우스(Robert House)에 의해 시작되었고, 21세기에도 여전히 160여 명의 연구자들이 참여하여 지속하고 있는 연구이다. 이 모형은 각 문화권 간의 상호작용에 대한 이해와 문화가 리더십 효과성에 미치는 영향에 대한 이해 증진을 목적으로 전 세계에 걸친, 62개의 다른 문화권의 국가들을 대표하는 950여 개 조직의 1만 7천여 명의 관리자들을 대상으로 한 설문의 응답을 분석하여 정리한 것이다. 이 모형은 불확실성 회피성, 권력 중심성, 사회제도적 집단주의, 소속집단주의, 양성평등주의, 자기주장성, 미래지향성, 업적지향성, 인간지향성 등의 9가지의 문화 차원들을 세계의 10개 문화권역으로 분류하여 확인하였다. GLOBE 연구자들은 카리스마/가치 중심 리더십, 팀 지향적 리더십, 참여적 리더십, 인간지향적 리더십, 자율적 리더십, 자기방어적 리더십 등 여섯 가지의 글로벌 리더십 행동을 발견했다(House et al., 2004).

문화권과 관련한 리더십 행동의 예를 들면, 유교아시아(Confucian Asia)에서는 자기방어적, 팀 지향적, 인간지향적 리더십을, 남아시아(Southern Asia)는 자기방어적, 카리스마/가치 중심적, 인간지향적 리더십의 유형을 보였다. 영어사용지역(Anglo)은 카리스마/가치 중심적, 참여적, 인간지향적 리더십, 서남유럽(Latin Europe)은 카리스마/가치 중심적, 팀 지향적, 참여적 리더십을, 그리고 북유럽(Nordic Europe)은 카리스마/가치 중심적, 참여적, 팀 지향적 리더십의 특징을 보였다. 한편, 게르만계 유럽(Germanic Europe)은 자율적, 카리스마/가치 중심적, 참여적 리더십을, 동유럽(Eastern Europe)은 자율적, 자기방어적, 카리스마/가치 중심적 리더십이 뚜렷했다. 중남미(Latin America)는 카리스마/가치 중심적, 팀 지향적, 자기방어적 리더십, 중동지역(Middle East)은 자기방어적, 인간지향적, 자율적 리더십, 그리고 사하라 이남 아프리카(Sub-Saharan Africa)은 인간지향적, 카리스마/가치 중심적, 팀 지향적 리더십이 우세했다.

문화적 리더십은 세계의 모든 문화권에서 리더십이 어떻게 비추어지는지를 분석한 유일한 연구로서 타당하게 설계된 정량적 연구이므로 그 결과를 일반화할 수 있다. 또한, 아홉 개의 문화차원들을 통해 폭넓은 문화 차원의 분류를 제시함으로써 문화가 리더십에 미치는 영향과 보편적인(바람직/비 바람직) 리더십의 특성을 제시하였다. 그러나 문화와 리더십의 관계 또는 문화가 리더십에 미치는 영향에 대한 이론 구성을 위한 명확한 전제나 가정이 결여되었다는 점이 지적되었고, 문화 차원이나 리더십 행동의 명칭 정의가 모호하다는 비판도 대두하였다. 리더십을 개념화하는 방법의 한계도 드러나서 사람들의 리더십에 대한 지각에만 초점을 맞추다 보니 리더가 무엇을 하는가를 간과하였고, 따라서 리더십이 다른 문화 속에서 어떻게 기능하는지에 대한 연구가 결여되었다는 점에 있어서도 비판을 받았다.

(3) 진성 리더십(Authentic Leadership)

21세기 초 미국의 엔론(Enron)과 월드컴(Worldcom) 등 대기업의 회계부정과 리만 브러더스(Lehman Brothers) 등 금융사의 경영부실 등 비윤리적인 경영이 드러나고, 9.11 테러 등으로 인해 사회 내에 공포와 불확실성이 만연하며 신뢰할 수 있는 정직한 리더십을 갈망하는 움직임으로 무엇이 진정한 리더십인가를 다루는 진성 리더십이 대두되었다. 불필요한 전쟁을 시작해서 개선한 장군, 불량식품을 팔도록 지시해서 큰 이익을 내고 그 성과를 배분한 사장, 그리고 성경본문을 이용하여 기복신앙을 강조함으로써 외형적 성장(부흥)을 이룬 목회자들이 리더십을 발휘한 것인가 하는 질문도 진성 리더십과 관련이 있다.

진성 리더십은 리더십 연구에서 가장 최근에 나타난 분야로서 아직 형성 단계에 있는 리더십 이론 분야이다. 따라서 검증이 필요하므로 새로운 연구결과들이 발표됨에 따라 변경될 가능성이 있다. 우선 진정한 리더십이란 무엇인가 하는 정의 자체의 어려움이 있는데, 리더십을 연구하는 학자들 가운데, 진성 리더십에 대하여 일반적으로 수용되는 정의를 내리는 학자는 없다(Chan et al., 2005). 각각의 정의는 각기 다른 관점에서 서술하고 있고, 그 강조점이 다르기 때문에 명확한 개념이 확립되어 있지 못한 것이다.

하지만 일반적인 모습을 살펴보자면 진성 리더십은 리더 개인 내부에 무엇이 내재해 있는가에 초점을 두고, 리더의 자기인식, 자기조정, 자기개념을 포괄한다.

진정한 리더는 꾸밈없는 진실한 리더십을 보이고, 바른 신념을 가지고 독창적인 리더십을 발휘한다는 것이다. 또한, 진성 리더십은 어떤 고정된 성격특성이라기보다는 리더의 내부에서 발달(형성)되는 것으로서 전 생애에 걸쳐 내부에서 발전되고, 생애의 주요한 사건들에 의해 유도되는 것이며, 리더의 리더행동 패턴은 그 리더의 긍정적인 심리 특성에서 발전되어 나오기 때문에 진성 리더십은 자아인식, 내면화된 도덕적 시각, 균형 잡힌 정보처리, 관계의 투명성으로 구성된다고 본다. 진정한 리더십이란 리더와 구성원들의 상호작용에서 나오는 것으로서 효과적인 진성 리더십의 성과는 구성원들로부터 의견을 받아들이는 리더와 리더가 주장하는 가치를 옳다고 수용하는 구성원들을 통해 도출된다는 것이 핵심 주장이다.

　　진성 리더십은 사회가 요구하는 신뢰할 만한 리더십 욕구를 충족시키며, 진정한 리더가 되고자 하는 이들에게 광범위한 지침을 제공한다는 데서 의의가 있다. 또한, 변혁적 리더십, 섬김의 리더십과 마찬가지로 진성 리더십은 명확한 도덕적 차원을 보유하며, 정직한 가치관이나 진정한 리더의 행동은 장시간에 걸쳐 리더 내부에서 발전(형성)될 수 있기 때문에 누구나 진성 리더십을 개발하고 배울 수 있다고 주장하는 긍정적인 리더십 이론이다. 그러나 진성 리더십과 관련하여 실무적 접근법에 제시되고 있는 개념이나 아이디어는 아직도 충분히 검증되지 않았으며, 진성 리더십의 구성요소, 즉 이론적 접근법 역시 충분히 설명되지 않고 있다는 한계를 드러낸다. 또한, 긍정적인 심리능력을 진성 리더십의 구성요소에 포함시켜야 하는가에 대한 의문이 제기되며, 어떻게 진성 리더십이 조직의 긍정적인 성과로 이어지는가를 명학히 설명하지 못하는 맹점이 있다.

3 기독교교육과 섬김의 리더십[3]

　　섬김의 리더십을 소개한 로버트 그린리프(Robert Greenleaf)는 보다 나은 사회를

---

3 섬김의 리더십과 관련한 내용은 최성훈, "섬김의 리더십으로 조명한 기독교교육의 원리," 「기독교교육논총」 40 (2014), 421-447을 요약하고 다듬은 것이다.

건설할 인재들을 양성하는 학교마저도 신분 상승을 위한 메커니즘으로 그 목적이 변질되며 공동체를 파괴하는 주범으로 전락하고 말았다고 한탄하며 섬김의 중요성을 강조하였다(Greenleaf, 1977). 명문고, 명문대를 향해 달려가는 입시 위주의 사고가 가정에서, 그리고 학교에서 자녀들을 밖으로 내몰고 있다. 교인들이 교회를 떠나는 이유 또한 비슷한 맥락에서 조명될 수 있는데, 교회가 복음이라는 기독교의 원리를 통해 치유하고 회복시키는 사역을 통해 사회에서 빛과 소금을 역할을 감당하는 그리스도인들을 양성하는 것이 아니라 예배의 형식적인 행위와 맹목적인 헌신만을 강요하다가 교인들을 잃고 있다. 그 결과, 사회에서 전혀 힘을 쓰지 못하는 "맛 잃은 소금 그리스도인"만 양산하다가 본연의 정체성을 잃고 마는 것이다. 사람도, 교회도 능력과 권위의 근원이신 하나님께 붙어 있어야 온전한 리더십을 발휘할 수 있다.

    1999년의 씨랜드 사건, 그리고 2014년 발생한 세월호 사건 등 사회의 구조적인 문제가 드러난 이후 한국을 떠나 이민의 대열에 나선 이들, 교회의 홈페이지를 떠나 자극적인 쾌락을 찾아 가상공간을 헤매는 사람들도 공통적인 원인을 드러낸다. 가정, 학교, 교회, 사회, 가상공간이라는 기독교교육의 장이 무너지고 있는 이유는 하나님과의 관계에 기반한, 복음의 빚진 자 의식을 통한 섬김의 정신을 잃었기 때문이다. 요약하면, 기독교교육의 현장에서 구성원들을 잃게 한 원인은 곧 리더 및 조직의 섬김의 부재인 것이다.

1) 섬김의 리더십의 기원과 섬김의 개념

    1970년대 AT&T의 CEO 출신인 로버트 그린리프(Robert K. Greenleaf)에 의해 시작된 섬김의 리더십 연구는 이후 리더십 연구자들의 주목과 관심의 대상이었다. 그린리프는 통신사인 AT&T에 40여 년 근무하고 CEO로 정년퇴임을 한 후에 사회의 단체나 기관들이 어떻게 기능하는지 탐구하였다. 그는 1964년 "응용윤리연구소"(Center for Applied Ethics)를 창설하였고, 이는 "그린리프 섬김의 리더십 연구소"(Greenleaf Center for Servant Leadership)로 확대, 발전되었다. 그린리프는 헤르만 헤세(Herman Hesse)의 『소설 동방순례』(Journey to the East)를 읽으며 순례단의 단원들을 위해 허드렛일을 하는 하인 레오가 실질적인 조직의 리더로서 기능하였다는 점에서 영감을 얻고 섬김의 리더십 개념을 공식적으로 발전시키기 시작하였다. 그는 『리더 로서의 종』(The Servant as Leader, 1970), 『종으로서의 기관』(The Institution as Servant, 1972), 그리고, 『섬김의 리더십: 합법적 권력과 위대함의 본질을 향한 여행』(Servant Leadership: A Journey into the Nature of Legitimate Power and Greatness, 1977)을 출간하며, 섬김의 리더십 연구에 박차를 가했다.

섬김의 리더십을 조명하기에 앞서 섬김의 의미는 과연 무엇일까를 살펴보는 것이 필요하다. 그린리프(Greenleaf, 2007)는 리더십의 본질이란 리더가 되기 이전에 섬기는 자가 되는 것이라고 주장하였다. 이것은 무조건 낮아지고 굴복하라는 의미 가 아니다. 섬김의 본질적 의미는 조직의 목표가 아니라, 조직을 구성하는 사람을 섬기라는 것 즉 구성원을 우선적으로 고려하라는 뜻이다. 섬김의 리더십은 기존의 수직적인 위계에 반발하여 그 대안으로서 수평적 관계를 제시하는 방편으로서 섬김 을 강조한다. 이는 인간 존중, 도덕적 권위와 양심, 인격적 가치에 집중함으로써, 효 율성만을 강조하던 기존의 리더십 이론을 뛰어넘는, 보다 본질적이며 철학적인 의 미를 전달하고자 하는 것이다. 그러므로 섬김의 리더십이란 구성원들이 점점 더 인 간다운 모습을 회복하며, 더 건강하고 자유롭게 되는지 여부 및 더 나아가서는 섬 김을 받는 구성원들도 진정한 섬기는 자가 되려고 하는지 점검함을 통해 그 진정성 이 가늠되는 것이다.

성경적인 섬김의 의미도 그린리프의 주장과 대동소이하다. 성경적 섬김의 원 리는 예수께서 이 땅에 오신 것은 "섬김을 받으려 함이 아니라 도리어 섬기려 하고 자기 목숨을 많은 사람의 대속물로 주려" 하심이라는 마태복음 20장 28절에 잘 나 타난다. 따라서 그리스도의 본을 통해 드러난 섬김에는 "대속"이라는 사랑에 기반 한 희생과 구원의 의미가 포함되어 있다. 또한, 예수님의 섬김을 집약하는 개념인 "비우심"(kenosis)을 강조하는 빌립보서는 섬김이란 "겸손한 마음으로 각각 자기보 다 남을 낮게 여기는"(빌 2:3) 것이라고 설명한다.

하지만 섬김은 겸손과는 다른 개념이다. 겸손은 자신을 겸비하는 태도를 의미 하지만 섬김이란 그러한 태도를 넘어서 삶을 통한 실천(praxis)으로 구체화되는 것이기 때문이다. 그러므로 섬김은 예수님이 하셨던 것처럼 단순히 섬김의 자세에 그치는 것이 아니라 제자들의 발을 씻어 주는 데에까지 나아가는 것을 포함하는 것이다(요 13:1-11). 이러한 사랑의 실천인 섬김을 통해 조직 또는 공동체의 구성원은 하나님의 형상으로서의 인간성을 회복하며, 더 나아가서 그리스도를 따라 그 사랑의 섬김을 나누는 자가 되려고 노력하게 된다. 그러므로 섬김의 실천은 사랑에 바탕을 두고 있다. 기독교교육의 차원에서 섬김의 리더십 개념의 핵심은 지속적인 섬김의 원동력인 사랑에 있다. 사랑 없이는 변함없이, 꾸준히 섬길 수 없다. 그러므로 섬김은 사랑에 바탕을 둔 것이다(고전 13:1-13).

이를 기독교교육에 적용하면, 사랑이 없는 교육행위는 생색내기에 불과하며, 교수자가 자신의 학식을 드러내는 현학적 도구로 전락하고 만다. 섬김과 리더십이라는 두 개의 상충되는 단어가 결합하는 원리는 우선순위에 있기 때문에 섬김의 리더십이란 개념은 우선순위의 확인을 통하여 그 내용이 점검되어야 한다. 섬김을 핵심의 가치로 강조하기는 하지만, 주가 되는 것은 리더십이므로 리더십을 전제로 해야 한다. 효과적인 리더가 된다는 것은 먼저 구성원들로부터 리더로서 인정을 받는 것을 전제로 하기 때문이다. 따라서 먼저 기독교교육의 핵심을 담은 성경적 가르침에 대한 지식을 갖추고 이를 섬김으로 연결할 때에 섬김의 리더십이 발휘되는 것이지, 리더가 갖추어야 할 요건들에 대한 아무런 구비 없이 섬긴다고 주장하는 것은 리더십의 본질과는 무관한 것이다. 섬김의 리더십이란 일방적으로 희생하고 봉사하는 것으로만 이루어지는 것이 아니라, 지도하며 이끌어 가는 능력을 전제하고 있기 때문이다. 그러므로 기독교교육에서의 섬김이란 먼저 하나님의 지식을 온전히 갖추어 영적 지도력을 발휘할 것을 요구한다. 온전히 깨닫는 하나님의 지식으로서의 진리는 사람을 자유롭게 하는데(요 8:32), 온전한 섬김의 리더는 교육적 행위에 치중하는 것이 아니라 교육적 리더십 발휘의 대상이 되는 이들의 마음을 먼저 살피며 섬기기 때문이다.

2) 섬김의 리더십의 특성

섬김의 리더십의 가장 뚜렷한 특징은 조직의 목표보다 사람을 우선하는 것으로서, 섬김의 리더십의 모든 가치는 인간 중심적인 모습을 보인다. 그린리프가 소개하는 섬김의 리더십은 리더십 이론 중에서는 유일하게 "이타주의"를 리더십의 중심 요소로 제시하고 있다. 윤리적 차원을 포함하는 다른 리더십 이론으로는 변혁적 리더십, 정직한 리더십 등이 있지만, 이타주의를 직접적으로 제시하는 리더십 이론은 섬김의 리더십뿐이다. 또한, 섬김의 리더십은 권력과 영향력의 일반적 시각에서 벗어나는 인격적인 측면을 강점으로 하며, 어디에서나 유용한 것이 아닌 상황적 요인을 인정한다. 섬김의 리더십은 다른 사람을 섬기고 싶다는 자연스러운 감정으로 시작하여 그 같은 감정을 가지고 다른 사람을 올바른 방향으로 인도하고 싶다는 의식적인 선택으로 이어진다.

섬김의 리더십과 다른 리더십과의 차이점은 리더가 구성원들을 위한 봉사자로서 구성원들을 돌보고 살핀다는 데에 있다. 그러므로 섬김의 리더십에서 최선의 평가기준은 도움을 받고 있는 사람이 도움을 받는 동안에 그 잠재력을 실현하는 과정에서 성장하며, 더 성숙한 모습으로 자율적으로 다른 사람을 돕는 사람이 되는지 여부이다. 이는 더글라스 맥그레거(Douglas McGregor, 1960)의 Y이론과도 부합되는 내용이다.[4]

섬김의 리더십에 관한 연구는 인력개발, 리더십의 공유, 공동체 구축, 용서, 영성 등 다양한 섬김의 리더십의 특성들을 소개하고 있다. 존 바뷰토(John Barbuto)와 다니엘 윌러(Daniel Wheeler)는 섬김의 리더십 구성요소로서 이타적 소명, 감정치유,

---

4 맥그레거는 인간 본성에 대한 두 가지 견해를 바탕으로 X이론과 Y이론을 소개했다. X이론은 리더(관리자)는 구성원들에 대하여 강력하게 개입하여 명령과 통제방식을 사용함으로써 조직목표를 달성해야 한다고 주장하는데, 이는 인간은 불합리하여 스스로를 통제할 수 없고 천성적으로 게으르기 때문에 성과급과 같은 동기부여가 필요하며 수동적이기 때문에 지시받기를 원하고 책임을 회피한다는, 인간 본성에 대한 부정적 견해에 기반을 두고 있다. 이와는 반대로 인간은 목표달성을 위해 스스로 방향을 설정하고 통제할 수 있으며, 문제해결을 위한 창의력과 적절한 책임의식을 갖추고 있다는, 인간 본성에 대한 긍정적인 견해를 바탕으로 리더가 권한을 위임하여 구성원들의 동기를 유발하고 잠재력을 개발함으로 조직목표를 달성할 것을 Y이론이라 설명하며, 맥그레거는 이를 현대적인 리더십의 동기로 제시하였다.

지혜, 설득적 구성력, 조직차원에서의 청지기의식을 제시하였다(Barbuto and Wheeler, 2006). 특히 센다이어 등(Sendiaya et al., 2008)은 자발적 종속, 진실된 자아, 협약적 관계, 변혁적 영향력과 함께 "책임있는 도덕성"(responsible morality)과 "초월적 영성"(transcendental spirituality)이라는 종교적 가치를 섬김의 리더십의 핵심요소로 소개하여 주목을 받았다.

이러한 모든 특성들은 사람 안에 내재된 잠재력 실현을 최우선으로 강조하는 공통점을 보이고 있다. 그 같은 맥락에서 섬김의 리더십은 상황적 리더십의 특성을 반영하는 측면을 드러낸다(Liden et al., 2008). 리더가 구성원들의 잠재력 실현과 성장, 성숙을 위하여 섬긴다는 것은 자신이 활용하는 리더십 스타일에 대하여 유연성을 견지하는 것을 뜻한다. 동일한 리더십 스타일이라 하더라도 상황에 따라 효과적일 수도, 그렇지 못할 수도 있다는 것을 인식하고, 구성원들의 성숙도에 따라서 리더십 스타일에 변화를 주는 것이 필요한데, 이는 리더에게 총체적인 시각을 요구하기 때문이다. 또한, 섬김의 리더십은 교육 리더십의 새로운 동향에 속하는 분산된 리더십, 민주적 리더십, 도덕적 리더십을 반영하기도 한다. 섬김의 과정에서 리더십은 필연적으로 구성원들 사이에 분산되어 협응적 과정을 통하여 발휘되고, 섬김의 본질은 구성원으로서의 인간을 존중하며 권리를 인정하는 민주적 리더십의 원리를 반영하며, 도덕적 원리에 근거한 정직한 리더십에 근거하기 때문이다.

3) 교수자와 학습자의 관계를 통한 섬김

교사와 학생, 즉 교수자와 학습자의 관계에 있어서 섬김의 리더십으로 조명한 기독교교육의 첫째 가르침은 교수자와 학습자 모두에게 하나님의 형상이 내재되어 있다는 것이다. 이러한 형상적 잠재력은 교수자가 학습자를 섬기는 구속적 관계를 통하여 실현된다. 그러므로 기독교교육의 교육행위는 교수자가 수립하는 학습자와의 성육화된 관계에서 시작하며, 이는 학습의 이론적 측면만을 강조하는 것이 아니라 교수자와 학습자 간의 성육화된 인격적 관계를 통하여 교육의 실제와 연결된다.

헨리 나우엔(Henry Nouwen, 1971)은 그렇게 성육화된 관계를 형성할 때에 교수자와 학습자의 구분이 없이 서로 배우는 상호학습이 가능하며, 경쟁과 소외를 야기하는 폭력적 교육이 아니라 인격적인 진지한 교육이 가능한다고 강조하였다. 그러한 인격적 관계를 기반으로 하는 교육은 학습자의 필요에 보다 민감하며, 따라서 학습자를 적절히 동기부여하고 학습자 수준에 적합한 교육내용을 구성하도록 하는 "맞춤교육"(customized education)을 가능케 한다. 인간의 타락으로 인한 죄성과 내재된 하나님의 형상으로서의 잠재력이라는 이중성에 대한 균형잡힌 시각은 교수자-학습자의 관계에 있어서 진리가 독점될 수 없다는 깨달음을 부여하며, 상황에 따라 교수자와 학습자의 역할이 달라질 수 있고, 학습자가 리더로서 기능할 수 있다는 가능성 또한 열어 놓을 수 있기 때문이다(Choi, 2020).

하지만 교수자에게 있어서 섬김의 리더십이란 무조건적인 수용만을 의미하는 것은 아니다. 때로는 카리스마적 권위로 훈육하는 것이 필요한 경우도 있으며, 특히 교육공동체, 조직이 위기상황에 직면했을 때, 또는 중요한 신규 프로젝트를 시작하는 경우에는 강력한 리더십의 발휘가 요청된다. 급변하는 시대적 상황과 교육환경을 반영하는 변혁적 리더십의 활용이 필요하기도 하며, 교수-학습과정에서 획득한 학습자에 관한 주관적인 정보에 대한 기밀 유지라는 윤리적 리더십이 기본적으로 요구되기도 한다. 섬김의 리더십은 이러한 다양한 요소들을 수용하는 인간 중심의 가치를 제공하고 있으며, 이는 하나님의 형상으로 창조된 인간의 잠재력 실현을 통하여 기독교교육과 만나는 것이다.

모든 지도자는 영향력을 행사하기 위하여 권위와 권력을 활용한다. 다만 섬김의 리더는 윤리적이고 효과적으로 이를 실행하는 것이 기존의 리더십과 다른 점이다. 지도력과 권위로 다스리는 것을 기독교교육은 은사로 여기며, 은사의 목적은 예수를 그리스도(주님)라고 시인하며, 교회(기독교교육 공동체)의 덕을 세우는 것이다(고전 12-14장). 기독교교육의 리더십에 있어서 권위를 세우고 지도하는 기반이 되는 지침은 하나님의 진리를 대변하는 성경이다. 하나님의 진리와 인간의 삶은 교수과정을 통하여 연결되는데, 성령으로 충만한 교수자가 진행하는 교수과정이 하나님의 은혜를 대변하는 통로로서 기능할 때에 학습자들은 온전히 성장하고 성숙하게 되며, 이는 하나님의 형상으로서의 잠재력을 실현하는 기반이 된다(Lebar, 1995).

4) 구속적 교육과정과 교수학습을 통한 섬김

그리스도의 십자가 구속을 통해 복음의 빚진 자 의식을 보유한 교수자는 학습 자와의 관계를 통하여 사랑의 명령을 실현하고자 하므로 학습자의 삶의 자리를 고려한 "상황화된 학습"(situated learning)의 기회를 기꺼이 제공한다. 그러나 기독교교육이 제시하는 상황학습은 학습자 중심의 구성주의적 인본주의 또는 실용주의에 천착하는 것이 아닌, 하나님의 주도성에 기인한 맞춤교육 또는 눈높이교육에 가까운 개념이다. 이는 복음을 통해 경험한 사랑을 기반으로, 사랑의 관계를 맺기 위한 과정으로서의 교육이다. 따라서 기독교적 관점에서 볼 때에 사랑의 실천 없는 교육은 참된 교육이 아니며, 사랑을 기반으로 하는 섬김만이 교수자와 학습자 사이에서 구속적인 관계를 가능케 한다(Choi, 2020).

기독교교육의 교수자는 학습자에 대한 사랑을 실천하기 위하여 학습자의 삶의 자리, 즉 상황을 고려하여 가장 적합한 학습환경을 준비하고 맞춤교육을 제공하려는 의도에서 교수법을 설정하고, 교수과정을 준비한다. 그러므로 기독교교육의 교수자는 예수를 구주로 믿는 거듭난 그리스도인이어야 하며, 그러한 교수자만이 인간의 죄악된 본성을 극복하는 하나님의 은혜에 대한 필요성을 제고할 수 있다(Zuck, 1998). 하나님의 교수계획은 하나님께서 내주하시는 거듭난 인격을 통하여 실현될 수 있기 때문이다. 거듭난 인격으로서 모든 그리스도인은 잠재적 교수자가 된다. 그러나 "말과 혀로만 사랑하지 말고 행함과 진실함으로 하자"(요일 3:18)는 요한 사도의 주장처럼, 그리스도인의 사랑과 은혜에 대하여 사변적으로 논하는 것은 아무런 변화를 유발하지 못하며, 실천을 통해 섬김의 본질적 의미가 실현되어야 비로소 마음을 움직이기 시작한다.

그리스도의 은혜를 인식하고 그리스도의 가르침을 따르는 이로서 그리스도인의 정체성은 교수자로 하여금 그리스도의 구속적 비우심에 동참하도록 인도한다. 이는 학습자 수준에 맞추어 교육과정을 구성하고, 적합한 교수–학습의 방법을 선택하여 운영하도록 이끈다. 학습자의 발달단계와 학업수준에 따른 맞춤교육 또는 눈높이교육을 통해 그리스도의 비우심과 맞춤교육이 교수자의 성육화된 교수를 통하여 실현되는 것이다. 이는 존 칼빈(John Calvin)이 언급했던 "하나님의 자기조절"(Accommodatio Dei)을 반영하는 교수법이다(Calvin, 1559). 인간의 이해력이 하나님을 다 수용할 수 없기 때문에 하나님께서 역으로 인간의 수준에 맞추어 조명하시는 것을 본받아 교수자가 학습자의 수준에서 동기부여하고, 교육과정을 운영하는 기독교적 교수가 이루어지는 것이다.

이러한 사랑의 명령 수행으로서의 교육은 파커 팔머(Parker Palmer, 1993)가 지적한 것처럼, 아담과 하와의 인식론적인 오류, 즉 하나님에 대한 잘못된 이해를 바로잡는다. 그리고 그러한 아담과 하와의 인식을 바로잡는 일조차도 하나님께서 스스로를 밝혀 주신, 주도적인 섬김의 개입을 통해 이루어졌다. 그러므로 교수자와 학습자 사이에서 지향되는 교육목적으로서의 사랑의 관계 형성은 하나님 이해를 중심으로 인간 이해를 포함하는 것이어야 하며, 이론과 실제를 통합하는 것이어야 한다. 섬김의 리더십으로 조명한 기독교교육은 궁극적으로 하나님 이해를 바탕으로 인간 이해를 반영하는 "하나님의 교육"(Pedagogia Dei)을 지향하는 것이어야 하는 것이다.

5) 교육현장에서의 섬김

학생, 교사, 교육내용이라는 교육의 3요소에 대하여 가정에서 교수자의 역할은 부모가, 학교에서는 교사가, 교회에서는 목회자가, 사회에서는 공직자와 사회지도층이 우선적으로 담당한다. 섬김이란 공동체 구성원들의 경험과 특성에 따라 달리 정의될 수 있다. 예수님의 성전정화사건에서 보는 바와 같이 때로는 강력한 권위가 필요하기도 하고, 때로는 아주 부드러운 인내와 희생이 요구되기도 한다. 그러므로 섬김의 의미는 가변적인 것이며, 그 사상적 토대가 되는 섬김의 원리가 중요한데, 그것은 자신이 섬김을 받고자 하는 대로 타인을 섬기는 것이다(마 7:12). 죄의 사함은 그리스도의 십자가 구속의 결과나, 죄성과의 끊임없는 싸움은 성령의 도우심을 통해 가능하다. 기독교교육에 있어서의 성령의 역할은 타락한 이성을 치유하여 교육의 기반이 되는 성경의 가르침을 온전히 조명하도록 하는 것이다.

따라서 기독교교육학자인 로이스 르바(Lois Lebar, 1995)는 예수께서 제자들을 향해 진리의 성령이 제자들을 모든 진리 가운데로 인도하시리라고 말씀하신 요한복음 16장 13절을 인용하며, 학습자 내, 외부에서 학습자를 인도하는 유일한 교수자는 성령이라고 강조하였다. 그러므로 학습의 비밀은 성령과의 친밀한 관계, 즉 성령과의 인격적 교류에 있다. 기독교교육의 교수과정에서 진리의 성령의 조명하심이 없다면, 그것은 소모적인 작업, 헛된 작업이 될 수밖에 없기 때문이다. 성령은 예수 그리스도의 구속을 받아들여 거듭난 인격이 하나님의 형상으로서의 잠재력을 회복할 수 있도록 돕는 역할을 담당하신다. 성령은 인간의 지성뿐만 아니라, 감정과 의지를 통하여 하나님의 형상을 회복하고 잠재력을 실현하도록 돕우신다. 그러므로 성령의 도우심 안에 거하는 인격은 영성, 인성, 지성, 감성, 의지 등 전인(全人)이 회복되는 것을 경험하며, 이는 진리의 깨달음을 통해 인간 인격의 중요성을 견지하는 진정한 의미의 이타적인 섬김을 가능케 한다.

기독교교육에 있어서 영성과 이성의 통합을 가능케 하는 인격이신 성령과의 관계는 기독교교육현장의 실천에 있어서 중요한 시사점을 제공한다. 교수자와 학습자의 구분을 넘어서, 행정과 평가의 담당자를 비롯하여 교육과정에 참여하는 모든 이들 사이의 관계는 인격적이어야 한다. 인격적 관계의 수립을 토대로 교육현장은 구성원의 자발적인 참여를 통해 교육공동체를 형성할 수 있기 때문이다. 인본주의적 성공에 대한 집착으로 인하여 사제관계는 붕괴되고, 입시교육으로 대변되는 비인격적인 교육, 인간소외의 교육현상을 지양하는 길은 이러한 인격적 관계이다. 기독교교육에서 인격적인 관계의 토대는 하나님 이해로 귀결된다. 하나님과의 인격적 만남은 이웃사랑의 대명령을 수행하는 사랑의 성육화로 이어지며, 이렇게 성육화된 교육은 하나님 이해와 인간에 대한 이해를 바탕으로 하기 때문이다.

따라서 기독교교육의 교수자는 이론적 지식과 교육참여자의 삶의 현장을 고려하여 반영하는 실제의 균형, 기독교 영성을 바탕으로 교수-학습이 이루어지는 교육현장에서의 합리적 이성을 통한 통합을 추구한다. 인간은 유한한 이성에 갇혀 있는 것이 아니라 끊임없이 초월적인 성령의 도우심을 통해 이성과 영성 간의 통합과 균형을 추구하여야 하는 존재이기 때문이다. 그러한 통합은 교수과정을 통해 기독교적 교육의 원리가 구현되는 장을 마련하며, 교수자와 학습자 사이의 대화와 참여를 통한 인격적 교육, 하나의 공동체를 이루는 공동체 교육, 사변에 얽매여 있지 않은 창의적 상상을 가능케 하는 교육적 도약을 이루는 토대가 된다.

4 리더십의 어두운 그림자

2015년 8월 18일 자신이 불륜사이트인 애슐리 매디슨(Ashley-Madison.com)의 회원임이 해킹을 통해 드러난 존 깁슨(John Gibson)은 2015년 8월 24일 56세의 나이로 자살하여 생을 마감하였다. 그는 뉴올리언스 침례교신학교(New Orleans Baptist Theological Seminary)의 교수이자, 제일침례교회(First Southern Baptist Church)의 목사였고, 사랑하는 아내와 성인이 된 아들과 딸을 둔 단란한 가정의 가장이었기 때문에 그 충격과 파장이 대단했다. 왜 사랑받는 가장, 존경받는 교수요 목사였던 그가 그런 불륜을 저지르고, 또 자살이라는 극단적인 선택을 하게 된 것일까?

목회와 리더십 전공의 교수인 풀러 신학교(Fuller Theological Seminary)의 게리 매킨토시(Gary L. McIntosh) 교수와 벧엘 신학교(Bethel Seminary)의 디렉터인 새뮤얼 리마(Samuel D. Rima)는 그들의 저서 『극복해야 할 리더십의 그림자』(Overcoming the Dark Side of Leadership)을 통하여 리더십 기저에 깔린 어두운 그림자를 경계하라고 종용하였다. 이 책의 부제는 "잠재적 실패에 대처하는 효율적 리더가 되는 방법"(How to Become an Effective Leader by Confronting Potential Failures)으로서 본서가 잠재적인 실패의 요인들에 잘 대처하는 효율적인 리더가 되는 방법론을 담고 있음을 드러낸다.

그들은 리더십의 그림자가 자라는 과정을 네 단계로 소개하였다(McIntosh and Rima, 2007). 1단계는 욕구(Needs)의 단계로 사람이 기본적으로 가지고 있는 필요들을 추구하는 단계이며, 2단계는 충격적인 외상적 경험(Traumatic experiences)으로 인해 필요(욕구)가 좌절되는 단계이다. 3단계는 욕구 좌절로 인한 패배감과 실패감 등의 부채의식(Existential debt)을 느끼며, 이를 만회하기 위한 비정상적인 시도의 근원이 시작되는 단계이고, 4단계는 기본 욕구가 외상적 경험, 비합리적 부채의식과 결합하여 자신 안에 그림자의 발달(Dark side development)이 시작되는 단계이다.

  리더십 그림자를 관리하기 위한 구체적인 방안은 먼저 그림자를 인정하는 데에서 시작한다. 먼저 타락한 인간의 본성(죄성)을 직시하고, 그림자가 정상적인 인간 발달의 산물임을 인정하는 것이다. 부인과 타인 비난, 자기합리화를 멈추고, 하나님은 내 약함 속에서 가장 강력하게 역사(고후 12:9-10)하신다는 사실을 믿어야 한다. 다음은 자신의 과거를 검사하는 것으로서 현재의 자신을 형성하고, 뚜렷한 기억을 남긴 사건을 회상함을 통해 과거의 영향력을 극복하는 것이다. 과거를 다루는 것에는 용서가 포함되는데, 자신을 움츠러들게 하는 실수와 실패에 대하여 자신을 용서하고 상대방을 용서해야 한다. 상대방을 용서하는 것에는 그(그녀)가 자신을 대하는 방식까지 용납한다는 의미이다.

  다음 단계는 가장 중요한 단계로서 잘못된 기대치와 맞서 싸우는 것이다. 지도자의 너무 과도한 기대치에 대하여 자신이 설정한 것과 타인이 부과한 것을 구분하고, 비현실적이고 이기적인 동기에 기인한 기대치를 제외한다. 예를 들면, 신학생들이 수업시간에 사례로 접하는 교회성장과 목회의 성공 등을 통해 갖는 비현실적인 영적 리더에 대한 기대치는 교회 개척 과정의 잔인한 현실에 대한 대비를 제대로 하지 못하게 하는 것이므로 이를 제거해야 한다. 기대치를 충족시키기 위해 더 열심히 움직일수록 더 많은 기대치를 떠맡는 악순환, 그리고 엄청난 기대치에 시달리며 그 기대치의 압박에서 벗어나기 위한 일탈의 가능성을 직시하고 그것을 경계해야 하는 것이다.

  리더는 "그리스도께서 우리를 자유롭게 하시려고 자유를 주셨으니 그러므로 굳건하게 서서 다시는 종의 멍에를 메지 말라"(갈 5:1), 그리고 "진리를 알지니 진리가 너희를 자유롭게 하리라"(요 8:32)와 같은 말씀들의 의미를 새겨야 한다. 기대치를 관리하며 자유를 행사하는 기준은 성경 말씀을 통한 점검이 되어야 하며, 신앙서적을 통해 믿음의 사람들로부터 도움을 받고, 주변 사람들의 공식적 평가에 자신을 개방하며, 필요시에는 전문상담가의 도움을 받는 것에도 주저하지 말아야 한다. 가장 본질적인 원리는 그리스도의 복음을 통해 새로운 생명, 영원한 생명을 얻은 새로운 피조물이라는 자신의 정체성을 이해하는 것이다. 온전한 리더는 "우리가 아직 죄인되었을 때에 그리스도께서 우리를 위하여 죽으심으로 하나님이 우리에 대한 자기의 사랑을 확증하셨느니라"(롬 5:8), "그런즉 누구든지 그리스도 안에 있으면 새로운 피조물이라 이전 것은 지나갔으니 보라 새것이 되었도다"(고후 5:17)와 같은 말씀을 새겨야 할 것이다. 그리스도인 리더는 자신의 인간적인 힘과 능력이 아니라 참 포도나무 된 그리스도께 붙어있을 때에만(요 15장) 열매 맺는 능력을 발휘할 수 있기 때문이다.

참고문헌

임희정. "관리자 및 부하의 성별, 조직문화에 따른 남녀관리자의 리더십 연구." 「여성연구」 96(2018), 119-45.

최성훈. "현대사회와 여성 리더십: 개신교의 조직문화를 중심으로." 「장신논단」 54 (2022), 177-201.

_____. 『리더＋십』. 서울: CLC, 2016.

_____. "섬김의 리더십으로 조명한 기독교교육의 원리." 「기독교교육논총」 40(2014), 421-447.

Atwater, L., and Carmeli, A. "Leader-Member Exchange, Feelings of Energy and Involvement in Creative Work." *The Leadership Quarterly* 20(2009), 264-275.

Ayman, Roya, Korabik, Karen, and Morris, Scott. "Is Transformational Leadership Always Perceived as Effective? Male Subordinates' Devaluation of Female Transformational Leaders." *Journal of Applied Social Psychology* 39(2009), 852-879.

Barbuto Jr., John E., Fritz, Susan M., Matkin, Gina S., and Marx, David B. "Effects of Gender, Education, and Age upon Leaders' Use of Influence Tactics and Full Range Leadership Behaviors." *Sex Roles* 56(2007), 71-83.

Barbuto, J., and Wheeler, D. "Scale Development and Construct Clarification of Servant Leadership." *Group and Organizational Management* 31(2006), 300-326.

Blanchard, Kenneth. *SLII: A Situational Approach to Managing People*. Escondido, CA: Blanchard Training and Development, 1985.

Calvin, John. ed. John T. McNeil. *Institutes of the Christian Religion*. trans. Ford L. Battles, Louisville, KY: Westminster John Knox Press, 2006. (Original work published in 1559).

Carlyle, Tomas. On Heroes, *Hero Worship, and the Heroic in History*. New Haven, CT: Yale University Press, 2013. (Original work published 1841).

Chan, Adrian, Hannah, Sean T., and Gardener, William L. "Veritable Authentic Leadership: Emergence, Functioning, and Impacts," in *Authentic Leadership Theory and Practice: Origins, Efects and Development*, eds. William L. Gardener, Bruce J. Avolio, and Fred O., Walumbwa, 3−42. Oxford, UK: Elsevier, 2005.

Choi, Seong−Hun. "Trinitarian Principles of Christian Education." *Journal of Christian Education* 61(2020): 131−164.

Conger, Jay A., and Kanungo, Rabindra N. "Toward a Behavioral Theory of Charismatic Leadership in Organizational Settings." *Academy of Management Review* 12(1987), 637−647.

Cox, Harvey. *When Jesus Came to Harvard: Making Moral Choices Today*. New York, NY: A Mariner Book, 2006.

Fiedler, Fred E. *A Theory of Leadership Effectiveness*. New York, NY: McGraw−Hill, 1967.

Fiedler, Fred E., and Garcia, Joseph E. *New Approaches to Leadership: Cognitive Resources and Organizational Performance*. New York, NY: John Wiley & Sons, Inc., 1987.

Graen, George B, and Uhl−Bien, Mary. "Relationship−Based Approach to Leadership: Development of Leader Member Exchange (LMX) Theory of Leadership over 25 Years: Applying a Multi−Level Multi−Domain Perspective." *Leadership Quarterly* 6(1995), 219−247.

Greenleaf, Robert. *The Servant as Leader*. Westerfeld, IN: The Greenlead Center for Leadership, 1970.

_____. *The Institution as Servant*. Westerfeld, IN: The Greenlead Center for Leadership, 1972.

_____. *Servant Leadership: A Journey into the Nature of Legitimate Power and Greatness*. New York, NY: Paulist Press, 1977.

_____. *Servant as Leader Essay*. Westerfield, IN: The Greenlead Center for Leadership, 2007.

House, Robert J. "Path—Goal Theory of Leadership: Lessons, Legacy, and a Reformulated Theory." *The Leadership Quarterly* 7(1996), 323—352.

House, Robert J., Hanges, Paul J., Javidan, Mansour, Dorfman, Peter W., and Gupta, Vipin. *Culture, Leadership, and Organizations: The GLOBE Study of 62 Societies.* Tousand Oaks, CA: Sage, 2004.

LeBar, Lois E. *Education That is Christian.* Colorado Springs, CO: Chariot Victor Publishing, 1995.

Liden, Robert C., Wayne, Sandy J., and Stilwell, Dean. "A Longitudinal Study on the Early Development of Leader Member Exchanges." *Journal of Applied Psychology* 78(1993), 662—674.

Liden, Robert C., Wayne, Sandy J., Zhao, Hao. and Henderson, David. "Servant Leadership: Development of a Multidimensional Measure and Multilevel Assessment." *Leadership Quarterly* 19(2008), 161—177.

Lowe, Kevin B., and Gardner, William. "Ten Years of The Leadership Quarterly: Contributions and Challenges for the Future." *The Leadership Quarterly* 11(2001), 648—657.

McGregor, Douglas. *The Human Side of Enterprise.* New York, NY: McGraw Hill, 1960.

McIntosh, Gary L., and Rima, Samuel D. *Overcoming the Dark Side of Leadership: How to Become an Effective Leader by Confronting Potential Failures.* rev. ed. Grand Rapids, MI: Baker Books, 2007.

Mumford, Michael. D., Zaccaro, Stephen J., Harding, Francis D., Jacobs, T. Owen, and Fleishman, Edwin A. "Leadership Skills for a Changing World: Solving Complex Social Problems." *Leadership Quarterly* 11(2000), 11–35.

Nouwen, Henri. *Creative Ministry.* Garden City, NY: Image Books, 1971.

Palmer, Parker J. *To Know as We Are Known.* New York, NY: Harper and Row, 1993.

Powell. Gary N., and Grave, Laura M. *Women and Men in Management.* 3rd ed. Thousand Oaks, CA: Sage, 2003.

Rost, Joseph C. Leadership for the Twenty—First Century. New York, NY: Praeger, 1991.

Sendiaya, Sen, Sarros, James C., and Santora, Joseph C. "Defining and Measuring

Servant Leadership Behavior in Organizations." *Journal of Management Studies* 45(2008), 402—424.

Zuck, Roy B. *Spirit—Filled Teaching*. Nashville, TN: Word Publishing, 1998.

교육행정

1877년 창설된 윔블던 챔피언십은 테니스계의 4대 메이저 대회(호주 오픈, 프랑스 오픈, 윔블던 챔피언십, US 오픈) 가운데 가장 오랜 역사를 자랑하며, 복장 규정이 엄격한 것으로도 유명하다. 윔블던 챔피언십에는 다른 대회들과 달리 참가선수들이 흰색 복장을 착용해야만 하는 엄격한 복장 규정이 존재하는데, 경기복은 물론이고 헤어밴드(hairband), 암밴드(armband), 양말, 테니스화까지, 즉 머리부터 발끝까지 흰색만을 사용해야 한다. 매년 여름 윔블던의 잉글랜드 테니스 클럽은 천연 잔디와 함께 선수들의 올 화이트 복장으로 시원하면서도 깔끔한 이미지를 연출하고 있다. 이 때문에 윔블던하면 화이트 카라 티셔츠(white collar t-shirt)를 떠올리게 하며, 다른 색상의 사용은 오직 상하의 끝단 1cm 이내로만 허용된다.

윔블던의 복장 규정은 대회의 품격을 지키기 위한 노력의 일환인데, 초기에 영국의 귀족들이 향유했던 테니스는 노블 스포츠(Noble sport)라는 이름에 걸맞게 품위를 중시한다. 일례로 간혹 경기 중에 공이 네트를 스쳐 굴절이 생겨서 점수를 딴 경우에는 반드시 상대방에게 사과의 제스추어를 표시하는 것이 에티켓이다. 윔블던의 복장 규정 역시 선수들의 시선이 분산되는 것을 막아 공정한 경쟁을 지속하기 위한 것이며, 복장에 스포츠 브랜드 로고가 과도하게 새겨지는 것을 방지함으로써 경기장 내에서 상업적 광고를 최소한으로 제한하겠다는 의지를 반영한 것이기도 하다. 경기장에서 가까운 자리에 착석한 관람객들 역시 별도의 복장 규정을 따라야 하는데, 일반적으로 정장의 착용을 원칙으로 하고 있다.

  윔블던의 엄격한 복장 규정으로 인하여 1900년대 초반까지 남자 선수들은 반바지를 입을 수 없었고, 여자 선수들은 흰색 긴 치마만을 입어야만 했다. 그러나 이 같은 지나친 복장 규정 때문에 선수들이 간혹 불편을 겪기도 한다. 지난 2013년 대회 당시 스위스의 로저 페더러(Roger Federer) 선수는 테니스화 밑창이 주황색이라는 이유로 복장 교체를 지시당했는데, 테니스화 교체 후 무명의 선수에게 패하여 탈락하고 말았다. 2014년 여자 단식 준우승자인 캐나다 선수 유지니 보차드(Eugenie Bouchard)는 2015년 윔블던 대회에서 티셔츠 안에 입은 브래지어의 색상이 검은 색이라는 이유로 페널티를 받아 탈락했다. 2017년 윔블던에서는 미국의 비너스 윌리엄스(Venus Williams) 선수 역시 착용한 핑크색 속옷의 색상이 흰색 상의에 비친다는 이유로 옷을 갈아입을 것을 지시받았다. 전통과 권위를 강조하는 "화이트 윔블던"은 대회를 상징하는 시그니처로 자리잡았지만, 이를 지키기 위한 과정에서 선수들의 자유를 지나치게 침해하는 일들이 발생하고 있다. 엄격한 권위를 중시하는 전통과 개인의 인권과 자유를 강조하는 현대적 사조 속에서 윔블던의 복장 규정은 섬김을 뜻하는 행정의 의미를 통해 재조명되어야 할 부분이 있을 것이다.

1 교육행정이란 무엇인가?

  행정이란 단어의 어원은 "어드미니스트라레"(administrare)로서 "~에"라는 뜻을 가진 "ad"(to)와 "관리하다, 섬기다, 실행하다"라는 의미를 가진 "ministare"(manage, serve, or execute), 두 단어로 이루어져 있다. 특히 "미니스타레"(ministare)는 "섬기는 사람"이라는 뜻을 가진 "성직자"(minister=servant)와 같은 어원을 공유하고 있다. "ministare"라는 라틴어를 헬라어로 번역한 단어가 "섬김" 또는 "봉사"의 뜻을 가진

"디아코니아"(διακονία)이며, 이는 고린도전서 12장 28절에서 "돕다"라는 의미로 해석되었다.

그러므로 교육행정이란 교육이 잘 이루어질 수 있도록 돕기(섬기기) 위한 모든 활동과 노력을 의미하는데, 교육에 필요한 인적, 물적 자원을 포함한 여러 가지 자원을 지원, 관리하는 공적 활동을 뜻한다. 요약하면, 교육행정은 교과를 가르치고 배우는 직접적인 수업 활동을 제외한 모든 교육 관련 지원 활동을 뜻하는 것이다.

조직의 규모에 따라 행정을 구분할 수 있는데, 일반교육에서는 중앙교육행정기관과 교육의 제반 업무를 총괄하는 교육부를 중심으로 하는 국가 차원, 지방의 교육행정기관과 시, 도 교육청을 중심으로 하는 지방과 지역 차원, 그리고 일선 교육현장의 각급 학교와 교실을 중심으로 하는 학교와 학급 차원의 교육행정으로 구분할 수 있다. 기독교교육에 있어서는 거시적인 기독교 단체의 연합 차원, 각 교단 차원, 교단 내 지방회 또는 노회 차원, 그리고 개 교회와 그 부속조직인 부서 차원의 행정으로 나눌 수 있다. 기독교 교육행정이란 개념은 교단 및 교회 차원에서 이루어지는 과업을 다루는 개념이다.

교육행정의 의미는 교육과 행정의 관계에서 어디에 초점을 두느냐에 따라 달라진다. 교육을 목적으로 보는 경우에는 교육이 행정에 우선하지만, 교육을 수단으로 보는 경우에는 행정이 교육에 우선시된다. 하지만 두 경우 모두 온전한 교육행정을 이루지 못하는데, 교육과 행정이 균형과 조화를 이룰 때에 비로소 그 의의가 실현되기 때문이다. 기독교교육의 목적을 염두에 두고 정의할 때에는 창조명령, 대명령, 대위임령이라는 기독교교육의 목적을 원활히, 그리고 온전히 이루기 위한 모든 자원의 배분, 배치, 운영이 교육행정의 주된 과업이 된다.

교육행정에 대한 관점을 중심으로 그 정의와 목적을 구분할 수도 있는데, 행정은 교육목적의 달성을 위한 지원이라고 보는 조건정비론, 교육행정이 이루어지는 과정에 초점을 맞추는 행정과정론, 행정을 사회체제에서 이루어지는 과정으로 파악하는 사회과정론, 교육행정의 핵심이란 의사결정의 협동행위라고 파악하는 협동행위론, 교육행정은 일반행정의 하위체계, 즉 행정의 한 분야라는 것을 강조하는 분류체계론에 따라 각각 그 정의와 내용이 달라진다.

2 교육행정의 원리

1) 일반적 원리

19세기의 족보 "만가보"에서는 충북 음성에서 반서린이라는 양반의 서자로 태어난 반석평이란 인물을 소개한다. 석평은 서자로 태어나는 바람에 그 신분이 중인이었지만, 13세에 아버지를 여의고 형편이 어려워져서 중인 신분마저 잃고 노비 신분으로 전락하여 서울의 이 참판이라는 사람의 집에서 종노릇을 하게 되었다. 두뇌가 명석했던 그는 얼마나 공부가 하고 싶었던지 자기 또래였던 이 참판의 아들 이오성이 방에서 글을 배우고 있을 때 마당을 쓸며 그 내용을 듣는 도둑 공부를 했다. 석평은 땅바닥에 글씨를 쓰며 글과 문장을 익혔지만, 듣고 배우는 대로 외우고 깨우치는 영리한 아이였다. 어느 날 이 모습을 보고 반석평의 재능이 대단하다는 사실을 알아본 이 참판은 그의 노비 문서를 불태우고 반석평을 양반집의 양자로 들어가도록 주선해 주었다.

그렇게 반석평은 양반 신분을 얻게 되었고 중종 2년인 1507년, 과거에 급제하여 사초를 기록하는 "예문관검열"이라는 종9품 관직을 얻었다. 이는 오늘날 말단 9급 공무원인 셈이다. 하지만 그는 성실하게 노력한 끝에 승승장구하여, 차관급인 예조참판을 거쳐, 오늘날 법무부 장관에 해당하는 형조판서의 자리에까지 오르게 되었다. 형조판서가 된 어느 날 반석평은 길을 가다가 자신의 노비 신분을 없애 준 주인의 아들 이오성을 우연히 만나게 되었다. 이 참판의 집안은 몰락하여 아들 이오성은 빈곤과 궁핍에 처한 어려운 상황 가운데 있었는데, 정2품 형조판서인 반석평은 그를 보자마자 바로 수레에서 내려와 이오성에게 절을 하고, 그를 극진히 대접하였다. 후에 반석평은 중종에게 자신의 신분적 배경을 밝히고, 이 참판에게 얻은 은혜에 대하여 고하며 이오성에게 벼슬을 내려 줄 것을 간청했다. 이를 기특하게 여긴 중종은 반석평의 지위도 유지시켜 주고, 이오성에게 사옹원 별제라는 벼슬을 내려 주었다. 노비 신분에서 재상의 자리에 오른 반석평은 훗날 부총리급인 종1품

좌찬성에까지 오르며 이 참판의 안목이 헛되지 않았음을 증명하였다.

반기문 전(前) UN 사무총장이 바로 그의 직계 후손인데, 이 참판이 반석평의 재능을 보고 종의 신분에서 해방시켜 준 것, 그리고 그를 다른 양반집의 양자로 들어가게 해 준 것은 당시로서는 참 어려운 결정이었다. 하지만 이 참판은 반석평 개인의 유익뿐만이 아니라, 더 나아가서는 나라 전체의 유익을 위해서 그러한 결정을 내렸다. 재능 있는 소년이 그저 종살이로 생을 마치는 것은 개인으로서도, 나라로서도 유익한 일이 못 되는 일이라는 것을 바라보는 안목이 있었기 때문이다. 반기문 사무총장의 선조가 되는 반석평의 일화에 행정의 원리가 숨어 있다.

행정은 필요한 인재와 자원을 적재적소에 배치하여 모든 사람들을 유익하게 하는 것이다. 일반행정에서도 행적적 원리를 이루는 구성요소를 사람과 활동, 그리고 양자 간의 상호작용으로 손꼽는다. 행정이란 목적을 이루거나 문제를 해결하는 활동이므로 필연적으로 목적을 설정하고 문제를 해결하고자 하는 주체로서의 사람이 그 중심에 있다. 교회행정이란 예수 그리스도를 머리로 하는 교회의 사역이 원활하게 이루어지도록 함으로써 교회의 몸 된 교인들에게 유익을 주며, 더 나아가서는 사회에서 빛과 소금의 역할을 하며 세상에 유익을 끼치는 행위이다. 기독교교육행정도 이와 다르지 않다. 교육 활동을 통해 복음과 사랑의 기독교 정신으로 섬김으로써 학습자들로 하여금 하나님의 형상으로서의 잠재력을 실현하고, 영향력을 발휘하며 자신들의 삶과 공동체의 삶을 유익하게 하는 것이 바로 기독교교육행정의 목적이다.

유익성 외에도 교육행정의 과업을 수행하도록 하는 정신적 기반으로서의 주요 교육행정의 원리로는 관계자들의 의견을 수렴하여 반영하는 민주성, 모든 이에게 평등한 교육기회를 제공함과 동시에 능력별 차등화된 기회를 제공하는 공평성, 법률에 적합하게 운영하는 합법성, 목표를 달성하는 효과성과 최소의 비용으로 그 목표를 달성하는 효율성, 특정 정치체제 또는 이익집단의 이념으로부터 독립을 유지하는 자율성, 업무의 독자적, 기술적 수월성을 유지하는 전문성, 장기적 관점에서 일관적인 정책을 수행하는 안정성을 들 수 있다.

기독교교육행정은 기본적으로 민주성, 공평성, 효율성 등 일반교육행정의 원리들을 반영해야 하지만 그 근간이 하나님의 뜻을 드러내고 실현하며, 이 땅에서 "하나님 나라"를 이루는 것을 목표로 하며 조정해야 한다. 예를 들면, 민주성이라고 해서 다수가 소수의 의견을 묵살하는 것이 되어서는 안 되며, 다양성 아래서 복음적 일치를 추구해야 한다. 일반적인 법률이나 교육법뿐만 아니라, 교단법과 교회법을 준수하는 것도 기본적인 합법성의 원칙에 부합되는 것이다. 또한, 교육행정은 사회 구성원을 교육하고 사회화하는 사회적 책무성, 공개적으로 활동하는 공공성, 교육 조직이 매우 복잡한 활동들을 수행하는 활동의 복잡성, 강한 유대감을 바탕으로 하는 친밀성, 교육을 담당하는 전문가 집단을 통해 운영되는 전문성, 교육 조직과 행정의 성과가 쉽게 인식되기 어려운 평가의 복잡성과 난이성의 특징을 보인다. 그러므로 기독교교육행정 역시 고도의 전문성과 신학적 기반을 바탕으로 하는 것이다. 뚜렷한 목회와 교육철학에 기반하지 않으면 목표와 방향이 제대로 설정되기 어렵고, 기독교교육행정이 제대로 이루어지기 힘들기 때문이다.

2) 성경적 원리

모세는 출애굽 이후 광야에서 이스라엘 백성들을 이끌고 가나안 땅으로 들어가는 과정에서 수차례에 걸쳐 백성들의 원망에 직면하였다. 일례로 이스라엘 백성들은 애굽에 있을 때에는 비록 노예 생활을 했지만 생선, 오이, 참외, 부추, 파, 마늘 등을 풍족히 먹었는데(민 11:4), 이제 광야에서 만나 외에는 먹을 것이 없다고 불평을 늘어놓았다. 그래서 모세는 너무 힘들어서 자신이 백성들을 배고, 낳았냐며, 왜 자신이 모든 책임을 다 져야 하느냐고 하나님께 탄원을 했다. 그리고 책임이 너무 무거워서 혼자서는 그 모든 백성들을 돌보는 책임을 감당할 수 없다며 다음과 같이 처절한 기도를 하나님께 드렸다. "구하옵나니 내게 은혜를 베푸사 즉시 나를 죽여 내가 고난 당함을 내가 보지 않게 하옵소서"(민 11:15).

그때에 하나님은 이스라엘 노인 중에서 백성의 장로와 지도자 70명을 데리고 와서 모세가 하던 일들을 맡기라고 말씀하셨다. 모세 혼자서 모든 일을 다 할 수 없다는 것을 헤아리시고 책임을 분담하게 하신 것이다. 이 일이 있은 후에 모세는 자신이 홀로 모든 짐을 질 수 없는데, 하나님이 각 지파에서 지혜와 지식이 인정받는 자들을 택해서 천부장, 백부장, 오십부장과 십부장, 조장을 삼으라 하셨다며 재판을 포함한 지도자의 업무들을 분담할 것을 명했다(신 1:9-18). 이는 일찍이 출애굽기 18장 13-27절에서 모세의 장인 이드로가 모세가 아침 일찍부터 저녁 늦게까지 홀로 모든 백성을 재판하는 일을 하는 것을 보고 지도자를 따로 세워 일을 나누라고 조언하는 장면으로 나타난 것이다. 그래서 리더십을 위임하는 것을 소위 "이드로의 법칙"이라고 한다.

영적 지도자가 모든 일을 다 맡을 수는 없다. 리더십 이론, 특히 리더의 역량이론에서도 하위직에서 상위직으로 올라갈수록 어떤 구체적인 작업이나 활동에 대한 지식, 즉 전문성보다는 계획과 비전에 관련되는 개념적 기술이 더 중요함을 강조한다. 그러므로 모든 일을 다 하려는 생각은 자신이 아니면 일이 진행될 수 없다고 생각하는 교만함, 자신에 대한 과도한 신뢰, 또는 일 중독, 그리고 다른 사람들을 불신하는 모습을 드러내는 것이다. 이스라엘 백성들 또한 모세를 너무나 신뢰하고 모세에게 전적으로 의지했다. 신명기 34장 7절에서 "모세가 죽을 때 나이 120세였으나 그의 눈이 흐리지 아니하였고 기력이 쇠하지 아니하였더라"고 그의 죽음을 묘사하는데, 아직 정정한 그의 건강에도 불구하고 모세가 죽음을 맞이하며 가나안 땅에 들어가지 못한 것은 모세를 향한 이스라엘 백성들의 맹목적인 의지를 경계하는 하나님의 섭리일 가능성이 높다.

영적 지도자는 항상 하나님 앞에서 자신을 낮추는 겸손함이 필요하다. 자신이 할 수 있는 일과 다른 사람에게 맡겼을 때에 더 효율적인 일들을 구분하는 것도 하나님 앞에서 자신을 겸허하게 돌아보는 자세로부터 시작한다. 대형교회의 목회자가 하나님처럼 사랑과 존경을 받고, 많은 사람이 모이는 운동장, 체육관 등에서 연례행사를 하며, 자신을 높이는 피켓으로 가득찬 행렬 앞에서 손을 흔들고 등장하며 높임을 받는 것은 분명히 하나님이 기뻐하시지 않는 일임에 틀림없다. 그렇게 세를 과시하는 행동 자체가 자신을 드러내려는 의도에서 비롯된 것이기 때문이다.

예루살렘 교회는 디아스포라 유대인들이 구제에서 제외되자 그들을 섬길 일꾼들을 따로 세우고(업무를 분담하고) 사도들이 기도하고 말씀 전하는 일에 전념하였는데(행 6:1-6), 그러한 겸손한 분담이 있은 후에 예루살렘에 부흥이 일어나고 수많은 사람들이 예수님을 믿게 되었다(행 6:7). 기독교교육행정이란 복음을 통해 하나님과 관계를 맺고, 하나님의 마음으로 나를 받아들이고, 다른 이들을 섬김을 통해 복음전파의 사역을 이루는 것이 목적이다. 그러므로 하나님을 섬기고, 하나님을 기쁘시게 하는 일이 지혜로운 사역의 기반이며, 자신의 능력을 증명함으로써 자신을 드러내고 사람들로부터 마음을 얻고 인기를 얻으려는 생각은 그리스도인 사역자로서 온전한 모습이 아니다. 바울이 갈라디아 교회에 보냈던 서신에 나타난 그의 고백은 그런 면에서 기독교교육행정을 담당하는 사람들에게 귀감이 된다. "이제 내가 사람들에게 좋게 하랴 하나님께 좋게 하랴 사람들에게 기쁨을 구하랴 내가 지금까지 사람들의 기쁨을 구하였더면 그리스도의 종이 아니니라"(갈 1:10). 기독교교육행정의 성경적 원리는 행정 담당자의 능력이나 권력을 과시하는 것이 아니라, 하나님의 지혜를 통해 그리스도의 핏값으로 사신 사람들을 섬기며 공동체를 세움을 통해 궁극적으로 하나님께 영광을 돌리는 것이다.

3 기독교교육행정의 과업

1) 목표설정과 기획

본장의 서두에서 언급한 것처럼, 기독교교육행정이란 기독교교육의 목적을 효과적으로 달성하도록 지원하고 봉사하는 행위를 의미하며, 이는 결국 기독교교육이 효율적으로 이루어지도록 관리하는 행위인 것이다. 그러므로 기독교교육행정의 목표는 말씀으로 가르치고 양육하는 활동이 적절하게 실행되도록, 그리고 바른 가르침과 바른 실천을 통해 학습자가 변화되어 하나님 나라의 일꾼이 되도록 지원하는 것이다.

로버트 바우어(Robert Bower, 1964)는 교육행정은 목표설정, 평가 및 조사, 연속성과 유연성 확보, 정책결정의 원리가 필요하다고 주장하였다. 편성된 교육과정이 올바른 목표설정을 통해서 기독교교육의 포괄적인 목표와 일치해야 하고, 지속적인 평가 및 조사(모니터링)를 통해 프로그램을 개선하고, 현재 운영되는 프로그램과 계획되는 프로그램 간의 연속성을 확보하는 것이 필요하다는 것이다. 상황에 따라 프로그램의 조정이 가능한 충분한 여유를 확보하고 정책 결정의 일관성을 유지하는 것도 교육과정의 원활한 운영을 위하여 요청된다.

행정의 과업은 학자들에 따라 다양하게 분류되는데, 헨리 페욜(Henry Fayol, 1916)은 관리 활동의 5대 요소로서 예측과 기획, 조직, 명령, 조정, 통제를 지적했고, 루터 귤릭(Luther Gulick, 1925)은 행정의 7대 기능이 필요하다고 보고, 기획, 조직, 인사, 지휘, 조정, 보고, 예산편성을 강조하였다. 한편 찰스 티드웰(Charles Tidwell, 1985)은 교회행정에 필요한 8대 기능으로서 목적설정, 목표설정, 프로그램 작성, 기구 조직, 인적 자원과 물리적 자원 확보, 재정확보, 통제를 제시하였다.

기독교교육행정의 주요 과업으로는 교육정책 수립과 기획, 교육과정의 운영, 교과지도 및 생활지도, 교육인사, 재정, 환경 구비 등이 있는데, 그러한 과업의 전제는 교육의 목표 점검을 통해 교육정책을 입안하는 것이다. 교육정책이란 교육 이념과 교육정책의 목적을 설정하고, 그 목표를 달성하기 위한 대안들을 탐색하여 가장 바람직한 것을 선택하는 과정이며, 교육기획은 교육 정책을 기본 틀로 하여 그를 실현하기 위한 구체적인 계획들을 수립하는 과정을 뜻한다. 교육목표가 명확해지면 다음 작업은 세부 교육목표를 설정하고 그에 따른 교육내용을 선정하여 교수-학습 과정을 기획하고 운영, 평가하는 것이다. 교육과정을 운영한다는 것은 교과내용의 지도는 물론 학습자의 학업 및 교우관계는 물론 진학 및 진로지도를 포함한다. 그러므로 이러한 과업을 수행하는 데 필요한 인적, 물적 자원을 제공하는 것이 중요한 행정업무가 된다.

2) 조직구성

교육목표에 따라 구성해야 할 행정조직의 형태가 결정되는데, 대표적인 행정조직으로는 라인(line) 조직, 스탭(staff) 조직, 위원회(committee) 조직, TFT(Task Force

Team) 또는 프로젝트(project) 조직 등이 있다. 라인 조직은 의사전달이 상부에서 하부로 직선적으로 전달되는 전통적인 형태의 조직으로서 교회학교의 경우 담임목사로부터 교장목사, 교회학교 부장, 주임교사, 교사 등의 라인으로 이어지는 조직의 구성이 이에 해당한다. 라인 조직은 위계가 뚜렷하고 책임의 한계가 명확하다는 장점이 있지만, 라인 체계로 인하여 전반적으로 능률과 사기가 저하될 가능성도 있다. 스탭 조직은 라인 조직을 보완하기 위한 조직으로서 전문성을 보유한 참모 조직이다. 스탭은 라인 조직에 대하여 조언을 할 뿐, 의사결정을 이끌 지휘명령권은 없지만 전문성이 강력한 권력의 원천으로 작용하므로 기능적 측면에서 영향력을 발휘할 수 있다.

위원회는 라인과 스탭 사이에서 각 기능 부문 사이의 불일치와 부조화의 문제를 해결하기 위한 통합 조직이다. 예를 들면 교육위원회, 정책위원회, 인사위원회, 예산위원회 등이 민주적인 방법으로 문제를 조정하고 전체 조직을 통합하는 기능을 담당한다. 하지만 위원회 조직은 의사결정 관련한 책임이 분산되고, 위원회가 제시한 창의적 제안이 잘 받아들여지지 않고 타협안에 머무르는 경향을 보이는 등 한계를 노출하기도 한다.

태스크포스 팀 또는 프로젝트 팀은 특정 과제수행을 위해 잠정적으로 그 과제를 담당하고, 종료 시 해제되는 소그룹 조직이다. 이는 라인 조직과 스탭 조직과 같은 정적인 조직의 한계를 극복하기 위한 동적인 제도로서 기능하는 조직에 해당한다. 이 외에도 여러 프로젝트 팀과 기존 부문의 기능을 연결시킨 혼합형 매트릭스 조직, 자율적 그룹들이 공동의 목적을 이루기 위해 연합하여 정책 결정을 내리는 협의회 조직 등 다양한 조직 형태들이 존재하지만, 앞서 언급한 것처럼 공동체의 목표, 규모와 특성에 따라 구성할 조직의 형태와 규모 등이 결정된다.

마지막으로 우리가 간과해서는 안 될 것은 교회 조직은 신적인 측면과 인간적인 측면을 동시에 지닌다는 사실이다. 그러므로 영적인 면만 강조하면 효율성이 저하될 수 있고, 현실적인 면만 강조하면 교회의 덕을 유지하는 데 어려움이 생길 수 있다. 그러므로 신앙에 기반하여 전문성을 갖추는 균형이 필요하다. 또한, 교회는 조직이면서도 역동적으로 상호작용하는 구성원들의 유기체이며, 그리스도를 머리로 하는 공동체이므로 지시와 감독이 주가 되는 것을 방지하고 봉사와 섬김의 정신이 행정에 구현되도록 주의를 기울여야 한다.

교회는 목표지향적이면서 동시에 그 목표가 사람을 대상으로 하는 인간지향적 조직이다. 교회의 사역이란 영혼에 관한 것, 즉 각 사람에게 복음을 증거해서 영원한 생명을 누리도록 하는 것이기 때문이다. 그러므로 교회가 건전한 신학을 바탕으로 올바른 목회철학과 교육철학을 가지고 바른 목표를 세워야 한다. 조직, 프로그램, 방법론은 모두가 영혼을 살리기 위한 수단에 불과한데, 업무절차 때문에 사람의 심령을 상하게 하는 일이 없도록 주의해야 한다. 그렇게 개인에 집중하여 그 안에 있는 하나님의 형상을 존중하며 섬김의 공동체를 이루다 보면 불필요한 절차들, 행정 편의적 자세들이 사라지고, 여러 단계를 거칠 일들이 담당자들 간의 전화 통화 한 번으로 해결되기도 한다. 그러므로 복음의 본질에 근거하여 교회의 역량과 상황에 적합한 목표를 세우고 성령의 도우심을 의지하면서 사랑으로 섬기는 공동체 조직을 만들어 가는 것이 기독교교육행정의 바람직한 모습이다.

3) 교육인사

교육인사 행정에 있어서 가장 기본이 되는 것은 교수자의 선발 및 교육이다. 이를 반영한 것이 미국의 대학 순위인데, 미국에서 대학의 순위는 어떤 교수가 교수진으로 강의하고 연구하느냐, 그리고 수업환경은 어떠하느냐에 좌우된다. 학교가 뛰어난 역량을 가진 교수를 초빙하거나 학습에 필요한 최신식 시설을 갖춘 건물을 건축하면 그 학교의 순위가 높아지는 것이다. 양자 중에서 더 영향력이 큰 요소는 사람, 즉 우수한 교수의 확보이다. 이는 마치 교회 건물이 중요한 것이 아니라 그 안에 모인 사람들이 예수 그리스도를 머리로 섬기며 복음 안에서 말씀과 기도로 마음을 하나님께 드리고 있느냐가 신앙적 측면에서 가장 중요한 것과 유사하다.

그러므로 교육인사는 교육목적을 효과적으로 달성하는 데 필요한 인적 자원을 확보하고, 그들의 능력을 계발하고 사기를 진작하는 일에 초점을 맞춘다. 또한, 교수자의 연구 및 개발을 지원하는 업무를 포함하며, 교수자가 교육활동에 초점을 맞출 수 있도록 학생의 입학, 진급, 생활지도, 후생복지, 졸업, 진로 등의 지도를 담당하는 것이 교육인사 행정의 역할이다. 교회학교 사역으로 범위를 좁혀서 조명하면, 교사를 모집할 때에는 교회의 목회철학과 교육목회적 비전에 근거하여 적합한 인물을 확보하여야 한다. 그러한 업무를 용이하게 담당하기 위해서는 평상시에 교인들에 대한 정보를 파악하여 자료화시켜 놓는 것이 바람직하다. 예를 들면, 설교와 광고, 홈페이지 상시 공지 등을 통해 바람직하게 고려하는 교사의 자질에 대하여 미리 소개하고, 교사진을 필요로 하는 시기에 대하여 알리는 한편, 교사 후보의 기록표를 작성하여 교육위원회를 통해 최소 3년 이상 교사 수급에 대한 계획을 수립한다면 희망하는 역량을 보유한 교사진을 확보하는 것이 훨씬 부드러울 것이다.

교사의 선발기준은 우선 세례받은 교인으로서 타의 모범이 되는 신앙의 소유자인지를 살펴야 한다. 그러므로 가장 중요한 기준은 그리스도인으로서 신앙에 기반한 뚜렷한 정체성과 영혼을 사랑하는 교사의 사명을 가지고 있어야 한다는 것이다. 교사에게 있어서 신앙의 섬김이 다른 무엇보다 중요한 요소이기 때문이다. 다음으로 사회의 고학력 추세와 전문성에 대한 수요가 증가하는 현실을 고려하여 교사로 봉사하는 해당 부서보다 차상위 학력을 가진 이를 교사로 선발하는 편이 바람직하다. 예를 들면 중등부 교사의 경우 가급적 고등학교 졸업 이상의 학력을 갖춘 이를 선발하는 것이 좋다. 하지만 이러한 차상위 학력의 기준은 절대적인 것이 아닌데, 신앙심에 바탕을 둔 섬김의 자세가 학력의 조건을 뛰어넘는 훨씬 중요한 기준이기 때문이다. 그러므로 교회가 소재한 지역의 특성 및 교인의 구성 등을 고려하여 지혜롭게 기준을 반영하면 될 것이다.

선발 과정에서는 예비교사와의 면담을 통해 교사직의 필요성을 전달하고, 본인이 교사로서 적합한 인물인지 당사자가 신중하게 선택할 수 있는 기회를 충분히 부여해야 하는데, 교사 후보 기록표를 구비하고 있다면 이를 활용함으로써 불필요한 절차들을 줄일 수 있다. 선발한 교사를 잘 교육함으로써 교육의 질을 지속적으로 제고하는 것도 교육인사행정의 과업에 해당한다. 교사교육은 기초교육과 계속교육으로 구분되는데, 기초교육은 교사론, 성경개관(총론), 교육심리, 교육지도 및 학습방법론 등의 기초훈련과정과 인간관계, 창의적 교수법 등의 심화훈련과정으로 구성된다. 계속교육은 시기와 장소를 교회 상황에 적합하게 다양한 형태로 운영할 수 있는데, 예를 들면 교사대학은 정규과정으로서 매년 운영하거나, 2-3년 단위로 운영할 수 있고, 분기 또는 반기별로 정기적인 리트릿을 통한 교사의 영성함양을 꾀할 수 있으며, 학부모와 학생들, 교사진의 필요에 따라 세미나 또는 워크샵 등을 실시할 수 있다.

개인주의적 성향 확산과 급변하는 사회 속에서 교회 봉사를 꺼리는 분위기 속에서 교회 운영 및 사역을 위한 인력을 확보하는 것은 과거에 비하여 매우 어렵다. 교인들에게 일방적으로 헌신과 섬김을 강요하는 것은 오히려 복음의 의미와 정반대가 될 우려도 있고, 특히 사회에서 자리매김을 해야 하는 청년들의 경우 더욱 시간과 노력, 헌금의 헌신에 대하여 부담스러워 한다. 따라서 교회는 막 입시를 마치고 청년부 또는 대학부에 올라온 청년들에게 헌신을 강요하기 보다는 전 성도를 대상으로 준비된 이들을 선별하여 섬김의 직분을 맡도록 권면해야 하며, 일방적으로 헌신을 부탁하는 것이 오히려 복음의 의미와 상반되는 무례하고 폭력적인 강요라는 사실을 헤아려야 할 것이다.

4) 교육재정

미국의 공립학교는 학군마다 학생 개인별 교육지출액인 "PPE"(Per Pupil Expenditure), 즉 학생 1인당 연간 예산이 정해져 있다. 교육에 관심이 많은 부모들이 보다 나은 교육환경을 찾아 학군이 좋은 곳으로 이사하는 이유는 학군별로 각기 달리 지원되는 1인당 교육재정의 규모 때문이다. 다른 조건이 동일하다면, 이왕이면 다홍치마라고 교육예산을 많이 확보할수록 교육운영이 원활할 것이다.

교육재정이란 교육목표에 따라 필요한 예산을 편성하고, 이에 따라 재정을 확보하며, 확보된 교육 예산을 운용하고, 이후 교육의 비용 대비 투자효과를 점검하는 것을 포함한다. 그러므로 교육재정의 첫 단계는 교육의 목표에 따른 프로그램의 기획에 맞추어 예산을 편성하는 것이다. 기독교교육을 교회로 범위를 축소하여 예를 든다면, 목회계획안에 의거해서 예산을 할당하는 것이 그 출발점이 될 것이다. 우선

인건비, 각 부서 예산, 비품비 등의 기본적인 교육예산을 편성해야 한다. 예산집행은 편성된 예산 규모에 따라 교회재정 부서를 통해 교육부서로 매월 지급이 됨으로써 이루어진다.

예산을 편성할 때에 갑작스러운 재정이 필요할 가능성을 충분히 염두에 두고, 교회나 부서 사정에 부합되도록 5-15%가량의 예비비를 확보하는 것이 갑작스러운 교육환경 변화에 대처하고, 교육의 연속성을 유지하는 데 도움이 된다. 마지막 단계는 집행된 예산에 대한 결산과 결산보고, 그리고 그 과정에 대한 감사를 통해 투명한 운영을 확보하는 것이다.

5) 교육시설 및 사무행정

교육시설행정은 교지(校地), 교사(校舍), 내부시설 및 부속시설의 건축, 확충 및 관리와 활용에 대한 업무를 관장하며, 교육관련 물자의 관리, 교육 기자재 구입 및 유지와 보수, 그리고 사무실 관리와 문서의 관리를 포함한다. 교육환경은 소리 없는 메시지인 암묵적(implicit curriculum) 또는 숨겨진 교육과정(hidden curriculum)으로 기능하므로 교육의 중요한 요소이다. 위치와 시설은 그 기관의 목적과 방향을 드러내는데, 예를 들어 교회의 입구에 어르신들을 위한 24시간 개방하는 기도실과 편의시설이 구비되어 있다는 것은 그 교회가 실버목회에 신경을 많이 쓰고 있다는 뜻이다. 또한, 교회학교 부서들이 가장 채광이 좋고 접근성이 뛰어난 1, 2층에 배치되었다면 그 교회는 교육목회에 중점을 두는 교회일 가능성이 높다.

교육이 이루어지는 장소는 기본적으로 냉, 난방, 채광, 환기, 방음 및 음향 등 기본적인 여건을 확보하고 있어야 하며, 그러한 여건은 인원 대비 필요 공간의 확보를 포함한다. 또한, 공간의 확보만큼 중요한 것이 확보된 공간을 기능적으로 꾸미고 활용하는 것이다. 따라서 확보된 공간 안에 도서실, 체육시설, 공연시설, 화장실 등의 부대시설을 구비하고 관리하는 것이 필요하며, 그러한 시설구비는 교육의 대상인 학습자의 연령, 선호도, 특성 등에 따라 구성해야 한다. 몸을 많이 쓰는 야외 활동이나 체육활동이 자주 이루어지는 경우에는 양호시설과 약품들이 포함되어야 하며, 교육의 운영에 있어서는 비품(내구재) 및 소모품의 구입, 유지, 관리하는 것이 필수적이다. 음향, 조명, 멀티미디어 기자재, 책상, 걸상 등의 설비를 구비하고, 냉, 난방, 신선한 공기 등을 갖춘 쾌적한 교육환경을 제공해야 교육활동이 원활하게 진행될 수 있다.

교육활동을 원활히 하기 위해서 사무관리도 중요한데, 크게 분류하면 교육기관 및 학급을 경영하는 것을 포함하고, 학생기록물, 각종 문서의 작성, 관리 등의 문서관리, 각종 행사의 기획, 운영 및 사무처리 등 사무행정 업무가 이에 속한다. 가정 및 지역사회와 연계하는 행정업무는 최근 그 중요성이 증대되고 있는데, 가정, 교회, 학교, 사회, 사이버 공간 등의 교육현장이 서로 연결되어 영향을 주고 받기 때문이다. 그러므로 학부모와의 관계 유지 및 관리, 지역사회와의 유대관계 유지, 지역사회 및 학습기관 내외 홍보, 봉사활동 기획 및 운영 등이 강조된다.

4 세 겹 줄의 위력

기독교교육행정이란 어느 한 사람의 역량을 의지하는 성격의 과업이 아니다. 그리스도를 머리로 하는 교회 공동체의 몸된 지체들이 한 방향을 향해 힘을 합칠 때, 큰 힘을 발휘할 수 있기 때문이다. 갈라지고 분열되면 교회 공동체는 힘을 잃고 말게 되며, 그러면 공동체를 이루던 지체들도 역시 힘을 잃고 무기력하게 세상에서 이리 치이고, 저리 치이는 신세로 전락한다.

영국 BBC 다큐멘터리 프로그램에서 하이에나가 아프리카 물소인 누우를 사냥하는 모습을 소개했던 일화는 공동체에서 이탈한 이들을 향해 중요한 교훈을 제공한다. 하이에나는 누우에 비해 덩치가 훨씬 작기 때문에 누우를 잘못 건드렸다가 뿔에 찔리거나 뒷발에 치이면 살아남기가 어렵다. 더구나 누우들은 떼로 몰려 있어서 하이에나가 사냥하기에 만만치 않다. 하지만 하이에나의 누우 사냥방법은 의외로 간단하다. 하이에나는 누우떼의 뒤로 가서 슬슬 누우들을 "우-" 하고 기괴한 소리를 내며 누우 떼를 몰아가면, 큰 누우떼들은 겁을 먹고 이리 저리로 도망을 하고,

하이에나들은 또 누우떼들을 다른 방향으로 몰아가며 힘을 뺀다. 이렇게 1시간 정도만 지나면 반드시 병들었거나 나이 어린 새끼 누우 중 한 마리가 낙오하는데, 그때를 놓치지 않고 여러 마리의 하이에나들이 한꺼번에 그 누우를 덮쳐서 결국 사냥에 성공한다.

사탄의 세력이 바로 누우 떼를 사냥하는 하이에나들과 같다. 성도들이 하나님 말씀 앞에 모여서 함께 기도하고 찬양하며 하나로 뭉쳐 있을 때에는 감히 어떻게 하지 못하지만 사탄은 세상의 염려와 걱정으로 주의 백성들을 슬슬 몰아가며 겁을 준다. 그리고 사람보다 조직이 먼저 보이게 하고, 한 영혼보다 행사와 프로그램 자체가 더 크게 보이게 한다. 그렇게 교회 공동체에 시험을 주고, 분열을 조장하다가 한 사람이라도 신앙 공동체에서 낙오하면 바로 달려들어서 끝없는 멸망으로 잡아 끌어내리려 한다. 그러나 이러한 사탄의 궤계를 이길 힘은 이미 우리에게 주어졌는데, 그것은 하나님 말씀의 능력이요, 성령께서 주시는 교회를 세우시는, 하나 되게 하는 사랑의 은사들이다.

전도서 말씀이 그러한 측면에서 중요한 교훈을 준다. "두 사람이 한 사람보다 나음은 저희가 수고함으로 좋은 상을 얻을 것임이라 혹시 그들이 넘어지면 하나가 그 동무를 붙들어 일으키려니와 홀로 있어 넘어지고 붙들어 일으킬 자가 없는 자에게는 화가 있으리라, 또 두 사람이 함께 누우면 따뜻하거니와 한 사람이면 어찌 따뜻하랴 한 사람이면 패하겠거니와 두 사람이면 맞설 수 있나니 세 겹 줄은 쉽게 끊어지지 아니하느니라"(전 4:9-12).

이렇듯 성령은 우리를 사랑으로 하나 되게 하여 세상을 이기고 그리스도의 몸 된 교회를 온전히 세우게 하신다. 기독교교육행정에 있어서 필요한 은사를 주시는 성령께서 그 행정의 과업을 온전히 수행할 수 있는 마음의 바탕 역시 말씀의 조명과 도우심을 통해 가능케 하신다. 그러므로 성령충만한 공동체는 사람을 먼저 바라보고, 사람을 먼저 생각하는데, 그 한 사람이 하나님의 형상으로 창조된 존귀한 생명체요, 그리스도의 핏값으로 사신 고귀한 영혼이기 때문이다. 그렇게 한 영혼을 소중히 여기는 신앙공동체가 온전히 복음을 가르치고 삶으로 살아내도록 하는 교육행정의 구심이 된다.

참고문헌

Bower, Robert. *Administrating Christian Education*. Grand Rapids, MI: Wm. B. Eerdmans Publishing Company, 1964.

Gulick, Luther. "Principles of Administration." *National Municipal Review* 14(1925), 400−403.

Tidwell, Charles. *Church Administration: Effective Leadership for Ministry*. Nashville, TN: B & H Academic, 1985.

기독교교육과 교회

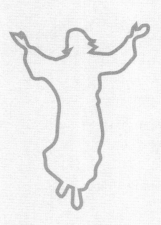

10

소명의식과 교사론

　　신자유주의 경제질서와 주관성을 강조하는 포스트모더니즘으로 인해 개인주의
가 만연한 까닭에 현대목회에 있어서 교회 봉사의 일손은 항상 부족하기만 하다.
더욱이 현재 교회학교 교사로 봉사하는 이들 역시 해마다 연말이 되면 내년에 또
교사로 봉사해야 할까, 재충전하는 시간을 통해 자신이나 가족을 돌볼까, 아니면 학
업이나 생업에 집중해야 하는가를 고민한다. 다른 무엇보다도 자기 자신의 모습이
교사로서 하나님 앞에 부끄러울 때가 많아서 고민을 하는 경우도 빈번하다. 초기의
사명감과 열정이 점점 무디어 가는 것 같아 하나님 앞에 죄송하고, 사람 앞에도 왠
지 떳떳하지 못한 생각이 든다. 그러한 마음을 갖는 것 자체가 나름대로 교사의 소
명의식을 가지고 있다는 사실을 드러내기도 하지만, 봉사와 관련한 갈등이 매주 반
복되기도 한다.

　　예배가 끝나고 분반공부 모임을 가질 때면 도망가는 아이들을 붙잡기에 힘을
쓰지만, 마땅한 장소를 찾기가 어려운 경우도 있다. 여기저기서 들리는 소음을 애써
견디며 출석을 확인하고, 잠시 이야기를 나누면 벌써 5-10분이 후딱 지나가 버린
다. 어수선한 가운데 공과 공부를 시작하지만 아이들은 아주 지겨운 표정들이다. 어

쩌다가 손을 들고 질문을 하는 고마운 아이가 있어 시선을 향하고, 귀를 기울여 보니 "언제 끝나요?"라는 질문이 이어진다. 겨우 분반 공부를 마치고, 아이들을 보내고 나면 또 무사히 한 주를 넘겼다는 안도감이 먼저 찾아온다.

하지만 그 홀가분한 마음이 그리 오래가지 못하리라는 것을 자신이 잘 안다. 한 주가 마무리되는 금요일 오후 즈음이 되면 아이들 출석, 심방전화, 분반공부 등에 대한 부담이 새롭게 시작된다. 사실 부담감만 느낄 뿐이고, 바쁜 일상에 시달리다가 시간은 다 지나가 버리고 토요일 오후가 금세 찾아오는 경우가 많다. 겨우 아이들과 소통을 하고 주일을 맞이하여 예배가 시작되는데 가슴이 콩닥콩닥한다. 요즘은 전화를 함부로 하기도 어려운 세상이 되어서, 문자를 보내고, 카카오톡(kakao talk)이나 SNS(Social Networking Service)를 통해 소통을 하지만 그것도 시간 맞추기가 여간 어려운 게 아니다.

주중에 심방도 제대로 못했다는 자책, 아이들 출석이 너무 좋지 않으면 하나님 앞에 면목이 없고 목회자와 다른 선생님들 앞에서 면이 서지 않을 것 같아 고민하며 마음이 분주하다. 예배는 시작되고 반 아이들의 모습이 보이지를 않으면, 자신의 영적 상태가 아이들의 출석으로 드러나고 있다는 자책감이 들며 한층 마음이 무거워진다. 다행히 예배 중간에 부스스한 얼굴로 한 명씩 아이들이 들어오기 시작하고, 그러다 보니 이번 주도 기본 인원은 채워지는 것 같아 안도의 한숨이 나온다. 그러나 곧 예배가 끝나고, 이제 다시 분반공부 전쟁이 시작된다. 그러면서 자신의 교사 소명에 회의를 갖는다. 그러한 어려움을 어떻게 해결하면 좋을까? 그 해답은 소명의 개념을 점검하고, 교사의 소명을 구체적으로 확인하는 데에 있다.

1 소명이란 무엇인가?

소명(Calling)이란 무엇일까? 잉글랜드 국교회(Anglican Church of England) 소속의 작가 오스 기네스(Os Guinness)는 소명이란 하나님의 결정적 부르심에 대한 전인적인 응답이라고 정의하며, 하나님의 부르심에 대한 인간의 모든 존재, 모든 행위, 모든 소유의 헌신적 섬김이 소명을 이루는 데에 필요하다고 덧붙였다(Guinness, 2006). 소명은 부르신 분(The Caller)과 그 부르심의 목적(Calling)이 있기 때문에 본질상 관계적이다. 그러므로 "내가 너를 지명하여 불렀나니"(사 43:1)라는 말씀처럼 소명은 하나님과의 관계로 초대받은 것을 의미한다. 그러므로 소명이란 소명 받은 이와 소명을 주신 하나님의 연합인 것이다. 그리스도인의 소명이란 하나님으로부터 받은 것이므로, 내가 원하는 일을 하기로 결정하고, 그 세부사항을 내가 판단하는 것이 아니다. 자신의 마음대로 하려는 인간적인 마음을 뒤로 하고, 하나님의 뜻을 앞세우는 것이 소명의 출발점이다.

소명은 1차적 소명과 2차적 소명으로 분류할 수 있다(옥한흠, 2003). 1차적 소명에 있어서는 그리스도를 따르는 자(Christ Follower)라는 그리스도인(Christian)의 정의로서의 소명, 즉 하나님께 부르심을 받은 것이 핵심이 된다. 어디에서 소명을 담당할지 여부를 결정하는 장소나, 소명과 관련된 특별한 역할은 부르심의 부차적 요소들일 뿐이다. 그러므로 1차적 소명이란 모든 그리스도인의 소명으로서 이 세상에서 살면서 그리스도를 통한 복음의 은혜를 누리고, 그 복음을 나누는 것을 의미한다. 2차적 소명이 비로소 구체적인 역할을 지정하는데, 구체적으로 부르심을 받은 곳에서, 부르심을 받은 목적과 모습대로 각자의 역할을 다하는 것이 2차적 소명이다. 예를 들면 목회자로서의 소명, 정치인, 사업가, 직장인, 주부로서의 소명 등이 이에 해당한다.

이러한 1차적 소명과 2차적 소명을 잘못 이해하면 균형이 무너지고 왜곡된 현상이 나타난다. 중세 가톨릭교회가 1차적 소명보다 2차적 소명을 너무 앞세우는 오류를 범해서 신품성사를 통해 사제의 위계를 정하는 과정에서 사제들은 스스로 높아지는 반면에, 일반 대중들은 성찬 때에 예수님의 피를 떨어뜨리는 불경죄를 범할 우려가 있다며 포도주를 받지도 못하게 했다. 또한, 라틴어 성경을 사제들이 독점하며 평신도들은 성상(聖像)과 성당 내 유리창을 이용한 스테인드 글라스 성화(聖畵)를 통해 하나님 말씀을 이해하는 우민화 정책을 시행했다. 이러한 이원론은 오늘날 한국교회 내에서도 나타나는데, 예를 들어 목회자와 평신도, 담임목사와 부교역자, 교구를 담당하는 전임사역자와 교회학교를 담당하는 파트 사역자를 구분하는 경향도 그러한 이원론에 기인한 것이다. 또한, 은혜를 체험하면 무조건 신학교에 가거나 선교사로 파송받아야 한다는 왜곡된 압박감, 자신만이 특별한 은사를 받아서 주의 종으로서 부르심을 받았다는 특별한 소명의식의 강박관념은 목회직을 상위직의 개념으로 잘못 이해한 데서 발생하는 오류이다.

　　소명의 본질은 일상적 삶에 영적인 존엄성을 부여하는 데에서 회복된다. 따라서 1차적 소명이 가장 기본적이고 중요한 소명임을 전제로 할 때에 소명의 균형을 이룰 수 있다. 18세기 영국에서 노예제도를 폐지한 윌리엄 윌버포스(William Wilberforce) 의원은 그가 25세가 되던 해인 1785년에 회심을 경험하였다. 하나님의 구속의 은혜를 체험한 그는 영적인 일을 세속적 일에 우월하게 생각하고 신학교 입학을 결정했다. 하지만 한때 노예선의 선장이었고, 회심 후에 찬송가 305장 "나 같은 죄인 살리신"의 가사를 쓴 존 뉴턴(John Newton) 목사의 만류 덕분에 1차적 소명에 기반을 두고 자신의 2차적 소명에 대하여 진지하게 고민한 결과 정치계에 입문하였고, 수많은 왕족, 귀족들의 반대를 무릅쓰고, 마침내 노예제도의 폐지를 이루는 일에 공헌하였다.

　　그렇다면 기독교교육을 담당하는 교사의 소명은 과연 무엇일까? 캐나다의 신학자인 존 반 다이크(John W. Van Dyke, 2005)는 소명이란 한편으로는 어떤 일을 맡기 위해 부름을 받은 것이지만, 다른 편으로 모든 그리스도인은 1차적 소명을 받았다는 사실을 우선적으로 강조하였다. 그는 기독교교육의 교사가 된다는 것은 일반적인 의미에서 직업인이 되는 것이 아니라 하나님의 부르심에 신실하게 순종하는 것이며, 하나님께서 교사로 부르신 목적을 향해 달려가는 것이라고 지적하였다. 그러므로 교사의 소명이라는 구체적인 2차적 소명은 그리스도인으로서의 소명이라는 1차적 소명에 근거한 것이어야 한다.

2   현대사회와 교사의 역할

　　지난 2012년 백석대 한만오 교수가 출판한 『아파하는 교사에게 주는 하나님의 쪽지』는 교회학교 교사들을 대상으로 교사로 봉사하는 이유에 대한 설문조사 결과를 수록하였다. 교회학교 교사로 봉사하는 동기는 사명감 54.7%, 교회를 섬기는 것이 당연하기 때문이라는 답변이 17.7%, 목회자나 제직의 권유 8.4% 등의 순이다. 교사들이 아파하는 이유 중에서 37.1%가 되는 가장 많은 이들의 답변은 교회 내의 인간관계의 문제를 지적했고, 학생들이 변화가 없는 것 26.7%, 과중한 사역으로 인한 탈진이 22.2%, 학생들로부터 존경받지 못할 때가 6.8% 등이었다. 단순히 설문조사 결과에 나타난 내용뿐만 아니라 과거에 비하여 훨씬 다원화된 사회를 살아가는 오늘날 교회학교 교사들은 훨씬 다양한 도전에 직면하고 있다.

1) 교사가 직면한 도전

교사들이 직면한 도전 가운데 대표적인 것은 왜곡된 교육문화이다. 일반교육에서 성공 지향적 교육관에 의해 목적이 없는 교육, 즉 가치가 배제된 지식교육에 휘몰리고, 경쟁적 학습 분위기에 눌린 아이들은 자신도 모르게 끊임없이 비교하고 우열을 가르는 상대적 가치관에 젖어 버렸다. 부모들은 급변하는 사회에서 자녀들의 교육에 중대한 가치를 부여하며 최선을 다해 양육하려고 노력하지만 정작 자녀와 소통하고 삶의 가치를 전달할 만한 여유를 잃어버리고 만 것이 현실이다. 열심히 학원비 등 교육비를 대는 데에 급급하다 보니 오히려 자녀와의 관계에서 배제되고 소외되는 결과를 초래하게 되었기 때문이다.

교회교육도 마찬가지이다. 유대인들은 기본적인 신앙교육을 모두 가정에서 책임지는 것을 원칙으로 삼았다. 하지만 오늘날 부모들은 신앙교육조차도 모두 교회학교에 맡겨놓고, 자신들의 신앙을 추스르는 데에 조차도 어려움을 겪는다. 하나님께서 세우신 두 개의 공동체 가운데 으뜸가는 우선순위는 창세기 2장에 등장하는 가정이고 다음이 신약성경에야 비로소 등장하는 교회인데, 오늘날 그러한 성경적 우선순위가 무너져 버렸다. 교회의 성장에만 급급한 목회적 운영이 장년 성도들의 헌신에 전적으로 의존하다 보니 가정 공동체를 세우는 데에는 소홀하고, 급기야 예배와 교회 조직조차도 연령별 및 성별로 각기 나뉘어 각 연령과 성별로 개인이 소외되는 파편화를 초래한 것이다.

　일례로 가정을 신앙으로 온전히 세우는 가정예배를 현대 교인들이 제대로 드리지 못하는 이유 가운데 하나는 그것이 익숙하지 않아서 불편하기 때문이다. 그러한 모습은 복음을 알고, 누리고, 나누는 것에 대한 잘못된 이해에 기인한다. 복음의 의미가 행위에 치중하며 그 본질이 왜곡되자, 행위를 통해 자신의 신앙을 드러내도록 내모는 잘못된 목회가 가정을 돌보고 가정 안에서 신앙을 형성하도록 하는 힘과 여유를 잃어버리게 하였다. 그러한 틈을 타고 들어온 것이 포스트모더니즘의 도전이다. 가정이라는 가장 기초가 되는 공동체에서 예배가 사라지자, 부모의 권위가 사라지게 되었다. 십계명의 1-4계명은 하나님과의 관계를 다루는 대신계명(對神誡命)이고, 5-10계명은 사람 간의 관계를 다루는 대인계명(對人誡命)이다. 사람과의 관계를 다루는 첫 번째 계명인 제5계명은 "부모를 공경하라"는 것이다. 구약성경의 율법은 계명과 규례로 나뉘는데, 계명은 시대와 장소를 초월하는 보편적인 원칙을 뜻하고, 규례란 특수한 집단에게 특수한 상황에서만 적용되는 하위 원칙을 지칭한다.[1] 그러므로 5계명은 모든 인류가 따라야 할 원칙이다.

　하지만 가정에서 신앙의 구심이 되는 예배가 사라지고 신앙양육이 사라지자,

---

1 계명에는 상황과 관계없이 시대를 초월하여 적용되는 보편적인 기준 또는 윤리적인 원칙이 들어 있다. 그러한 기준들이 진정한 율법이며, 율법은 항상 준수되어야 한다. 하지만 규례는 시대적 상황을 반영하는 실정법이나 특별한 경우에만 적용되는 조건법을 의미하므로 항상 준수해야 하는 것은 아니다. 일례로 레위기 11장에 나타난 정한 짐승과 부정한 짐승의 구분이 이에 해당한다. 규례에 의하면 육지에서는 발굽이 갈라지고 되새김질을 하는 짐승만이 정결하고, 물에 있는 생물 중에는 지느러미와 비늘이 있는 것만이 정결하여 먹을 수 있는 대상이다(레 11:3; 9). 그러므로 정결 규례에 의하면 굽은 갈라졌지만 되새김질을 못하는 돼지고기는 먹어서는 안 되며, 지느러미와 비늘이 없는 오징어도 먹어서는 안 된다. 하지만 무슨 이유로 어떤 짐승들은 정결하게 여겨졌고, 다른 짐승들은 부정하다고 꺼려졌는지에 대하여는 자세히 언급되지 않았다. 이에 대하여 여러 가지 학설이 존재하지만 오늘날 우리가 가장 쉽게 이해할 수 있는 설명은 그러한 구분이 규례가 주어질 당시 사람들에게 자연스럽게 받아들여졌던 구분이라는 것이다.
　신약성경에서도 그러한 규례의 구분들은 부정되었는데, 예수님은 그러한 규정에 얽매이지 말고 마음을 정결히 할 것을 가르치셨다(막 7:1-23). 사도행전 10장에서 베드로도 환상을 통해 구약의 규례에 묶이지 말아야 함을 깨닫고 이방인인 고넬료의 집에 가서 복음을 전했다. 사도 바울 역시 먹고 마시는 것과 절기로 비판하는 것이 옳지 않다고 주장하며(골 2:16-17), 하나님께서 지으신 모든 것이 선하기 때문에 감사함으로 받으면 버릴 것이 없으며 하나님의 말씀과 기도로 거룩하게 되는 것이 더 중요하다는 사실을 강조하였다(딤전 4:4-5). 이는 겉으로 드러난 규례 및 규정이 아니라 그 근거가 되는 율법의 정신이 훨씬 더 중요하고, 그 정신을 따라 하나님을 경외하는 사람의 마음 중심이 가장 중요하다는 사실을 드러낸다.

신앙양육의 과정에서 부모 공경을 통해 하나님을 경외하는 법을 배우는 데에 누수가 생겼다. 따라서 가정에서 부모의 권위가, 교회에서 목회자의 권위가, 사회에서 지도층의 권위가 실추되고, 공동체가 느슨해지고 힘을 잃고 무너져 가는 원인으로 작용한 것이다. 포스트모더니즘의 상대주의와 다원주의 물결을 따라 절대적 진리가 부정된 결과 성경 말씀의 권위가 폄하되었고, 그 결과 부모님과 목회자의 권위는 물론 교회학교 교사의 권위 역시 곤두박질치고 말았다.

2) 교사의 역할: 소명자의 가르치는 권위

교사가 직면한 도전을 성공적으로 극복하기 위한 방안은 복음의 의미 및 소명의 의미를 제대로 점검하는 것이다. 소명의 능력이 복음에 기반하기 때문이다. 한국교회는 선교 역사 가운데 두 차례의 큰 부흥을 경험하였다. 첫 번째는 1910-1930년대의 부흥인데, 그 첫걸음은 1903년 원산에서 열린 선교사수련회에서 로버트 하디(Robert Hardie) 선교사가 자신의 선교 사역에 열매가 없는 이유는 자신의 교만과 믿음 부족 때문이라며 눈물로 호소하며 회개한 것에서 시작한다. 그는 자신의 백인우월주의를 고백하며 회개하였는데, 그것이 시발점이 되어 회개 운동이 전국으로 확산되었고, 이는 1906년 평양 대부흥으로 이어졌다. 그 결과 당시 몇천 명에 불과하던 기독교 인구가 30만 명으로 폭증하는 선교의 열매를 거두었고, 1919년 3.1 운동 당시 민족대표 33인 중 기독교인이 절반에 달하는 16명이나 포함되는 등 기독교 신앙이 일제강점기는 물론 이후 한국전쟁의 혼란을 버텨내는 정신적 기반으로 기능할 수 있었다.

두 번째 부흥은 한국전쟁 이후부터 1980년대에 이르는 대부흥인데, 이 시기에 기독교 인구는 30만 명대에서 1천만으로 급속하게 증가하였다. 첫 번째 부흥의 기반이 회개라면, 두 번째 부흥의 화두는 형통 또는 축복이다. 하지만 그리스도를 따라가는 사람(Christ Follower)이라는 의미의 그리스도인(Christian)의 의미가 변질되어 예수님의 인격과 십자가 희생, 섬김 없이 그 결과물인 승리의 부활 및 축복만을 강조하며 기독교는 기복신앙으로 쇠퇴하게 되었다.

신명기 28장 1-19절의 "들어와도, 나가도 받는 복", "꾸어 줄지라도 꾸이지 않는 복", "머리가 되고 꼬리가 되지 않는 복", "위에만 있고 아래에 있지 않는 복"을 강조하지만 그 전제가 되는 "하나님 여호와의 말씀을 삼가 듣고 그의 모든 명령을 지켜 행하는" 것을 놓치며 변질되고 만 것이다. 로마서 8장 28절 말씀을 통해 이를 재조명하자면 "합력하여 선을 이루는" 데에만 치중하며 복 받기만을 추구하다 보니 그러한 복과 은혜의 원인이 되는 "하나님을 사랑하고 그 뜻대로 부르심을 입는" 것을 놓치며 하나님의 이름을 램프의 요정 지니처럼 폄하시켜 버린 것이다. 그러므로 예수님을 그리스도로 믿으며 의롭다 여김을 받는 복음을 중심으로 복음의 빚진 자 의식을 회복하는 것이 교사가 직면한 도전을 이기는 첫 걸음이다.

포스트모더니즘으로 인해 절대적 권위가 해체된 시대의 기독교교육을 담당하는 교사의 권위는 그 교사를 부르신 하나님께서 교사직을 잘 감당할 수 있도록 부여하신 것이다. 결국 권위는 본질적으로 하나님과 사람을 섬기기 위해 부여된 것으로서 교사로서의 직분을 감당하기 위해 반드시 필요한 것이다. 교사의 권위는 교수 과정을 통해 학습자들의 필요를 충족하기 위해서, 또한 학생들의 재능을 발견하여 그들이 잠재력을 실현할 수 있도록 격려하고 돕기 위해 필요한 것이다. 그러므로 학생들이 하나님께서 부여하신 교사의 권위를 인정하고 그 인도대로 따라가도록 하기 위해서 교사의 권위는 필수불가결한 요소이다. 소명자로서의 교사의 권위는 1차적으로 하나님의 말씀에 근거한다. 기독교교육을 담당하는 교사 권위의 출발점은 교사로서의 능력과 역량 및 전문성을 초월하는 하나님의 말씀이기 때문이다. 하나님께서 주신 말씀의 원리를 기반으로 하는 기독교교육에 성령께서 임재하셔서 역사하신다. 2차적으로 교사의 권위는 하나님의 말씀에 기초한, 하나님 마음에 합한 비전에 달려 있다.

사도 바울은 로마 복음화의 비전을 통해 권위를 발휘했던 인물이다. 바울은 그리스도로부터 받은 사명, 곧 하나님의 은혜의 복음을 증언하는 일에 생명을 걸었던 사람이다(행 20:24). 특히 그는 로마에 가서 복음을 전하는 비전에 헌신하였다. 그래서 그는 "로마도 보아야 하리라"(행 19:21)고 말하며 로마에서의 복음 전파 비전을 따른 결과, 결국 로마로 가게 되었다(행 28:14). 바울은 가이사랴 감옥에서 2년의 세월을 보내며(행 24:27), 유대인들에게 2회, 총독과 아그립바 앞에서 3회, 그리고 로마에서 1회 등 재판도 여섯 번이나 받았지만, 결국 로마에 도착하여 말씀의 권위를 가지고 담대하게 복음을 전할 수 있었다. 사도 바울의 사역에 있어서 말씀에 기초한 영적 권위는 6개월의 항해 과정을 통해서도 잘 드러난다. 바울은 항해를 떠나기 전 그는 출항하는 시기가 항해하기 어려운 때임을 경고했지만 이를 무시하고 떠난 배가 유라굴로라는 광풍을 만났다. 하지만 배 안에서 바울은 자신이 만난 하나님의 사자가 자신이 로마에 무사히 도착하여 가이사 앞에 서리라고 말했던 소식을 전하며 배 안에 있던 276명을 안심시켰다. 결국 그 배는 멜리데 섬 상륙을 통해 276명 모두가 구조됨으로써 그의 입술의 권세, 즉 말씀의 권위가 인정을 받았다.

또한, 교사의 권위는 성육신의 원리에 근거한다. 목회자가 교인들의 삶 속에 있는 고통, 좌절, 고난에 동참할 때에 목회자의 영적 권위가 선다. 예를 들어 목회 현장이 저소득층 지역이라면 스스로 자신이 사는 주택의 규모, 자동차의 종류, 사례비를 교인들의 수준에 맞추어 조절하듯, 교사는 학습자들의 삶을 살피고, 그들의 기대치를 반영하며 학생들의 필요를 채우는 성육화된 눈높이교육을 통해 자신의 영적 권위를 발휘할 수 있다. 그래서 헨리 나우엔(Nouwen, 1971)은 영적 권위는 긍휼로부터 온다고 강조하였다. 동시에 교사의 권위는 교수과목에 대한 전문적 식견과 신실한 섬김 사이에서 균형을 유지하며 권위의 남용을 지양하는 인격 가운데에서 나타난다. 교사 자신이 스스로 내세우는 권위가 아니라 하나님의 마음을 품고 그분의 형상으로 창조된 개인의 존귀한 가능성을 바라보는 올바른 신앙 인격을 보유한 교사에게 하나님께서 부여해 주신 권위가 온전히 서기 마련이기 때문이다.

3) 소명을 이루는 믿음의 인내

뜨거운 마음을 가지고 하나님의 말씀을 붙들고 섬기며, 하나님께 인정받는 교사가 되기를 바라고 하나님께 인정받는 주의 종이 되기를 소망하는 수많은 기독교교육 교사와 목회자들이 있다. 하지만 매일 되풀이되는 일상으로 인해 상당수는 점차 초심을 잃어간다. 교사들이 낙심하는 이유 중 하나는 아이들이 잘 변화하지 않는다는 것이다. 소명의식을 가지고 최선을 다해도 아이들이 변하지 않는 것처럼 보이니까 견디다 못한 교사들이 변한다. 그들의 열심이 변해 나태함이 되고, 기대가 변해 실망이 되고, 의욕이 변해 타성이 되는 것이다.

목회자들도 마찬가지이다. 아무리 성경 말씀을 가르치고, 삶을 나누고, 훈련 프로그램을 운영해도 교인들이 변하는 것 같지 않다. 교회학교 담당 교역자들이 백방으로 열심히 뛰어도 교사들은 좀처럼 따라주지 않는 것처럼 보인다. 이렇게 땀 흘리고, 수고하는 것이 무슨 소용이 있을까 하는 회의적인 마음이 들고, 살아서 역사하시는 하나님 말씀의 능력에 대하여도 의심하게 된다. 결국 하나님이 아니라 주변의 환경을 먼저 바라보게 되고, 사람을 의식하게 된다. 그렇게 점점 하나님과 멀어지게 되고, 환경에 눌리고, 사람의 모습을 보고 실족하여 열심을 잃어가는 것이다. 하지만 하나님은 사도 바울을 통해 선을 행하되 낙심하지 말고, 포기하지 말라고 말씀하시며 때가 임하면 거둔다는 사실을 일깨워 주셨다(갈 6:9).

사람의 눈에는 변화가 없는 것 같아도, 또는 더디 변하는 것 같아도, 하나님의 뜻대로 선을 위해 뿌린 것은 하나님의 때에 반드시 열매를 거둔다. 세계적인 거부였던 석유왕 존 록펠러(John Rockefeller)는 1863년 친한 친구의 권유로 금광사업에 뛰어들었다. 하지만 알고 보니 그 광산은 금이 나오지 않는 폐광이었다. 아무리 깊이 파도 돌덩어리밖에 나오지 않았다. 철석같이 믿었던 친구한테 사기를 당한 것이다. 그는 투자한 원금을 모두 날렸을 뿐 아니라, 빚더미에 앉은 신세로 전락하였다. 게다가 임금을 받지 못한 광부들이 폭도로 변해서 거칠게 밀린 임금을 요구하기 시작했다.

록펠러는 믿었던 친구에게 사기를 당한 것이 너무나 기가 막히고, 빚 독촉까지 받으며 시달리자, 너무 괴로워서 자살까지 생각하게 되었다. 그리고 마지막으로 황량한 폐광 가장 깊숙한 바닥으로 내려가 엎드려 하나님께 기도하였다. 한참을 기도하다가 익숙한 성경 구절이 생각났다. "우리가 선을 행하되 낙심하지 말지니 포기하지 아니하면 때가 이르매 거두리라"(갈 6:9). 그 말씀을 붙들고 계속 기도하는데, 그때 마음속 깊은 곳에서부터 들려오는 음성이 있었다. "때가 되면 열매를 거두리라. 더 깊이 파라, 계속 파라!" 지금까지 판 것만 해도 충분히 깊이 팠기 때문에 더

이상 가망이 없어 보였고, 이제는 자금도 바닥이 난 상태였다. 그래도 록펠러는 그 음성을 믿고 광부 몇 사람을 설득하는 한편, 자기 자신도 삽을 들고 함께 땅을 팠다. 그렇게 하루, 이틀이 지나고 자그마치 3개월을 더 땅을 팠다.

하지만 금은 나오지 않았다. 하지만 록펠러의 사업이 망해서 실패하지는 않았다. 왜냐하면 "펑" 하는 소리와 함께 지독한 냄새가 나는 검은 물이 분수처럼 솟아나왔기 때문이다. 금보다 귀한 석유가 나온 것이다. 그렇게 오랜 세월 인내하며 파낸 석유를 기반으로 록펠러는 미국의 거부(巨富)가 되었다. 말씀을 통해 제대로 하나님을 만나 하나님의 사랑을 깨달은 사람은 빚진 자의 의식을 갖고 있기 때문에 어려움 가운데에서도 인내할 수 있다. 인간적인 자아가 중심이 되어 "내가 이렇게 열심히 노력했는데 아이들이 왜 이렇게 변화되지 않을까, 왜 이렇게 내 마음을 알아주지 않을까?"가 아니라 아무런 공로 없이, 값없는 사랑을 받았으니 그 사랑을 자신도 값없이 나누어 주리라는 생각을 가지고 자리를 지킬 수 있는 것이다. 그러한 교사는 마음의 중심에 하나님을 품고, 그 하나님의 눈으로 자신을 바라보고 어린 영혼들을 바라보기 때문이다.

마치 콩나물 시루에 매일 물을 주고 또 주어도 물이 다 쏟아져 없어지는 것 같지만 그래도 그 물을 받은 콩나물이 쑥쑥 자라나는 것처럼, 오늘 땀과 눈물과 헌신이 다 땅에 떨어져 없어지는 것 같아도 그 심은 것이 언젠가 하나님의 때에 아름다운 결실을 거두리라는 기대를 잃어서는 안 된다. 개인적으로 자기 자신이 열매를 맺으려 애쓰는 것 같고, 자신이 열매를 맺는 것 같지만, 사실 이만큼까지 온 것은 모두 하나님의 은혜이기 때문이다. 그러므로 기독교교육에 헌신하는 교사는 말씀을 따라 자신이 해야 할 일을 하며 하나님의 때를 기다려야 한다. 씨앗을 뿌려서 물을 주면 싹이 나고 잎이 난 후 한참의 시간이 지난 후에 꽃이 피었다가 진다. 그리고 그 꽃이 진 자리에서 열매가 비로소 나는 것이다. 그 과정에서 농부는 땅을 고르고, 비료를 주고, 비바람으로부터 나무를 보호하기 위해 갖은 노력을 다한다. 나무 역시 열매를 맺기 위해서 뜨거운 태양이 작열하는 여름 내내 모든 진액을 아낌없이 뽑아낸다. 그렇게 모든 수고를 아끼지 않아야 꽃은 지고 잎은 떨어지지만 수고의 열매는 탐스럽게 익어가며, 가을에 풍성한 열매의 주인공이 되는 것이다.

따라서 당장 열매가 맺히지 않는다고 조급해서는 안 되며, 지금 열매가 눈앞에 보이지 않는다고 고민하며 낙심할 필요가 없다. 만사에 하나님이 정하신 열매가 맺힐 때가 다 있기 때문이다. 마찬가지로 지금 기도의 응답이 열매로 다가오지 않는다고 불안해할 필요도 없다. 중요한 것은 지금 열매를 갈급하게 찾는 자기 자신이 하나님 안에 있느냐, 하나님의 말씀이 자신의 삶을 인도하느냐 여부이다. 우리가 하나님의 뜻 안에 있고, 하나님의 말씀이 우리 안에 있으면(요 15:7), 오늘 기독교교육을 담당하는 교사가 심은 수고와 노력, 삶을 통해 쏟아낸 진액은 어린 영혼이 자라 시절을 좇아 열매를 맺도록 하는 밑거름이 된다. 지금 수고의 열매를 얻지 못할지라도, 언젠가 가장 필요할 때에 누군가의 손에서 열매를 거두게 될 것이다. 이는 마치 모세가 출애굽으로 심고, 여호수아가 가나안 입성의 열매를 거둔 것과 같다. 사람의 눈으로 볼 때에는 열매가 도무지 보이지 않고, 너무나 더디 이루어지는 것 같지만, 하나님의 섭리는 언제나 한 치의 오차가 없이 이루어지고 있기 때문이다.

3 기독교교육 담당 교사의 소명

기독교교육을 담당하는 교사의 소명은 예수 그리스도를 통한 복음의 은혜 체험으로부터 시작한다. 예수님을 인생의 주인, 그리스도로 받아들여서 값없이 구원을 얻는 복음의 은혜를 체험한 교사는 율법주의적 죄책감과 끊임없는 행위로 인한 의를 비교하는 열등감에서 자유함을 얻는다. 복음의 빚진 자가 되어 하나님의 사랑을 체험하고, 그 사랑 안에서 자기 자신을 받아들이고, 하나님의 형상으로서의 잠재력과 가능성을 인정하는 교사는 맡겨진 학생들을 품고, 용납하고, 사랑할 수 있다. 따라서 오직 사랑에 기반한 권위만이 학생들을 변화시킬 수 있으며, 학생들을 사랑하는 교사는 그들이 가장 잘 배울 수 있도록 동기부여를 하고 효과적으로 교수하는 방법을 위해 노력하게 된다.

1) 교사의 교수 원칙

기독교교육의 주체로서 교사의 학습자관은 하나님의 형상에 기초를 두므로 학습자 한 사람, 한 사람이 하나님의 형상으로 창조된 존귀한 피조물로서 무한한 가능성의 원천임을 인정하며, 그 존재 자체가 절대적 가치를 보유함을 견지한다. 그러나 아직 발달과정에 있는 어린이나 청소년들에 대하여는 그들의 미성숙한 부분에 대한 도움을 제공하는 것이 필요하다는 사실을 잊지 않는 균형을 유지해야 한다. 따라서 학습자들의 부족한 부분에 대하여 인내를 가지고, 인격적으로 예우하며, 언어와 행동은 모범이 되어야 한다. 기독교교육을 담당하는 교사는 학생 개개인의 개별성을 존중해야 하지만, 모든 학습자들의 성취 수준과 학습방식이 기본적으로 동일해야 한다고 단정하는 평등주의가 되어서는 안 된다. 평등주의의 그와 같은 신념은 개인의 독특성과 차별성을 무시하고, 맹목적인 동일성을 강조하는 획일주의를 조장하기 때문이다. 하나님은 모든 사람을 자신의 형상으로 창조하셨지만, 한 사람, 한 사람 모두를 독특한 존재로 창조하셨다. 따라서 기독교교육에 있어서 교사가 지녀야 할 학습원리는 하나님의 형상에 기반한 개별성이어야 할 것이다.

그러한 학습자관에 기초한 교사의 교수원칙은 사랑에 근거한 동기의 순수성, 지식의 확실성, 전달의 명료성으로 요약할 수 있다. 교사와 학생의 사랑과 신뢰에 바탕을 둔 관계는 교수과정의 기초를 이루는 원칙들에 반영되기 마련이다. 그러므로 교사는 하나님 앞에서 겸손한 자세로, 자신의 지식을 드러내고, 자신이 인정받는 것을 경계해야 한다. 소명에 기반을 둔 교육은 가르치는 목적을 명확히 하여 학습자 안에 있는 하나님의 형상이 잘 발현되도록 돕는 것이기 때문이다. 자신이 무슨 말을 통해 어떠한 지식을 전달하는지, 그리고 자신이 제공하는 그 지식이 정확한지를 교육과정 내내 점검해야 하는데, 이 역시 소명에 근거한 신실한 교수자의 마음 중심 또는 자세로부터 시작하는 것이다. 교수과정을 통해 드러난 교사의 따뜻함과 친밀함은 사랑에 근거한 것이며, 그러한 교사의 좋은 평판과 전문성, 열정은 기독교교육의 교수과정을 원활하게 하는 촉매가 된다.

또한, 교사는 교수 내용을 전달할 때에 명료성을 염두에 두어야 하는데, 내용,

목적, 구조, 전달의 명료성이 요구된다. 먼저 내용의 명료성이란 가르침을 위한 적절한 준비를 전제하는 것이며, 목적의 명료성은 교수할 강의의 주제를 한 문장으로 압축하여 요약하는 것인데, 그렇게 요약할 수 없다면 전체 내용이 제대로 소화된 것이 아니기 때문에 핵심 내용을 전달할 수 없다. 따라서 과목-단원-수업별 주제와 목적을 명료화하는 것이 필요하다. 구조의 명료성은 질서있는 가르침을 가능케 하며, 전달의 명료성은 수업 진행 시 구체적인 용어로 설명하는 것을 뜻한다. "너희 안에서 행하시는 이는 하나님이시니 자기의 기쁘신 뜻을 위하여 너희에게 소원을 두고 행하게 하시나니 모든 일을 원망과 시비가 없이 하라"(빌 2:13-14)라는 바울의 권면은 예수님의 비우심을 설명하는 성육신 본문 뒤에 이어진다. 하나님과 한마음이 되어, 하나님 마음에 합한 교사가 가르치는 사명을 수행함에 있어서 사람 앞에서도 원망 들을 일, 흠이 생길 일을 방지하기 위해서는 소명의식에 바탕을 둔 철저한 준비가 요구되는 것이다.

2) 교육적 사명과 자세

신앙 안에서 하나님의 형상으로 창조된 학생들을 바라보는 교사는 그들의 잠재력 실현을 돕기 위하여 교육과정을 구성하고, 학생들의 학습동기를 유발하기 위해 노력한다. 학습자의 동기는 일반적 동기와 특별한 동기로 구분되는데, 일반적 동기란 학습자의 배움에 대한 전체적 태도를 의미하는 것으로서 이는 여러 종류의 다양한 상황에서도 유지되는 동기이다. 이에 반해 특별 동기란 특별한 주제나 수업을 향한 개인적인 특별한 흥미나 관심사에 기인하는 동기를 뜻한다. 또한, 학습자의 동기는 외면적 동기와 내면적 동기로도 나눌 수 있는데, 외적동기는 학습자 외부에서 오는 동기로서 긍정적 또는 부정적 자극들의 형태로 나타난다. 내적동기는 학습자 내부에서 생기는 동기로서 내부에서 동기부여가 될 경우 학습에서 개인적 만족을 달성하기가 쉬워진다.

교사가 학습동기를 유발하는 요소들은 개인적 요소와 조직적 요소로 분류할 수 있다. 개인적 요소들로 교사와 학생의 관계, 그룹의 역동성을 들 수 있는데, 교사와 학생의 관계에 있어서 사랑을 표시할 방법은 다양하지만, 관건은 참된 사랑의 표시이다. 조건 없는 성경적 사랑, 즉 참다운 사랑이 마음을 여는 촉매가 되기 때문이다. 그룹의 역동성은 그룹 구성원들의 상호작용 속에서 형성되는 관계와 분위기로서 그룹의 분위기가 좋으면 학습동기가 더욱 부여되어 원활한 학습이 이루어질 수 있는 환경이 준비된다. 조직적 요소들에는 격려와 관련성의 원칙이 있는데, 격려란 학습방법과 환경을 학습자에게 맞추어 조정함으로써 학습동기를 유발하는 것이고, 학습자의 선행지식의 기초를 고려한 도입에서 시작하여 지식의 전달과 적용의 단계까지 인도하는 것은 학습자와 지식의 관련성에 초점을 맞춘 것이다.

기독교교육을 담당하는 교사의 사명은 교육 활동을 통해 입시 위주로 왜곡되어 있는 교육현실을 하나님의 형상을 존중하는 섬김의 눈높이교육을 통해 변혁하고, 복음의 원리에 입각한 교육을 통해 세상을 구속하며, 기독교적 세계관에 기반한 전문성을 함양하도록 학습자들을 인도하여 하나님 나라와 이 땅의 나라에서 능동적 시민으로서 기능할 수 있도록 학생들을 구비시키는 것이다. 이는 이 세상에서 교육 사역을 통한 평화, 즉 샬롬(shalom)을 실현하는 것과도 일맥상통한다. 정의롭고 공평한 교육철학의 기반을 제공함으로써 교육원리에서의 샬롬을 구축하고, 전공 분야의 전문성을 통해 학문적으로 공헌하며, 학습자들의 발달에 기여함으로써 교육과정에서 샬롬을 이루어야 한다. 또한, 비인간적인 성적중심주의에서 하나님의 형상으로 창조된 개인을 존중하는 인간중심주의로, 경쟁적 학급에서 협동적 학급으로 변혁시킴으로써 교육현장에서의 샬롬을 구현하는 것이 기독교교육과 이를 맡은 교사의 사명이다.

그러한 사명을 실현하기 위해서 교사는 교육적 사랑의 소유자여야 한다. 교육적 사랑이란 목적의식으로 인도하는 분별력의 사랑, 미래의 가능성에 대한 존중의 사랑, 학습자의 필요에 응답하는 반응적 사랑, 피교육자를 존중하는 인격적이고 용납하는 사랑, 마지막으로 그들의 삶이 구원에 이르게 하는 전인적 사랑을 의미한다. 이를 위하여 교회와 신학자들은 기독교교육과 일반교육의 소통은 물론 양자의 경계를 넘어서 기독교교육이 제반 활동을 통해 교회뿐만 아니라 사회 내에서도 하나님의 창조 섭리와 사랑의 원리를 실현할 수 있도록 연구와 지원의 노력을 기울여야 할 것이다.

3) 하나님과의 동역

교육하시는 하나님과 교사의 동역은 기독교교육에 있어서 필수적인 요소이다. "교육하시는 하나님"은 하나님이 아브라함, 이삭, 야곱 등 이스라엘의 초기 족장들에게 자신을 계시해 주신 것, 그리고 모세에게 친히 당신을 나타내시고 율법을 통해 당신의 뜻을 가르쳐 주신 것에 기반한 개념이다. 또한, "옛적에 선지자들을 통하여 여러 부분과 여러 모양으로 우리 조상들에게 말씀하신 하나님"(히 1:1)을 지적하는 신약성경도 그러한 사실을 입증하였다.

하나님의 독생자로서 인류를 구원하시기 위해 이 땅에 오신 예수님의 사역 또한 그러한 모습을 잘 드러낸다. 예수님은 가르치시고, 복음을 전파하시고, 귀신을 쫓으시고, 병을 고쳐주셨다. 그래서 사람들은 예수님의 가르치시는 사역을 바라보며 예수님을 "랍비" 또는 "선생님"으로 불렀다(막 14:14; 눅 22:11; 요 13:13-14). 예수님이 십자가 지심을 통한 인류 구원의 사명을 이루신 것 외에 주력 사역은 12명의 제자를 선택하셔서 그들을 양육시키시고 훈련시키신 것이었다.

예수님은 부활하신 후 40일을 보내시고(행 1:3), 다시 승천하실 때에 우리의 필요를 채워주실 성령을 선물로 보내주셨다(마 7:12; 눅 11:13). 성령님은 진리의 영이요, 믿음의 본질을 알려주시는 교사이시다. 성령께서 하시는 사역은 기본적으로 가르쳐 주시는 사역으로서, 성령은 말씀의 진리를 우리의 삶에 적용하도록 도우시는 보혜사(요 14:16; 15:26; 16:13)요, 이기적인 본성에 입각한 인간의 지식, 태도, 동기, 가치관을 하나님을 향하도록 변화시키는 교사(고전 3:6-7)이기 때문이다.

그렇다면 삼위일체 하나님께 응답하는 기독교교육을 담당하는 교사의 역할은 무엇일까? 하나님의 동역자로서 하나님의 부름을 받아 보내심을 받은 왕 같은 제사장으로서 사랑의 사도적 권위를 나타내고, 하나님의 대변자로서 선지자적 대언자의 역할을 통해 사도적 권위를 드러내며, 하나님의 진리를 삶으로 보여 주는 그리스도의 증인으로서 제사장적 성결의 모범을 보이는 것이 교사의 역할에 해당한다. 결국 하나님과 마음을 맞추어 동역하는, 하나님의 마음에 합한 사역자가 되어야 하는 것이다. 그러한 사역자가 되는 비결은 복음의 깨달음에 있다. 복음(福音), 즉 기쁜 소식(Good News)이란 나의 힘으로 이룰 수 없는 구원과 영원한 생명이 예수 그리스도의 십자가 보혈의 은혜로 가능하게 되었음을 의미한다. 그것은 행위에서 난 것이 아니라, 하나님의 선물이다(엡 2:8-9). 어떤 죄를 지은 죄인일지라도, 피와 같이 붉은 죄라 하더라도, 예수님을 그리스도로 믿으면 의롭다 여겨 주시는 "칭의"의 은혜를 누리고 영생을 약속받는 것이 바로 복된 소식, 즉 복음이다. 그렇게 예수 그리스도의 복음을 받아들인 교사는 성령께서 주시는 은사를 통해 또한 성령의 열매를 맺는 성화의 과정을 통해 그리스도의 몸된 교회를 섬기고, 맡겨주신 학습자들을 섬기며, 또한 일반교육과의 교류와 협력을 통해 세상을 섬긴다.

성령의 은사와 열매를 구분하는 것이 하나님과의 동역을 이루는 데에 있어서 필요하다. 성령의 은사에 대하여 바울은 "은사는 여러 가지나 성령은 같다"(고전 12:4)고 말했다. 이어지는 11절에서 그는 "이 모든 일은 한 성령이 행하사 그 뜻대로 각 사람에게 나눠 주시느니라"며 은사의 근원과 목적에 대하여 설명하였다. 그 성령께서 은사를 주시는 첫 번째 목적은 예수님을 주님이라고 부를 수 있는 믿음을 위한 것이다(고전 12:3). 그러한 믿음의 고백은 개인의 공로가 아니라 성령의 권능의 영역 안에서 자신이 살고 있음을 드러낸다. 이는 오직 예수님의 주(主) 되심이 진정으로 고백되는 곳에서만 성령께서 온전히 역사하신다는 뜻이기도 하다. 그러므로 성령께서 주시는 은사의 첫 번째 목적은 예수님을 주님으로 시인하도록 하는 것, 다시 말하면 복음 증거의 사명을 이루는 것에 있다.

하나님께서 성령을 통해 은사를 주시는 두 번째 목적은 공동체 전체의 유익을 위한 것, 즉 그리스도의 몸된 교회를 세우게 하시기 위함이다. 그래서 바울은 고린도전서 14장에서는 5절, 12절, 26절을 통해 모든 은사는 교회의 덕을 세우기 위함이라고 설명하였다. 하지만 그러한 모든 은사들이 있다고 하더라도 은사들만으로 교회를 온전히 세울 수 있는 것은 아니다. 죄성을 지닌 인간의 본성은 모두가 자기 자신에게 몰두하도록 하기 때문이다. 교인들 역시 자기 자신에게 초점을 맞추는 자기 중심적인 자의식으로 가득 차 있다. 그러므로 이기적인 개인의 자아에 부여된 은사는 기준이 되는 지침이 없다면 그리스도의 몸된 교회는커녕, 인간적인 자아만을 높이려고 서로 다투며 무너지기 십상이다. 따라서 은사를 주시는 영적인 이유를 살펴보아야 할 필요가 있는데, 은사들에 있어서 핵심은 바로 자신을 낮추고 이웃을 섬기는 그리스도의 사랑이다.

그러한 측면에서 은사를 설명하는 고린도전서 12장과 14장의 중심에 소위 "사랑장"으로 알려진 13장이 있는가 하는 이유를 상기할 필요가 있다. 고린도전서의 구조는 어떠한 은사를 가지고 있더라도 사랑이 없으면 제대로 된 은사가 아니며, 은사가 왜곡될 수 있다는 우려를 내포한다. 은사는 성령께서 그리스도의 몸된 교회를 세우기 위해 우리 교회를 이루는 지체들에게 주신 것이다. 은사를 나타내는 헬라어 단어는 "카리스마"(χάρισμα)인데, 이는 "은혜"를 의미하는 헬라어 단어 "카리스"(χάρις)에서 파생되었다. 즉 은사가 하나님의 은혜를 통해 값없이 주어졌다는 뜻이므로 우리는 성령께서 주시는 은사를, 그 은사를 발휘하는 사람의 소유물이나 개인적인 성취로 생각해서는 안 된다. 은사들은 교회를 온전히 세우기 위해 주어진 것이며, 교회를 온전히 세우기 위해 가장 중요한 것은 바로 사랑이다. 따라서 온전한 은사는 고린도전서 12장 3절의 말씀처럼 예수님을 주님으로 선포하게 하며, 사랑 없는 은사는 감히 그리스도를 주님으로 인정하지 못하게 하며 변질되어 버린다.

그리스도인의 삶에 있어서 성령께서 주시는 은사보다 훨씬 중요한 것은 바로 성령의 열매이다. 은사는 특별한 목적을 위해, 특별한 경우에, 특정 인물에게 주시는 것이지만, 성령의 열매는 예수님을 주님으로 믿는 모든 그리스도인들이 맺어야 하는 기본적인 삶의 열매이기 때문이다. "오직 성령의 열매는 사랑과 희락과 화평과 오래 참음과 자비와 양선과 충성과 온유와 절제니 이 같은 것을 금지할 법이 없느니라"(갈 5:22-23)는 성령의 열매를 지칭하는 말씀에서 열매라는 단어의 헬라어 원어로서 "카르포스"(καρπός)라는 남성형 단수가 사용되었다. 이는 성령의 열매가 여러 개의 열매들이 아니라 하나의 열매, 즉 사랑의 9중적 열매(nine-fold fruit)를 지칭한다는 사실을 밝힌다. 이를 첫 세 종류의 열매에 적용하면 희락은 사랑의 기쁨, 화평은 사랑의 평안, 오래 참음은 사랑의 품성이라는 뜻이다. 모든 성령의 열매에 있어서 중심이 되는 것이 바로 사랑, 즉 성령의 은사가 주어진 기본원리는 사랑이요,

열매의 핵심 또한 사랑이라는 의미이다.

성령의 은사와 성령의 열매는 칼과 칼집과도 같다. 성령의 열매는 성령의 은사, 능력들을 담는 칼집에 해당한다. 성령의 열매는 인격을 변화시켜서 용납할 수 없는 사람을 용납하게 만들고, 용서할 수 없는 이들을 용서하게 만들며, 사랑할 수 없는 사람을 사랑하게 한다. 그러므로 성령의 은사는 성령께서 특별한 목적을 위해서 특정 인물에게 주시는 것이지만, 성령의 열매란 예수님을 그리스도로 믿는 사람이라면 누구나 맺어야 하는 것으로서 그리스도인들이 삶의 목표로 삼아야 할 지표이다. 성령의 은사는 하나님의 목적을 이루기 위해 특정 상황에서 특정한 목적을 위해서 특정한 이에게 "충만"히 임하는 것인 반면, 성령의 열매는 모든 그리스도인들 안에 "내주"하셔서 마음 중심이 하나님을 향하게 함으로써 속사람의 인격적 변화를 유발하기 때문에 하나님과 동행하는 모든 이의 삶 속에서 드러나야 한다.

4 질그릇에 담긴 보배

사도 바울은 고린도후서 4장 7절에서 그리스도인인 우리는 질그릇에 불과한 존재이지만 그 안에 보배, 즉 복음의 은혜를 담고 섬기는 사람들이라고 말했다. 물질적인 사례를 받고 섬기는 것이 아니라 자발적으로 봉사하는 교회학교 교사들에 대하여 식사 대접을 하거나 선물을 제공하는 것을 통해 가슴 깊은 곳에서 우러나오는 섬김을 이끌어 낼 수 없다. 교사로 봉사하는 이들을 향한 가장 큰 동기부여는 그 속에 담은 보배를 확인시키는 것, 즉 말씀의 은혜를 통해 영의 양식을 제공하는 것이다. 섬김의 원동력이 되는 은혜를 지속적으로 공급하면 그들은 새로운 힘을 얻어 계속해서 헌신할 수 있다.

바울이 제시한 비유는 이중적이다. 한편으로는 "하나님의 영광을 아는 빛"(고후 4:6)을 통해 공급받는 복음의 능력인 보배가 있다. 다른 한편으로는 영혼을 구비하여 온전히 세우는 소중한 복음 사역이 질그릇에 담겨 수행된다. 하나님은 그러한 복음 사역의 보배를 연약하고 평범한 사람들, 곧 질그릇과 같은 사람들에게 맡기셨다. 그 이유는 심히 큰 능력은 하나님께 있고, 인간에게 있지 않다는 사실을 드러내기 위해서이다(고후 4:7). 교사로 섬기는 것이 인간의 능력에 달려 있지 않으며, 부족하고 연약한 이를 전능하신 하나님께서 들어 쓰시는 것일 뿐이다.

한 사람의 개인이 믿음 안에서 순종하고 자신의 삶을 하나님께 내어 맡기면 하나님께서 그 사람의 삶을 통해 역사하시고, 하나님의 빛이 비추어지기 시작한다. 그러한 심히 큰 능력은 먼저 하나님의 천지창조 사건에서 "빛이 있으라"(창 1:3)라는 명령으로 입증되었고, 베들레헴의 허름한 마구간을 통해 빛으로 오신 예수 그리스도의 사역을 통해 드러났으며(눅 2:7), 지금도 묵묵히 교사 봉사의 자리를 지키는 이름 없는 이의 사역을 통해 밝히 보여진다. 성경은 그렇게 말씀의 지혜를 가지고, 그 말씀을 가르치는 교사의 사역이 빛나는 것을 다음과 같이 정리한다. "지혜 있는 자는 궁창의 빛과 같이 빛날 것이요, 많은 사람을 옳은 데로 돌아오게 하는 자는 별과 같이 영원토록 빛나리라"(단 12:3).

참고문헌

오스 기니스. 『소명』. 홍병룡 역, 서울: 한국기독학생회 출판부, 2006.

옥한흠. 『소명자는 낙심하지 않는다』. 서울: 국제제자훈련원, 2003.

한만오. 『아파하는 교사에게 주는 하나님의 쪽지: 아파하는 교사들에게 주는 10가지 메시지』. 서울: 도서출판 대서, 2012.

Nouwen, Henri. *Creative Ministry*. Garden City, NY: Image Books, 1971.

Van Dyke, John. W. *The Craft of Christian Teaching: A Classroom Journey*. Sioux Center, IA: Dordt College Press, 2005.

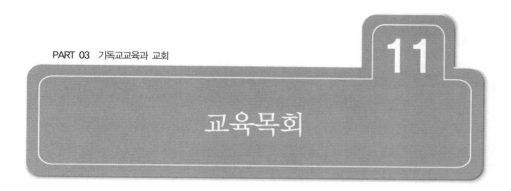

교육목회

1874년 미국 보스톤 근교에 소재한 정신지체아들과 정신질환자들을 위한 주립 병원에 입소한 환자 중에 애니(Anne)라는 이름의 한 꼬마 소녀가 있었다. 어머니가 결핵으로 세상을 떠난 후에 알코올 중독 아버지로부터 버려진 이 소녀는 그 시설에서 아무런 반응도 보이지 않았다. 직원들은 이 소녀를 도우려고 최선을 다했지만 허사였고, 마침내 이 소녀는 지하에 있는 독방으로 옮겨졌으며, 사람들은 소녀를 포기해 버리고 말았다.

그러나 그곳에서 근무하던 한 그리스도인 여성은 하나님의 사랑을 나누어 주려고 노력했다. 그 여인은 점심시간마다 소녀의 작은 방에 가서 그녀에게 책도 읽어 주고, 하나님이 그 소녀를 그 고독의 방에서 해방시켜 주시도록 기도했다. 날마다 그 소녀의 방을 찾아가 책을 읽어 주고 보살펴 주고, 끊임없이 말을 건네었건만, 소녀는 아무런 반응도 보이지 않았다. 이 여인은 소녀를 위해 맛있는 간식을 준비하여 가져다 주었지만, 소녀가 그것을 받는 일은 없었고, 그렇게 몇 개월이 지났다.

어느 날 소녀의 방으로 다과 접시를 가져가던 그 여인은 소녀의 방에 두었던 접시에서 초콜릿 하나가 없어진 것을 발견했다. 용기를 얻은 이 여인은 계속 소녀를 위해 책을 읽어 주고, 소녀를 위해서 기도했다. 마침내 이 소녀는 그의 방 창살을 통해 조금씩 반응을 보이기 시작했다. 곧 여인은 이 소녀에게 치료받을 수 있는 제2의 기회를 주자고 의사들을 설득시켰고, 결국 소녀를 지하 방에서 올려와서 이여인과 함께 본격적인 치료를 시작했다.

그렇게 2년이 지난 후에 이 소녀는 마침내 이 시설을 떠나 정상적인 생활을 할수 있다는 진단을 받게 되었다. 그러나 애니라는 이 소녀는 떠나지 않기로 했다. 그헌신적인 여인으로부터 받은 사랑과 은혜에 감동한 소녀는 자신도 그 시설에 그대로 남아서 자기와 같이 도움이 필요한 사람들을 돕기로 결심했기 때문이다.

그로부터 약 50년이 흐른 후에 영국 여왕이 미국에서 가장 훌륭한 여성에게훈장을 수여하는 특별예식을 베풀게 되었는데, 그 대상은 앞을 보지 못하고, 듣지못하는 장애를 극복한 헬렌 켈러(Helen Keller)라는 여성이었다. 두 가지의 장애를 극복할 수 있었던 비결이 무엇이었느냐는 질문에 헬렌 켈러는 만일 앤 설리반(Anne Sullivan) 선생님이 없었더라면 오늘 자신은 그 자리에 있지 못했을 것이라고 고백했다. 앞을 보지 못하고 듣지 못하는 헬렌 켈러를 끈기 있게 사랑으로 돌봐 주었던앤 설리반 선생님이 바로 그 옛날의 꼬마 애니였던 것이다.

무명의 그리스도인 여성 한 명의 해산의 수고와 섬김을 통해 정상적인 생활을하게 되었던 애니는 훗날 앤 설리반이라는 헌신적인 교사가 되어 모든 이에게 감동을 주었던 헬렌 켈러라는 여성을 해산할 수 있게 된 것이다. 교육목회도 이러한 섬김의 행위를 의미한다. 그리스도를 만나 그분의 인격을 따라 섬김의 삶을 통한, 자연스러운 복음의 전파가 교육목회의 행위이기 때문이다.

1 교육목회란 무엇인가?

목회(ministry)의 어원은 라틴어 "미니스테리움"(ministerium)으로 그 뜻은 "섬김"(service) 또는 "섬김의 행위"(the act of serving)이다. 이를 헬라어로 번역하면 "디아코네오"(διακονέω)로 이 역시 "섬기다"(to serve)라는 뜻이다. 또한, 목회라는 단어는 성직자(minister)와 어원을 공유하는데 그 뜻은 "종" 또는 "섬기는 사람"(servant)이다. 예수님도 인자가 온 것은 섬기려 함(마 20:28; 막 10:45)이라고 말씀하셨고, 손수 제자들의 발을 씻어 주심으로 섬김의 본을 보여주셨다(요 13:1-17). 그러므로 목회란 예수 그리스도를 따라 하나님의 형상으로 창조된 이웃들을 섬기고, 사랑하고, 구제하고, 봉사함으로 하나님의 나라를 건설하는 삶의 모든 행위를 의미한다.

교육목회는 목회를 통한 기독교교육의 실현 또는 실천을 뜻한다. 교육목회를 뜻하는 영어 표현은 "education for ministry" 또는 "educational ministry"의 두 가지인데, 전자는 목회를 위한 교육의 기능에 초점을 맞추고, 후자는 교육과 목회가 통합된 참다운 의미의 교육목회를 지칭한다. 따라서 교육목회란 교육과 목회가 나뉜 것이 아니라, 힘을 합하여 그리스도인으로서의 사명을 담당하는 데 기여하는 섬김을 의미하는 것이다. 교육목회(Educational Ministry)의 기능으로는 말씀선포, 교육, 교제, 봉사, 예배가 대표적이며 이러한 기능들은 예수 그리스도의 복음을 선포하고, 예수 그리스도를 머리로 하는 하나의 공동체로서의 교회가 사람들의 삶의 모든 영역에서 섬기도록 하는 것이 주된 목적이다.

2 교육목회의 커리큘럼

미국의 재개념주의 교육과정학자 마리아 해리스(Maria Harris)는 초대 교회의 공동체 안에 나타난 기독교의 다섯 가지 모습이 교육목회적 커리큘럼으로 기능함을 주장하며, 교회라는 공동체는 목회적 소명과 교육적 소명을 지닌 공동체로서 그리스도인 삶의 모든 과정이 바로 커리큘럼이라고 지적하였다(Harris, 1989). 이는 다섯 가지의 교육목회 커리큘럼 각각이 서로 상호작용하며 통합적인 모습을 보인다는 뜻이다. 해리스는 비록 커리큘럼이라는 용어가 성경에 나타나는 용어는 아니지만, 사도행전에 나타난 초대 교회의 공동체 내에 이미 그 원형을 담고 있다고 주장하였다.

그 다섯 가지란 케리그마(κήρυγμα), 디다케(διδαχή), 코이노니아(κοινωνία), 레이투르기아(λειτουργία), 그리고 디아코니아(διακονία)로서, 오순절 성령강림사건을 통해 형성된 초기의 기독교 공동체가 예수 그리스도의 부활을 선포하고(케리그마), 사도들로부터 가르침을 받으며(디다케), 믿음 안에서 서로 교제하고(코이노니아), 함께 모여 기도하고 하나님을 찬양하며(레이투르기아), 재산을 나누어 어려운 지체를 돕는(디아코니아) 모습을 보인다는 것이다.

해리스는 다섯 가지의 커리큘럼이 주어진 초대 교회의 정황은 교회를 이루고, 교회를 통해 복음을 증거하는 소명에 근거하는 것이며, 다섯 종류로 각기 분절되는 것이 아니라 서로 연결되어 소명을 이루는 통합적 수단으로 기능함을 지적하였다(Harris and Moran, 1998). 결국 교육목회의 커리큘럼이란 목회사역을 수행하기 위한 수단으로서 다섯 가지 모두가 서로 연결되어 복음 사역이라는 목적을 이루어 간다는 의미인 것이다.

1) 코이노니아: 공동체를 통한 교육

해리스는 기독교 공동체의 핵심은 사랑의 교제라 주장하며, 교육목회 커리큘럼 중에서 코이노니아를 가장 먼저 소개했다. 사랑의 교제가 없는 공동체는 개인을 포용하지 못하며, 따라서 영적 지도력을 발휘하지 못하며, 섬김의 사역을 통한 복음 전파를 이루지 못하기 때문이다. 그녀는 가정은 그러한 공동체의 기초단위로서 기능하는데, 가족이 하나의 공동체를 이룸으로써 교육목회의 기능을 수행하는 것이 아니라, 가정을 이루는 것 자체가 교육의 기능을 수행하는 것이라고 주장하며, 가정을 이루는 본질적 요소들로서 현존성, 수용성, 책임성을 제시하였다(Harris, 1989). 또한, 간과해서는 안 될 것은 하나님과의 개인적 교제가 자기 자신과의 교제는 물론 가정과 이웃, 사회 전체와의 교제의 밑거름이 된다는 사실이다. 따라서 모든 관계를 온전케 하는 하나님과의 교제를 기반으로 다른 모든 인간적 교제를 통해 코이노니아의 정신을 실현해야 할 것이다.

해리스가 주장하는 현존성은 참여의 의미를 지닌다. 이는 타인을 통해 반사된 자신의 주체성을 통하여 자신에 대한 의식을 형성할 수 있다는 뜻인데, 해리스에 의하면 가정이 바로 그러한 현존성이 제공되고 수용되는 장(field)에 해당한다. 또한,

가정은 기쁨과 축하뿐만 아니라, 고통과 인내를 경험하는 1차적 장소이기 때문에 개인에게 최초의 수용성을 경험하게 하는 곳이며, 가정을 통해서 신앙의 기반이 전수되고, 자신에 대하여, 다른 사람들과 피조물들에 대한 책임을 배운다.

해리스가 코이노니아를 우선적으로 제시하며, 그 공동체적 기초가 가정임을 지적한 것이 시사하는 바가 큰데, 복음을 받아들인 개인이 하나님의 은혜를 감사하며 하나님 사랑을 이웃으로 전환하는 첫걸음이 결실을 맺는 곳이 가정이기 때문이다. 아무런 관계가 없던 개인과 개인이 만나 서로 사랑하며 이웃 사랑의 극치를 이루고, 자녀를 통해 혈연적 관계를 이루는 곳인 가정은 하나님을 체험하는 기초가 되는 공동체이다. 십계명에서 하나님과의 관계를 다룬 1-4계명 이후, 사람과의 관계에 대한 첫 계명은 부모를 공경하라는 가정 공동체에 주어진 계명이며, 하나님이 세우신 공동체 중에 가장 먼저 세워진 공동체로서(창 2장), 교회보다 먼저 세워진 공동체가 가정임을 고려할 때, 그 중요성이 교육목회 커리큘럼에 있어서 최우선으로 강조되는 것이 지나치지 않을 것이다.

2) 레이투르기아: 기도를 통한 교육

레이투르기아란 예배하고 기도하는 목회적 소명에 따른 공동체의 생활인데, 예전(liturgy)을 나타내는 영어 단어는 공적인 예배를 의미하는 헬라어 단어 "레이투르기아"(λειτουργία)에서 유래하였다.[1] 해리스는 기독교 공동체의 정체성은 기도생활의 규칙으로 나타난다고 주장하며 예전에 있어서의 기도 행위를 가장 기본적인

---

1 구약성경에 나타난 예배의 어원은 봉사, 섬김의 의미를 갖는 "아바드(עבד)"와 굴복하는 것, 엎드리는 것 등 숭배와 순종을 나타내는 "샤하아(שחה)"이다. 신약성경에서는 마태복음 4장 10절의 "주 너희 하나님께 경배(프로스퀴네오, προσκυνεω)하고 다만 그를 섬기라(라트레이아, λατρεια)"라는 구절을 통해 절하고, 굽어 엎드린다는 의미의 "경배"와 종으로서 마땅히 담당하는 "섬김의 행위"로 예배의 의미가 드러난다. 예배를 지칭하는 영어 단어의 어원은 "worship"으로서 이는 앵글로색슨어 "가치"(worth)와 성질, 특성을 나타내는 "ship"이 합쳐진 "weorthscipe"에서 유래한 단어이다. 그러므로 예배란 존경과 존귀를 받을 가치가 있는 하나님께 최상의 가치를 돌리는 행위이다. 또한, "레이투르기아"(λειτουργία)란 백성을 위하여 일하는 관리라는 의미의 "레이투르고스"(λειτουργός)에서 유래한 단어로서 이는 고대 아테네에서 일반적인 임무에 사용된 단어이며, 기독교의 예전에서 집례될 때 사용된 제사장의 직무(눅 1:23), 그리스도의 직분(히 8:6), 교회의 예배(행 13:2)를 가리키는 데에 사용되었다.

요소로 강조하였는데, 그녀는 그러한 기도 생활이란 하나님의 신비를 전달하기 위한 특징적 형태로서 기도를 하도록 교육받기도 하지만, 기도를 통하여 교육을 받기도 한다는 점을 지적하였다(Harris, 1989).

해리스에 의하면 모든 기도는 개인적 기도와 공동체의 기도로 구분되는데, 개인기도는 입술(말)로 하는 기도, 명상적 기도, 그리고 하나님과의 관계에 깊이 몰두하는 관상기도로 분류되며, 공동체의 기도는 일상적인 기도 모임과 집중적인 퇴수회(retreat)로 나눌 수 있다. 해리스는 안식일 개념이 사람들을 소모하여 탈진하게 만드는 생산성 체계에서의 철수를 통해 타인과 관계 맺도록 하는 것임을 지적하며, 마찬가지로 기도란 일상을 벗어나 하나님께 집중하는 의식이라고 설명하였다(Harris, 1996).

참된 예배자의 기반은 하나님과의 관계 구축이고, 그 관계를 이루는 기초이자, 기본적인 예배행위는 기도이며, 하나님과의 관계를 통해 가정과 교회 공동체, 그리고 사회공동체가 복음으로 회복되도록 하는 기도는 레이투르기아적 기능을 담당한다. 따라서 교회는 영성에 주목해야 하며, 기도와 정의를 위한 행위를 통합시키고, 다양하고 복합적 역할과 참여를 격려하는 예배의 설계와 교육목회적 자원의 공급처가 되어야 한다는 해리스의 주장은 예배가 통전적인 신앙을 통해 하나님과 인간이 관계 회복이 이루어지는 커리큘럼으로 기능함을 잘 드러내고 있다.

3) 디다케: 가르침을 통한 교육

해리스(Harris, 1989)는 기독교 공동체 내에 교육되어야 할 지식과 체계가 존재하며, 또한 가르칠 소명이 존재함을 강조했다. 해리스는 디다케의 교육내용은 그리스도의 성육신, 십자가 수난과 부활이 초점이며, 그 내용이 교육의 소명을 통해 하나 됨의 교제를 이루는 것임을 지적하였다. 가르침의 형태는 교리문답교육과 설교를 통해 주로 이루어지는데, 교리문답교육은 신앙을 기초로 하는 도덕적 성격을 강조하고, 교실에 국한된 것이 아니라 교회의 예배생활을 통해 이루어지는 예전적 성격을 지닌다. 이는 디다케가 세례를 위한 교리문답 교육에 국한되는 것이 아니라,

종교의식을 통한 신앙적 삶의 전수를 포함한다는 의미이다. 설교는 선포의 행위라는 관점에서 케리그마적 측면도 보이지만, 본질적인 교육의 형태로서 교회라는 공동체 가운데 선포된 하나님 말씀의 의미와, 그 말씀이 일상생활에 지니는 의미에 대한 성찰을 포함한다. 그러므로 설교를 통한 가르침은 필연적으로 공동체의 윤리와 섬김을 통해 드러나야 하는 것이다.

따라서 해리스에 의하면 오늘날의 디다케적 커리큘럼의 형태는 단순히 신앙과 교리 전통의 전수와 말씀의 해석 및 적용에 그치는 것이 아니라 재해석, 질문, 분석, 때로는 거절과 저항을 통한 숙고의 과정을 요구한다(Harris, 1989, 115; cf. 사 61:1-2; 눅 4:18-19). 그러므로 목회적 차원에서의 커리큘럼은 그러한 교육이 교회 구성원들의 삶의 광범위한 차원에서 이루어질 수 있도록 교회사역을 통합할 과제를 가지고 있음을 제시하며, 이는 성경적 가르침이 삶의 실천으로 연결되어 드러날 때에 가르침의 목적이 온전히 이루어짐을 뜻한다.

4) 케리그마: 말씀 선포를 통한 교육[2]

해리스는 케리그마의 핵심은 그리스도의 수난, 죽음, 그리고 부활에 관한 선포를 의미하는 것이라고 강조하였다. 그러므로 케리그마 선포의 내용은 복음 자체인 것이다. 해리스는 복음의 의미를 확장하여 복음의 선포란 믿음 안에서 형제, 자매된 가난한 자, 포로된 자, 눈먼 자, 눌린 자에 대한 잘못된 구조를 타파하여 기쁜 소식을 전하는 의미에서 정의의 선포라고 주장하였다(Harris, 1989, 131).

그녀는 또한 케리그마에 내재되어 있는 생명력이 시대를 초월하는 의미를 새롭게 형성하려면 성경, 교회, 그리고 신학에 의해 육성되고 조명되어야 하는 것이라

---

2 교육과정과 교수학습법 등의 교육이론과 실천이 교육신학과 철학, 심리학 등의 원리에 기반하듯이 설교는 신학에 그 뿌리를 둔다. 미국의 베일러 대학(Baylor University) 역사신학 교수인 에릭 러스트(Eric C. Rust)는 "나는 복음을 설교하지 신학을 설교하지 않는다"는 말은 의사들이 해부학이나 생리학이 필요 없다는 말과 같다며, 그런 의사는 돌팔이 의사라고 일갈하였다. 이는 성경의 주해에 기반한 신학이 설교의 기본으로서 설교의 방향을 결정한다는 의미이다. 이와 관련한 자세한 사항은 Eric C. Rust, *The Word and Words: Toward a Theology of Preaching* (Macon GA: Mercer University Press, 1982)을 참고하라.

는 주장을 덧붙이며 복음이 시대와 소통하여 현실의 삶에 의미를 부여하여야 하는 것임을 강조했다(Harris, 1998). 그러므로 해리스에 의하면 케리그마는 성경의 의미가 무엇이고, 그것이 우리로 하여금 무엇을 행하도록 인도하는지의 문제를 다룬다. 또한, 그녀는 케리그마는 성경과 실제의 삶 속에 기록된 종교적 경험의 의미를 탐색하는 지성적 작업으로서, 이는 특정 이름에 국한되는 신학이 아니라 다양한 신학들이 서로 대화를 통해 교정되고 다듬어지기를 요청하는 것임을 지적함으로써 복음이 변증적이고 귀납법적인 과정을 요구함을 드러냈다.

설교는 케리그마의 마지막 형태로서 공동체 안에서 선포되고, 공동체 내에서 해석, 적용되는 커리큘럼으로 기능하므로, 말씀의 선포인 케리그마에는 하나님께 대한 의식을 심화시키는 제사장적 경청, 신앙과 윤리의 결합을 통해 목회적 소명을 온전케 하는 예언적 발언, 그리고 공동체의 어려운 이웃을 섬기기 위한 정치적 변호라는 과제를 수행할 책임이 깃들어 있다(Harris, 1998, 136-140).

결국 케리그마는 사변적인 신학의 교리가 아닌, 지금 나의 삶의 자리에서 만나는 하나님의 사랑과 공의를 강조하는 개념이다. 이는 교단의 교리에 우선순위를 두어 기독교 복음의 종류를 나눔으로써 그 본질을 파편화하고 희석시키는 것이 아닌, 복음의 참 의미에 집중하는 통전적인 개념이다. 그러므로 말씀의 일부를 발췌하여 설교자 또는 교회 지도자 일부의 이기적인 의도를 관철하기 위해 유용하는 것은 복음의 의미와는 아무런 상관이 없는 것이며, 교인들에게 맹목적인 헌금과 헌신을 강요하는 것은 교육목회의 참다운 의미와 멀다. 반대로 케리그마 선포의 핵심인 복음의 은혜가 흘러넘쳐서 그것이 목회사역의 토대를 이루는 것이 참다운 교육목회의 모습이다. 복음을 선포하는 말씀의 은혜가 임할 때에, 교제가 풍성해지고, 기도가 살아나고, 가르침이 권위를 얻고, 섬김이 자발적으로 이루어지는 선순환이 일어난다. 그러므로 교육목회의 커리큘럼은 복음을 중심으로 서로 연결되어 있다.

5) 디아코니아: 섬김을 통한 교육

섬김이란 기독교 초기부터 내려온 목회적 소명인데, 이를 방해하는 요소들로서 해리스는 섬김의 사역이 목회자와 교회의 지도자들 등 소수의 사람들에게만 속하는 특별한 일로 생각하는 편견, 단순히 동정을 베푸는 자선, 섬김의 굴종적 의미, 그리고 섬김을 강조하며 무의식적으로 죄책감을 조장하는 교회를 열거하였다(Harris, 1989, 145-146; Harris and Moran, 1998, 133). 또한, 그녀는 성경의 가르침을 따라 나 자신에 대한 사랑이 이웃 사랑으로 확장됨을 예로 들며, 교회 역사에 있어서 봉사에 대한 태도는 의무감이나 죄책감보다는 오히려 감사로 인한 것이었음을 지적하였다.

섬김의 출발점이란 본질적으로 예수 그리스도의 긍휼히 여기는 마음이라는 것이다. 그러므로 섬김이란 복음을 깨달은 후의, 복음의 빚진 자 의식, 즉 구원의 은혜와 그 은혜를 이웃과 나누는 복음 증거의 소명에 기인하는 것이다. 하나님을 위해 어떤 일을 해야 한다는 행위의 짐, 죄의 강박관념에서 자유함을 얻는 것은 참다운 용서의 경험에 기인하며, 이는 곧 참된 섬김의 원동력이 된다(Harris, 1996).

그녀는 섬김의 형태는 사회적 돌봄, 사회적 의식, 사회적 능력부여, 사회적 입법으로 나타난다고 덧붙이며, 봉사와 섬김의 활동이 가정과 교회 공동체로부터 사회 전체로 확장되어야 함을 강조하였다. 그러므로 섬김의 커리큘럼은 사람들의 고통을 줄이는 활동이 공적으로 확장되어 이루어져야 한다는 데에 그 특징이 있다. 섬기는 활동을 통해 눈에 보이는 현실에 대하여 알게 되고, 사적인 섬김과 공적인 섬김이 만나 개혁을 이끌며, 혼자가 아닌, 공동체의 가능성을 확인하고, 긍휼히 여김의 가치를 배우게 된다. 그러므로 섬김을 통한 교육은 돌보는 이와 돌봄을 받는 이가 하나 되게 하는 사회적 가교로서 기능하는 것이다.

이러한 섬김의 교육적 기능에 초점을 맞추어 발달한 교육의 분야가 서비스-러닝(Service-learning)인데, 이는 존 듀이(John Dewey, 1938)가 교육에 있어서의 체험을 강조한 것을 시작으로 공립교육은 학습자 개인의 흥미를 고무하는 장(field)인 지역사회와 연계되어야 한다는 의견이 확산되며 새로이 형성된 교육의 실천이다. 1990년대에 미국의 대학들은 학교의 교수과정과 젊은 학생들의 세계관의 연결을 시도하며 서비스-러닝을 발전시켰는데, 특히 "행동에 의한 학습"(Learning by doing)과 "경험에 의한 학습"(Learning through experience)에 초점을 맞추어 교육학, 경영학, 심리학, 사회복지학, 간호학 등 다양한 학문영역에서 이를 수용하였다. 어떤 프로그램이라도 참여자의 체험활동을 통해 학문적인 이론과 연계된다면 서비스-러닝이 되며 (Eyler and Giles, 1999), 봉사활동이 학문적 내용(교과내용)을 반영한다는 차원에서 단순한 봉사활동과 구분이 된다.

서비스-러닝은 준비(preparation), 실행(action), 그리고 반성(refection)의 과정을 통해 수업과 지역사회를 통합적으로 연계하는 방법론이다. 삶의 현장에서 봉사하고 체험하는 활동 자체인 서비스(service)와, 서비스를 통해 체득한 학습(learning), 그리고 배움을 가능하게 하는 비판적 사고로서 제한되고 왜곡된 이해를 방지하는 반성 (refection)이 서비스-러닝의 핵심요소이다. 서비스-러닝의 기대효과로는 참여자의 지적 능력(문제해결능력) 향상, 의사소통기술 증대, 윤리적 가치판단능력 함양, 시민의식과 책임감 형성, 사회에 대한 이해와 함께 미래 직업에 대한 안목 등을 들 수 있다.

3 교육목회의 실천

교육목회는 성부 하나님의 인도를 따른 회개의 삶, 성자 그리스도를 만난 이후의 믿음의 삶, 성령의 도우심을 통해 사랑을 나누는 삶 전반에 걸쳐 영향력을 발휘한다. 예수님을 주님으로 받아들이며 가치관이 변화되고, 입교, 세례, 성경공부, 기도생활을 통해 새로운 소명에 눈을 뜨는 결단의 과정을 겪으며 예배자로서 성장하고 섬기고 나누며 영향력을 발휘하는 삶을 살도록 돕는 것이 교육목회의 사명이다.

특히 21세기 들어서는 교육목회의 패러다임이 변화하고 있다. 일방적 가르침이 아닌, 관계적 소통을 강조하며 양육을 통해 사람을 세우는 신앙교육의 교육목회로의 전환이 이루어지고 있는 것이다. 또한, 안정과 현상 유지가 아니라 변혁적 신앙을 통해 시대와 소통하는 새로운 비전을 창출하는 것 역시 새로운 교육목회의 모습이다.

구약의 제사장적 기능을 강조하며 목회자가 높아지고, 목회자에게 모든 권한과 권력이 집중되는 것이 아니라 예수 그리스도의 십자가 사건 이후의 신약적인 해석인 만인제사장적 시각에서 평신도 지도자가 교회를 이끌어 가고, 교인들이 소그룹을 통해 삶의 다양한 영역에서 교류하는 등, 목회자 개인 중심에서 공동체 중심의 회중목회로 전환되고 있다. 전통적인 교리의 전수에서 변화의 경험 제공으로 변화하는 추세 가운데 주입식 성경공부가 아닌, 삶을 나누고 교제하며 함께 배우는 역동적 커리큘럼이 요구되고 있으며, 따라서 목회자와 평신도의 구분 없는, 교육 지도자의 전문성과 영성의 겸비가 중요해졌다.

1) 공공신학과 교육목회[3]

종교를 사회적 맥락에서 다루는 종교사회학과 달리, 공공신학은 급변하는 현대사회에서 발생하는 문제들에 대한 공적인 논쟁들을 신학과의 관계 속에서 해석하며 비판적 대화를 통해 이를 조명한다. 공공신학은 교회를 중심으로 사회적 이슈에 국한하지 않고, 보다 넓은 세계를 향한 신학의 공적 사명을 거시적 차원에서 강조한다는 점에서 좁은 의미의 기독교사회윤리와도 구별된다. 기독교사회윤리가 기독교적 관점에서 대사회적 윤리 원칙에 초점을 맞춘다면, 공공신학은 사회적 주제를 다루며 대화와 소통을 통해 공적담론을 형성하여 문제를 해결하는 실천적 성격을 띠고 있다. 또한, 공공신학은 종교적 공동체를 초월한 폭넓은 사회 관련 주제를 다루기 때문에 논쟁의 근원, 언어, 방식이 모두에게 개방적이다.

공공신학에 대한 연구는 거시적 차원에서 나누면 변증적인(apologetic) 방식과 고백적인(confessional) 방식의 두 가지 접근방법으로 분류된다. 전자는 공적인 사안에 대하여 비기독교인들과 소통하는 방식에 초점을 맞추고, 후자는 기독교 신학의 전통 안에서 공적 이슈를 조명한다. 고백적인 방식은 예수 그리스도의 복음과 이를 선포하는 교회의 본질 제고의 측면에서는 의의가 있지만 자칫하면 성속(聖俗)을 구분하는 이원론에 함몰되어 오늘날 한국교회가 직면한 다양한 의제들이 지닌 다층적 담론의 성격과 공공성을 무시할 수 있다. 따라서 복음을 중심으로 하는 교육목회는

---

3 공공신학과 관련한 자세한 내용은 최성훈, "포스트 코로나 19 시대와 한국교회의 공공성," 「ACTS 신학저널」 47 (2021): 69-97를 참조하라.

고백적 방식을 기반으로 하되, 그 실천적 차원에서는 변증적 방식을 통해 시대와 소통하는 균형감각을 견지해야 할 것이다.

공공신학은 마틴 마티(Martin Marty)가 1974년 시민종교를 가리키는 표현으로 처음 사용한 이후 본격적으로 공론화가 이루어졌다. 서구에서 종교의 역할에 대한 새로운 이해의 필요성은 근대 계몽주의의 이상이 붕괴되고 사회 문제에 대하여 도덕적 토대를 제공할 자원이 고갈된 이후에 대두되었다. 근대적 이성을 중심으로 종교의 쇠퇴를 예상했던 세속화 예상이 빗나가고, 오히려 종교가 공론의 장에 등장하는 오늘날의 후기세속사회에서 기독교는 신앙인뿐만 아니라 사회 내 일반인들의 공감을 이끌어 낼 수 있는 합리적인 공공선 구현의 실천 방안을 도출해야 한다. 그러므로 공공신학이 한국사회에서 유의미한 도전이 되기 위해서는 서구 신학계의 논의를 소개하는 일에 그치지 않고, 구체적인 한국적 상황에서 실천의 방법을 탐구하는 것이어야 한다.

우리나라에서 공공신학에 대한 논의는 2007년 10월 새세대 교회윤리연구소가 미국의 공공신학자요, 윤리학자인 맥스 스택하우스(Max L. Stackhouse)를 초청하여 강연한 이후 활성화되고 있다. 그러나 우리나라에서 공공신학은 북미에서 유입되어 아직 발전 단계에 있기 때문에 한국사회의 특수성을 오롯이 반영하기에는 부족한 면이 있으며, 그같은 맥락에서 한국의 신학계는 공공신학의 구성적 방법론과 그 실천에 있어서 공론장에 참여하는 경험이 부족함이 지적되고 있다. 이제 태동기에 머물러 있어서 다양한 의견들을 조율해야 할 과제를 맡은 공공신학은 다원적인 사회적 주제에 대한 다층적 분석을 통해 발전해야 할 것이며, 특히 코로나 19와 관련하여 한국교회가 교회에 대한 인식 제고 및 비대면 예배와 소모임을 통해 공공성을 증진하는 시도가 필요하다.

2) 포스트 코로나 19 시대의 교육목회

과거 교회 성장기(1970-1990년대 초반)에는 다양한 프로그램과 각종 시설을 구비하고, 많은 사람들이 모이기 때문에 쉽게 인맥을 형성할 수 있는 대형교회가 선망의 대상이었다. 그러나 2000년대 교회 정체기에 접어든 이후에는 포스트모더니즘의 개인주의와 민주화의 흐름이 주도하며 한편으로 익명성이 보장되는 대형교회를 여전히 선호하는 모습과 함께, 탄탄한 신앙적 기반을 바탕으로 가족적 분위기로 개인을 감싸는 중소형 교회에 대한 선호가 부각되고 있다.

게다가 코로나 19라는 팬데믹 전염병의 발병으로 인하여 이의 확산을 방지하기 위한 사회적 거리두기 및 온라인 비대면 예배 전환을 통해 말씀 중심의 영성과 ICT 기술을 고루 갖추며 시대와 소통하는 교회의 역량이 드러나게 되었다. 또한, 코로나 19의 도전을 통해 잠시 제쳐 두었던 각종 변화의 요구를 단기간 내에 수용해야 하는 상황에 직면하였다. 코로나 19 이후 재택근무가 가능한 형태의 산업에서는 굳이 사무실을 임대하여 임대료와 임직원들의 교통비 및 시간을 허비할 필요가 없음을 현실적으로 깨닫게 되었다. 치밀한 직무 기술(명세)과 분담을 통해 오히려 직원들의 역량이 투명하게 드러나게 되었고, 업무기한을 조정하면 집중 근무를 통해 보다 효과적인 방식으로 업무를 수행할 수 있음이 드러났다.

비대면 상황에서의 교인 및 헌금 감소가 규모가 큰 대형교회의 운영 비용 부담 증가로 연결됨에 따라 교회 역시 공간 관련 효율성을 깨닫게 되었고, 따라서 굳이 예배당을 구입하거나 임대하는 방식보다는 종교시설을 공유하는 방식을 고려하게 되었다. 또한, 개인주의의 가속화와 더불어 대면 목회의 축소 및 비대면 목회의 가능성이 증대되며 찾아가는 대면 방식의 심방보다는 메신저와 화상회의 또는 통화 프로그램을 활용하는 맞춤형 목회를 수용하기 시작했다. 이는 오히려 맞춤형 소통의 가능성을 증대하는 결과를 유발하였다. 이후 포스트 코로나 19 시대의 관건은 비대면 목회의 구심이 되는 효과적인 플랫폼 구축과 콘텐츠의 질적 경쟁력이 될 것이다.

목회의 개념이 장소(예배당)를 채우는 것에 매여 있으면 교인들을 붙잡고 통제하는 데에 치중, 경직된 목회 양상을 보일 수밖에 없다. 따라서 포스트 코로나 19 시대의 한국교회는 예배당에 갇혀 있는 목회관을 탈피하여, 교회는 예배당 유지가 아닌 복음 전파를 위해 부르심을 받은 공동체라는 사실 및 목회는 교인들이 그리스도인으로서 영향력 있는 삶을 살 수 있도록 지원하는 것이어야 함을 상기해야 한다. 또한, 한국교회 특유의 공동체로 모이는 것에 대한 열망과 과정적 준비의 중요성을 고려할 때, 온라인을 통한 사역은 기존의 사역을 완전히 대체하기 보다는 이를 보완하는 형태로 구비되어야 한다. 온라인을 기반으로 하는 개방형 플랫폼을 구축하는 것이 필요하지만, 그러한 플랫폼을 개발하고 운영하는 이는 사람이라는 사실을 간과해서는 안 되며, 따라서 교회는 앞으로 인적 자원에 투자해야 한다.

교육목회 관련하여 필수적인 사회와의 소통은 교회의 건전한 상식 수준을 요구한다. 그 같은 차원에서 세속주의와 세속화를 구별해야 하는데, 세속주의는 세상의 논리를 따르는 것으로 지양해야 하지만, 복음에 기반을 둔 세속화는 세상과 함께 살아가려는 노력이므로 교육목회 차원에서 긍정적으로 활용될 수 있다. 따라서 보험회사의 영업방식을 답습하는 형태의 총동원주일 행사를 위해 경품을 내걸며 사람들을 끌어들여 예배당을 채우는 방식의 소모적이고, 비효율적인 목회 프로그램은 세속주의적 사고에 입각한 것이므로 지양해야 하며, 복음적 세속화의 차원에서 전통적인 봄, 가을의 대심방 대신에 실제로 심방 또는 목회적 돌봄을 필요로 하는 이들에게 초점을 맞추는 사역이 바람직하다. 이를 위하여 청지기 의식을 가지고 교회의 자원을 효율적으로 활용하는 지혜를 발휘하여야 한다.

포스트모던 사회의 개인주의와 4차 산업혁명 시대의 미디어 활용의 확산과 더불어 포스트 코로나 19 시대의 도래는 온라인 공동체를 형성해서 소통을 증진해야 할 필요성을 제기하였다. 특히 온라인 예배의 확산을 고려할 때에 교인들을 어떻게 예배의 자리로 인도하고, 그들이 적극적으로 하나님을 찾도록 할 것인지에 대한 지속적인 고민이 필요하다. 대형교회의 전통적인 예배가 일방향적 설교와 전달을 통해 교인들을 수동적인 관객화했는데, 온라인 예배는 더욱 일방적인 방향성을 지니기 때문이다. 하나님을 경배하는 예배의 본질을 수호하는 동시에 현대인들을 예배로 초청하여, 적극적인 예배 참여자가 되게 하는 노력이 함께 요구되며, 철저한 점검 없이 단순히 온라인으로 이행하는 것이 능사가 아니라, 편의를 따라 스크린을 통해 교인들을 대중화시키는 전통적 예배를 갱신하는 것이 출발점이 되어야 할 것이다.[4]

---

4 새벽 예배나 새벽 기도회의 경우 온라인으로 진행하면 참여도를 높일 수 있고, 양육과 영성 프로그램 역시 온라인의 요소들을 활용하여 효율적으로 운영할 수 있다. 그러나 교회가 온라인을 통해

접근성이 좋은 온라인 공간을 통해 다양한 영적 콘텐츠를 제공하는 것이 중요한데, 관건은 그러한 콘텐츠가 교인들과 불신자들이 공감하고 흥미를 느낄 만한 알찬 내용으로 구비되어야 하고, 콘텐츠를 제시하는 방식 또는 플랫폼 역시 현대인들의 접근에 용이하고 친숙해야 한다. 이 역시 온라인 매체의 특성에 대한 철저한 점검이 선행된 이후, 이를 활용할 것을 요구한다. 일례로 다양한 콘텐츠의 성경 공부를 데이터 베이스화하여 교인들이 시간과 장소의 제한 없이 접근할 수 있도록 온라인 플랫폼과 모바일 애플리케이션을 통해 구성하되, 이를 제공하는 방식에 창의성을 발휘하여 이에 접속하는 교인들의 흥미를 유발해야 한다. 물리적 공간과 더불어 온라인 콘텐츠의 구성과 운영에 대한 지속적인 정비가 필요가 필요한데, 이는 결국 말씀을 통해 하나님의 마음을 담은 교회, 믿음 뿌리를 굳건히 내린 교회가 됨을 전제로 하는 것이다.

3) 기독교교육과 교육목회

러시아의 대문호인 톨스토이(Leo Tolstoy)는 그의 『참회록』(A Confession)에서 자신의 인생을 동양의 한 우화에 빗대어 이야기했다. 어떤 나그네가 초원에서 맹수에게 쫓기다가 맹수를 피하려고 물이 없는 웅덩이로 뛰어들게 되었다. 그런데 그 웅덩이 속에는 커다란 용이 입을 쩍 벌리고 먹잇감을 기다리고 있었다. 이 나그네는 이 상황에서 가까스로 우물 중턱에 있는 나뭇가지를 잡을 수 있었다. 그가 겨우 양손으로 가지를 붙잡고 매달려 있었는데 손목의 힘이 점점 빠지기 시작하였다. 위에는 맹수가 으르렁거리고 있고, 아래에서는 용이 입을 떡 벌리고 그를 기다리고 있다. 이 와중에 어디에선가 검은 쥐와 흰 쥐가 나타나 번갈아가며 자기가 붙잡고 있는 나뭇가지를 쏠아 대기 시작했다. 이 상황에서 이 나그네는 죽음이 엄습함을 본능적으로 느낄 수밖에 없었다. 그런데 그 나뭇가지 끝에서 꿀이 두 방울 떨어지자

예배 영상과 신앙 콘텐츠를 일방적으로 전달하는 방식은 지양해야 하며, 온라인 매체의 특성을 고려하여 이를 창조적인 방식으로 전달해야 하고, 교인들이 함께 참여할 수 있도록 사려 깊게 구성해야 한다.

이 나그네는 혀끝으로 그 꿀을 핥으며 그 단맛에 빠져 잠시나마 자신의 처지를 잊어버렸다.

톨스토이는 하나님 품을 떠나 인생의 의미를 발견하지 못하고 헛된 순간의 쾌락을 좇던 자신의 처지를 이 우화의 주인공인 나그네와 같다고 고백했다. 맹수에게 쫓기는 것은 삶의 의미를 발견하지 못하고 죽음으로 치닫는 인생을 의미한다. 그래서 피하려고 하니 딱 버티고 있는 용은 바로 죽음 그 자체를 뜻한다. 죽음밖에는 도리가 없는데 그래도 살고 싶은 것이 인간의 마음인지라 나뭇가지를 붙들고 있는데, 검은 쥐와 흰 쥐가 자신이 손에 쥔 나뭇가지를 갉아 댄다. 검은 쥐는 밤이요, 흰 쥐는 낮을 상징하는데, 이는 밤낮으로 인생은 죽음을 향해 달려간다는 의미이다. 죽음을 눈앞에 둔 그 시점에서 자신은 꿀을 핥는다. 톨스토이는 꿀 한 방울은 자신의 작품을 향한 사랑이요, 다른 한 방울은 가족을 향한 사랑이라고 고백했다. 하지만 작품도 자신을 영원한 삶으로 인도해 주지 못하고, 가족도 자신의 삶을 책임져 주지 못한다는 사실을 톨스토이는 우화의 내용을 통해 고백한 것이다.

기독교교육은 복음을 통해 영원한 생명과 영원한 심판을 다룬다. 하나님의 말씀이 사랑과 공의를 핵심으로 전한다는 것은, 그 말씀이 삶과 죽음의 문제를 말하고 있다는 것을 뜻한다. 기독교교육은 목회와 연결되어 영원한 삶과 영원한 죽음을 다루기 때문에 더더욱 흔들리지 않는 복음의 본질에 기반을 두고 세상과 소통하는 것이 중요하다. 그러한 능력은 예수 그리스도의 이름의 능력과 권세를 통하여, 그리고 우리는 마땅히 빌 바를 알지 못하나 말할 수 없는 탄식으로 우리를 위하여 친히 간구하시는 성령의 도우심(롬 8:26)을 통해 신실한 하나님의 백성들에게 주어졌다. 그러한 하나님의 백성들이 예수님을 머리로 하여 모인 공동체인 교회에게 교육목회의 능력으로 주어진 것이다.

4 교회와 교육목회

교회의 머리는 그리스도이시다(엡 4:15-16). 따라서 예수 그리스도를 본받아, 그분의 이름의 권세와 능력을 따라 섬기는 것이 교회의 성장과 성숙의 근원이다. 왜 냐하면 예수님은 만물 안에서 만물을 충만하게 하시는 이의 충만(엡 1:22-23)이기 때 문이다. 교회의 골격은 하나님에 대한 경외이며, 하나님과 맺은 올바른 관계가 다른 모든 관계를 온전케 하는 근원이다. 따라서 하나님의 말씀인 성경의 절대 권위를 인정하고, 그 말씀으로 조명한 은사를 통해 교회를 세워 나가는 것은 교육목회의 중요한 사명이다. 말씀에 기반한 건전한 교리로 삶의 지침을 삼고, 말씀의 진리를 적용하고 실천하는 구별된 삶, 즉 신앙의 인격을 통해 영적인 권위를 세우는 것이 섬김을 바탕으로 교회를 이끌어 가는 교육목회의 실천인 것이다.

하나님의 말씀으로 세워진 교회는 하나님과의 만남, 즉 예배가 살아 있게 마련 이다. 하나님의 백성들은 그 살아 있는 예배를 통해 하나님의 임재를 체험하고, 설 교 곧 케리그마의 선포를 통해 하나님의 뜻을 깨달아 알고, 결단하여 삶 가운데 실 천하는 것이다. 그러므로 예배를 드리고 나오는 사람의 입술이 험하고 거친 말을 자제하고 하나님을 찬양하는 말이 터져 나오고, 행실도 겸비하게 되는 것이 자연스 러운 예배자의 자세이다. 만약 예배를 마친 후에 성전에서 걸어 나오는 사람의 언 어가 거칠고, 세속적인 노래만 흘러나온다면 그 사람은 하나님의 임재를 체험하지 않은 채 그저 교회에 다녀온, 즉 종교행사에 참여한 것에 불과하다.

오늘날 하나님의 백성들은 이스라엘을 향한 선지자들의 선포를 다시 귀담아 들어야 한다. 예레미야는 성전에서 다음과 같이 선포하였다. "너희는 이것이 여호와 의 성전이라, 여호와의 성전이라, 여호와의 성전이라 하는 거짓말을 믿지 말라"(렘 7:4). 그는 삶의 실천을 통한 믿음의 열매 없이, 그저 성전에 왔다 갔다 하는 유다 백성들을 향해 회개를 촉구하였고, 이방인, 고아, 과부 등 어려움에 처한 영혼들을 돌보는 사랑과 정의, 섬김의 공동체가 성전 공동체라는 것을 강조하였던 것이다.

비슷한 시기에 활동했던 미가 선지자도 유사한 선포를 했다. "내가 무엇을 가 지고 여호와 앞에 나아가며 높으신 하나님께 경배할까"(미 6:6). 이렇게 주의를 환기 시킨 후에 그는 하나님이 기쁘게 받으시는 것들에 대해 재확인하였다. "내가 번제 물로 일 년 된 송아지(가장 값비싼 예물)를 가지고 그 앞에 나아갈까 여호와께서 천천 의 숫양이나 만만의 강물 같은 기름(많은 예물)을 기뻐하실까 내 허물을 위하여 내

맏아들(가장 중요한 예물)을, 내 영혼의 죄로 말미암아 내 몸의 열매를 드릴까 사람아 주께서 선한 것이 무엇임을 네게 보이셨나니 여호와께서 네게 구하시는 것은 오직 정의를 행하며 인자를 사랑하며 겸손하게 네 하나님과 함께 행하는 것이 아니냐"(미 6:6-8).

목회자를 종종 목자로 비유한다. 그래서 교회마다 목사님이 성도들을 섬기고 돌본다는 의미에서 "목양실"이라는 문패를 따로 붙여 둘 정도이다. 양의 속성을 살펴봄으로써 목자로서의 목회자의 사명을 뚜렷이 확인할 수 있다. 양에게는 귀소본 능이 없기 때문에 스스로 안전한 목장 안으로 돌아올 수 없다. 따라서 목자가 안전하게 울타리 안으로 인도할 필요가 있다. 양은 독이 있는 풀과 오염된 물을 구별하지 못한다. 그러므로 목자가 먹을 수 있는 풀이 있는 초장으로 인도해서 말씀의 꼴을 잘 공급해야 하고, 이는 세상의 논리에 오염된 생각이 아니라 생수와 같은 말씀의 은혜와 바른 사상을 전달해야 함을 요구한다.

또한, 양털은 라놀린이라는 유분을 함유해서 쉽게 오염되므로 털 관리를 잘 해주지 않으면 유분 때문에 피부가 상하기도 하고, 심지어 항문이 막혀 죽는 경우도 있다. 마찬가지로 죄악된 세상에서 양된 교인들을 모아 깨끗이 씻어 주지 않으면 몸과 영혼이 상하는 것이다. 양은 젖은 땅에서는 종양에 잘 걸리고, 울퉁불퉁한 길에서는 잘 넘어진다. 뿐만 아니라 늑대와 같은 맹수로부터 공격을 받으면 양들이 얼굴을 가운데로 모으고 엉덩이를 밖으로 한 채, 자신의 눈에만 맹수가 보이지 않으면 안심하고 순순히 잡아먹힌다. 이렇게 어리석은 양들을 도살할 때에는 양들을 속여 인도하기 위한 거세된 숫양이 다른 양들을 유인해서 도살장으로 이끌어 가는데, 이때 사용되는 숫양을 가룟 유다 양이라고 부른다.

이러한 양들을 향한 목자의 사명은 다름 아닌, 인도자, 보호자, 구조자, 위로자의 역할이요, 목회자의 바른 모습은 잃어버린 양을 위해 최선을 다하며, 때로는 자신을 희생하는 목자의 모습이다. 잃은 양 한 마리의 비유(눅 15:3-7)처럼 다른 양들이 다 교회 공동체의 안전한 울타리 안에 있을 때에라도 한 영혼이 헤매이고 있으면 그를 위해 최선을 다해 섬기고 돕는 것이 바로 목자된 목회자의 소명이다. 그러한 모습을 보며 양된 다른 교인들에게도 신뢰가 쌓인다. "아, 나를 위해서도 우리

목사님이 저렇게 하시겠구나!" 하고 마음이 열리고, 그 열린 마음에 은혜가 임하는 것이다.

이러한 목자의 사역 외에도 예수님은 "발을 씻어주는 사역"을 통해 당신의 사람들을 향한 마음을 드러내셨다. 십자가 사건을 앞두고 지위를 다투는 제자들 앞에서 예수님이 하신 일은 말없이 수건을 허리에 두르고 제자들의 발을 씻겨 주신 것이다. 그리고 교훈을 주셨다. "내가 주와 또는 선생이 되어 너희 발을 씻었으니 너희도 서로 발을 씻어 주는 것이 옳으니라"(요 13:14).

예수님을 따르는 그리스도인이 해야 할 일이 바로 발을 씻어 주는 사역, 즉 섬기는 사역인 목회 사역이다. 이러한 사역은 목회자에게만 국한된 것이 아니다. 그리스도인은 모두가 목자의 마음을 품어야 하는데, 그러한 목자의 사역이 섬김의 사역이요, 진정한 의미의 목회 사역이기 때문이다. 교육목회를 담당하는 교회학교 교사 및 섬기는 제직은 말할 나위 없이 그러한 사역을 담당해야 한다. 그러한 모습을 하나님도 기뻐하실 것이다.

과연 내가 그러한 섬김을 감당할 수 있을까 고민할 필요가 없다. 하나님이 사명을 맡겨 주실 때에는 나의 힘과 능력이 아니라 당신의 뜻과 능력이 시작점이 되기 때문이다. 예를 들면 하나님은 밀을 작은 포도주 틀에서 타작하던 기드온에게 찾아오셔서 "큰 용사여"(삿 6:12)라고 불러 주셨다. 사람의 눈이 아니라 하나님의 눈으로 큰 능력의 통로가 될 기드온의 가능성을 일깨워 주신 것이다.

"속이는 자"라는 이름을 가지고 있었던 야곱은 하나님께 모든 것을 맡기고 밤새 부르짖고 씨름하여 "하나님과 겨루어 이겼다" 또는 "하나님이 살리셨다"라는 뜻의 이스라엘이라는 이름을 부여받았다. 이후 큰 민족 이스라엘을 이루게 되었다. 그 자손들이 범죄하여 멸망하게 되었을 때에 하나님은 "버러지 같은 너 야곱아"(사 41:14)라고 부르시며 그들의 약함을 깨닫고 하나님께로 돌아오기를 호소하셨다.

예수님도 제자 베드로에게 "반석"이라는 뜻의 이름을 붙여 주셨다. 베드로가 예수님을 세 번이나 부인하고 낙심해 있을 때에는 "요한의 아들 시몬"이라고 세 번 부르시며(요 21:15-17), 베드로의 약함을 아신다는 것을 일깨워 주시며 능력의 근원이 사람이 아니라 예수님의 이름에 있음을 밝혀 주셨다. "시몬"이라는 이름의 뜻은

"갈대"를 지칭한다. 그를 "시몬"으로 부르셨다는 것은 예수께서 베드로의 갈대와 같이 흔들리는 인간적인 연약함을 모두 이해하신다는 의미이며, 그럼에도 불구하고 그를 "반석"으로 불러주신 것은 그에게 새로운 기회와 능력을 주시겠다는 뜻이다. 예수님은 이어서 "내 어린 양을 먹이라, 내 양을 치라, 내 양을 먹이라"(요 21:15-17) 라고 말씀하시며 새로운 사명을 그에게 주셨다.

　　교육목회의 다양한 커리큘럼을 내 힘으로 실천하기는 거의 불가능하다. 사람의 힘으로는 한 영혼도 주님 앞으로 인도할 수가 없기 때문이다. 하지만 하나님을 의지하며 겸손히 십자가를 붙들 때에, 하나님의 능력이 임하여 한 영혼을 하나님의 일꾼으로 온전히 세우는 놀라운 사역의 주인공이 될 것이다.

참고문헌

최성훈. "포스트 코로나 19 시대와 한국교회의 공공성." 「ACTS 신학저널」 47(2021), 69–97.

Dewey, John. *Education and Experience.* New York, NY: Free Press, 1938.

Eyler, Janet, and Giles, Dwight. *Where's the Learning in Service–Learning?* San Francisco, CA: Jossey–Bass, 1999.

Harris, Maria. *Proclaim Jubilee!: A Spirituality for the Twenty–First Century.* Louisville, KY: John Knox Press, 1996.

_____. *Fashion Me a People: Curriculum in the Church.* Louisville, KY: John Knox Press, 1989.

Rust, Eric C. *The Word and Words: Toward a Theology of Preaching.* Macon, GA: Mercer University Press, 1982.

교육평가

프린스턴 대학교(Princeton University)의 심리학과 연구진들에 의하면 대부분의 사람들은 새로이 만나는 이들과 관계를 맺을지의 여부를 0.1초 안에 결정한다(Willis and Todorov, 2006). 그러한 첫인상을 결정하는 기준은 주로 외모, 즉 겉모습이다. 신장과 체격, 피부색, 옷차림, 헤어스타일, 이목구비의 크기와 모양, 발음, 말투 등으로 인상을 종합해서 친하게 지낼지의 여부를 결정한다는 것이다. 사람들이 바라보는 것은 사람의 외모뿐이 아니다. 어떤 종류의 자동차를 타고 다니는가를 통해 그 사람의 신분과 재산, 지위를 가늠하는 경우도 많은데, 이에 대한 연구는 국내, 외적으로 다양하게 축적되어 있다(Doob and Gross, 1968).

일례로 한 심리학자가 실험을 했는데, 이는 4차선 교차로에서 빨간 신호등 앞에 차가 멈추었다가 파란 신호등이 들어올 때 계속 멈춰 있으면 뒤에 서 있는 차가 앞차의 종류에 따라 어떤 반응을 하는가에 대한 실험이었다(Diekmann et al., 1996). 앞차가 경차인 경우에는 대부분의 경우 뒤에 있는 차들이 기다려 주지 않고 요란한 경적을 울렸다. 하지만 앞차가 고급 승용차인 경우에 뒤의 차 운전자 대부분은 경적을 울리지 않고 기다리는 모습을 보였고, 어떤 운전자는 알아서 비켜 가기도 했다. 경적을 누르기까지 걸린 평균 소요시간은 경차인 경우에는 3초, 고급 승용차의 경우 10초에 달했다. 이는 승용차의 종류가 그 차를 타고 있는 사람의 지위와 외적인 배경을 암시하기 때문에 벌어지는 일이다. 그러나 겉으로 드러나는 피상적인 정보를 가지고 그 가치를 판단하는 것은 매우 어리석고, 또한 위험한 모습이다. 교육의 목표 수립에서부터 그 목표를 이루기 위한 교육과정이 구성되어, 다양한 교육의 장을 통해 각종 교수학습법을 사용하여 학습자를 하나님의 사람으로 빚어 가는 기독교교육에 있어서 단순한 평가모형을 사용하는 것은 더욱 삼가해야 할 것이다.

1 교육평가란 무엇인가?

평가(evaluation)란 "가치(value)를 밖으로(ex) 꺼내어 판단하고 평정하다"는 의미로서, "가치나 수준을 판단한다"는 뜻을 가진 라틴어 "엑스발레레"(exvalere)에서 유래한 개념이다. 특히 교육평가란 교육과정이나 교육프로그램이 교수-학습활동을 통하여 의도된 교육목표를 얼마나 잘 달성하였는지 여부를 파악하는 활동이다. 이는 또한 교육활동을 개선하기 위하여 교육담당자나 교육행정가들이 올바른 의사결정을 내리는 데 필요한 각종 정보를 체계적으로 수집, 제공하여 의사 결정에 도움을 주는 활동이기도 하다. 그러므로 교육평가는 교육현상이나 대상에 드러나 있거나, 숨어 있는 의미와 가치를 발견하고, 이를 체계적으로 서술하며 반성적 시각에서 해석하고 분석하는 체계적인 과정이다.

교육의 제 분야에 있어서 가장 어려운 부분이 바로 교육의 평가 부분인데, 이의 결정적인 원인은 그 평가의 대상이 전인(全人)적인 존재인 사람이기 때문이다. 사람의 역량은 인지능력, 정서, 의지 등이 복합적으로 작용하여 발휘되기 때문에 교육의 성과는 어느 한 차원을 통해서만 조명할 수 없다. 특히 기독교의 관점에서 볼 때에 인간은 하나님의 형상으로 창조된 존귀한 존재인 동시에 타락한 죄성을 보유한 독특한 존재로서, 이중의 가능성을 동시에 지니기 때문에 더욱 교육 성과를 측정하기가 어렵다.

또한, 교육의 성과가 나타나는 데에는 학습자의 연령과 경험, 선 지식과 환경 등에 따라 시차가 있다. 예를 들어서 청소년과 청년기에는 인지능력 중에서 암기력이 가장 왕성한 시기이므로 단기 기억력이 좋아서 단순 지식의 습득에는 강점을 나타내지만, 종합적인 사고를 통해 운영의 묘를 발휘하기에는 어려운 면이 있다. 반대로 장년 이후의 연령대에 속한 사람들의 경우 단기적인 암기능력의 측면에서는 불리하지만, 전체적인 사고를 위한 경험과 지식의 측면에서 젊은 연령층에 비해 유리하다. 하지만 교육에 있어서 연령이라는 요소 하나의 영향력뿐만 아니라 다양한 요소들이 복합적으로 작용하므로 어떠한 시점에 무슨 방법으로 평가하느냐 하는 방법론이 매우 중요하다. 특히 하나님의 마음을 품고 학습자 내부에 잠재된 하나님의 형상으로서의 능력을 바라보아야 하는 기독교교육에 있어서는 단순히 교육과정을 마무리하며 지필고사 한 번으로 과정 전체를 평가하는 것은 매우 미흡하다. 그러므로 교육평가를 맡은 평가자는 기도하며 하나님 앞에서 정직하고 겸손한 모습으로 평가과정에서 치우침이 없이 공정한 평가가 이루어지도록 최선의 노력을 다해야 할 것이다.

2 교육평가의 목적과 기능

인간을 환경의 영향을 받는 수동적이고 기계적인 존재로 이해하는 행동주의 심리학에 영향을 받은 교과와 학문 중심의 전통적인 교육과정 및 객관주의 교수학습법을 강조하는 진영에서는 교육평가에 있어서 측정(measurement)을 통한 상대적 가치를 강조한다. 따라서 학습자 간의 우열을 가리는 규준지향평가(norm-referenced evaluation)와 한 번에 모든 과정을 평가하는 총합평가(summative evaluation)를 선호한다.

하지만 인간을 능동적인 존재로 바라보는 경험-개념 교육과정과 인간 중심의 구성주의적 교수학습법을 강조하는 진영에서는 학습자의 교수목표 달성여부를 중요시하는 준거지향평가(criterion-referenced evaluation)와 교육과정 전체를 통해 평가

하는 형성평가(formative evaluation)를 선호한다. 이에 더하여 인간을 보다 주체적인
존재, 즉 유기적 존재로 보는 인본주의 심리학과 재개념주의 교육과정, 그리고 인본
주의 성향이 보다 강한 구성주의 교수학습법을 선호하는 진영은 평가 자체를 예술
적인 사정(appreciation)의 단계로 승화시킨다. 이렇듯 다른 교육의 영역과 마찬가지
로 교육의 평가 또한 교육의 신학, 철학, 심리학적 사조에 따라 각기 다른 강조점을
보인다.

1) 교육평가의 목적

교육평가는 학습자들의 학습성취도를 확인하는 데에 가장 중요한 목적이 있
다. 그러한 목적을 이루기 위해 평가의 결과는 보통 수치화되어 점수로 부과된다.
평가는 수업계획을 세우기 위한 목적으로도 활용되는데, 향후 수업을 어떤 식으로
전개하고 그 과정을 운영할지 결정하는 기준으로서 학습자들의 상태를 확인하는 목
적에서 평가가 이루어지는 것이다. 이러한 경우에 평가는 종종 진단(diagnosis)이라
는 용어로 바뀌어 적용된다.

또한, 평가는 향후 학습자들의 성취도를 예측하기 위한 수단으로도 활용된다.
일례로 대학수학능력시험은 고등학생이 앞으로 대학에서 학습할 수 있는 수학능력
을 가늠하기 위해 시행되는 것으로서 대학 수준의 학습역량을 예측하는 것이 주된
목적이다. 평가는 학습자들에게 피드백을 제공하고 동기 부여를 하기 위해서 사용
되기도 한다. 따라서 평가는 학습자와 교수자는 물론, 학부모와 행정 담당자 등 교
육의 제반 과정을 둘러싼 주체들의 주의와 관심을 끄는 요인이 된다.

2) 교육평가의 기능

교육평가는 긍정적 측면과 부정적 측면을 동시에 가지고 있는데, 평가의 그러
한 양 측면, 즉 순기능적인 면과 역기능적인 면은 교육평가의 목적과 직접적인 관
련이 있다. 교육평가의 순기능으로서 우선 학습자와 교육과정, 교수학습법, 교육환

경 등에 대한 진단기능을 들 수 있다. 교육에 있어서 진단이란 장, 단점에 대한 진단을 포괄하는 것으로서 이는 학습자의 학업 성취도를 평가하여 학습자 개인의 학습방법을 개선하는 데 도움을 주며, 학습결과에 대한 피드백을 제공함으로써 학습을 촉진한다. 교육평가의 결과는 학습자의 진로지도를 위한 정보를 제공하며, 교수-학습법을 개선하고 수업의 질을 높이는 데에도 기여한다. 또한, 교육평가는 교육프로그램의 교육적 효과를 측정하여 교육의 제반 문제를 이해하고 올바른 교육정책을 수립하는 데에 도움을 제공하기도 한다.

한편, 교육평가의 역기능으로서 우선 평가를 통한 구분과 차별, 그리고 경쟁의식과 스트레스를 들 수 있다. 평가를 통해 개인의 우열을 가림으로써 성취도가 높은 학습자에게는 지속적인 압박을 가하고, 학습성과가 부진한 학습자에게는 자아개념의 저하를 조장하며, 교수자와 교육행정 담당자들에게는 편견과 차별의 단초를 제공한다. 또한, 교과 내용의 본질보다는 평가 자체에 초점을 맞춤으로써 평가가 교육의 수단화를 야기하는 점도 문제가 된다. 예를 들면 고등학교 수업에서 입시와 관련이 없는 기초교양과목의 경우 수업의 집중도가 떨어지는 것은 물론, 수업시간이 자습으로 대체되기도 하며, 학원 및 과외 등 사교육 시장이 비대하게 성장하도록 하는 요인이 되기도 한다.

3) 평가의 항목

일반적으로 교육의 3요소로서 교수자, 학습자, 교육내용을 제시하는데, 이를 4요소로 확장하면 환경 또는 미디어가 포함되며, 이는 교수평가에도 동일하게 적용된다. 따라서 교육의 주요 평가항목으로 교사, 학습자, 교수과정, 그리고 환경을 들수 있다. 먼저 교사 평가의 항목으로서 주제 개념의 명확한 전달 여부, 적절한 예화, 자료의 사용, 시간 배분 및 학습자의 태도 관리, 그리고 적절한 질문의 기회 부여 및 답변의 성실성 등이 있다. 학습자에 대한 평가로는 학습자의 나이, 발달단계, 영적 성숙도를 고려한 교수가 이루어졌는지 여부, 학습욕구의 충족도, 학습자의 학습동기 및 참여도, 학습자의 이해도, 그리고 학습자의 변화 정도를 확인한다. 교수과정 관련한 부분은 주제의 명확성에 대한 검증, 학습목표의 성취도 확인, 교수방법의 적절성과 적용의 현실 연관성, 그리고 효율적인 부분과 비효율적인 부분에 대한 진단을 포함한다. 마지막으로 환경 평가의 항목은 교실의 위치와 학습시간, 학습 기자재의 적절성, 온도, 습도, 소음, 환기 등의 쾌적도, 학습자료 및 보조자료의 유용성 점검과 수용하고 격려하는 분위기였는지 여부의 확인 등이다.

3 교육평가의 유형과 문항

교육평가의 유형을 살펴보기 전에 평가의 기준이 되는 타당도(validity)와 신뢰도(reliability)를 점검하는 과정이 필요한데, 교육평가에 있어서 평가의 가치는 타당도와 신뢰도에 의해 결정되기 때문이다. 타당도란 검사 또는 측정 도구가 본래 측정하고자 하였던 것을 충실히 측정하고 있는지 여부, 즉 평가의 효과성(effectiveness)을 점검하는 것이다. 이는 검사가 "무엇"을 측정하고 있느냐와 관련이 있는데, 일례로 교육예산의 투여와 학습자들의 성취도 사이의 관계를 평가하는 경우에 그 상관관계를 측정하는 검사가 적합한지 여부를 점검한다. 신뢰도는 측정하려는 것을 안정적이고, 일관성 있게, 오차 없이 측정하고 있는지 여부를 점검하는 것으로서 검사가 "어떻게" 측정하고 있느냐 하는 것과 관련이 있다. 이는 평가의 효율성(efficiency)에 대한 것이다. 위의 사례에 적용한다면 교육예산의 투여가 학습자들의 학업 성취도에 어떻게 영향을 미치는지를 검사하는 것을 뜻한다.

1) 교육평가의 가치에 따른 분류

학습결과를 평가하는 방법은 크게 두 가지로 분류되는데, 하나는 학습집단 내에서 서열을 결정하는 평가법이고, 다른 하나는 수업목표를 얼마나 달성했는지를 알아보는 평가법이다. 서열을 가늠하는 전자의 평가를 규준지향평가, 수업달성도를 평가하는 후자를 준거지향평가라고 하며, 이는 검사점수에 가치를 부여하기 위한 분류에 해당한다.

(1) 규준지향평가(Norm-referenced evaluation)

규준지향평가의 평가목적은 개인차의 변별이다. 규준(norm)이란 본보기가 되는 표준, 또는 마땅히 따라야 할 규범이 되는 기준을 의미하는데, 평가에 있어서 원점수의 상대적 위치를 설명하는 척도이다. 그러므로 규준지향평가란 절대적인 기준이 없이, 학습자들이 획득한 점수의 평균 혹은 미리 정해 놓은 등급의 비율에 따라 검사점수의 가치가 부여되는 평가방식이다. 대개 검사의 정상적인 편포(정규분포)를 기대하여 검사의 신뢰도를 강조하며, 이는 학습자가 속한 집단 내 위치를 평가하기 때문에 "상대평가"(relative evaluation/graded on a curve)라고도 한다.

규준지향평가는 학습자의 평가 결과를 그가 속한 집단의 규준에 비추어 상대적인 위치를 밝히는 평가방법으로서 선발적 교육관에 바탕을 두고 있으며, 평가문항도 개인차를 변별하기 용이하도록 어려운 문항과 쉬운 문항을 골고루 확보한다. 규준지향편가는 개인차 변별이 가능하고, 교사의 편견을 배제할 수 있으며, 학습자의 경쟁을 통한 동기유발에 유리한 측면이 있다. 그러나 무엇을 가르치고 배워야 하는지가 불분명한 채 평가 자체에 집중하면 참다운 의미의 평가가 불가능할 수 있고, 과열 경쟁을 유발할 수 있다는 점에 대한 우려가 있다. 또한, 학습자가 수동적으로 끌려가는 자극-반응의 메커니즘을 중심으로 수동적이고 기계적인 인간관을 견지한다는 측면에서도 비판을 받는다.

(2) 준거지향평가(Criterion-referenced evaluation)

준거지향평가의 평가목적은 학습목표의 달성여부를 확인하는 것이다. 준거(criterion)란 학습목표나 학습목표의 달성여부, 또는 교육목표를 이루는 최저 기준을 뜻한다. 그러므로 준거지향평가는 학습자의 현재 성취수준이나 행동목표의 도달 정도를 교육목표(준거)에 맞추어 알아보기 위한 평가방법으로서 절대적인 기준을 충족하는 것을 목표로 하는 "절대평가"(absolute evaluation/absolute grading system)에 해당한다. 이는 학습목표에 초점을 맞추기 때문에 이를 목표지향평가 또는 목표참조평가라고도 한다. 검사의 부적편포를 기대하여 정규분포의 오른쪽 기준 또는 합격선을 강조하므로 검사의 타당도를 강조하며, 평가문항도 교수학습의 목표를 충실하게 가능하도록 하는 문항에 초점을 맞춘다.

준거지향평가의 장점으로는 학습자 개인을 고려하고, 평가결과의 이해, 분석, 종합이 가능하므로 교육목표, 교육과정, 교수법의 개선이 용이하다는 점을 들 수 있다. 또한, 학습자 개인을 존중하여 모든 학습자가 성취수준에 비추어 성공적으로 학업을 수행할 수 있다는 믿음을 바탕으로 하는 적극적인 인간관을 견지한다는 점에서도 긍정적이다. 그러나 개인차 변별과 준거의 기준 설정이 어렵고, 검사점수의 통계적 활용이 불가능하다는 점은 한계로 드러난다.

2) 교육평가의 시점에 따른 분류

교육과정은 일반적으로 교육목표의 설정, 학습경험의 선정과 조직, 실제 교육과정의 운영, 그리고 교육평가의 단계로 이루어진다. 하지만 교육평가가 반드시 가장 마지막 과정에서 이루어지는 것은 아니다. 교육평가는 교육의 시작 전, 교육과정 중, 그리고 교육을 종료한 후의 언제라도 시행될 수 있다. 교육평가를 교수-학습과정의 단계 중 어느 시점에서 어떤 목적으로 시행하느냐에 따라 분류하면 진단평가, 형성평가, 그리고 총합평가로 나눌 수 있다.

(1) 진단평가(Diagnostic evaluation)

진단평가란 교수활동이 시작되는 초기 단계의 평가를 지칭한다. 이는 현재의 학습과제에 대한 수업이 시작되기 전에 학습자들이 가진 출발점 행동1을 살펴보고, 학습장애의 요인을 진단하여 효과적인 수업의 운영이 이루어지도록 하는 것을 목적으로 한다. 예를 들면 수업 시작 시점에서 수업을 통해 향후 다룰 학습의 주제와

---

1 출발점 행동(entry behavior)이란 학습자가 특정 학습과제를 수행하기 위해 갖춘 기본적인 지식, 기능, 태도 등의 능력을 의미한다. 출발점 행동을 진단하기 위한 요소에는 학습자의 발달 정도, 선수학습 요소, 선행학습의 수준, 개인적인 흥미와 적성 등이 있다.

내용에 대한 쪽지 시험 또는 퀴즈가 진단평가에 해당된다.

진단평가는 학습자의 기본적 학습능력, 학습동기, 선수학습의 정도를 확인하는 학습의 예진적 기능을 가지고 있다. 만약 수업에 필요한 선수학습의 요소를 마치지 못했다면, 그러한 학습의 결손이 보충되어야 후속 학습에 무리가 없을 것이다. 반대로 학습의 결손에 대한 보충 없이 수업이 강행되면 학습결손이 누적되어 결국 학습의 실패로 귀결될 수밖에 없다. 예를 들어 기초적인 문제를 풀지 못한 학생이 오답노트를 정리하지 않으면 그 문제만 연거푸 틀리는 것뿐만 아니라, 다음 단계의 고난도 문제를 풀지 못하는 것은 당연한 것이다. 또한, 초등학교 재학 중에 수학을 잘하던 학생이 특정한 이론을 이해하지 못한 채 중학교에 진학을 하면 더욱 수학성적이 떨어지고, 결국 포기하는 지경에 이를 수도 있다.

진단평가는 신체적, 정서적, 환경적 요인 등 학습의 방해요인을 파악하는 기능을 지닌다. 신체적 조건이 불리하거나 장애를 보유한 학습자에 대하여 도움을 제공하거나, 정서적 불안정, 부정적 자아개념, 학습동기의 결여 등 정서적, 심리적 요인, 그리고 경제적 빈곤으로 인한 물리적 학습 조건의 미비, 가정불화 등의 환경적 요인에 대하여 교정 및 보충할 수 있는 방안을 제공하고, 도움을 제공할 수 없는 경우에도 학습자를 이해하고 품을 수 있는 수단으로 활용할 수 있다.

(2) 형성평가(Formative evaluation)

형성평가는 교수활동이 진행되는 중간단계의 평가로서 수업이 진행되는 과정에서 그 수업이 목표의 달성을 위해 정상적인 진전을 보여주고 있는지를 점검한다. 학습자에게 피드백을 제공하고 교수자에게는 교수학습법을 개선하도록 하는 근거를 제공하는 형성평가의 예로는 복습 내용에 중점을 둔 간단한 퀴즈를 들 수 있다. 하지만 형성평가 자체로는 교정과 개선을 기대할 수 없으며, 평가의 결과를 고려한 후속 조치를 반드시 취하여야 한다.

형성평가는 교수-학습의 과정에서 어려움이나 오류가 발생했을 때 이를 알려주는 피드백 제공을 통해 학습 곤란을 진단하고 교정하도록 하는 기능을 갖는다. 따라서 형성평가는 학습지도 방법의 개선에 공헌하고, 학습자의 학습 진행속도를 조절하도록 기여한다. 또한, 학습자들에게 학습결과에 대한 시기적절한 피드백을 제공함으로써 이어지는 학습을 용이하게 하고, 학습행동을 강화시키는 요인으로도 작용한다. 이와 같은 기능을 발휘하기 위해서는 형성평가의 결과를 최종 성적의 평정에 반영시키지 않는 편이 좋으나, 그러한 부분은 학습자의 성향과 특징을 고려하여 교육과정에서 운영의 묘를 발휘하는 재량이 요청되는 대목이다.

(3) 총합평가(Summative evaluation)

총합평가는 교수활동이 종료된 이후 교수목표의 달성여부를 종합적으로 판정하는 평가로서 총괄평가라고도 한다. 흔히 행하는 월말고사, 학기말고사, 학년말고사 등이 이에 해당한다. 총합평가를 형성평가와 비교하는 것이 양자를 이해하는 데에 도움이 되는데, 형성평가는 주어진 학습과제의 성취도를 점검하여 성취하지 못한 과제를 발견하는 데 목적이 있지만, 총합평가는 전체 교과목의 학업성과의 달성여부를 총평하는 데에 목적이 있다. 따라서 형성평가는 보다 세분화된 지식을 평가하지만 총합평가는 보다 일반화되고 광범위한 목표를 평가한다.

일반적으로 총합평가는 과정의 마지막 단계에서 1회 실시하지만, 형성평가의 평가 빈도는 그보다 훨씬 높다. 또한, 형성평가는 준거를 참조하여 학습자 개인에 집중하여 절대평가의 방법을 사용하지만, 총합평가는 평가의 목적에 따라 절대적인 준거평가는 물론, 상대평가의 방식인 규준평가도 활용한다. 총합평가의 가장 중요한 기능은 학습자의 학업성적을 결정하는 것인데, 그 결과는 학습자의 미래 학업성취를 예측하는 기준으로 활용되며, 이는 집단 간의 성적을 비교할 수 있는 정보를 제공한다. 예를 들면, 두 집단을 나누어 서로 다른 두 가지 교수학습법을 사용하여 교수한 후에 총합평가를 실시하여 두 집단 간의 학업성취도를 비교하는 준거로서 이용할 수 있다. 총합평가는 학습자의 자격 유무를 판단하는 근거로 활용되기도 하는데, 학위과정의 수료 등 자격인정의 근거 또는 공무원 시험의 기준으로서 적용할 수 있다.

3) 교육평가의 문항

교수학습의 효과를 가늠하기 위하여 적절한 평가문항을 제작하는 것이 매우 중요한 작업이다. 물론 평가문항의 종류는 학습자의 연령, 경험, 학습성취도 등의 요인을 고려하여 결정해야 하며, 그 문항을 사후에 분석하여 개선하는 작업도 필요하다. 본서에서는 필답고사를 통한 평가에 그 범위를 한정하여 다루기로 한다.

평가의 문항 유형은 크게 분류하면 선택형(selection type)과 서답형(supply type)으로 나뉜다. 선택형은 검사문항에 포함된 여러 가지 보기 가운데 가장 적합한 답을 고르도록 하는 것으로서 흔히 객관식 문항이라고 한다. 대표적인 선택형 문항으로 진위형(true-false type), 선다형(multiple choice type), 배합형(matching type)을 들 수 있다. 서답형이란 검사 문항에 대하여 학습자가 아무런 단서 없이 자신의 학습 기억에 따라 답지를 작성하는 형태로, 흔히 주관식 문항이라도 불린다. 좋은 문항은 문항의 내용이 측정하고자 하는 내용과 일치해야 하며, 복합적인 사고력을 발휘할 수 있도록 분석하고 종합하는 능력을 점검해야 한다. 또한, 질문이 단순히 열거된 사실을 물어보는 것이 아니라 열거된 사실의 요약과 일반화, 추상화까지도 포함하는 것이 바람직하다. 문항의 내용은 특정 집단에 유리하지 않도록 편견을 배제하여 구조화되고, 그 표현이 참신해야 하며, 난이도의 배열도 적절하게 이루어져야 한다.

(1) 진위형(True-false type)

진위형 문항은 응답자에게 질문을 제시한 후, 그것의 진위 여부, 정답과 오답의 여부, 또는 긍정과 부정에 대한 이분적 판단을 요구하는 유형의 문항이다. 이는 한 개의 진술문을 제시하고 그 진위 또는 정오를 판별하도록 하는 OX형의 단일형(simple type) 문제와 한 가지 아이디어를 가진 문제에 대하여 여러 가지 각도로 진위형 진술문을 제공하여 그 참과 거짓을 판별하게 하는, 여러 개의 문제에 대하여 각각의 보기를 연결하는 줄긋기 형태의 군집형(cluster type) 문제로 구분된다.

진위형 문항은 복합적인 학습 내용을 측정하기 위하여 기초적 자료에 근거한 문항을 작성해야 하는데 무엇보다도 학습과 관련하여 중요한 핵심적인 내용을 포함해야 한다. 하나의 질문에는 하나의 개념만 포함하고, 일반화되지 않은 주장이나 이론의 옳고 그름은 묻지 않으며, 가능한 간단명료하게 단문으로 질문하는 것이 좋다. 또한, 교과서에 수록된 문장과 똑같은 표현을 지양하여 다른 말로 바꾸어 지문을 제시하는 것이 바람직하다.

진위형 문장은 문항 제작이 용이하고, 문항의 답이 정해져 있으므로 채점의 객관성을 높일 수 있다는 점에서 긍정적이다. 또한, 제한된 검사 시간 내에 다수의 문항을 출제하여 포괄적인 교과내용을 측정할 수 있는 장점이 있다. 그러나 진위형 문항은 추측에 의하여 답을 맞출 확률이 높은데, 예를 들면 OX 문제의 경우 정답을 알지 못하고 추측하여 맞출 확률이 50%나 되므로 문항의 변별력이 떨어질 수 있다. 운에 의해 결정되는 비중이 크다는 것은 그만큼 학습동기를 저하시키는 요인이 되며, 고등정신능력보다는 두 가지 경우를 구분하는 단순한 정신능력을 측정할 가능성이 높다는 점 역시 진위형 문항의 약점이다.

(2) 선다형(Multiple choice type)

선다형 문항은 문제와 몇 개의 답안들을 같이 제시해 놓고, 학습자로 하여금 정답을 고르도록 하는 방식의 문항이다. 선다형에는 여러 개의 답안 가운데 한 개만이 정답이고 나머지는 오답인 정답형(correct-answer type), 여러 가지 답안들 중에서 가장 옳은 최선의 답을 찾도록 하는 최선답형(best-answer type), 답지 중에서 정답이 두 개 이상 있는 형태인 다답형(multiple-response type), 괄호 안을 채우는 등 불완전한 문장의 일부를 완성시키는 불완전문장형(incomplete statement type), 그리고 여러 개의 답안들 가운데 하나의 잘못된 답안을 제시하고 찾도록 하는 부정형(negative type) 등의 형태가 있다.

선다형의 문항은 중요한 학습내용을 담고 있어야 하고, 문항마다 질문의 내용이 하나의 사실을 묻도록 단순명료하게 구조화되어 있어야 한다. 문항의 질문이 정답을 암시해서는 안 되고, 문항의 답안들이 상호독립적이어야 하며, 답안의 길이는 가능하면 비슷하게 하고, 다를 때에는 짧은 길이의 답안을 먼저 제시하는 등 논리적 순서에 따라 답안을 배열해야 한다. 선다형 문항은 교재 전반에 걸쳐 비교적 많은 수의 문제를 골고루 출제할 수 있기 때문에 문항표집의 대표성이 높고, 단순한 사실의 기억 여부뿐만 아니라 추리력과 판단력과 같은 고차원적 사고능력을 필요로 하는 학습결과도 평가할 수 있는 이점이 있다. 또한, 다른 선택형 문항에 비하여 추측에 의한 요인이 낮게 작용하고, 신속하고 객관적인 채점이 가능하며, 채점의 신뢰도와 객관도도 높은 편이다. 반면에 선다형 문항은 좋은 문제를 만드는 데에 시간과 노력이 많이 소요되며, 문제와 선택지인 답안들을 모두 읽어야 하므로 다른 선택형 문항에 비하여 응답시간이 많이 소요된다는 단점이 있다.

(3) 배합형(Matching type)

배합형 문항은 일련의 용어, 명칭, 개념, 정의, 또는 불완전 문장으로 구성된 문제와 내용 또는 항목으로 이루어진 답안에서 서로 관계되는 것을 찾아 연결하도록 하는 문항으로서 결합형 또는 연결형 문항이라고 부르기도 한다. 배합형 문항에는 문제와 답안이 하나의 세트로 구성되어 있는 단순배합형(simple matching type), 하나의 문제에 두 개의 답안이 대칭하는 복합배합형(compound matching type), 어떤 조건, 인물, 개념, 사건 등을 보기에 묶어 문제를 제시하고 그에 해당하는 답안을 선택하도록 하는 분류배합형(classification matching type), 답안으로 제시된 두 개의 진술문 사이에 관계가 성립하는가를 주어진 문제에 따라 분류시키는 관계분석형(relational analysis type), 하나의 문제에 대하여 두 개의 조건 또는 사실을 제시하고 그 관계를 분류하도록 하는 관계분류형(both-neither classification type) 등이 있다.

배합형 문항을 제작할 때에는 문제군과 답안군의 동질성이 각기 유지되어야 하며, 답안의 숫자가 문제의 수보다 많아야 한다. 기본적으로 문제군은 왼편에, 답안군은 오른편에 위치시키며, 가능한 문제군과 답안군이 한 페이지에 제시될 수 있도록 편집하는 것이 학습자의 편의를 증진시킨다. 다른 종류의 문항들과 마찬가지로 문제와 제시되는 답안은 간단명료해야 하며, 지시문에서 답안을 하나만 선택하는지, 다수를 선택해야 하는지 명확하게 밝혀 주어야 한다.

배합형은 문항 제작이 간편하면서도 포함되는 내용이 포괄적이기 때문에 고등정신능력과 관련된 분석, 판단, 해석 등의 능력을 평가할 수 있다. 채점이 용이하고 검사의 객관도와 신뢰도도 좋은 편이며, 배합하는 형식을 다양하게 변형시킬 수 있으므로 여러 가지 검사 목적에 따라 적절히 조절할 수 있는 융통성이 높다. 그러나 문제를 짜임새 있게 구성하지 않으면 시간과 노력만 소비한 채, 단편적인 사실만을 점검할 가능성이 있고, 배합이 진행되며 차츰 남아 있는 배합의 경우의 수가 적어짐에 따라 정답의 단서를 주게 될 가능성이 높은 것은 단점으로 지적된다. 예를 들어 문제군 5개, 답안군 5개의 배합형의 경우, 첫 번째 문제를 맞출 확률은 5분의 1이지만, 마지막 문제를 맞출 확률은 100%가 되기 때문이다.

(4) 서답형(Supply type)

서답형 문항은 문제만 제시하여 학습자로 하여금 답을 기록하게 하는 방식의 문항으로서 흔히 주관식 문항이라고도 한다. 서답형은 피검사자인 학습자가 자신의 기억을 회상해서 답안을 달아야 하므로 회상형 문항이라고 부르기도 하며, 정의나 간단한 개념, 법칙, 사실 등을 질문하는 단답형(short-answer type), 진술문의 일부를 비워 놓고 적합한 단어나 구 등을 기입하게 하는 완성형(completion type), 그리고 문제상황을 제시하여 몇 개의 문장 또는 논술식으로 답안을 작성하도록 하는 논문형(essay type)이 있다.

단답형 문제를 출제할 때에는 자칫하면 교과서의 내용을 이해하기보다는 암기하려 할 수 있기 때문에 문항에서 교과서에 있는 구나 절의 형태를 그대로 사용하는 것을 피하여야 한다. 단답형은 문항 제작이 용이하고 추측에 의하여 정답을 맞출 가능성을 줄일 수 있지만, 문항의 특성상 단순한 지식, 개념, 사실 등을 평가할 가능성이 높으며, 기억능력에 의존하는 학습을 조장할 수 있다. 중요한 부분을 여백으로 놓아 문제를 구성하는 완성형은 기본적으로 단답형과 같은 형식이므로 단답형의 장, 단점을 공유하나 완성형이 채점의 객관성을 더 확보하는 경향이 있고, 반대로 문항 속에 정답의 단서가 제공될 가능성이 높고, 고차원적 정신능력을 요구하는 학습성과를 평가하기에는 부족함이 있다.

다수의 문장을 통해 답안을 기입하도록 하는 논문형은 질문의 요지를 명확하게 밝힘으로써 피검사자의 혼란을 방지해야 하고, 가급적 응답의 길이를 제한하여 규모 있는 시험 운영이 되도록 해야 한다. 또한, 합리적인 채점기준을 마련하여 객관성을 확보하는 것도 필요한 작업이다. 논문형 문항은 반응의 자유도가 크고, 고등 정신능력을 평가하는 데 효과적이며, 비교적 문항 제작이 용이한 편이다. 하지만 문항형은 채점의 객관성과 신뢰성을 유지하기가 어렵고, 채점에 소요하는 시간이 길며, 객관적인 평가를 위해서 답안을 반복하여 점검해야 하는 등 많은 노력을 요구한다.

4) 평가문항의 분석

평가문항의 분석은 문항을 개선하여 교수-학습과정을 향상시키기 위한 목적 및 교사의 전문성 제고와 문제은행을 구성하기 위한 목적으로 시행된다. 일반적으로 문항분석이라고 하면 객관성을 확보한 선택형 문항의 분석에 한정된다. 따라서 평가자의 주관이 반영되는 서답형의 문항은 출제 단계부터 논리적인 검증을 거치며 객관성을 확보하려는 노력을 가미해야 한다. 선택형 문항에 대한 문항 분석의 방법으로는 문항난이도, 문항변별도, 문항반응분포를 들 수 있다.

(1) 문항난이도(Item difficulty)

문항난이도란 한 문항의 어렵고 쉬움의 정도를 나타내는 것으로서 문항곤란도라고도 한다. 문항난이도의 산출은 한 문항에 대하여 정답을 맞춘 학습자의 백분율, 즉 정답률로 나타낸다. 예를 들어 1번 문제에 대하여 10명의 학생들 중 7명이 정답을 맞추었다면 1번 문제의 문항난이도는 70%이다. 문항난이도를 산출할 때에는 미처 답을 하지 못하고 남겨놓은 미답 항목도 오답으로 계산한다.

규준지향평가의 목적은 학습자의 능력을 정확하게 변별하여 개인차를 파악하는 것이 목적이므로 쉬운 문제와 어려운 문제를 고르게 배치한 문제 풀(pool)을 구성하는 것이 관건이다. 쉬운 문제는 학업능력이 낮은 학습자의 동기유발을 위해서, 그리고 어려운 문제는 상위능력을 가진 학습자의 성취감 제고를 위해 필요하기 때문이다. 대개 20-80% 사이의 문항난이도를 보유한 문제들을 조합하여 평균적으로

50%의 문항난이도를 나타내도록 하는 구성이 이상적이다.

반대로 준거지향평가에 있어서 문항난이도는 학습자들이 교수목적을 달성하였는지 여부를 판단하는 기준으로 사용되므로 너무 쉽거나 어려운 것 자체가 문제시되지 않는다. 준거지향평가에서는 모든 학습자들이 정답을 맞추었을 경우에 문제가 너무 쉬운 것으로 간주하기보다는 모든 학습자들이 수업목표를 이룬 것으로 해석하기 때문이다.

(2) 문항변별도(Item discrimination)

문항변별도는 어떤 검사의 문항이 그 검사에서 고득점을 받은 학습자와 낮은 점수를 받은 학습자를 식별할 수 있도록 하는 문항의 변별력을 의미한다. 따라서 총점의 차이가 있는 두 집단의 경우, 전체 점수가 높은 집단에 속한 피험자의 특정 문항에 대한 정답률이 상대적으로 낮은 총점을 얻은 집단에 속한 피험자의 해당 문항에 대한 정답률보다 높아야 그 문항이 문항변별도를 가지는 것으로 볼 수 있다. 문항변별도는 규준지향평가나 준거지향평가 모두에서 유용하게 사용될 수 있다. 규준지향평가에서는 총점이 높은 학습자와 낮은 학습자를 분명히 가려낼 수 있는 문항이 변별력이 있는 것이고, 준거지향평가에서도 총점이 높은 성공적인 학습자와 점수가 낮은 학습자를 변별할 수 있는 문항이 교수-학습의 목표를 이루었는지 여부를 판단하는 데 중요한 정보를 제공한다.

(3) 문항반응분포(Item response distribution)

문항반응분포는 문항별 답안에 대한 반응의 분포상태를 분석함으로써 각 답안이 의도했던 기능과 역할이 제대로 반영되었는지 여부를 살펴보는 질적 기준이다. 예를 들어서 100명의 학습자가 사지선다형 문제를 풀었을 경우 특정 문항에 대한 정답자가 50명이고 나머지 오답 셋이 16-18명 등으로 고른 분포를 보였다면, 정답에 많은 수가 몰려 있고 세 개의 오답들이 비슷하게 선택을 받았다는 사실은 본 문항이 좋은 분포를 이루고 있음을 나타내는 것이다. 반대로 특정 문항에 대하여 정답을 선택한 학습자의 수는 90명이고, 오답 하나에 10명이 몰려 있는 데 비하여 다른 두 개의 오답에 대하여는 해당 오답들을 선택한 학습자가 없다면 선택받지 못한 오답들은 평가적 의미가 없는 오답들이므로 그러한 문항은 오답을 수정하든지 다른 내용으로 대체하여 재구성해야 한다.

규준지향평가의 각 문항은 50% 이상의 학습자들이 정답에 반응하고, 나머지 학습자들이 오답에 비슷하게 분산되어 있을 것으로 기대한다. 그러한 분포를 보일 때에 해당 문항은 학습자의 능력을 예민하게 변별할 수 있고, 오답은 오답으로서의 역할을 제대로 수행한 것이 되며, 반대로 그러한 반응분포를 보이지 않으면 문항에 문제가 있는 것으로 간주된다. 준거지향평가에서는 학습과정의 초기 단계에서는 학습자들의 오답율이 높지만, 마지막 단계로 갈수록 대부분의 학습자들이 정답을 맞추어 교수–학습의 목표를 달성할 것을 기대한다. 따라서 문항반응본포에서 정답률 및 오답의 분포는 교수–학습과정을 개선하는 데 유용한 정보로 기능한다.

4 기독교교육의 평가

기독교적 시각을 바탕으로 하는 평가는 사람의 일평생을 대상으로 한다. 물론 교육과정의 성격에 따라 단기적인 성과를 측정해야 하는 경우도 있지만, 피조물인 사람이 동등하게 하나님의 형상으로 창조된 다른 사람을 평가하는 것은 어렵고 불편한 과업이다. 하지만 완전하지 않은 이 세상에서 차선의 선택(second-choice)으로서 평가를 하는 것이 불가피할 때가 종종 있다. 그럼에도 불구하고 평가자가 하나님 앞에서 겸손한 태도를 견지해야 함을 간과해서는 안 될 것이다.

1) 그리스도인의 평가

퓰리처상(The Pulitzer Prize)을 수상한 도리스 굿윈(Doris Kearns Goodwin, 2006)은 『라이벌의 팀』(Team of Rivals)이라는 책을 통해 미국 역사에서 가장 존경받는 대통령 중에 한 사람인 아브라함 링컨(Abraham Lincoln) 대통령이 자신의 정적들을 어떻게 포용하고 활용했는가를 소개하였다. 나라가 쪼개지는 것을 감수하며 노예 해방을 강행해야 할 것인가, 아니면 노예제도를 유지하며 국가적 통합을 유지해야 할 것인가를 두고 논쟁과 갈등이 격렬하게 벌어지던 1860년 공화당 전당대회에 나온 대통령 후보는 윌리엄 스워드(William Seward), 새먼 체이스(Salmon P. Chase), 에드워드 베이츠(Edward Bates), 아브라함 링컨(Abraham Lincoln)의 네 사람이었다. 그들 중에서 가장 유력한 후보는 뉴욕 주의 주지사를 지내고, 연방상원의원이었던 윌리엄 스워드였다. 지성과 카리스마, 경험과 인격, 대중적 인기까지 고루 갖춘 스워드가 대통령 후보로 선출될 것이라고 자타가 공인했었다.

하지만 가장 불리한 조건을 가진 링컨이 공화당의 대통령 후보로 선출되는 이변이 발생했고, 그는 결국 미국의 16대 대통령이 되었다. 신앙의 겸손함을 유지한 링컨 대통령은 다른 대통령 후보들과 자신의 정적들을 모두 포용하였다. 일례로 그는 자신과 경쟁한 경선 후보들이었던 체이스를 재무장관, 베이츠는 법무장관, 그리고 스워드는 국무장관으로 임명하였다. 사람의 지혜를 따라, 또는 자신의 이익에 따라 그러한 임명 절차를 강행한 것이 아니라, 하나님의 마음을 품고 하나님이 이끄시는 국가로서의 미국의 미래를 내다보며 그러한 결정을 내린 것이다.

기독교교육의 평가 역시 링컨의 그러한 모습을 담고 있다. 기독교가 목표로 하는 것은 예수 그리스도의 복음을 전하여 영혼을 구원하는 것이다. 기독교교육 또한 그러한 사명에 헌신하기 위해 갖추어진 학문 영역이다. 하지만 교육은 물론 평가의 과정에서 하나님의 형상으로 창조된 사람을 단기간에 평가하는 것은 매우 불합리한 경우가 많다. 그러나 한 사람을 복음으로 일으켜 세우는 데에 오랜 시간이 소요되고 때로는 모든 인생이 허비된다 할지라도 마지막에 아름다운 복음의 열매를 맺는다면 그것은 보람 있고 의미 있는 일임에 틀림이 없을 것이다.

결국 링컨 대통령의 결정이 아름다운 열매를 맺었다. 스워드는 재임 기간 중 여러 가지 업적을 남겼는데, 그중에 가장 위대한 일은 러시아로부터 알래스카를 구입한 것이다. 스워드는 1867년에 3월 30일 당시 제정 러시아로부터 알래스카를 720만 달러에 사들였다. 이를 면적당 비용으로 환산하면 1에이커(약 1,224평) 당 2센트를 지불한 셈이다. 구글(google.com)에서 "dollar worth in 1860"을 입력하여 검색하면 당시 $1는 2020년대인 오늘날 약 $36의 가치가 있다. 따라서 1,200평이 넘는 1에 이커의 땅 구입 비용이 약 72센트로서 우리 돈으로 1천 원도 안 되는 헐값에 불과하다. 그러나 당시 미국 여론은 아주 부정적이었는데, 남북 전쟁 이후에 남부의 산업화와 서부 개발이 우선이었기 때문에 막대한 돈을 들여 얼어붙은 땅을 사는 것을 수많은 사람이 비난했기 때문이다. 하지만 그 땅에서 석유가 나오고, 2차 세계대전을 거치며 태평양을 넘나들며 팍스 아메리카나의 구심이 되며 알래스카의 구입은 미국 역사상 가장 위대한 선택으로 평가받게 되었다. 알래스카는 1949년에 미국의 49번째 주로 승격되었고, 오늘날에도 미국의 핵 잠수함 운영의 기반으로서 전략적 활용도가 뛰어난 지역으로 간주되고 있다. 링컨 대통령이 기도하며 자신의 개인적인 뜻이 아니라 하나님의 뜻을 먼저 구한 결과, 국가 전체가 자손 대대로 큰 복락을 누리게 된 것이다.

2) 하나님의 평가

하나님의 평가적 관점은 다윗이 사울을 이어 이스라엘의 두 번째 왕으로 기름 부음을 받는 장면을 통해 잘 드러난다. 하나님은 사무엘이 이새의 큰 아들 엘리압의 준수한 용모와 당당한 키를 보는 것을 막으시고 다음과 같이 말씀하셨다. "그의 용모와 키를 보지 말라 내가 이미 그를 버렸노라 내가 보는 것은 사람과 같지 아니하니 사람은 외모를 보거니와 나 여호와는 중심을 보느니라"(삼상 16:7). 하나님을 향한 다윗의 마음 중심은 그가 블레셋 가드 사람 골리앗을 대항하여 맞서는 그의 고백을 통해 잘 드러난다. "너는 칼과 창과 단창으로 내게 나아 노거니와 나는 만군의 여호와의 이름 곧 네가 모욕하는 이스라엘 군대의 하나님의 이름으로 네게 나아가노라"(삼상 17:45). 다윗은 전능하신 하나님을 모욕하는 골리앗을 향해 의분을 품고 그와 대적하여 승리를 거두었다.

기독교교육의 현장에서 수고하는 교사들의 헌신 동기가 자신의 능력을 드러내거나, 자신이 칭송과 높임을 받으려는 의도라면 그것은 하나님께 열납되는 온전한 헌신과 섬김이 되지 못한다. 섬김의 행위도 중요하지만, 그 행위를 유발시킨 마음의 중심이 가장 중요하다. 하나님의 말씀을 따르는 율법의 행위보다 그 마음이 하나님의 뜻을 담고 있느냐, 즉 율법의 정신을 제대로 반영하는 행위를 하느냐가 훨씬 본질적인 요소이기 때문이다. 기독교교육의 평가에 있어서 가장 중요한 원리는 하나님께 모든 판단을 맡기는 자세를 견지하는 것이다. 교육의 과정을 마친 후 평가 결과로만 학습자를 판단하지 않고, 하나님의 마음을 품고, 하나님의 눈으로 그 사람의 잠재력과 가능성에 대한 소망을 견지하는 것이 기독교교육과 일반교육의 본질적인 차이점이다.

참고문헌

Diekmann, Andreas., Jungbauer−Gans, Monika., Krassing, Heinz., and Lorenz, Sigrid. "Social Status and Aggression: A Field Study Analyzed by Survival Analysis." *The Journal of Social Psychology* 136(1996), 761−768.

Doob, Anthony N., and Gross, Alan E. "A Status of Frustrater as an Inhibitor of Horn−Honking Responses." *The Journal of Social Psychology* 76(1968), 213−218.

Goodwin, Doris, K. *Team of Rivals: The Political Genius of Abraham Lincoln.* New York, NY: Simon & Schuster, 2006.

Willis, Janine., and Todorov, Alexander. "First Impressions: Making Up Your Mind After a 100−Ms Exposure to a Face." *Psychological Review* 17(2006), 592−598.

13

기독교교육의 미래

새로운 시대의 도래에 따른 변화는 한편으로는 위협 요인도 되지만, 다른 한편으로는 기회요인, 즉 새로운 도약을 위한 발판이 되기도 한다. 전 세계에서 가장 야구를 잘하는 선수들이 모인 메이저리그 베이스볼(MLB: Major League Baseball)은 그러한 측면에서 중요한 교훈을 준다. 야구 경기에서 승리하기 위해서 아홉 명의 선수들 모두가 유기적으로 움직일 것이 요구되지만, 전력의 핵심은 역시 투수와 포수이고, 그중에서도 투수가 가장 중요한 역할을 담당한다.

투수의 힘은 공의 속도로 판가름이 되는데, 우리나라의 프로야구(KBO: Korea Baseball Organization) 리그에서 투수의 공이 시속 150km가 되면 특급투수로 인정을 받는다. 우리나라보다 야구 역사가 오래되고, 저변이 확대되어 있는 일본에서는 투수의 공이 155km에 이르러야 특급투수가 된다. 세계 최고의 선수들이 모인 미국의 메이저리그에서는 100마일, 즉 시속 약 162km는 되어야 특급으로 인정을 받는다. 메이저리그 최고 구속의 기록은 쿠바 출신 투수 아롤디스 채프먼(Aroldis Chapman)이 2010년 9월에 기록한 105.1마일, 즉 시속 약 169km이다.

KBO 출신 류현진 선수의 전성기 최고 구속은 94마일, 약 154km인데, 그는 직구 스피드는 다소 부족하지만 제구가 워낙 좋기 때문에 메이저리그에서 좋은 성적을 냈다. 메이저리그의 타자들은 시속 160km가 넘는 공을 잘 치고, 홈런도 곧잘 만들어 내는데, 그 비결은 배트의 스피드가 공의 속도를 압도하는 것이다. 시속 160km를 넘나드는 공을 때려내는 타자의 배트 스피드는 시속 110마일, 즉 시속 177km나 되기 때문에 공의 속도를 능가하여 그 힘과 속도의 차이로 안타와 홈런을 만들어 낸다.

마찬가지로 우리의 삶과 교육의 실천 가운데 우리를 압도하는 속력으로 날아오는 문제들이 있을 때마다 그것을 이겨내는 능력이 문제를 뛰어넘으면 그 문제를 쉽게 해결할 수 있는 것이다. 마치 투수들의 공의 속도가 빨라질수록 타자들이 무수한 스윙 훈련을 통해 배트 스피드를 올려서 그렇게 빠른 공을 받아치고 담장을 넘겨 홈런을 만드는 것처럼 기독교교육을 수행하는 데 있어서 시대적인 도전과 어려움을 만날 때, 오히려 복음에 기반한 기독교교육의 본질에 집중하면 연단과 시련의 도전을 넘어설 수 있다. 세상은 급변하고 날마다 발전하는데 기독교교육이 정체를 거듭하고 있다면 세속의 도전에 압도당할 수밖에 없다. 반대로 신앙의 기반하에 무장한 기독교교육이 성실히 그 사명을 감당하며 오히려 시대적 변화를 선도한다면 기독교교육의 미래는 밝을 것이다.

1 미래 사회에 대한 예측

일찍이 미국의 사회학자 데니얼 벨(Daniel Bell, 1976)은 미래사회는 정보사회로서 정보지식이 사회구성의 기초가 됨을 역설하였다. 그 뒤를 이어 등장한 앨빈 토플러(Alvin Toffler)는 시대 변화의 물결(Wave) 개념을 통해 과거를 돌아봄으로써 미래사회에 대한 그의 예상을 다음과 같이 전개했다. 제1의 물결은 농업혁명으로서 농업기술의 발전으로 인해 인류는 수렵생활을 끝내고 농경사회를 이루어 문명사회 발전의 기틀을 마련하였다. 제2의 물결은 산업혁명으로서 상품의 규격화, 직업의 전문화, 도시의 집중화, 대량화, 권력의 중심화를 초래하며, 인간은 진화의 정점에 위치하여 자연을 사용함으로써 역사는 인류를 위한 보다 나은 진보를 향해 전진하게 되었다. 제3의 물결은 정보혁명인데, 이를 통해 전자기기, 컴퓨터, 우주과학, 생명공학 등이 발달하며 기존의 대량화를 탈피하여 다양성이 선호되는 후기 산업사회의 새로운 세계관을 탄생시켰다.

토플러는 2006년에 『부의 미래』(Revolutionary Wealth)라는 책을 출판하며, 미래의 부(富)란 물질적 부에 국한되지 않는 정보를 걸러서 지식으로 활용하는 비물질적 토대를 강조하는, 제4의 물결에 해당하는 혜안을 강조하였다. 단순히 얻을 수 있는 정보는 인터넷을 포함한 정보화의 물결 속에서 쏟아져 나오지만, 그 가운데에서 정확한 고급 정보를 추출, 가공할 수 있는 능력과 정보들 속에서 필요한 결론을 이끌어 낼 수 있는 혜안이 훨씬 중요한 사회가 되었다는 것이다. 토플러가 새로이 제시하는 부인 교육이 그러한 혜안에 공헌하는 것을 부인할 수 없을 것이다.

한편 스페인의 매뉴엘 카스텔스(Manual Castells, 2010)는 미래사회는 글로벌 경제와 정보혁명의 만남을 통해 이루어진 사회로, 가장 중요한 요소는 네트워크라고 지적하였다. 그는 네트워크가 경제, 사회, 문화의 구조에 영향을 주어 새로운 방식의 자본주의인 정보자본주의를 형성할 것이라고 예측하였다. 따라서 정보를 선별적으로 선택하여 유용한 자본의 형태로 조직할 수 있는 능력을 위해 교육의 역할이 중시될 수밖에 없는 시대가 될 것이다. 이는 기독교교육의 주체가 목회자 또는 박사학위를 가진 소수에 집중되어서는 안 되며, 각계 각층의 인사들이 유기적으로 협력하여 사역을 이루어야 함이 중요함을 일깨운다. 다원화되고 급변하는 시대 속에서 개인이 모든 것을 담당하는 시대는 지났으며, 상호협력하는 팀리더십이 요구되기 때문이다.

2 21세기의 거시적 도전

미래사회에 대한 예측이라는 큰 흐름과 달리 오늘날 교회와 기독교교육은 구체적인 여러 가지 시대적 도전을 맞이하고 있다. 교육신학 및 철학에 관계되는 사상적 측면에서는 상대적인 진리를 강조하는 다원화된 포스트모던 사회, 교수학습법 및 교육공학과 관련한 기술적 측면에서는 4차 산업혁명 시대의 변화, 그리고 교육현장, 교육행정, 교육리더십의 과업과 직결되는 포스트 코로나 19 시대가 기독교교육을 둘러싼 거시적 환경을 구축하고 있다.

1) 포스트모더니즘

기독교교육이 직면한 첫 번째 시대적 도전 과제로서 우선 포스트모더니즘의 도전을 꼽을 수 있다. 포스트모더니즘은 절대적 진리를 부정하고 개인의 주관적인 진리에 초점을 맞춘다. 따라서 전통적인 성경의 가르침과 기독교 교리를 부정하고 그리스도 없는 역사성을 강조하다 보니 개인의 주관을 강조하며 신비주의에 빠지거나 진리의 부재 또는 난립으로 인한 혼란을 자초하기 십상이다. 모더니즘이 이성을 바탕으로 한 과학적인 진리를 강조한 데 비하여, 포스트모더니즘은 감성과 느낌을 강조하는 경향이 강하다.

예배에 대하여도 지적, 교리적 측면보다 감성주의적인 측면에 초점을 맞추는데, 기독교교육의 차원에서 포스트모더니즘이 주관적인 체험을 강조하는 것은 학습자 개인을 존중하는 시대적 추세로 이어지는 순기능적인 면이 있지만, 상대적인 진리와 자신의 느낌에 갇혀 버린 현대인에게 다가가야 하는 기독교교육은 이제 지성은 물론 감성을 사로잡아야 하는 새로운 과제에 직면하고 있다. 아울러 지성과 감성, 의지를 어떤 방식으로 통합해서 균형을 이루느냐 하는 것도 도전 과제이다.

포스트모더니즘 시대를 지나며 미래를 이끌어 갈 다음 세대는 소위 MZ 세대[1]

---

1 MZ 세대는 1981년에서 1996년 사이에 태어난 밀레니얼(Millennial) 세대와 1997년에서 2009년 사이에 태어난 Z세대(Z-Generation)을 통칭하는 개념이다. 인터넷이 주류가 되었을 때에 태어난 그들은 가장 최초의 디지털 네이티브(digital natives)로서 인터넷 없이 살아본 경험이 없기 때문에 디지털 기술들을 일상의 삶에 있어서 필수적 요소로 여긴다. 그들은 학습, 뉴스 업데이트, 쇼핑, 그리고 소셜 네트워킹을 위해 항상 그들의 디지털 기기들을 통해 인터넷과 연결되어 있으며, 사실상 온라인과 오프라인 세계를 구분하지 않는다. 한편 밀레니얼 세대의 자녀세대인 알파 세대(Alpha Generation)는 애플사의 아이패드(iPad)가 처음 출시된 2010년 이후 출생한 세대로서 인구통계학자 마크 맥크린들(Mark McCrindle)에 의해 주조된 그리스 알파벳 이름 "알파"는 기술적 융합에 의해 형성된 완전히 새로운 세대를 의미한다.

로서 SNS(Social Networking Service)에 능통하고, 내일보다 오늘을 중시하는 현실적 가치관을 지니며, 부모세대의 높은 이혼율을 경험하는 가운데 오히려 가족의 중요성과 관계의 중요성을 중시하는 성향을 보인다. 따라서 미래세대의 학습자로서 그들은 관계적 주제에 관심을 가지고, 초자연적, 영적 세계에 대한 흥미를 가져서 뱀파이어 영화 같은 콘텐츠를 좋아하지만, 특정 이슈에 대하여 합리적으로 납득하지 못하면 이를 부정하거나 관련 행동을 취하지 않는 경향을 보인다. 또한, 자발적이고 창조적인 특성이 있어서 유익한 지식과 정보를 공유하고, 이를 통해 소통하며, 협동(Teamwork)을 통한 시너지를 창출하는 것에 가치를 둔다. 그러므로 미래세대에 적합한 교수-학습의 원리는 교수자와 학습자와의 관계 형성의 질에 중점을 두어 협력적 학습(Cooperative learning)과 상호교류적 학습과정(Interactive learning process)을 활용할 필요가 있다(McCarthy, 2006).

2) 4차 산업혁명과 포스트 코로나 19 시대

4차 산업혁명(The 4th Industrial Revolution)은 2014년 독일의 앙겔라 메르켈(Angela Dorothea Merkel) 총리가 독일의 산업구조 개혁과 관련하여 최초로 언급한 이후, 2016년 1월 스위스 다보스(Davos)에서 개최된 세계경제포럼(World Economic Forum)에서 클라우스 슈밥(Kalus Schwab) 의장이 공식적으로 이의 도래를 천명함으로써 전 세계적으로 주목받기 시작하였다. 제러미 리프킨(Jeremy Rifkin)과 로버트 고든(Robert Gordon) 등과 같은 경제학자들은 오늘날 여전히 3차 산업혁명이 본격적으로 진행되고 있다고 지적하며, 4차 산업혁명 시대 도래에 대한 반론을 제기하기도 한다. 하지만 중요한 것은 차수와 관련한 명칭이 아니라, 변화하고 있는 인류의 문화와 존재방식이다.

슈밥에 의하면 18세기 후반 발생한 1차 산업혁명은 증기기관의 발명으로 인한 기계생산의 혁명이고, 19세기 후반 발생한 2차 산업혁명은 전기의 발명을 통해 노동 분업과 대량생산을 가능케 하였으며, 20세기 후반의 3차 산업혁명은 인터넷의 등장과 함께 전자, 정보기술로 인한 자동생산이 핵심이다. 4차 산업혁명의 중요한 특징은 각종 스마트 기술과 소프트웨어 혁신이 융합되어 발생하는 초융합성과 하드웨어와 소프트웨어의 결합 및 사람과 사람, 사람과 사물, 그리고 사물과 사물이 인터넷으로 연결되는 초연결성이다. 또한, 이를 기반으로 빅데이터(big data)를 생산하고, 이를 가공하는 인공지능(AI: Artificial Intelligence)의 딥러닝(deep learning)을 바탕으로 하는 초지능성이 4차 산업혁명의 또 다른 특징이다(최성훈, 2021, 19-20).

4차 산업혁명은 인공지능, 사물인터넷(IoT: Internet of Things), 클라우드 컴퓨팅(cloud computing), 빅데이터 등 첨단지능정보기술의 융합과 연결을 바탕으로 시대적 변화를 주도하고 있다. 일례로 최근에는 전자기기들이 정보를 생산하고 이를 교환하는 사물인터넷 또는 만물인터넷(IOE: Internet of Everything)을 통해 산출되는 빅데이터를 클라우드를 통해 저장하고, 이를 활용하는 인공지능의 기술이 그러한 변화의 흐름을 주도한다. 인공지능이 심층강화 기계학습(deep reinforcement machine learning) 또는 딥러닝이라고 불리는 알고리즘을 바탕으로 거대한 양의 데이터를 한꺼번에 생산, 저장, 정리하여 일정한 패턴을 발견하고, 이를 분석하여 빠른 시간 내에 합리적 결론을 제시하기 때문이다. 이는 생물공학기술(Biotechnology)와 결합하여 유전자 치료를 통해 코로나 19(COVID-19)와 같은 질병의 예방과 퇴치에 효과적으로 활용될뿐만 아니라, 신경기술을 이용하여 뇌와 컴퓨터와의 연결을 통해 장애의 극복과 인간 능력을 극대화하는 트랜스휴먼(Transhuman)의 출현도 가능케 하리라는 예측을 불러일으키고 있다.

일찍이 리차드 버크민스터 풀러(Richard Buckminster Fuller, 1982)는 100년마다 두 배로 증가해 왔던 인류의 지식 총량이 1900년대에 들어서면서 두 배로 늘어나는 기간이 25년으로 줄었고, 이는 2030년이면 3일마다 두 배씩 늘어날 것으로 전망하며, "지식 두 배 증가곡선"을 제시하였다. 1636년에 목회자 양성을 위해 설립된 하버드 대학(Harvard University)은 1945년, 1978년, 2009년, 그리고 2016년의 네 차례에 걸쳐서 교육과정을 개혁하였는데, 기하급수적으로 증가하는 지식의 양과 기술의 변화에 대응하는 과정에서 개정의 주기가 짧아지는 모습을 보이고 있다. 이처럼 가파른 속도로 증가하는 지식을 기존의 교육으로 수용하는 것은 근본적인 한계에 달했기 때문에, 오늘날 기독교교육은 미래의 새로운 가치를 탐색하며 학습자가 스스로 지식을 가공하고 활용할 수 있는 역량을 필요로 한다. 또한, 단순히 얻을 수 있는 정보는 인터넷을 포함한 정보화의 물결 속에서 쏟아져 나오지만 그 가운데에서 정확한 고급 정보를 추출, 가공할 수 있는 능력과 정보들 속에서 필요한 결론을 추출해 낼 수 있는 혜안이 훨씬 중요한 사회가 되었으며, 기독교교육은 그러한 혜안을 발휘해야 하는 과제를 안고 있다.

3) 포스트 코로나 19 시대

정보화 사회를 맞아 영상예배가 보편화되고 있다. 더욱이 포스트 코로나 19 시대는 그러한 정보화 시대로의 이행을 가속하였다. 오늘날 시간과 공간의 차이에 상관없이 전 세계 어디에서든 교회 홈페이지에 접속하여 실시간으로 예배를 드릴 수 있다. 이의 순기능적 측면으로는 장애인, 군선교, 산간오지 선교, 특수직 근무자, 신우회 활동 등에 효율적으로 적용할 수 있고, 사이버 문화의 활용을 통해 지속적인 목양이 가능하다는 점이다. 역기능적인 면으로는 극단적 개인주의의 조장, 코이노니아의 파괴, 소극적, 비참여적 예배의 습관 형성, 공동체성 약화 등을 들 수 있다.

따라서 기독교교육에 있어서는 전문성을 갖춘 사이버 선교사의 양성이 시급한 과제로 떠오르고 있으며, 온라인(online)과 오프라인(offline) 현장의 구분을 벗어나 양자 모두를 활용하는 올라인(all-line) 전략이 필요한 시대가 되었다. 정보화 사회가 교육적으로 기여할 수 있는 부분은 정보의 홍수 속에서 선별적으로 지식을 습득할 수 있도록 인도하면 학습자 주도의 평생학습이 가능하다는 점이다. 또한, 다양한 정보의 원천과 매체를 활용하여 창의력을 개발할 수 있고, 교수공학, ICT(Information and Communications Technology), U-Tech(Ubiquitous Technology) 등을 활용한 교육의 정보화를 이룰 수 있다. 시공을 초월한 교육 기회의 제공이 가능하고, 개별화된 맞춤교육이 가능하므로 보다 다양한 교육 기회를 제공할 수 있다는 점도 기회요인이다.

기독교교육의 핵심적인 현장으로서 교회는 정보화 관련 조직을 구성하고 운영함으로써 새로운 시대의 패러다임에 행정적으로 대처할 수 있다. 예를 들면 교육행정 정보화팀을 구성하여 교회교육, 교회행정, 교회재정 관련 소프트웨어를 제작 및 운영하도록 하고, 홈페이지 제작팀과 멀티미디어 제작팀을 구성하여 각종 교육매체를 제작하여 활용할 수 있으며, 자료팀을 통해 관련 데이터 베이스(data base)를 구축하고 활용, 관리하여 교육목회의 효과성과 효율성을 실현할 수 있다. 이러한 과제는 우선 교육 전문가를 양성하는 데에서 시작해야 할 것이다. 기독교교육의 전문가는 전통적 가치와 신세대 가치의 조화를 위한 인성교육에서부터 방대한 정보를 능동적으로 선별, 활용하는 창의적 방법론에 중점을 둔 교수-학습의 개별화, 과학화를 꾀할 수 있다.

4) 혁신대학과 융합대학: 미네르바 스쿨의 사례

4차 산업혁명 시대는 분절화된 개별적 지식이 아닌, 보편적 지식을 요구하기 때문에 지식의 내용을 통합하는 학제적 융합의 특성을 기반으로 하는 융합교육의 중요성이 새로이 주목받고 있다. 천문학적으로 증가하는 정보의 양에 따라서 지식의 수명이 급격하게 단축되는 시대적 변화에 부응하기 위하여 성경의 가르침(the Text)와 시대적 상황(the Context)을 동시에 조명하여 보편적 지성을 지향하는 기독교교육을 강화해야 한다. 4차 산업혁명 시대를 맞이한 오늘날에는 일부분에 대한 단편적 지식만으로 시대적 변화에 대응하기는 불가능하므로 융복합과 문제해결능력 등의 역량을 구비한 융합 교육의 필요성이 강조되고 있기 때문이다.[2]

정보의 확산과 지식 총량의 폭발적 증가에 따른 지식 수명의 급격한 단축과 지식 융합의 가속화, IT 기반의 스마트 학습의 확산과 인공지능을 활용하는 지식의 확대 등의 4차 산업혁명의 영향은 교양교육은 물론, 이를 담당하는 대학의 성격을 송두리째 바꾸어 놓고 있다. 그러한 변화에 대응하는 새로운 대학의 대표적인 유형으로서 플랫폼 대학(Platform University), 혁신대학(Innovation University), 융합 대학

---

2 21세기 지식기반사회의 교육은 민주 시민의 삶을 위해 필요한 것으로서 고차원적 지적 능력인 문제해결능력과 창의적 사고력을 증진하고 디지털화된 환경에서의 의사소통능력과 사회적, 문화적 규범과 가치를 산출해야 하므로 세부적으로 분절된 학과적 접근이 아니라 학제적 접근을 요구한다. 또한, 기독교교육은 인성교육의 중추적 역할을 담당하기도 하므로, 이의 강화는 현대 시민으로서의 기본 소양과 인성 함양을 위해서도 필수적으로 요구된다.

(Convergence University), 기업가 대학(Entrepreneur University)이 지적된다(백승수, 2019, 16-19).

　　전통적인 교육이 파이프라인(pipeline) 형태의 직선적인 교육이라면, 4차 산업혁명 시대의 교육은 플랫폼(platform) 형태로 모든 이에게 열려 있다. 플랫폼은 서로 다른 영역들이 과거의 경계를 넘어서 자유로운 상호 결합을 통해 융합을 이룰 수 있는 토대로서 4차 산업혁명 시대가 요구하는 협력적 창의 역량의 기반을 제공한다. 플랫폼 대학은 네트워크, 빅데이터, 인공지능을 기반으로 온라인 공개수업인 MOOC(Massive Open Online Course) 중심의 열린 대학을 지향한다.

　　2011년 3개의 MOOC 강좌를 출범시킨 미국의 스탠퍼드 대학(Standford University)을 비롯하여 MIT(Massachusetts Institute of Technology) 등 세계적 수준의 명문 대학들이 적극적으로 MOOC 강좌의 개설을 확대하고 있으며, 지식전달 중심의 교양기초과목들이 급속하게 MOOC로 전환되기 때문에 교육 경쟁력 보유 여부를 바탕으로 대학의 양극화가 예견되고 있다. 일례로 스탠퍼드 대학의 앤드류 응(Andrew Ng) 교수와 다프네 콜러(Daphne Koller) 교수가 설립한 1세대 MOOC 플랫폼인 코세라(Coursera)는 점유율을 독식하는 모습을 보이고 있다. 우리나라에서는 서울대, 카이스트(KAIST), 포항공대 등이 참여하여 한국형 온라인 공개강좌(K-MOOC)를 출범하여 이에 대처하고 있지만 아직은 미미한 수준이다.

　　혁신대학은 4차 산업혁명 시대의 스마트 기제를 활용하여 교육과 연구의 혁신을 주도하는 대학들로서 대표적인 사례는 미네르바 스쿨(Minerva School)이다. 지난 2014년 29명의 신입생 대상으로 첫 수업을 시작한 이후 100% 온라인 수업으로만 운영하는 혁신대학인 미네르바는 MOOC의 성공이 대량 전달이 아니라, 개인화된 맞춤식 교육에 있음을 제시하였다. 미네르바는 모든 수업이 정원 20명 미만 소규모 세미나 형식의 포럼으로 운영되는 온라인 강의 플랫폼인 포럼을 활용하여 4년 동안 7개국을 순회하며 기업 인턴십, 프로젝트에 참여하는 현장 실습형 교육을 운영한다. 열린 비대면 교육을 통한 집단지성의 형성과 더불어 7개국으로 학습공간과 캠퍼스를 확장시킴으로써 재학생들의 네트워크를 강화하는 이원화 전략인 셈이다. 또한, 미네르바는 수준별 맞춤학습, 완전히 능동적인 학습, 체계적인 피드백을 효과적으로 구현할 수 있도록 포럼을 제공하는데, 1년 학비는 미국 내 다른 사립대학들의 3분의 1에 불과하므로 매년 가장 높은 경쟁률을 보이고 있다.

융합대학은 지식 융합의 가속도가 붙은 시대적 현실에 대한 대응책인데, 상당수의 대학들은 학문 분야를 초월하는 융합 교육을 일반화하고 있다. 대표적인 사례는 미국 애리조나 주립대(Arizona State University)로서 전통적인 학과 69개를 통폐합시키고, 인간 진화와 사회변화 학부(School of Human Evolution and Social Change), 사회와 가족역학 학부(School of Social and Family Dynamics), 지구와 우주탐험 학부(School of Earth and Space Exploration) 등 새로운 학제를 20여 개 신설하였다. 기업가 대학은 신자유주의의 물결과 4차 산업혁명 시대의 기업 경쟁력 제고 강조를 바탕으로 기업의 경영 방식을 채택하고, 정부 및 산업계, 지역사회와 소통하며 지식과 기술 이전의 사업화와 창업 등을 통해 수익 창출과 경제성장에 기여하고자 하는데, 이미 취업 및 창업의 열풍과 산학협력이라는 명목으로 대학가에 든든히 자리매김하고 있다. 그러나 기업가 대학의 무분별한 확산은 교양교육의 실용화와 상업화 가속을 통하여 교양교육의 본질에 위해를 가할 수 있으므로 경계해야 한다.

3 한국사회의 도전

우리나라 내부로 눈을 돌리면 저출생 고령화로 인구의 구조가 급속히 변화하는 모습, 다문화 가정의 비율이 3%를 넘어가며 새로운 국가관과 문화관이 요구되는 사회구성, 그리고 분단의 현실 속에서 통일을 준비하고, 통일 이후의 과정을 대비해야 하는 등, 여러 가지 과제가 한꺼번에 몰려오고 있다. 어느 때보다도 지혜가 필요한 시점인 것이다.

1) 저출생과 고령화

2022년 통계청(http://www.kostat.go.kr) 자료에 의하면 2021년 현재 한국의 합계

출산율(성인 여성이 가임기간 중 낳는 평균 출생아 수)은 0.84명으로 OECD 회원국 중 최저 수준을 나타낸다. 이는 2010-2014년의 평균 합계출산율인 1.23명에 비해 3분의 2에 불과한 수치이다. 저출생의 원인은 청년층에 대한 지원 미흡과, 출산 이후 양육의 경제적 부담, 사교육비 부담, 결혼연령의 상승 등이 지적된다.

일반적으로 한국교회 교회학교의 아동, 청소년 등 목회대상이 점진적인 감소 추세를 지속하고 있는 것은 저출생에 기인한 것이다. 따라서 교육목회의 측면에서 지역의 특색을 반영한 특화 목회 또는 인력과 재정, 시설 등의 선택과 집중이 필요하며, 기독교교육에 대하여는 큰 프로젝트는 통합을 필요로 하고 특화된 사역을 위해서는 지역 거점의 특성화가 필요하다. 2022년 7월 통계청이 발표한 "2021년 인구주택총조사" 결과에 의하면 2021년 현재 65세 이상 인구는 870만 7천 명으로 인구 전체에서 차지하는 비중이 16.8%에 달하는데, 2024년 또는 2025년에 노령 인구의 비중이 20%를 넘어서는 초고령사회에 진입할 것이 예측된다.[3]

2060년의 노령 인구 비중은 40.1%로 예상되어 사회 전반에서 급속한 고령화 따른 준비가 이슈가 되고 있다. 정부는 1998년과 2007년 두 차례에 걸쳐 국민연금법을 개정하면서 연금수령 연령을 60세에서 2033년부터는 65세로 늦추고 가입자 평균소득 대비 국민연금 급여액인 소득대체율 역시 40년 가입 기준 70%에서 2028년부터는 40%로 낮췄지만 2060년경이면 국민연금 재정이 고갈될 것으로 전망된다. 한편 우리나라 근로자의 평균 은퇴 연령이 53세이며, 대부분 기업들의 정년이 55세인데, 300인 이상 근로자 사업장의 정년은 57.2세로서 아직 건강한 연령대에서 은퇴가 일어나고 있기 때문에 사회적인 인력 낭비가 발생하고 있다. 따라서 정부는 300인 이상 사업장의 경우 2016년부터, 300인 이하의 사업장은 2017년부터 정년을 60세로 연장하도록 법을 정비하였다. 그러나 단순히 정년을 연장하는 것으로는 은퇴 이후 삶의 질을 보장하는 데에는 부족하다는 사실과 국민연금 재정의 고갈을 고려한 다차원적인 대응이 필요하다.

---

3 UN(United Nation)의 분류에 의하면 전체 인구 중에서 65세 이상의 인구 비중이 7% 이상이면 고령화사회(aging society), 14% 이상은 고령사회(aged society), 20% 이상은 초고령사회(super-aged society)에 해당한다.

고령화 사회 관련 교회와 기독교교육 분야의 대비 또한 요구된다. 고령화 추세를 따라 생산연령인구 비중 감소로 인한 헌금 감소와 농촌목회의 활력 감소가 예상되기 때문이다. 이에 반해 교회의 노인 교인과 관련한 부담이 증가함에 따라 재정지출의 증가분이 헌금 감소와 더불어 교회재정의 압박 요인으로 작용할 가능성이 높으며, 기독교교육에 대한 투자와 지원 역시 불리한 여건을 맞이할 것이 예상된다. 그럼에도 불구하고 고령화 추세에 의해서 교육목회의 구심이 실버목회로 이동하며, 다양한 교육과 복지 프로그램을 구비할 것이 요청되므로 지혜로운 대처의 방안을 마련해야 하는 실정이다.

2) 다문화 시대의 도래

법무부(http://www.moj.go.kr)의 자료에 의하면 2021년말 현재, 국내 체류 외국인 수는 195만 6,781명으로서 같은 기간 전체 인구 5,173만 8천 명에 비하여 3.78%에 이른다. 이는 2020년 코로나 19의 세계적인 유행 이후 전 세계적인 이동의 축소로 인해 전년 대비 3.9%나 감소한 수치이다. 2021년 말 결혼이민자는 168,611명으로서 2006년 93,786명에 비하여 79.8%나 증가했으며, 그 증가 추세가 지속되고 있다. 국제결혼, 외국인 이주민, 외국인 근로자, 새터민의 증가 등으로 인해 우리나라는 급속도로 다문화 사회에 진입하고 있고, 교회 내 시민의식 제고 및 언어교육, 다문화 사역 등이 요구되고 있다. 해외의 이민교회처럼 혈연을 탈피한 지역 중심의 목회 가능성이 증대되며, 목회의 본질이 강조되기도 하지만, 다문화 목회와 다문화 기독교교육에 대한 구체적 비전 설정에 대한 도전 과제를 안고 있다.

이스라엘 사람을 지칭하는 "히브리"(Hebrew)라는 용어의 어원에 대한 설명은 두 가지로 나뉘는데, 첫째, 이는 에벨의 자손(창 10:24-25)을 가리키는 용어라는 설명과 둘째, 이는 "아피루"(Apiru)라는 애굽의 노예 등 하층민을 가리키는 계층적 용어에서 유래하였다는 것이다(Blaiklock and Harrison, 1983). 양자 중 어떤 설명이 옳은지 여부와 관계없이 이스라엘이 애굽을 떠날 때에 수많은 잡족이 히브리인들과 함께 떠난 사실을 볼 때(출 12:38), 이미 이스라엘 공동체 내에 수많은 이방인들이 섞여 있었음이 자명하다. 또한, 여리고의 기생 라합, 모압 여인 룻, 헷 사람(창 10:6) 우리야의 아내 밧세바도 이방인이었다. 유다 지파에 소속된 갈렙도 원래는 가나안 원주민인 그니스 족속(창 15:19) 출신으로 이스라엘에 동화된 인물이다.

하나님께서 선택하신 아브라함의 아버지가 우상을 만들던 갈대아 우르의 데라(수 24:2)였고, 복음의 선포가 예수 그리스도를 통해 선택받은 민족이라고 자부하는 이스라엘 및 이방인 여부와 상관없이 모든 인류에게 주어졌다는 사실이 다문화 시대의 기독교교육의 사명에 시사하는 바가 크다. 그러므로 다문화주의와 다문화교육의 공통적 이상인 다양한 문화와 정체성을 인정하고 모든 개인이 평등한 지위와 균등한 교육 기회를 보장받을 수 있는 다문화교육에 대한 비전 설정이 필요하며, 기독교적 세계관으로 조명하는 다문화교육을 구성하는 것이 요구된다.

3) 통일의 재조명

통일을 조명하는 한국교회와 기독교교육의 과제도 여러 가지가 있다. 우선 통일에 대하여 무관심을 조장하는 개인주의를 극복하고 주의를 환기하고 관심을 유발하기 위하여 북한의 실태에 대하여 객관적인 정보를 제공하고, 기독교의 가치관으로 조명하는 작업이 필요하다. 북한 실상에 대한 객관적 이해를 바탕으로 남북한 상호 간 긍정적 수용의 태도를 함양하고, 과정으로서의 통일을 지향하는 한편, 학습자의 흥미와 관심, 발달수준을 고려한 학습자 중심의 통일교육, 북한만이 아닌, 한반도를 둘러싼 국제정세를 반영하는 통합적인 교육을 시행할 수 있도록 교회와 기독교단체가 협력하여야 한다.

정치 논리로 통일을 다루는 것은 아직 휴전 중인 한반도 정세를 고려할 때에 매우 민감한 사안이므로 민간 주도, 특히 교회와 기독교단체 주도로 북한의 실상을 객관적으로 알리고 인권을 제고하는 방안을 마련해야 한다. 통일 이후 북한교회의 재건과 회복을 위하여 남한교회의 연합교단은 생색내기와 차별의 우려가 있고, 남한의 개교단들은 분열과 다툼을 정리하기 전에는 역량의 응집이 어려우며, 북한의 지하교회 목회자와 교인들은 신학교육의 미흡으로 신비주의와 미신적 요소가 있으므로 북한이탈주민 출신 목회자를 양성하는 것이 가장 바람직하다. 이 같은 제반 과제의 수행을 위해 우선 신앙으로 조명한 통일의 의미를 제고하여 통합의 시작이 하나님의 회복 역사에서 시작하도록 힘써야 할 것이다.

4 새 사람의 소망

1957년 어느 성당에 갓 태어난 사내아이가 버려졌고, 다행히 그 아이는 성당에서 운영하는 고아원에서 자라나게 되었다. 당시는 한국전쟁 종료 후 얼마되지 않은 터라 나라 전체가 어려웠던 때이므로 고아원에서의 삶이 녹록지 않았다. 그는 만 11세가 되어 보육원을 나와 서울로 무작정 상경하여 구걸을 하기도 하고, 남의 물건을 훔치기도 하면서 생활을 꾸려 갔다. 그러다가 잡혀서 1년 6개월 동안 소년원에서 복역을 하고 나온 후, 그 같은 생활을 반복하며 전과 3범이 되었다.

어느 날 식당에서 단란한 모습으로 식사 중이던 한 가족을 보면서 그만 부아가 치밀어 오른 그는 자신이 너무나 불쌍하고 세상이 불공평하다는 생각이 들어서 휘발유를 가져다가 붓고 모두 함께 죽어 버리려고 하였다. 그 일이 미수로 끝나고, 현행범으로 붙잡힌 그는 전과 4범이 되었다. 악에 받친 그의 곁에는 사형수조차도 오지 못할 정도로 살기가 등등한 그는 어느 날 우연히 어린이재단에서 발행하는 「사과나무」라는 잡지를 보게 되었고, 그 잡지의 사연은 그의 인생을 바꾸어 놓았다. 아픈 동생을 돌보아야 하는 한 어린 소년 가장의 사연을 접한 그는 자신만 어렵고 불행한 사람이 아님을 깨달았다. 그의 불행한 삶은 소년 가장의 고달픔을 이해하는 통로가 되었던 것이다. 어린 동생에게 책가방을 사 주고 싶다는 내용의 기사를 보고 그는 감옥에서 모은 11만 원을 그 소년에게 보내 주었다. 얼마 후에 그 소년 가장 아이로부터 감사하다는 편지를 받고 그의 얼어붙은 마음이 녹아내리기 시작하였다. 자신도 누군가에게 도움을 줄 수 있고, 누군가가 자신에게 감사의 마음을 가질 수 있다는 것을 깨달았기 때문이다. 그의 부드러워진 마음에 복음이 들어왔고, 그는 그리스도인이 되었다.

출소 후 그는 서울 강남구 논현동의 한 중국집 배달원으로 일하며 한 달에 75만 원 월급을 받아 25만 원은 고시촌 월세로 내고 나머지를 모아 어린이재단에 후원했고, 다섯 명의 아이들을 후원하기 시작하였다. 평소에 천식으로 고생하던 그는 자신이 죽으면 이 다섯 명의 아이들을 누가 돌볼까를 고민하다가 종신보험에 가입했다. 그리고 자신이 사망하면 받을 수 있는 4천만 원 종신보험의 수혜자를 어린이재단으로 하고, 다른 사람들을 위해 장기기증을 하겠다는 서약도 했다. 2011년 9월 23일 배달 중에 교통사고로 사망한 그의 이름은 선한 일을 하는 "철가방 김우수 씨"로 알려진 김우수이다. 50대 중반의 나이까지 평생 중국집 배달을 하던 그의 고시원 쪽방 책상 위에는 성경책과 그가 후원했던 다섯 명의 아이의 사진이 올려져 있었고, 그의 장례식에는 1,200여 명이나 되는 사람들이 참석해서 그의 사랑을 기렸다.

사도 바울은 에베소서에서 다음과 같이 권면하였다. "너희는 유혹의 욕심을 따라 썩어져 가는 구습을 따르는 옛 사람을 벗어 버리고 오직 너희의 심령이 새롭게 되어 하나님을 따라 의와 진리의 거룩함으로 지으심을 받은 새 사람을 입으라"(엡 4:22-25). 김우수 씨는 가장 불행해 보이는 사람, 상처와 열등감으로 썩어져 가는 사람의 옛 습관을 따라 사는 옛 사람이었지만 예수님을 만나 새로운 사람이 되었다. 그의 상처와 고통은 예수님을 만나는 통로가 되었고, 겨우 75만 원 월급을 받고 고시원 쪽방에 살면서도 자신의 삶이 하나님으로 인해 부요해지는 것을 체험하였다. 그리스도를 따라 자신이 할 수 있는 선행을 베풀며 살았던 그는 신실한 그리스도인, 새 사람이었다.

예수님이 탄생하실 때에 말구유에 모인 사람들의 모습은 예수께서 인간의 몸을 입고 이 세상에 오신 의미를 돌아보게 한다. 아기 예수의 탄생을 축하하기 위해 남루한 목자들과 제왕적 위엄이 있는 높은 신분의 동방의 박사들이 한 자리에 모였다. 빈부(貧富)에 처한 각각이 함께 말 구유에 나아온 것이다. 왕에게나 드려질 만한 황금과 유향과 몰약이 메시아이신 허름한 마구간의 말구유 위 아기 예수께 드려졌다. 생활에 필요한 돈이라고는 한 푼도 벌 수 없었던 목자들은 그들의 몸으로 경배를 드렸다. 양쪽 모두 부르심을 받았다. 가난한 이들 중에서도 가장 가난한 목자들,

부자들 중에서도 가장 부귀했던 동방 박사들, 양측 모두 와서, 양측 모두 함께 무릎을 꿇고, 양측이 다 경배를 드렸다. 또한, 그들은 한 편은 유대인이요, 다른 한 편은 이방인들이었다. 복음이 하나님께로 가는 유일한 길이듯이 우리가 그리스도를 통해 회복되는 것, 하나님 앞으로 나아가는 것 역시 오직 한 가지, 우리의 마음을 드리는 것만을 요구한다. 성별, 나이, 재력, 지위, 건강, 학벌과 외모 등과 같은 것은 예수님의 놀라운 복음 앞에서 아무런 것이 되지 못한다. 누구나 값없이 와서 은혜 안에 거할 수 있다. 성육하신 그리스도 앞에서 인간이 해야 할 일은 오직 우리를 구원하시고 자유케 하시는 그리스도를 믿고 하나님을 향해 마음을 드리는 것이다.

미래를 대비하는 기독교교육의 원리도 특별할 것이 없다. 그리스도의 복음을 품고, 하나님의 말씀 기반 위에 서서, 하나님의 형상으로 창조된 사람들이 어떤 생각을 가지고, 어떤 모습으로 살아가며, 무엇을 필요로 하는지를 살펴서 그 필요를 하나님의 방법으로 채우는 일을 하면 되는 것이다. 이는 소위 성경의 가르침(the Text)과 세상의 상황(the Context)을 살피는 것 사이의 균형이다. 물론 기반이 되는 것은 하나님 말씀의 원리이지만 세상과 소통하기 위하여 철학, 사회학, 과학 등을 공부해야 하는 것은 필수불가결한 과업이다. 이는 기독교교육을 담당하는 이에게도, 목회자에게도, 또한 직분과 상관없이 하나님의 나라를 꿈꾸며 섬기는 누구에게나 해당되는 사명이며, 그 섬김의 헌신 위에 이 땅에 하나님 나라가 확장되어 가고 있다.

참고문헌

백승수. "4차 대학 혁명과 교양교육의 미래." 「교양교육연구」 13(2019), 11−29.

최성훈. "4차 산업혁명과 기독교 대학의 교양과목 운영전략." 「기독교교육정보」 67 (2020), 199−225.

Bell, Daniel. *The Coming of Post−Industrial Society: A Venture in Social Forecasting.* New York, NY: Basic Books, 1976.

Castells, Manuel. *The Rise of the Network Society.* 2nd ed. Malden, MA: Wiley− Blackwell, 2010.

McCarthy, Bernice. *Teaching around 4Mat Cycle: Designing Instruction for Diverse Learners with Diverse Learning Styles.* Tousandoaks, CA: Corwin Press, 2006.

Toffler, Alvin. *Revolutionary Wealth.* New York, NY: Knopf, 2006.

웹사이트

법무부. www.moj.go.kr.

통계청. www.kostat.go.kr.

저자 약력

최성훈 교수

성경의 가르침(The Text)과 삶의 현장(The Context) 그리고 신학(Theology)과 목회(Ministry) 간의 균형과 통합을 지향하는 신학자요 목회자이다.

서강대학교 경제학과(B.A.), 미네소타 대학교(University of Minnesota) 비지니스 스쿨(Carlson School of Management, M.B.A.), 한세대학교 신학대학원(M. Div.), 시카고 대학교(University of Chicago) 종교학 석사(M.A., in Religious Studies)를 거쳐 트리니티복음주의신학대학원(Trinity Evangelical Divinity School)에서 실천신학 철학 박사(Ph.D., in Educational Studies) 학위를 받았고, 현재 한세대학교 신학부 및 신학대학원의 공공신학/실천신학 교수로 섬기고 있다.

21세기 신학 시리즈 1

21세기 기독교교육

초판발행	2023년 3월 1일
지은이	최성훈
펴낸이	노 현
편 집	김민조
기획/마케팅	허승훈
표지디자인	BEN STORY
제 작	고철민·조영환
펴낸곳	㈜ 피와이메이트
	서울특별시 금천구 가산디지털2로 53, 210호(가산동, 한라시그마밸리)
	등록 2014. 2. 12. 제2018-000080호
전 화	02)733-6771
f a x	02)736-4818
e-mail	pys@pybook.co.kr
homepage	www.pybook.co.kr
ISBN	979-11-6519-363-8 94230
	979-11-6519-362-1 (세트)

정 가   24,000원

박영스토리는 박영사와 함께하는 브랜드입니다.